住房和城乡建设部软课题研究

中国城乡统筹规划的实践探索

Exploration on the Practice of Urban–Rural Integration Planning in China

李兵弟　主编

U0361302

中国建筑工业出版社

图书在版编目（CIP）数据

中国城乡统筹规划的实践探索/李兵弟主编. —北京：中国建筑工业出
版社，2011.11
ISBN 978-7-112-13676-6

Ⅰ. ①中… Ⅱ. ①李… Ⅲ. ①城乡建设 – 研究 – 中国 Ⅳ. ① F299.2

中国版本图书馆CIP数据核字（2011）第207999号

责任编辑：姚荣华 张文胜
责任设计：董建平
责任校对：赵 颖 刘 钰

中国城乡统筹规划的实践探索
李兵弟 主编
*
中国建筑工业出版社出版、发行（北京西郊百万庄）
各地新华书店、建筑书店经销
北京嘉泰利德公司制版
北京云浩印刷有限责任公司印刷
*
开本：850×1168毫米 1/16 印张：20¾ 字数：598千字
2011年11月第一版 2012年10月第三次印刷
定价：118.00元
ISBN 978-7-112-13676-6
（21407）

编审委员会

课题承担单位

组 长 单 位：中国城市科学研究会

副组长单位：中国城市规划设计研究院、成都市规划设计研究院、江苏省
城市规划设计研究院、浙江省城乡规划设计研究院

课题参加单位：

国务院发展研究中心、住房和城乡建设部城乡规划管理中心、中国国际城
市化发展战略研究委员会、江苏省住房和城乡建设厅、山东省住房和城乡
建设厅、广东省住房和城乡建设厅；重庆市规划局、南京市规划局、南京
市城市规划编制研究中心、武汉市国土资源和规划局、沈阳市规划和国土
资源局、莱芜市规划局、嘉兴市规划局、富阳市规划局、安吉县规划局、
新乡市城乡规划局、临沂市规划局、邹平县委政策研究室、中山市小榄镇
人民政府、重庆市大渡口区跳蹬镇人民政府；中国社会科学院当代城乡发
展规划院、中国·城镇规划设计研究院、亚泰都会（北京）城市规划设计
研究院、重庆市规划设计研究院、广东省城乡规划设计研究院、沈阳市规
划设计研究院、武汉市规划设计研究院、嘉兴市城市规划设计研究院、四
川三众建筑设计有限公司

课题支持单位：中国城市发展研究院

序　一

　　进入新世纪以来，关于城乡统筹的著作日渐丰富，但就城乡统筹规划的专门系统研究的优秀论著仍凤毛麟角。这本书汇集了近些年全国城乡统筹规划的实践探索，总结了各级城乡统筹规划的宝贵经验，筛选了各地城乡统筹规划的优秀案例，该书在理论层面系统分析城乡统筹规划的基本理论、设计方法和政策措施。作为一个从事城乡规划、建设和管理工作近50年的人士，我十分推崇这本书，因为该书是规划工作者从实践中感悟、从理论上提升、从案例里引证而来，可贵的是一本难得的、系统性强的好书。值《中国城乡统筹规划的实践探索》付梓之际，先睹为快，颇有收益，欣然为序，以示心愿。同时，也将我在广西壮族自治区人大环境与资源委员会举办的贯彻落实《城乡规划法》研讨班上的讲稿提要编入本书，参与交流。我坚信该书的出版，将对全国城乡统筹工作的开展和科学发展观的贯彻落实发挥重要的指导作用，将对各地正在开展的城乡统筹规划工作具有实际的参考价值。

2011 年 10 月于北京

（第十一届全国人大常委、十一届全国人大环境与资源
保护委员会主任委员、原建设部部长）

序 二

党的十七大提出"要走中国特色城镇化道路，促进大中小城市和小城镇协调发展"，"建立以工促农、以城带乡的长效机制，形成城乡经济社会发展一体化新格局"。在这一理论指导下，近年全国不少地区和城市、多个政府部门相继开展了以城乡统筹为主要内容的规划，指导了当前繁荣蓬勃的城乡经济社会文化发展的实践，城乡统筹区域协调科学发展已经成为国家宏观调控和科学引导城镇化健康发展的公共政策的重要组成。

我在2006年哈尔滨召开的全国城市规划年会上曾经说过，中国不会没有农村，中国不能没有农民。中国作为一个人口大国、一个农业生产和农产品消费大国，必须始终坚持处理好城市与农村的发展问题。在中国城镇化发展过程中，城乡统筹是城乡规划的题中应有之义，是城乡规划重要的基本的内容，也是城乡规划理论和技术方法不断创新和发展的重要领域。通过开展城乡统筹规划，有助于转变城市规划师的理念，有助于发挥城乡规划的基础法律作用，有助于贯彻落实"工业反哺农业，城市支持农村"的发展要求，有助于实现城乡社会和谐稳定和可持续发展。

中国城市科学研究会在部科技司等部门的支持下，组织开展《中国城乡统筹规划的实践探索》这个重大课题研究，及时总结部分地区和单位的艰辛实践探索。课题成果比较全面地、正面地阐述城乡统筹规划的基础法理、基本技术和规划方法，对基层的大量实践进行了理性思考与规划方法的升华，一定程度上实现了将社会科学与工程技术科学的结合，将党中央国务院治国理政的政治决策通过城乡统筹规划转化为城乡发展建设的政策与技术要求，为农村地区建设提供了较为扎实的科学指引。

城乡统筹是一篇大文章，城乡统筹规划涉及多个政府部门，工作存在于农村基层治理的各个层面。农村社会经济情况多种多样，农村地区的开发建设，恐怕比城市还要复杂，处理不当，影响深远。"城乡协调"，许多问题有待深入研究。本书的研究者们没有回避农村地区发展中的矛盾和热点难点问题，也没有去泛论人口、土地、环境、资金和管理等问题，而是将其梳理成与我们行业工作密切关联的城乡统筹规划政策支持与制度创新的十个方面，正言志议、坦书己见，他们的观点可能还不够全面，建议也要在实践中不断改进，但这种知难而进脚踏实地研究的作风是值得提倡的。根据省域、市域、重点地区、县域、村镇地区等五个层面精心选取的25个案例，凝聚了众多城乡建设领域的专家学者和城乡规划管理实际工作者的才智和心血。我对规划行业同仁们的努力表示深深的赞许。规划行业对城乡统筹规划的实践探索，是对城乡规划领域的创新与奉献，也是中国城乡统筹工作中不可缺少的重要部分。

任重而道远，我们还需更加努力。

是为序！

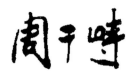

2011年10月于北京

（中国科学院院士、中国工程院院士，原建设部副部长）

导　读

城乡统筹规划从认识中国国情开始
——论城乡统筹规划工作

汪光焘

城乡统筹是党中央和国务院在我国社会经济进入新发展阶段，面临新的机遇和挑战背景下，借鉴国内外历史经验，为致力于突破城乡二元结构、破解"三农"难题、实现全面建设小康社会所作出的重大战略决策。在城乡统筹的实现过程中，城乡统筹规划必将发挥城乡规划的"龙头"作用，担负起引领城乡一体化发展的重担。

要正确理解城乡统筹规划发展的战略意义。

从城乡关系看，我国已经进入到必须实施城市反哺农村、工业反哺农业的关键时期。长期以来，我国始终实施农村支撑城市、农业支持工业的发展思路，借助农业发展，通过农产品"价格剪刀差"的方式，迅速建立了新中国现代工业。改革开放后，又借助城乡二元制度下的"土地剪刀差"和"工资剪刀差"，城市发展仍从农村获取大量支持。到 2000 年左右，"三农"问题已经相当严峻，城乡间的居民收入、公共服务、社会保障形成了巨大差距，如果不尽快得到扭转，必将对我国社会经济产生一系列的严重后果。

从现实情境看，我国可持续发展所面临的多重危机和内外困境需要依靠城乡统筹发展予以破解。一方面，我国近三十年的外向型经济受到全球性经济危机和国外贸易保护的双重制约，以出口为导向的经济模式面临严峻挑战；另一方面，我国很长一段时间以来的持续高速发展是以资源超前消费、环境污染破坏、能源过度消耗、文化不断丢失为代价；必须全面实施城乡一体化发展，才能发挥农村在保障资源安全、环境安全、能源安全、粮食安全根本上讲是涉及国家安全的作用，挖掘其在促进经济增长、传承历史文化、建设和谐社会方面的巨大潜力，实现社会经济持续健康发展。

从发展阶段看，我国社会经济已经进入具备实施城乡一体化协调发展条件的时期。正如胡锦涛总书记在党的十六届四中全会上指出的两个"趋势"判断，大部分国家均是在工业化、城市化发展到一定阶段，具备相当的国家支撑财力后，方可适时启动缩小城乡差距。按照相关国家的经验，我国已经进入了具备实行"城市支持农村，工业反哺农业"政策的发展阶段。此外，我国财政收入从 1993 年开始进入持续高速增长期，已经具备全面实施城乡一体化的雄厚国力。

从目标实现看，城乡统筹是全面建设小康社会的根本要求，是构建和谐社会的坚实支撑，是实现科学发展的重要保证。回顾这一概念的提出和认识深化过程，我们可以清晰地看到城乡统筹在党中央、国务院确立的我国长远发展思路中具有重要地位，既是构成国家发展目标的重要组成部分，也是实现国家发展目标的有效途径，更是立足当前、着眼未来的战略选择。

要全面掌握城乡统筹发展的工作特点。

城乡统筹是一项系统工作，其实现方式是通过多领域的公共政策综合作用，引导各种社会经济要素在城乡间的优化重组，最终实现城乡和谐发展。城乡统筹问题的复杂性和涉及范围的广泛性决定工作的综合性，其实现需要通过系统性措施探索解决。从2003年我国强调城乡统筹以来，城乡统筹工作在社会经济的各个领域全面展开，已经指定并实施了一系列的政策措施，如取消农业税费、建立农村基本养老保险制度等。未来，城乡统筹公共政策仍需要重点加强以下几个领域：城乡资源高效的综合利用、城乡间生产要素的自由流动、城乡间的公共服务均等化、农村经济扶持和农业现代化提升、农村人才素质提高和农村劳动力转移等。

城乡统筹是一项动态性工作，其实现过程具有时间上的阶段特征和空间上的层次特征，不同时期，不同空间范围的工作重点存在明显差异。城乡统筹不仅与国家总体发展目标的实施过程相互关联，也与各个阶段不同地区的社会经济主要矛盾和国内外形势密切相关，现阶段城乡统筹需要重点关注民生为题、资源环境为题、社会公平为题，其中核心是公共服务均等化问题。此外，城乡统筹发展具有明显的空间层次差异，不同空间层次的工作重点会随着地域差异而有所不同，也必然随着时间推移会发生变化和转移。

城乡统筹是一项探索性工作，其实现关键是立足全面科学的城乡差异和地区差别分析，因地制宜、因时而异制定适宜性政策引导。从国际城乡一体化发展历程看，城乡统筹没有普适性模式，需要立足各国国情和发展阶段选择不同的实现路径。对我国这样一个地域范围辽阔、人口数量巨大、发展严重不均衡的国度而言，城乡统筹工作更需要加大探索和创新力度，其成功的关键就在于科学全面地分析城乡差异和地区差异及其内在原因。只有将城乡差异和地区差异结合起来共同分析研究，才能避免被假象所蒙蔽，否则难以正确理解全国各省区、市城镇化水平的差异，诸如海南城乡收入差距较小、东北地区城镇化水平较高的特殊现象，自然也就无法制定出适宜性、针对性、时效性的政策引导。

要切实承担起编制城乡统筹规划的历史责任。

编制好城乡统筹规划，确实转变思维方式是前提。这是因为，一方面，长期的教育、生活和工作经历已经在规划从业人员脑海中留下了"城市中心论"思维定势；另一方面，新时期城乡统筹是源于农村视角而提出，是以构建和谐城乡一体化为目标，这就决定了以往重城市轻乡村、从城市看农村的传统规划思维方式必然难以满足城乡统筹发展的要求、难以支撑城乡统筹规划的编制，需要尽快加以转变。

编制好城乡统筹规划，深入调查农村社会是关键。现代规划以城市发展建设为中心，农村社会调查随着规划重心的偏移已经逐渐被规划行业所淡忘，规划从业人员对农村的认知远不及对城市的深入。而农村社会相对城市而言有其自然独特性，以城市模式规划农村难免水土不服，这也是很多农村规划缺乏可操作性的根源所在。此外，正如费孝通先生指出的一样，农村中蕴含着中国社会经济变迁的一切基因，深入了解农村不仅有利于把握农村特征，也有利于全面正确的了解中国社会特征和城乡关系。

编制好城乡统筹规划，规划理论制度研究是基础。从现代城市规划发展历程看，虽然在各个阶段始终存在追求城乡一体和谐发展的美好愿景和理想模式，但是这些理论均是以解决城市问题作为出发点，规划理论发展中以城市为中心的主流发展态势始终没有改变。作为世界城乡人口最多、城乡关系复杂的国家，我国需要结合城乡统筹实践和中国传统规划理念，探索新时期城乡一体化规划基础理论，这既是我国城乡统筹发展的现实需求，也是中国对世界规划理论的贡献。

编制好城乡统筹规划，规划技术方法创新是重点。作为应用型科学，通过技术手段创新让学科理论更好地服务社会经济是城乡规划的现实价值所在。寻找运用现代科技创新、契合中国现实国情、满足地域差异现实、涵盖不同发展阶段、传承中国传统规划理念、符合规划发展趋势的规划方法技术是编制好城乡统筹规划的重点。

　　城乡统筹发展是我国在实施长期农村支持城市发展阶段之后，在新的发展背景和形势下作出的战略选择，是关系到我国全面建设小康社会、构建和谐社会、实现社会经济可持续发展的重要举措。城乡统筹的实现将需要综合措施的共同作用，将是一个动态发展、不断创新和探索的过程。在这一过程中，城乡统筹规划将担负统领发展的重大使命，这就需要加快思维方式转变、开展农村社会深入调查、积极创新规划理论方法和技术。

目　录

上篇

理论研讨

第 1 章　城乡统筹思想提出的历史背景及现实意义

统筹城乡经济社会发展的重点在于解决"三农"问题，推动二元经济结构加快转变。城市和农村的协调发展是构建和谐社会的基本要求。适时推进由农业支持工业向工业反哺农业的转型，是加快推进一个国家整体现代化进程的成功之路。进入 21 世纪以后，我国迈入从人均收入 1000 美元向 3000 美元递增的关键阶段。党的"十六大"确立了 21 世纪前 20 年全面建设小康社会的奋斗目标，指出"统筹城乡经济社会发展，建设现代农业，发展农村经济，增加农民收入，是全面建设小康社会的重大任务"，从而把解决"三农"问题摆在了国民经济和社会发展的重要位置。统筹城乡发展成为全面建设小康社会的根本要求，成为彻底解决"三农"问题的必由之路。2011 年 3 月发布的《国民经济和社会发展十二五规划纲要》指出，要按照统筹城乡发展要求，加快推进农村发展体制机制改革，增强农业农村发展活力；加快消除制约城乡协调发展的体制性障碍，促进公共资源在城乡之间均衡配置、生产要素在城乡之间自由流动；统筹城乡发展规划，促进城乡基础设施、公共服务、社会管理一体化。

1.1　统筹城乡发展思想的脉络演进

1.1.1　统筹城乡发展的思想理论基础

城市和农村是现代社会的两大组成部分，彼此相互作用、相互影响、相互制约。随着时代的变迁，城乡关系的内容也不尽相同。城市与农村经济社会的协调发展问题是世界各国曾经面临或正在面临的一个共性问题。怎样消除城市与农村经济发展的差距，是许多经济、社会和城市研究的学者尤其关注的一个重大理论问题。专家学者们对此进行了深入的研究，提出了一系列相关理论。

1. 马克思主义的城乡发展论

马克思和恩格斯非常重视城市和农村之间的相互关系，他们运用历史唯物主义辩证思想来分析城乡关系的发展变化，从城乡关系发展的整个历史过程来解释城乡发展之间的内在联系。马克思认为，城乡对立是一个历史范畴，它必然随着生产力发展和社会进步而走向城乡融合，城乡对立只是工农业发展水平还不够高的表现，是当时生产力发展的必然结果和客观要求。分工导致城乡分离，具有历史的必然性，就当时所处的阶段来说，这是一种社会进步的表现。《共产党宣言》指出"在最先进的国家里采取的方法是把农业和工业结合起来，促进城乡之间的差别逐渐消灭"，"大工业在全国的尽可能均衡的分布是消灭城市和乡村的分离的条件"。随着生产力发展和社会进步，城乡一体化的最高境界最终必然实现。邓小平同志在继承毛泽东城乡关系理论的基础上，对城乡发展理论及实践进行了更加深入的探索，他也认为农业是社会的根本，农村是国民经济社会的基础，城乡之间以及工农产业之间应该相互支持和促进，通过改革，缩小城乡差距，促进城乡良性互动发展。邓小平同志关于城市与农村、工业与农业的相互关系以及通过改革缩小城乡差距等的相关论述，为我们今天统筹城乡发展奠定了重要的思想基础。

2. 西方经济学家的城乡发展论

（1）库兹涅茨的居民收入差距倒"U"理论。1955 年，库兹涅茨在美国经济协会的演讲中提出了在经济发展过程中，收入差别的长期变动轨迹是"先恶化，后改进"的居民收入差距倒"U"形假说。他根据经济增长早期阶段的普鲁士和处于经济发展后期阶段的美国、英国、德国萨克森地区的收入分配统计资料，对发展中国家和发达国家的收入分配状况进行横向比较，发现在经济发展的初级阶段，收入差距随经济发展而趋于扩大，而后，随着经济的发展，收入分配处于不平等的相对稳定状态，到经济发展的高级阶段，收入分配又逐渐趋于平等的这样一种收入分配差距长期变动轨迹呈倒"U"形的规律。他认为先恶化、后改善是现代经济增长的一个共同特征，而发展中国家在经济增长早期阶段的收入分配，比发达国家具有更高的不均等程度与差距。库兹涅茨认为，可以进行立法干预和政治调节、改变人口结构、推动技术进步以及新兴行业的出现，由此抵消因储蓄的累积分配效应和经济结构变化而产生的收入不平等，甚至使收入不平等的变动方向发生逆转，从而缩小收入分配不平等的程度。

（2）刘易斯的二元经济结构理论。美国经济学家亚瑟·刘易斯在 1954 年发表了名为《劳动力无限供给条件下的经济发展》的论文，指出二元经济是发展中国家在发展过程中最基本的经济特征，提出了城乡"二元经济"模型。模型的主要内容是，在发展中国家，同时存在着两个部门，一个是相对弱小的现代工业部门，但是其资本相对充足，技术比较先进，具有远远高于农业部门的劳动生产率；另一个是相对强大的、劳动力无限供给的传统农业部门，其特征是资本相对稀缺，技术落后，生产效率低，边际劳动生产率为零。生产要素从劳动生产率低的传统部门向生产率高的现代部门转移，是经济增长的重要推动力，因为它不减少农业部门的产出水平，却增加了现代工业部门的就业量，也增加了产出和国民收入。这个过程是城乡经济发展与农村人口城市化同时进行的，在这个过程中就会自动实现二元经济向一元经济的转变。当传统农业部门的剩余劳动全部转移到现代工业部门后，农业部门劳动的边际生产率提高，与工业达到一致，经济中的二元结构就会消失，城乡差距也将随之消失。

此外，还有美国经济学家威廉姆逊的地区经济差距倒"U"理论、美国经济学家赫希曼的不平衡增长理论、法国经济学家弗朗索瓦·佩鲁的增长极理论、美国城市与区域规划学者约翰·弗里德曼的空间极化理论等，都对城乡经济社会发展做出了重要的分析与研究。其中，城乡经济非均衡增长理论打破了经济均衡分析的新古典传统，为区域经济发展理论提供了新的研究思路，为发展中国家的城乡经济发展实践提供了良好的理论借鉴。

3. 新古典学派理论

新古典学派的代表人物有美国的著名经济学家丹尼森、乔根森和托达罗。他们认为，随着劳动力从农村农业部门流向城市工业部门，农产品产量将减少，必然会导致农产品涨价，城市工业部门就必须支付不断上升的工资，才能吸引农业农村劳动力进城，以致减少其利润进而减少其投资，最终将可能减缓工业化进程。所以，要想使工业化快速推进，农业劳动生产率必须保持一定的增长速度。一个停滞不前、很少有新投资和技术进步的农业部门是绝对不可能支撑工业化快速推进的。这样，从工业化一开始就必须给予农业适当的资金投入和新技术投入，以保证农业劳动生产率能随着工业化发展进步而不断提高。没有城市工业和农村农业的协调发展，将不可能使工业化顺利推进，相应地，由于农业劳动生产率的不断提高，农民的收入也应不断提高。新古典学派的城乡发展理论对于正确处理工业与农业、农村与城市的关系，推进工业化的进程有重要的理论借鉴意义。

4. 缪尔达尔的"地理上的二元结构"理论

缪尔达尔（1957）在《经济理论和不发达地区》一书中提出了"地理上的二元结构"理论，成为城镇化理论中城乡协调发展的经典理论。他利用"扩散效应"、"回流效应"等概念解释一国经济发展中地理二元结构形成的原因和作用机制。他认为，由于经济的发展所带来的商品、资本、人员、技术等要素的自由流动会使先进的地区更先进、落后的地区更落后，因此必须由政府制定相应的政策刺激和帮助落后地区加快发展。

5. 杜能的"农业区位"理论

杜能（1826）通过分析产品运输成本与利润的相关关系发现，以城市为中心，周围土地利用的类型取决于离城市距离的远近，形成一个个同心圆环带，每一个圆环带都以一种农作物为主，形成各具特点的农作物组合耕作方式和经营方式。他还提出了著名的"孤立国"理论：假定有一个孤立国，在这一孤立国中有一个都市，远离都市的外围平原变为荒芜土地；都市所需农产品都由乡村供给，都市提供农村地区所需的加工品。在这种假设下，杜能提出了各种产业的分布范围或适宜区位。他把都市外围按距离远近划成6个环带，被称为"杜能环"。杜能从区位地租出发，得出了农产品种类围绕市场呈环带状分布的理论化模式，从而为以后提出区位论中两个重要规律（距离衰减法则和空间相互作用原理）提供了准备。由于杜能的理论最初是针对农业的，因而被称为"农业区位论"。在实际运用中，这一理论不仅适用于农业，更适合于城乡分割、导致资源连续分布且市场呈点状分布等情况。

6. 霍华德"田园城市"理论

在城市学和城市规划学界，最早提出城乡一体化思想的首推英国城市学家埃比尼泽·霍华德（Ebenezer Howard，1850~1928）。他于1898年出版了《明日：一条通向真正改革的和平道路》一书，他在书中倡导"用城乡一体的新社会结构形态来取代城乡对立的旧社会结构形态"。他在序言中说："城市和乡村都各有其优点和相应缺点，而'城市乡村'则避免了二者的缺点……城市和乡村必须结合，这种愉快的结合将迸发出新的希望、新的生活、新的文明。本书的目的就在于构成一个'城市—乡村'磁铁，以表明在这方面是如何迈出第一步的。"他在书中还绘制了标明"城市"、"乡村"和"城市—乡村"的三块磁铁同时作用于人，并提出了"人何去何从"的问题，从而形象地说明了他的"城乡一体化"的观点。

霍华德的城乡一体化思想，为构建新型城乡空间结构作出了伟大贡献，这种关于城市和区域发展的现实意义和伦理价值观即使到了今天，也将不断启示人们追求理想的生活空间，但其理念主要局限于生态环境和社会文化视角，田园城市思想也存在明显的理想主义色彩（图1-1）。

7. "新城市主义"关于城乡区域的"精明增长"策略

"新城市主义"认为，比较适宜可行的区域规划范围是一个大都市区或是由几个毗邻大城市区连接而成的区域，而在这样一个区域之内散布着大小不等的一些市、镇、村落。在市、县、镇（域）发展的层面上，"新城市主义"在引导城市如何增长方面发挥着越来越大的作用，例如制定基于交通系统发展的TOD模式（特别是公交与捷运系统），关注农田与自然保护区问题、教育系统（特别是中、高等教育）问题。其发展理念包括：

（1）首先承认城市增长的必然性，容许其增长；

（2）建立永久性乡村保护区（带），确保其今后不会被城市发展所侵吞；

（3）建立临时性乡村储备区（带），以备将来高质量的城市发展之用；

（4）明确设定区域性廊道（铁路、高速公路、水道、绿带、野生动物通道等），作为区域内不同地方之间的联系纽带或分隔界线，形成区域基本架构；

（5）以区域性公共交通站或大的交会点为中心组织空间开发活动，形成节点状布局，整体有序的网络结构；

（6）正视郊区化蔓延后的既成现实，设法修补、填充、整合松散碎裂的现有郊区；

（7）在与中心市区毗邻的边缘区段，按照城市内部邻里街坊的模式组织空间开发，而在更远的外围地区，则按照镇或村的模式进行，每个镇或村都有各自清晰的核心与边缘，基本功能齐备；

（8）注意某地住宅开发量与当地工作机会、教育设施条件之间的平衡；也注意这些要素在区

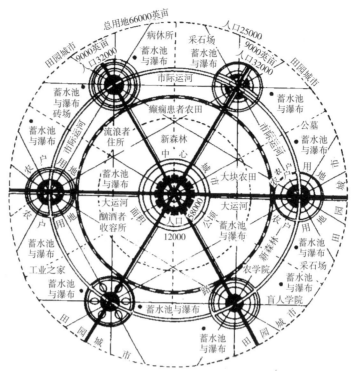

图 1-1 "田园城市"中理想的城乡空间结构模式

（资料来源：沈磊.无限与平衡.快速城市化时期的城市规划.北京：中国建筑工业出版社，2007.）

域内不同地方之间的平衡；

（9）尽可能顺应地形，保持地貌，避免大兴土木，以减轻对自然环境的扰动。

"新城市主义"观点对城乡区域的发展注入了很多人性化的理解，强调人居环境、生活就业和生态保护等多方面的和谐与平衡。这种理论是在高速城市化地区针对城市区域无限、无序蔓延现象而进行的空间发展策略，其出发点基本上是以城市为主，这跟国外那些一直认为城市主导乡村发展的思路不谋而合。这种从城市单方面发展来研究城乡区域问题的理论，有其亮点，也有其局限性。

8. 城乡一体化理论

城乡一体化理论模式涉及社会经济、生态环境、文化生活以及空间景观等各个方面，因此不同的学科对此概念的理解也有不同程度的侧重。

（1）社会学和人类学研究者从城乡关系的角度出发，认为城乡一体化是指相对发达的城市和相对落后的乡村，打破相互分割的壁垒，逐步实现生产要素的合理流动和优化组合，促使生产力在城市和乡村之间合理分布，城乡经济和社会生活紧密结合与协调发展，逐步缩小直至消灭城乡之间的基本差别，从而使城市和乡村融为一体。

（2）经济学界则从经济发展规律和生产力合理布局角度出发，认为城乡一体化是现代经济中工业和农业联系日益增强的客观要求，是指统一布局城乡经济，加强城乡之间的经济交流与协作，使城乡生产力优化分工，合理布局、协调发展。

（3）城市规划学者是从空间的角度将城乡作为统一体进行综合的社会经济分析的基础上，对城乡发展的空间、生态环境作出具体的布局安排。

（4）生态与环境学者是从城乡生态环境的角度，认为城乡一体化是对城乡生态环境的有机结合，能保证自然生态过程畅通有序，促进城乡健康、协调发展。

城乡一体化需要城市和乡村两方面的共同努力：一方面，在农村城市化中，要以城乡一体化为主导，注重农村空间布局，并加强城乡之间便捷网络系统的建设；另一方面，还要依靠城市功能的完善和城市辐射力的增强，两者共同构筑城乡空间，强调城乡人口、技术、资本和资源等要素的交流、融合、贯通，但并不排斥差别。相反，这种差别是城乡之间合作、互通和城市化的基本动力，而且在科学合理的配置安排下可以转化为各自特色，促进城乡协调发展。

综合来讲，城乡一体化模式是城市化发展到高级阶段的区域城乡空间组织形式，是解决城乡矛盾和缓解城乡差别的有效途径。它为城乡现代化提供了一种理论和途径，代表一种前瞻性的发展政策，涉及城乡经济、社会、文化和生态演进模式的长期结构变化，着眼于培育更好的新型城乡关系。

1.1.2 我国统筹城乡发展的历史背景

新中国成立以来，我国城乡关系发展主要经历了三个阶段：一是新中国成立到改革开放前的"农业支持工业、乡村支持城市"阶段；二是改革开放到党的"十六大"前的"城乡互动发展、工业化加速"阶段；三是党的"十六大"以后"以工哺农、以城带乡"的新阶段。当前，我国城乡关系的基本特征是：农业基础依然薄弱；城乡居民收入差距仍在扩大；工业化、城镇化与农民工市民化不协调；城乡公共资源配置不均衡。统筹城乡发展是实现城乡经济社会一体化发展的必由之路。

1. 第一阶段：1949~1978 年，农业支持工业、乡村支持城市

这个阶段城乡关系的主要特点是农业支持工业和城乡分离。我们是在极其落后的基础上开始建设新中国的，1949 年全国人均国内生产总值只有 100 元左右，在工农业总产值中，农业占 70%、工业占 30%，其中现代工业仅占 17%。经过 3 年经济恢复之后，1953 年，我国开始了有计划的大规模社会主义建设，实施了重工业优先发展战略。重工业优先发展战略的实质在于通过吸收农业剩余，为工业提供资本积累和对城市居民进行补贴，加速实现工业化。为了实现这一战略，我国通过高度集中的计划经济体制、统购统销等经济制度，最大限度地将农业剩余转移到工业部门；通过人民公社制度、户籍管理制度、城镇居民生活必需品的计划供应制度、统包统配的劳动就业制度和城市的福利制度，限制农村人口向城市流动，最终形成了城乡分割的二元体制。这个时期，我国城乡关系的主要特征是：产业关系上主要是依靠农业剩余发展工业，在较短的时间内建立起了独立的、门类比较齐全的现代工业体系，而农业则因缺乏后劲发展缓慢。农业以工农业产品价格剪刀差的形式为城市工业提供资本，农村储蓄以农村存贷款差额的形式流向城市。数据表明，1952~1957 年，通过工农产品"剪刀差"从农业部门聚集的净积累为 475 亿元，占同期财政收入的 31%；1959~1978 年为 4075 亿元，占同期财政收入的 21%。投资方面则是过度向工业尤其是重工业倾斜。1952~1978 年，整个国民经济基本建设投资的 49% 都投向了重工业，最高时达到 54%。同期财政支农资金占国家预算资金的比重，除 1960~1962 年达到了 25% 以上，一般都在 15% 以下。由于对农业汲取过多而国家对农业投资偏少，农业发展长期滞后于工业。在人口流动方面，主要表现为农业富余劳动力向城市和农村非农产业流动，有时城市劳动力也向农村流动，但具有明显的政治和运动特征。"一五"时期由农村直接迁入城市的人口达 1500 万，城镇人口比重由 12.5% 上升到 15.4%。"二五"期间为了保证"大跃进"对劳动力的需求，国家通过行政手段从农村抽调了大量的劳动力，但由于农业无法支撑猛增的城市人口消费，1961 年又不得不动员大批人口返回农村。文化大革命期间，实行大批干部下放农村和知识青年上山下乡政策，全国城市人口减少 2000 万左右。截至 1978 年，我国的城市化率只有 17.9%。

2. 第二阶段：1979~2002 年，城乡互动发展、工业化加速

十一届三中全会实现了新中国成立以来具有深远意义的伟大转折，确立了以经济建设为中心、实行改革开放的重大决策，并率先在农村发起改革。1979 年，全国农村普遍推行家庭联产

承包责任制,继而国家又逐步限制和减少农产品派购的品种和数量。1982 年 12 月,修订后的《宪法》规定乡镇作为我国农村基层的行政区域,结束了人民公社制度。1985 年,国家正式取消实行了多年的统购统销制度。农村改革极大地解放了社会生产力,农村经济迅速增长。1978~1984年,我国农业总产值按可比价格计算增长 55.4%,年均增长 7.6%,农业增加值年均增长 7.3%,而同期工业总产值增长 9.5%,增加值为 8.8%。同时,乡镇企业异军突起,为转移农业剩余劳动力和推动农业现代化作出了重要贡献。这个时期的城乡关系有了明显的改善,城乡关系总体上呈现出协调融合的良好状态。1984 年以后,随着以城市为重点的整个经济体制改革的全面推进,城乡关系又出现了不协调的状况,城乡发展失衡的问题重新凸现出来。一是政府继续抽取农业剩余,并呈现加剧趋势。国务院发展研究中心"县乡财政与农民负担"课题组的研究报告指出,1985~1999 年,共向农民征收"教育附加费"1100 亿元。二是城乡居民收入差距在波动中逐渐扩大。1978~1985 年城乡收入差距呈逐年下降趋势。1978 年城乡居民人均收入比是 2.37∶1,1985 年降到 1.72∶1。从 1986 年开始,城乡收入差距又不断扩大,1990 年上升 2.02∶1、1995 年达到 2.47∶1、2003 年达到 3.23∶1,近几年始终徘徊在 3.3∶1 左右。三是社会保障支出明显偏向城镇。从社会保障支出来看,城乡存在巨大差距。1998 年,农村人口占全国总人口的 66.7%,而用于农村人口社会保障的支出只占总支出的 2.2%;城镇人口占全国总人口的 33.4%,而社会保障支出却占总支出的 97.8%。四是农民工逐步成为这一时期的突出问题。农民工与城市居民在身份地位、就业、社会保障、享受公共服务等方面不能享有同等的权利。如一些城市出台带有"歧视"性的就业政策,向外来流动人员收取不合理的管理费用,农民工子女入学难等。

3. 第三阶段:2003 年至今,工业反哺农业、城市支持农村

党的"十六大"以来,我国城乡关系进入"工业反哺农业、城市支持农村"的新阶段。我国经济持续高速增长,2004 的国内生产总值(GDP)超过 15.96 万亿元,人均已达 1500 美元以上,城镇化水平达到 41.8%,我国已经进入工业化中期阶段。同时,政府的财力明显增强,2004 年国家财政收入超过了 3 万亿元,国家已经有能力将过去长期实行的农业支持工业、乡村支持城市的城乡关系,转变为工业反哺农业、城市带动乡村的新型城乡关系。在党的十六届三中全会上提出了"五个统筹"发展的战略思想,其中把统筹城乡发展放在首位。统筹城乡发展思想的提出和确立,是我党发展理论的重大创新和解决"三农"问题思路的重大调整,也是新世纪新阶段建设社会主义新农村的根本途径。统筹城乡发展,对于从根本上解决"三农"问题,实现城乡经济社会协调发展、和谐发展、共享发展以及全面建设小康社会,具有十分重要的意义。2004 年 10 月,胡锦涛总书记在党的十六届四中全会上作出了"两个趋向"的论断。党的"十七大"报告进一步指出"要加强农业基础地位,走中国特色农业现代化道路,建立以工促农、以城带乡的长效机制,形成城乡经济社会发展一体化新格局"。根据党中央对工农关系、城乡关系的新认识,中央政府从 2003年开始对城乡关系作了具有历史性转折的重大调整,确立了统筹城乡发展的基本方略。2004~2011年,中共中央、国务院连续出台了 8 个指导"三农"工作的中央 1 号文件,制定了"工业反哺农业、城市支持农村和多予少取放活"的基本方针,明确了走中国特色农业现代化道路的基本方向、建设社会主义新农村的战略任务、促进城镇化健康发展的重大任务,加快形成城乡经济社会发展一体化新格局的根本要求,初步搭建起城乡经济社会发展一体化的制度框架。

1.1.3 "十六大"以来统筹城乡发展的理论发展

1. 统筹城乡发展战略的发展过程

2002 年 11 月,党的"十六大"报告首次提出"统筹城乡经济社会发展,建设现代农业,发展农村经济,增加农民收入,是全面建设小康社会的重大任务"。在 2003 年初召开的中央农村工作会议上,胡锦涛总书记强调要充分发挥城市对农村的带动作用和农村对城市的促进作用,实现城乡经济社会一体化发展。2003年党的十六届三中全会提出了"五个统筹"的改革发展要求，即统筹城乡发展、统筹区域发展、统筹经济社会发展、统筹人与自然和谐发展、统筹国内发展与对外开放。2004年党的十六届四中全会提出了要推动建立"五个统筹"的有效体制机制。2007年，党的"十七大"报告把统筹兼顾上升为科学发展观的根本方法，并强调要加强农业基础地位，走中国特色农业现代化道路，建立以工促农、以城带乡长效机制，形成城乡经济社会发展一体化新格局。

2. 统筹城乡发展的科学内涵与本质要求

统筹是一种决策行为，统筹的主体是经济社会发展政策的制定者和公共资源的配置者，即中央政府和各级地方政府。统筹的对象既不是农村发展，也不是城市发展，而是政府在城乡之间的资源配置行为。实现城乡协调发展要充分发挥中央和地方多重主体的作用，要调整支出结构与消除体制障碍并重、统筹城乡经济发展与统筹城乡社会发展并举；并在发挥市场机制作用的同时，通过政府的公共政策指引，如城乡规划等在内的多项公共政策工具，在城乡之间合理配置公共资源，实现城乡协调发展。总体目标就是要使农村在2020年如期实现全面小康，缩小城乡居民收入和消费、城乡教育和卫生等方面的差距。

3. 建立统筹城乡发展的制度框架

党的十六届三中全会提出了"五个统筹"的改革发展要求，并且把统筹城乡发展放在首要位置。城乡经济协调发展是一国经济长期发展的重要基础。改革开放以来，我国城乡差距不但没有缩小，反而进一步拉大，二元经济结构明显强化。从收入增长速度看，1996年以后，农民收入增长速度逐年下降，2001年开始出现恢复性增长，但仍远低于城镇居民收入增长速度，相应地农民消费占全社会消费总量的比重明显下降，影响到经济发展动力的持续。与此同时，农民权益受侵害的问题也日益突出。因此，完善社会主义市场经济体制，不能无视这一现实，而必须通过深化改革，建立有利于逐步改变城乡二元经济结构的体制机制。通过税费改革减轻农民负担，实现农村富余劳动力在城乡之间双向流动就业，消除农民进城就业的限制性规定，增加农民享受社会发展成果的机会，逐步使农村和城市互相融合，实现城乡制度统一。总而言之，深化改革建立相应的制度体系是推动城乡统筹的必备条件。

1.2　当前我国城乡关系的基本认识

我国总体上已进入以工促农、以城带乡的发展阶段，进入加快改造传统农业、走中国特色农业现代化道路的关键时刻，进入着力破除城乡二元结构、形成城乡经济社会发展一体化新格局的重要时期[①]。我国农村正在发生新的变革，我国农业参与国际合作和竞争正面临新的局面，推进农村改革发展具备许多有利条件，也面对不少困难和挑战，特别是城乡二元结构造成的深层次矛盾较为突出。概括起来，就是三句话：农业基础仍然薄弱，最需要加强；农村发展仍然滞后，最需要扶持；农民增收仍然困难，最需要加快。

1.2.1　缩小城乡收入差距任务艰巨

改革开放以来，城乡收入相对差距呈持续扩大的趋势。1990~2008年，农民收入年均增长5.1%，城镇居民收入年均增长8.2%，相差3.1个百分点；1998~2008年，农民收入年均增长5.6%，城镇居民收入年均增长9.1%，相差3.5个百分点。从改革开放30年的情况看，我国城乡居民收入差距只有两个时期出现过相对缩小的局面。第一个时期是1978~1985年，由于改革首先在农村启动，

---

① 中共中央十七届三中全会《中共中央关于推进农村改革发展若干重大问题的决定》。

这一时期农村居民的收入增长超过了城市居民；第二个时期是 1994~1996 年，国家大幅度提高农产品收购价格，农村居民的收入增长一度超过城市。除此之外，农村居民的收入虽有增长，但与城市居民的收入差距呈不断扩大之势。近年来，国家强农惠农政策力度明显加大，但城乡收入差距扩大的趋势仍然没有得到遏制。深层原因在于，城乡劳动力配置与经济结构不对称，不仅造成了农业部门的劳动力生产率增长缓慢，而且通过初次分配直接影响到农民增收。1990~2008 年，农业占全国 GDP 的比重从 27.1% 大幅度下降到 11.3%，下降了 58.3%。同期农业劳动力占全部劳动力的比重从 60.1% 下降到 39.6%，仅下降了 34.1%，导致农业比较劳动生产率在原来就低的基础上进一步降低，与第二产业和第三产业之间形成了巨大差距。从这个意义上讲，农民收入问题不单单是农业和农村的内部问题，还是与就业紧密联系的一个问题。农村贫困人口规模依然较大，且减贫难度更大。按照新的贫困标准，我国 2008 年贫困人口还有 4007 万人，尽管从百分比来看仅为 4.2%，但是就绝对量而言，相当于欧洲一个中等国家的规模。而且这些贫困人口大多分布在生态环境恶劣、自然资源贫乏、地理位置偏远的地区。根据国家民委的民族地区贫困监测报告，新标准下的 4007 万扶贫对象，52.5% 居住在民族区域自治地方。2008 年西部地区重点县低收入人口中，少数民族人口占 46.2%。这些贫困地区不仅经济发展滞后，自我发展能力差，而且自然灾害频发，解决这些地区贫困人口的温饱问题，是扶贫工作中最难啃的硬骨头。

1.2.2 实现城乡公共服务均等化任重道远

农村基础设施落后和农村公共服务供给不足的状况仍然没有大的改观。农村饮水不安全、供水难、环境污染难治理等问题仍然突出。以水质、水量、用水方便程度、供水保证率等饮水安全的指标衡量，全国还有 3 亿多农村人口饮水未达到安全标准，其中中西部地区占 80%，饮用氟砷含量超过国家生活饮用水卫生标准的有 5000 万人，饮用苦咸水的有近 4000 万人，经常受季节性干旱影响的有 9000 万人，饮用水微生物含量严重超标的有 1 亿多人。第二次全国农业普查结果显示，全国 80% 多的镇生活污水没有经过集中处理，未实施集中供水的镇还有 28%。农村教育仍然是我国教育事业最薄弱的环节。农村义务教育阶段学校办学条件仍然较差，相当一部分农村贫困地区和民族地区、边疆地区学校的校舍、教学设施、仪器设备达不到国家规定的基本标准。农村教师整体素质亟待提高，待遇偏低、骨干教师缺乏等问题突出，严重制约了教学质量的提高。农村职业教育不能满足培育新型农民和促进农村劳动力转移的需要，学校的实习实践场所、师资队伍等普遍紧张。农村卫生事业发展仍滞后于经济和其他社会事业发展，主要体现在：重大疾病威胁农民健康，严重威胁农村劳动人口素质和农民生活质量；农村卫生事业水平总体不高，在卫生资源数量质量、卫生基础设施服务条件及人口健康状况上都远远落后于城镇地区；不同地区发展很不平衡，部分农村特别是在贫困地区、边疆地区的农村，缺医少药问题尚未根本解决；公共财政对农村卫生事业投入严重不足，严重影响了公共服务职能的发挥。农村医疗卫生服务能力薄弱，乡村卫生人员技能水平不高。农村社会保障体系仍很不完善。目前全国新型农村合作医疗的覆盖人口占 92%，2011 年全国新农合筹资水平达到每人每年 200 元，还不能完全解决农村居民因病致贫、因病返贫的问题。农村最低生活保障水平偏低，在一些地区还做不到"应保尽保"。失地农民社保、农民工社保等社会保障等还很不健全。新型农村社会养老保险试点刚启动，覆盖面窄。

1.2.3 现代农业建设面临的制约明显增多

农业资源与环境约束增强。近 10 年我国耕地面积减少 1.25 亿亩，人均耕地面积仅有 1.38 亩，仅为世界平均水平的 40%，人均淡水资源仅为世界平均水平的 1/4，耕地减少、水资源匮乏的趋势难以逆转。农业基础设施脆弱。我国中低产田占 2/3，有效灌溉面积仅占耕地总面积的 46%，还没有从根本上摆脱靠天吃饭的被动局面。农业科技支撑能力不足。我国农业科技进步贡献率仅为

49%，大大低于发达国家 70%~80% 的水平。我国农业科技成果转化率仅为 30%~40%，远低于发达国家 80% 以上的水平。灌溉水有效利用系数只有 0.46，只相当于国际先进水平的 60%。农业物质投入成本和劳动力成本不断提高。农民种粮比较收益明显下降，远低于种植经济作物和外出打工的收益。随着人口增长、居民收入水平提高和城镇化进程的推进，国内农产品供求难以自求平衡。一些农产品对国际市场的依赖不断提高，保障农产品供求总量平衡、结构平衡的压力增大。农产品质量安全问题突出。目前，食品行业在原料供给、收购储运、加工包装及批发零售等环节的安全管理都存在严重的问题，农产品和食品质量安全监管体制很不完善，农产品和食品安全重大事件频发，严重制约我国农产品出口，严重危害人民身体健康和生命安全。

1.2.4 城镇公共服务没有普遍均等地惠及流动人口

在快速城镇化背景下，现行公共服务体制存在的最突出的问题是，由于受到户籍的限制，农村流动人口一直被排斥在城市公共服务体系之外。一是许多进城农民工子女尚未纳入流入地公办义务教育体系，还有相当多的农民工子女就读于农民工子弟学校，民办的农民工子弟学校教学条件普遍不高。二是农民工不能平等地享受公共卫生服务。农民工子女计划免疫接种率较低，农民工疾病预防监测尚未完全覆盖，进城农民工未能完全纳入城市计划生育服务体系。三是农民工参加城镇养老、医疗等社会保险还存在比较突出的问题。现行城镇职工基本社会保险制度在制度层面并不排斥正规就业的农民工，但目前农民工参加养老保险的总体参保率为 15% 左右。大多数农民工还没有参加城镇医疗保险，平均参保率为 10% 左右。农民工参保率普遍偏低，其中，既有农民工就业状态不稳定而难参保等客观存在的问题，也有用人单位怕参保增加人工成本，地方政府担心推进农民工参保会影响本地投资环境等主观方面的问题，还有现行制度不适合农民工（如门槛高、难转移等）方面的问题。四是农民工住房未纳入城镇住房保障体系。目前城市的经济适用房、廉租房等公共住房基本上不对农民工开放，各地政府对农民工在城市的住房实际上是放任自流，农民工住房仍游离于城镇住房保障体系之外，这种情况严重影响了农民工的生活质量，并成为他们融入城镇的最大障碍之一。农民工既不能得到市民的各种福利待遇，也不能通过社会福利服务调解日益扩大的收入差距，导致消费不足，城市服务业的发展受到制约，进一步影响了城市就业的吸纳能力。五是一些城市存在歧视农民工及其家属的问题，农民工及其家属难以尽快地融入城市社会。

1.2.5 城乡人居环境差距大

据分析，2006 年全国城市建设区单位面积市政公用设施投资额是小城镇的 8.9 倍，2008 年二者差距已扩大至 11 倍左右。据城乡建设统计年报和住房和城乡建设部村镇建设司的有关调查，小城镇人均年市政建设维护投入仅为 410 元，只相当于城市 1494 元的 27%。截至 2008 年年底，建制镇建成区用水普及率为 77.83%，燃气普及率为 44.46%，乡建成区用水普及率为 62.63%，燃气普及率为 17.59%。根据对全国重点镇统计，平均有一半的镇区没有排水管网，污水处理率只有 38.7%，远低于城市同期 70.16% 的处理率。对生活污水进行处理的行政村仅为 3.4%；定点收集生活垃圾的行政村比例为 31%，而进行一定处理的行政村仅占 11.7%。乡村地区垃圾收集处理设施严重不足，相当多的村庄没有任何垃圾收集处理设施，垃圾随意堆放，严重污染环境、河道、水塘和地下水。乡村地区的公共设施水平较低。小城镇学校和医疗设施及服务水平低，商业文化体育等设施难以满足当地居民日益增长的物质和文化需求。一些地区的村容镇貌管理薄弱，私搭乱建、违规违章建筑不断出现，污水恶臭、临户加工噪声等加剧了小城镇和村庄居住环境的恶化。村镇规划相当滞后，编制覆盖率低，规划水平差，难以应对城镇化发展和城乡统筹对农村地区建设发展的规划要求。村镇规划管理的法规和技术标准缺乏。村镇建设机构设置不健全，全国从事村镇建设管理的专业技术人员只有7000多人，专业人员极度缺乏。一些地区的农房建设质量安全事故不断出现，严重影响了政府为农民服务的形象。

1.2.6　统筹城乡的公共财政制度尚未建立

政府用于公共服务的财政支出仍显不够，公共财政体制不适应公共服务均等化的要求。我国政府财政支出中，用于社会福利支出的比重仍占较低的比例。2005年全国各项社会福利费用，既有政府财政支付的部分，又有企业和个人负担的部分，占全国GDP的比例不足9%，其中政府支出部分占GDP的比例仅为5%。而且，政府负担的社会福利费用占财政支出的比例虽然已达到27%，但是与其他国家相比，仍属于一个较低的比例。城乡社会福利支出中政府投入所占比重差距明显。从具体构成看，城镇社会福利支出中政府投入占的比重（21.82%）远远大于农村社会福利支出中政府投入占的比重（5.26%）。中央政府与地方政府在农村公共服务供给责任上划分不尽合理。根据财政分权理论，中央政府主要负责全国性公共服务的提供，地方政府则负责地方性公共服务的提供，跨区域性的公共服务由中央和地方共同提供或几个区域联合提供。1994年分税制改革划分了中央、地方的财权，但事权仍是模糊交叉的，特别是在农村公共产品和公共服务供给方面，本该由上级政府投资的公共产品，有的却通过转移事权交由下级政府提供，县级政府承担了大量农村公共服务的供给责任，但中西部地区财力普遍不足，导致农村居民难以享受相应的基本公共服务。我国财政转移支付制度基本是以各地户籍人口为依据的。目前社会福利体系中城市政府所提供、与城市户口相关、具有排他性的公共服务，主要包括：以城市最低生活保障为主的社会救助服务；以经济适用房和廉租房实物或租金补贴为主的政府补贴性住房安排；在城市公立学校平等就学的机会。在人口流动性增强的背景下，流入地方的财力与事权不匹配问题比较突出，无法按现有户籍人口享受的水平向新迁入人口提供基本公共服务和社保。

1.2.7　统筹城乡的基本制度建设进展缓慢

我国劳动力的流动性在逐步提高。但是，劳动力市场依然是分割的，除劳动保护程度最低的农民工外，其他类型劳动力也往往受制于各种制约，很难正常流动。跨地区、跨部门尤其是不同身份（公务员、事业单位、企业职工）劳动力的流动更是多有阻隔。尽管法律法规提倡和保护平等就业，反对就业歧视，但由于劳动力市场改革不同步，有关法律执行不到位，就业歧视现象十分严重。外来劳动力尤其是农民工无法得到与本地就业员工一样的待遇，一个单位编制内的正式职工与合同聘任制用工身份待遇相差很大，造成职工身份不平等、同工不同酬等现象。目前城乡和区域分置的公共服务体系，与相应的户籍绑在一起，导致户籍制度"含金量"差别。近年来，很多地方政府都宣称已经或将要进行各种类型的户籍制度改革，但大部分改革，或者流于形式，或者仍然具有很大的局限性。很多地方的户籍改革主要是针对本辖区（往往是本县、或者最多是地级市的）的非农业户口，但对跨行政区的流动人口户籍基本没有放开。除了跨区流动人口户籍改革进展缓慢之外，特大、大型乃至一些中等城市的户籍改革也基本没有放开。户籍制度抬高了农民工进城的门槛，使城镇化处于僵持状态，成为农民工谋求机会公平、待遇平等、权益保障的障碍，限制了农民工融入城市社会。

1.3　当前城乡统筹的必要性和迫切性

城乡走向融合或一体化是必然趋势，但这是一个长期的客观发展过程。统筹城乡发展、协调城乡关系、缩小城乡差别，是最终实现城乡一体化的必然选择。城乡统筹工作是涉及各级政府和政府多个部门的共同责任，绝不能因为任务艰巨就无限期地拖延下去、等待下去，更不能因为认识水平不足或躲避责任，而有意无意地迟滞城乡统筹工作进程。各级政府和各部门都应该坚决落实党中央的决定，走有中国特色的城镇化道路，充分发挥政府公共政策的指引作用，发挥城乡规划在城乡建设发展中的基础性指引作用，积极稳妥地推进城乡统筹，扎实努力地开展统筹城乡发展的规划。

1.3.1　为构建和发展新型城乡关系服务

从国际城市化实践看，已经基本完成城镇化的发达国家都经历了乡村孕育城市、城乡分离、城乡对立、城市辐射乡村、城市反哺乡村、城乡互助共荣与融合发展等不同阶段的演进，到 20 世纪 70 年代以后，城乡之间基本上是协调发展的，不存在明显的城乡差别。发展中国家在获得独立后，均不同程度地实行重化工业优先的发展战略。由于受到现行的国际市场利益格局、资源环境，以及欧美国际资本控制的世界经济体系的影响，很难实现工业化、城镇化、现代化的发展理想追求，不少国家牺牲了农业利益，导致国内城乡差别不断扩大，社会矛盾冲突不断加深。在我国，受国际环境的制约、国内资源条件约束，以及社会主义初级阶段经济发展规律的作用，我们在发展中形成了具有中国特色的城乡二元格局，城市与农村、工业与农业、市民与农民在两个相对封闭的系统下运行，城乡生产要素流动受到诸多制约，城乡之间的发展关系处在不平衡、不协调的状况下，导致城乡二元经济结构凝固化，在原有体制框架下解决农民增收和就业、进而全面解决"三农"问题的回旋余地越来越小。

目前，我国正处于经济发展转型、新型工业化加速提升、城镇化快速发展、新农村建设全面推进、城乡和谐社会建设的关键时期，进入到建立起与市场经济体制相适应的新型城乡关系的重要时期。统筹城乡规划，把城乡的各类发展要素、制约条件等作为一个整体统一筹划，构建全新的城乡社会经济协调发展的战略框架，建立城乡统一的公共服务体系。按照城乡公共服务均等化原则，使公共财政向农村倾斜，公共服务覆盖农村，使城乡居民权利平等、机会均等、服务同等。加强城乡统筹规划，就是要尽快在城乡规划、产业布局、基础设施建设、公共服务、劳动就业和社会管理等城乡一体化方面取得突破，促进公共资源在城乡之间均衡配置，加快生产要素在城乡之间合理流动，不断推进城乡经济社会文化融合发展。通过城乡统筹规划，协调推进区域城镇化和乡村地区发展进程，加快城镇基础设施、公共服务向乡村延伸，为引导城乡各项建设提供科学依据，为改善城乡人居环境和生态环境提供公共政策保障，实现以城带乡，缩小城乡差距，引导城乡统筹协调和可持续发展。实施城乡统筹规划，就是要制定政策，加快建立健全统筹城乡协调发展的体制机制，破除城乡分割的体制性障碍，积极推进户籍、就业、社会保障等制度的配套改革，实行城乡统一的以实际居住地登记的户籍制度和城乡平等的就业制度，健全城乡统一的生产要素市场，实现城乡资源共享和生产要素的优化配置。加快建立农村土地经营承包权流转制度和承包地、宅基地使用权抵押制度，增加农民进城创业的原始资本。继续加大对农民的培训，提高其文化技能水平。通过城乡统筹规划，为落实全面协调可持续的科学发展观服务，为构建和发展新型的城乡关系服务。

1.3.2　为根本解决"三农"问题服务

当前城市与农村形成了鲜明的对比：（1）规模不断扩张、信息化和技术资本密集度越来越高的工业与小规模分散经营、劳动生产率低下的农业形成鲜明反差；（2）人居环境日趋优越、基础设施建设日趋完善的城镇与生态环境恶化、产业经济不景气的农村形成鲜明反差；（3）收入持续增长、文化素养越来越高的城镇居民与收入低水平徘徊、文化生活匮乏的农民形成鲜明反差。基于我国大部分地区仍处于工业化发展的中期阶段，集聚仍然是空间经济发展的主要特点，城市经济仍然占据区域经济发展主导地位。单纯依托城市要素的扩散或更大范围内区域要素的整合（包括环境要素），或者是原有的区域规划模式，农村地区将仍处于被动的地位。而新时期的城乡统筹发展涉及产业、空间结构、制度体系、环境保护、生态建设、基础设施建设等多方面的内容，可以有针对性地协调地方当前的城乡发展关系，为解决"三农"问题比较突出的农村地区发展矛盾提供规划服务。

农业、农村、农民问题是全面建设小康社会进程中的关键问题。我国现在达到的小康还是低水平的、不全面的、发展很不平衡的小康，差距主要在农村。没有农民的小康就没有全国人民的小康，没有农村的现代化就没有国家的现代化，也就谈不上社会主义和谐社会。统筹规划城乡建设，建立统一的城乡规划体系，做到城乡建设规划一张图，有利于合理把握城镇化的进度和节奏，有利于贯彻"工业反哺农业、城市支持农村"的方针，在空间资源的配置、发展目标的协调、城镇基础设施向乡村延伸等方面发挥城市对乡村的辐射带动作用，从而为农村全面发展构建有效载体和良好平台。

近年来，随着中央随着中央建设社会主义新农村工作的推进，各地普遍感到乡和村庄规划比较薄弱。部分乡、村庄没有规划，一些乡规划、村庄规划盲目模仿城市规划，没有体现农村特点，难以满足农民生活和农村发展的需要，无法真正实施。统筹规划城乡建设，可以将具有密切联系的市、镇、乡和村庄纳入统一的规划，实施统一规划前提下的管理，加强市、镇基础设施向农村地区延伸和社会服务事业向农村覆盖，保证一定空间距离范围内的城市、镇、乡和村庄在资源调配、生活供应、设施共享等方面能够实现相互依存、紧密联系，改变目前村庄建设散乱、浪费土地资源、破坏人居环境的现象。

1.3.3　为促进城镇化健康发展服务

城乡本互为共生单元，实践证明，城乡融合发展是城乡关系发展的必然，也是两者关系的最高发展阶段。新型城乡关系已经不能用生产力的三要素来进行概括，取而代之的是包括自然水体、生态景观、公共交通、城镇化与工业化四大功能走廊（Function Corridors）的新型城乡网络概念。这种新型城乡统筹关系对城市发展产生巨大作用：（1）能够确保城乡为相对独立的空间实体（Spatial Entity），为城市土地结构的调整与规模的增长提供了开敞空间；（2）为城市要素转移提供了更多的可进入性空间（Accessible Space），促进了城市要素的新陈代谢；（3）为新"功能节点"的增长创造条件，促使"单一的城乡网络模式（Simple Network）"向"整合的城乡网络模式（Integrated Network）"转变，并迫使原有的经济廊道和增长点进行新的发展功能和规模定位。

统筹规划城乡建设是推进城镇化健康发展的需要。目前，我国正处在城镇化发展的关键时期，在推进城镇化健康发展的过程中，城市离不开农村，农村离不开城市。要通过城镇化健康发展有力促进农村经济发展，增加吸纳富余农村劳动力就业的空间，不断开拓农村市场，增加农村消费需求，提高农民素质，实现城乡劳动力资源的优化配置，形成大量反哺农业的资金，增加对农业现代化发展的支持力度。同时，城镇化水平的提高，可以扩大城市的投资和消费需求，有力拉动内需。在城镇化中，要实现城镇人口的增加与农村人口的减少相关联，城镇建设用地的增加与农村居民点用地的减少相关联。通过规划的制度设计和政策保障，有效统筹城乡建设用地资源，实现基本农田的有力保护和永续利用。

1.3.4　为构建和谐社会服务

构建民主法治、公平正义、诚信友爱、充满活力、安定有序、人与自然和谐相处的社会是当前我国社会建设的重点。合理的社会结构是和谐社会建设的主要目标，其中在重点调查的人口、家庭、阶级阶层、就业、城乡、地区、消费、组织制度八大结构中，城乡结构是社会结构的最大矛盾，调整城乡结构是构建和谐社会最重要的内容。妥善处理城乡关系，符合和谐社会本质要求的改变城乡经济二元结构的社会规律，符合和谐社会内在要求的城镇化与工业化同步发展的经济规律，符合和谐社会客观要求的缩小城乡差距的历史规律。加强现阶段城乡统筹规划，协调城乡关系是一项系统工程，包括城乡基础设施投入的关系、城乡居民收入的关系、城市居民与农村居民消费的关系等经济内容；包括城市人口与农村人口统一的户籍制度、城里工人和农民工的平等就业关系等社会内容，以及城市居民和农村都能接受良好教育、享有丰富文化生活的关系等文化内容。这些内容在中国不少地区都存在着尖锐的矛盾冲突。加强城乡统筹规划，有利于理顺当前及未来不同发展阶段各方面的利益冲突，有利于进一步协调城乡社会发展关系，有利于找准和谐社会建设的突破口。总之，加强现阶段城乡统筹规划具有十分的迫切性。

第2章 城乡统筹规划的基本理论

2.1 城乡统筹规划的内涵

2.1.1 国内外相关研究与实践

1. 国外做法与经验

进入21世纪，与过去城乡分割的发展理论不同，新的城乡发展理论更加关注"网络"和"流"，关于城乡间的"联系"和"流"的城乡相互作用理论的探讨也因此发展起来。新的理论更注重城乡之间的联系和统筹发展，而非片面强调其差距。

（1）美国

美国是工业发展比较早的国家，也是在解决二元经济及城乡统筹问题上比较成功的国家。美国的主要做法有以下几个方面：一是通过建立完善农业保护政策体系来促进农业发展。美国始终重视强化农业作为第一产业的地位，并通过种种措施由政府直接进行扶持。如通过保护性收购政策和目标价格支持相结合的做法来稳定和提高农民收入，通过所谓生产灵活性合同和反周期补贴等形式给予农民直接收入支付。另外，在美国联邦财政补贴项目拨款上，也要求当地政府拿出一定比例的配套资金。二是加强农村基础设施建设和社会事业建设。20世纪30年代以来，美国一直重视农村的道路、水电、排灌、市场等基础设施及教育、文化、卫生等社会事业建设，目前大部分乡村的基础设施和公共服务与城市相差无几。如2000年美国农村公路里程达300万公里，占公路总里程的一半，虽然承担的运输强度不大，但在经济和社会发展方面具有重要作用。三是开展多元化的农民职业技术教育，如"工读课程计划"就收到了很好的效果。四是健全推进城乡统筹协调发展的法律体系。从20世纪50年代后期起，美国政府制定了一系列优惠的郊区税收政策，鼓励工厂和居民从都市迁往郊区。

（2）日本

为消除城乡经济社会发展中逐步显现的差距，日本政府自1961年起开始采取了一系列措施。比如1961年制定了《农业基本法》，把缩减工农之间收入差距作为基本法的目标之一。1967年，日本政府又制定了《经济社会发展计划》，出台了一整套政策措施来解决产业均衡发展、缩小城乡差距的问题。一是保护农村工商业的发展。自20世纪60年代起先后制定了《新全国综合开发计划》、《农村地区引进工业促进法》、《工业重新配置促进法》，促使工业由大都市向地方城市和农村转移，不同类型的工厂在农村的存在和发展，以推动农村工业化。二是加强农村基础设施建设。政府运用公共财政加大用于农业生产基础设施整治、农村生活环境整治以及农村地区的保护与管理等农业基础设施建设的投资，加强城乡之间的物质和信息联系，促进农业生产率的提高。三是推进农村土地规模经营。日本在1961年制定了《农业基本法》，1962年、1970年又先后两次修改，1975年制定了《关于农业振兴区域条件整备问题的法律》，这些制度改革促进了以土地买卖和土地租借为主要形式的土地流动，为土地规模经营提供了基础。四是发展农村基础教育和职业教育。除了义务教育普及了高中教育外，还特别重视农村职业技术教育，不仅为农业、工业和服务业产业效率的提高夯实基础，也促进农民顺利城镇化。五是建立与城市一体化的社会保障体系。通过1946年的《生活保护法》、1959年的《国民健康保险法》和《国民年金法》的颁布执行，日本农村基本上建立起了以医疗保险和养老保险为主的农村社会保障体系，形成了城乡一体化的国民公共医疗和养老保险体系。六是大力发展各类农业协会。几乎每个市町村都设有农业协会，农业协会提供的服务已经涉及农户生产生活的各个方面，很多地方取代政府承担了提供公共服务的功能，为发展农业劳动生产率、提高农民生活质量发挥了积极作用。

（3）法国

法国促进乡村地区发展、缩小城乡差距的措施主要有以下几个方面：一是通过立法来调控产业布局。法国从1995年开始不准在巴黎市中心区内新上工业项目，20世纪60年代开始在巴黎市中心区征收"拥挤税"，对从巴黎区搬到郊区的占地500m²以上的工厂，政府给予60%的搬迁补偿费。二是完善支持乡村发展的资金渠道。法国政府在支持落后地区时签署的国家与地方经济发展计划合同，除60%的合同投资由中央政府财政承担外，其余的则由地方财政负担。三是注重为农村居民提供与城市居民大致相等的公共服务和发展机会。比如，通过"农业社会互助金"形式，完善对于农村人口的社会保险制度。四是在乡村地区建立新城，带动乡村发展。在20世纪60年代中期，法国巴黎确定了"保护旧市区，重建副中心，发展新城镇，爱护自然村"的方针，建立了由农业区、林业区、自然保护区和中小城镇组成的乡村绿化带。这些政策的出台，使得国家对于农业、农村发展的支持更为集中，效果更为显著，为实现城乡统筹发展提供了良好平台。

（4）挪威

第二次世界大战后，挪威城乡发展不平衡问题开始显现，社会结构性失业严重，资源浪费巨大，农村人口持续下降。为解决这些问题，使人口不断流失的农村地区获得比其他地区更快的发展速度，缩小城乡差距，促进城乡、区域之间的协调发展，挪威政府相继采取了一系列政策措施。包括以下几个方面：一是中央政府制订支持农村发展的中长期发展规划。二是政府不断加大对农业农村投资力度和财政转移支付的规模。自1973年起每年对农业的投资额均是其他产业投资额的2~3倍，1977年最高时达到4倍，这还不包括公共建设投资对农村地区的倾斜。三是建立公共产品和服务向农村地区倾斜的长效机制。1967年制定了《全民社会保障法》，积极引导公共产业和服务向农村倾斜，使得挪威农村地区在20世纪70年代和80年代公共服务部门的就业岗位不断增长。四是增强农民在国家社会发展和公共事务中的话语权。五是强化对农业"多功能"性的认识。挪威城市区域发展研究所的主流观点认为，农业不仅仅是为人们提供粮食，而且在环境保护、维护生态平衡、保持自然风景、保护人类文明遗产等方面都有十分明显的作用，政府决不应该像对待私人产品那样将其完全市场化，必须进行规划和大力扶持，唯有如此，才能遏制城乡差距继续扩大的势头。

（5）韩国

第二次世界大战后，韩国是传统的农业国家。在产业民族化的方针下，韩国政府大力扶持工业尤其是重工业的发展，并取得了相当大的成效。针对工农失衡的困境，韩国政府于1970年启动了"新村运动"，走出了一条由政府推进主导的、扩散型的农村工业化道路。主要包括以下3个方面：第一，促进农村社会发展。改善环境与农村排污系统，修建卫生供水系统、公共澡堂、公用水井及洗衣房；进行农村的房屋屋顶改造、房屋维修和村庄重建工作。第二，加快农村经济发展。增加农业生产基础设施的建设，主要包括道路兴修与扩展，修筑小规模灌溉工程和水坝、水塘和排灌渠；增加农民收入的主要措施有推广经济作物、发展专业化生产区以及建立各种新村工厂等。第三，实施农村工业区计划。目的在于推进农村工厂规模化，将农村工业区建在农村人口密集区，避免把工厂扩散到广大农村地区，使农村的非农产业集中发展，从而实现农村工厂的外部规模经济，推动城乡均衡发展。如增加公共设施建设投资，如大力发展农村电网、设置公用电话等。

（6）巴西

自20世纪60年代以来，巴西摒弃了先前那种"先工业、后农业"，"先城市、后农村"的传统工业化道路，开始城乡统筹发展的新探索。主要措施有：第一，增加政府投入，改善农业生产软硬环境。巴西政府在1965~1985年用于农业的政策资金累计约2191亿美元，其中310亿美元用于农业补贴，其他用于投资和市场政策。第二，完善城市与农村的联系机制。为了加速边远农村的开发，巴西政府在远离海岸1000km的亚马逊大森林中的马瑙斯建立增长极以带动整个亚马逊地区的发展，1974年后，在这个增长极的辐射下，亚马逊地区又建立了17个次增长极，形成了带动整个区域开发的发展网络，使城市和农村的互相支持辐射功能不断增强。经济增长由中心城市向外围扩展，城市的带动作用不断增强。同时，在一些农村地区，以边远资源开发地区或者以进行"绿色革命"的地区为新城建设点，形成新的增长极。另外，农村地区小城镇的兴起，在广大农村地区形成多个经济增长点。第三，统筹城乡社会组织发展。为进一步推进城乡的融合，巴西把原来由政府承担的培训、信息、宣传等工作转交民间组织承担，政府的工作重点为加强国民伦理道德建设，提升农村居民的共同体意识，强化农村民主与法制教育等。实践证明，这一改革有助于推进农村经济、文化发展的组织机构建设，如农业科技推广和培训组织、农村教育机构、农协、物资的流通和农村综合开发等组织和机构应运而生，作用也越来越大。

（7）共同经验

通过对发达国家与发展中国家城乡统筹发展经验的梳理，可以发现各国的做法有不少共同之处，对于我国建设社会主义新农村、稳步推进城乡统筹协调发展，具有颇多启发意义。

第一，建立完善的法律法规体系，夯实统筹城乡发展的基础。支持乡村发展，如果仅靠制订方案、规划和计划的方法，往往会由于不具有法律效力而在实践中难以得到有效执行。国家的区域政策和促进城乡统筹发展的措施必须有法律作为保障，相应的有专门组织管理机构执行，保证战略计划的有效实施。第二,要加大政府对农村经济社会发展和公共基础设施建设的转移支付力度。适时加大政府的干预力度，有利于加快乡村经济发展和社会稳定，政治上、社会上和经济上的效益显著。我国应随着社会经济的不断发展和国家财力的不断增长,将国家公共事业投入向乡村倾斜，提高农村基础设施建设水平，增强农村自我发展能力。第三，在农村城镇化过程中，要更加注意保护农民的合法权益。第四，要因地制宜，形成各具特色的区域发展格局。不同国家、不同地区乡村重建的道路是不一样的。我国不可能完全照搬发达国家完全依赖政府强大财政供给或者农村剩余劳动力全部转移的路子，同时也应尽量避免部分拉美国家城市贫困（贫民窟）和农村衰败同时并存的局面。我国各地区城镇化水平和经济差异较大，村镇建设将会出现多种模式，应该因地制宜，分区实施，持续推进我国乡村建设。第五，注重发挥社会力量作用。充分调动地方及民间力量参与、中央与地方财政结合，共同促进落后地区和农村发展，是各国常用的办法。动员各种社会力量和农民一起参与新农村建设，是克服城乡垂直布局弊害，促进城乡统筹协调发展的社会基础。第六，村镇建设的主体和关键是农民本身。转变农民观念，促进农民就业，改善农民生活，大力实施多种形式的乡村教育，不断提高农民素质，使农村居民和城镇居民享有平等的基本公共服务。第七，建立稳定的财政支农支出增长机制，是支持农村经济社会加快发展的基础。要积极采取贴息、配套、补助、奖励等形式，鼓励和引导工商资本、金融资本、民间资本和外资直接开发农业，形成以政府投资为引导、社会投资为主体、利用外资为补充的市场化农业投资机制。

2. 国内相关研究与实践

（1）相关研究进展

我国关于"城乡统筹"的研究始于20世纪90年代初，当时称之为"城乡一体化"，学术界就城乡一体化的概念、内容、动力、实现方法、理论框架等进行了研究和探索（杨开忠，1993；邹军、刘晓磊，1997；杨荣南，1997；杨培峰，1999；邹兵，2001；赵燕菁，2001；景普秋，张复明，

2003 等）。认为"城乡一体化是生产力发展到一定水平时社会发展的必然趋势"（邹军，1997）。自 2003 年中央提出统筹城乡之后，城乡统筹的研究进入新的高潮（仇保兴，2005；成受明，2005；张伟、徐海贤，2005 等），除了继续深化研究城乡统筹的涵义和理论之外，对规划的研究更加活跃。各方观点也不相同，有些认为应该独立编制城乡统筹规划，有些认为可以将城乡统筹的内容融入现有的各个法定规划体系中。张伟、徐海贤通过对比研究认为目前城乡统筹规划实施最具开展工作条件的就是在城市总体规划（主要是城镇体系规划）中与乡镇总体规划中完善与调整与城乡统筹相关的内容（张伟、徐海贤，2005）。成受明、程新良认为应将城乡统筹规划作为一门新兴的独立的专项规划来研究，规划对象是一个区域（地域），规划层次属于宏观层面，有别于城镇体系规划和城市总体规划，属于区域规划的一个组成部分（成受明，程新良，2005）。仇保兴从理想主义、理性主义和实用主义的角度理解城乡统筹规划，并提出了城乡统筹规划的若干原则、规划方法和途径，指出城乡统筹规划不能割断历史，需因地因时因需地进行编制和实施（仇保兴，2005）。李兵弟在 2010 年中国城市规划年会上分别从城乡统筹规划的差异化发展之路、中小城市和小城镇发展、国家规划体制改革、城乡建设用地合理使用以及规范农村居民点建设五个方面对城乡统筹规划的制度构建与政策进行了重点解读，提出要在重在发展、重在转型、重在国情的认识基础上更加全面推动城乡统筹规划的制度构建（李兵弟，2010）。

（2）相关规划实践

近年来，我国城乡统筹规划建设有了长足的进步，规划事业始终走在我国城乡统筹建设工作的最前沿。早在 2003 年，成都市便展开统筹城乡综合配套改革，成为探索中国特色新型城市化道路的先锋。2007 年国务院批准在重庆市和成都市设立统筹城乡综合配套改革试验区，针对城乡统筹中的几个关键性问题，如户籍制度改革、土地权属流转、区域协调发展、三农问题等，建立了成套的制度体系，为我国城乡统筹规划提供了实践范本。除成渝两地之外，许多地区也开始进行相关的以城乡统筹为目的的规划实践探索。在政策制定层面，浙江省先后在全国率先制定出台了《浙江省统筹城乡发展推进城乡一体化纲要》和《关于加快推进中心镇培育工程的实施意见》（2007[13] 号）的文件，将着重培育中心镇作为浙江省统筹城乡发展的重要载体；2005 年，江苏省出台了《省委省政府关于加强城乡建设工作的意见》，首次提出全力推进城乡规划全覆盖的概念，2010 年颁布的《江苏省委省政府关于提高统筹城乡发展水平进一步夯实"三农"发展基础的若干意见》提出继续将统筹城乡发展，城乡改革联动作为当前和下一阶段城乡发展的侧重点；广东省于 2005 年 4 月出台《关于统筹城乡发展加快农村"三化"建设的决定》，描绘出未来 15 年内广东统筹城乡发展的路线图；山东省政府于 2010 年出台《关于加强土地综合整治推进城乡统筹发展的意见》，针对城乡统筹规划中土地综合整治问题提出了解决方案。

在规划编制实施层面，许多地区相继进行了以城乡统筹为目的的规划实践探索，包括 1995 年编制的南海市城乡一体化规划、温岭市城乡一体化规划，1996 年编制的湖州市区城镇群总体规划、张家港市城市总体规划，1999 年编制的江宁县域规划，2003 年编制的成都市中心城非城市建设用地城乡统筹规划，2004 年编制的桐乡市域总体规划、嘉兴市城乡一体化规划、嘉兴市各县区（秀城区、嘉善县等）城乡一体化规划等，2005 年编制的江苏省农村居民点布局体系规划，2006 年编制的全域成都规划及各区县城乡一体化规划、北京各区县的新城规划（其中包含了整个区县域城乡统筹的内容），2009 年编制的海南省城乡一体化规划、珠三角区域绿道网规划，2010 年编制的安徽省繁昌县城乡统筹规划等。这些规划分别针对省域、市域、重点地区和村镇对城乡统筹规划内容、方法等进行了探索和创新，对地方政府指导城乡协调发展发挥了积极的作用。住房和城乡建设部门的积极实践探索得到了各方专家和有关部门的充分认可。

在党中央、国务院的领导下，国务院相关部门做了很多政策性研究与实践性探索，为我国城乡统筹事业的发展做出巨大的贡献。住房和城乡建设部、农业部就解决"三农"问题做了大量的实践工作，内容包括推动农村居民点布局规划、村庄整治规划，镇、乡和村庄规划、农业综合发展规划、农业园区建设规划、农村基础设施规划等；国土资源部在2009年提出以农村土地综合整治为平台，促进城乡统筹发展的工作思路，实行土地增减挂钩政策，促进城乡建设用地合理发展集约使用；人力资源和社会保障部针对建设领域农民工工资支付与社会保险等问题制定了相应的政策，保障进城务工人员的基本权益；国家发展和改革委员会将人口、经济、资源环境协调发展以及统筹城乡发展、统筹区域发展的思想贯彻到主体功能区规划中，实现城乡之间、地区之间的均衡发展。

然而，城乡统筹规划目前更多的是某些地方面对城乡空间无序发展问题而提出的要求协调城乡发展的整体性规划，是一种自律和自发的行为，其规划的内容和实施的效果取决于设计单位的技术水平和政府部门的管理能力。一方面，这类规划尚未完全纳入到法定规划，在强调依法行政的今天，其实施和可操作性受到质疑和阻碍；另一方面，城乡统筹规划目前还处于探索阶段，虽然各个规划的目的基本一致，但由于缺乏总结和协调，此类规划在内容、方法、深度、表达方式等方面各不相同，制约了城乡统筹规划的推广和实施。

2.1.2　涉及城乡统筹的几个概念界定

1. 城市和农村

城市，是以非农业产业和非农业人口集聚形成的较大居民点（包括按国家行政建制设立的市、镇）。一般而言，人口较稠密的地区称为城市（city），通常包括住宅区、工业区和商业区并且具备行政管辖功能。城市的行政管辖功能可能涉及较其本身更广泛的区域，其中有居民区、街道、医院、学校、写字楼、商业卖场、广场、公园等公共设施。

农村，相对于城市的称谓，指农业区，有集镇、村落，以农业产业（自然经济和第一产业）为主，包括各种农场（包括畜牧和水产养殖场）、林场（林业生产区）、园艺和蔬菜生产区等。与人口集中的城镇比较，农村地区人口呈散落居住形式。在进入工业化社会之前，社会中大部分的人口居住在农村。以从事农业生产为主的农业人口居住的地区，是同城市相对应的区域，具有特定的自然景观和社会经济条件，也叫乡村。

对于城市与农村的关系而言，城乡统筹将二者联结起来，"城乡统筹"字面上解释是"城"、"乡"，在一定的时代背景中互动发展，以实行"城"、"乡"发展双赢为目的发展格局。充分发挥工业对农业的支持和反哺作用、城市对农村的辐射和带动作用，建立以工促农、以城带乡的长效机制，促进城乡协调发展。城乡统筹就是要改变和摒弃过去那种重城市、轻农村，"城乡分治"的观念和做法，通过体制改革和政策调整削弱并逐步清除城乡之间的樊篱，在制订国民经济发展计划、确定国民收入分配格局、研究重大经济政策的时候，把解决好农业、农村和农民问题放在优先位置，加大对农业的支持和保护。

需要关注的是，我国东中西部区域发展差异巨大，城乡概念也不能简单地"一刀切"。特别是沿海经济发达地区，空间上呈现出城镇密集连绵分布的特征，尤其是早期农村城镇化发展迅猛的地区，如苏南地区、浙南地区和珠三角地区，城乡之间的空间边界相互交融，很难准确地划定。一些地方"工业强村"的出现，更是冲击了传统意义上的农村，其显著特点是非农经济发展迅猛，经济实力和财力较强，建设用地拓展迅速，人口集聚规模较大，但仍保留"村"的行政单元。例如华西村，1996~2009年村辖区面积由原来的0.96km^{2}扩大到30km^2，人口由原来的2000多人增加到3万多人，华西村民的收入是全国农民平均收入的41.76倍、是城镇居民平均收入的13.01倍。2009年，华西村入选中国世界纪录协会中国第一村，创造了中国世界纪录协会多项世界之最、中国之最。像这一类村庄在沿海发达地区还有很多，已经超越了西部地区很多乡镇的规模甚至是县城的实力。对于这种乡村地区，研究中应该将其纳入城镇化地区范畴考虑，更多意义上是城乡统筹中"城"的范畴。

2. 市民与农民

市民，又称城市居民，通常是指具有城市有效户籍和常住在市区的合法公民。农民，是长时期从事农业生产的人。多指农村以种植业、畜牧养殖业为生的社会人群集合，也可以泛指农村劳动力。

这对概念简单地从居住地和从业特征做出市民和农民的区分。但是这种概念的界定缺失了两类特殊人群，或者说两类人群难以界定是市民还是农民。一是居住在农村但长期从事的是第二、第三产业的人，不务农；二是居住在城镇的外来务工人员（农民工群体），农民身份没有变，家里仍有宅基地和农田。因此，简单的依据户籍的身份判定，已不能够准确地表明是农民还是市民，实际上这类人群将会是城乡统筹政策制定的难点。

3. 工业与农业

这对概念简单明了，需要说明的是农村（乡村）产业发展需要密切关注一些新兴产业和业态的出现，以及新的农村生产组织方式变化，包括大农业中的观光休闲产业、生态农业、设施农业等，以及在农村蓬勃发展的乡村旅游业、传统手工业等。这些产业对农村经济发展有广阔的前景，对农民收入提高有极大的促进作用。同时，需要关注的还有，东部发达地区的乡村农业生产，本地人已经很少直接参与劳作了，当前主要有两种方式运作：一是由外来人口包租土地从事农业生产；二是由农业等产业化公司运作。因此，农业的产业化和现代化将会带来农民身份的改变，引起农民身份的分化与异化，出现以农业生产活动为主的产业工人。

2.1.3 城乡统筹规划的理解

1. 涵义

狭义的城乡统筹规划是指对未来一定时间和城乡空间范围内经济社会发展、环境保护和项目建设等所作的总体部署，其实质就是把城市和农村的发展作为整体统一规划，通盘考虑。广义的城乡统筹规划是指对人口、资源与环境存在功能、结构等差异的区域整体发展的部署，广大的郊区、落后的县域中心城市和重点镇均可以看作是农村地区。城乡统筹规划属于区域规划范畴，也是典型的空间规划。

城乡统筹规划"是根据一些经济高度发展城市的实际需要，为适应经济快速发展地区特点，以城市总体规划为基础，结合土地利用规划和其他专项规划衍生出来的一个新的规划品种"（赵燕菁，2001），其目的是缓解城乡矛盾，推动城乡之间建构区域功能协调、城乡功能互补、空间布局合理与支撑体系配套完善的城乡系统。城乡统筹规划产生的内在动力主要包括：

一是弥补规划层次的缺陷。从城镇体系规划和城市总体规划的各自重点而言，城镇体系规划的重点是"三结构一网络"，研究的是城镇之间的"结构性关系"；城市总体规划的研究重点是"规划城市建成区的空间布局"，对城市外围区域的空间布局研究很少。而城镇体系规划所研究的等级、结构、空间轴带等内容都过于抽象，同时由于研究范围过大（尤其是市域、省域城镇体系规划）对各乡镇发展方向、功能布局等实际空间问题在技术层面上难以进行有效的控制和安排。因此，各乡镇编制的总体规划实际上是缺少上位规划在空间上进行控制的，致使乡镇规划之间在空间、设施等方面也难以有效衔接。随着《城乡规划法》的出台，对乡镇发展的控制要求将成为规划主管部门的重要工作，依靠城镇体系规划和乡镇总体规划显然难以达到规划控制和管理的要求。这就要求在区、县（县级市）的层次上代替城镇体系规划编制城乡统筹规划，在原有的城镇体系规划的基础上，进一步研究内部城镇的空间发展方向、主要功能布局、区域生态保护、基础设施衔接等问题。由于区、县（县级市）辖区范围较小，同时对乡镇拥有直接的管辖权，在这一层次上编制城乡统筹规划也比较合理。

二是填补空间规划的"空白"。现有的法定规划重点是建设用地的安排和布局，对非建设用地如生态用地、农业用地等却很少作出明确的安排，也即我国目前还缺少一个完整的空间规划体系，许多地区在空间规划中仍处于空白状态。城乡统筹规划将整个城乡空间作为研究的范围，不仅研究城镇建设用地，同时也研究非建设用地，并做出具体安排和规划，可以填补现有空间规划的一些空白。

三是推动新农村建设的实施。城乡统筹规划不仅研究城镇空间，同时也研究乡村空间。通过城乡统筹规划，确定不同片区乡村发展特点。根据乡村发展条件和趋势，提出乡村居民点整合的建议。研究农村产业发展问题，促进农村生产的发展。通过树立示范性新农村建设等政策措施，为相似村庄的建设树立模式，推动新农村建设的分期实施，避免新农村盲目、激进建设，保障社会主义新农村的可持续发展。

2. 在规划体系中的地位

城乡统筹规划并非国家法定规划序列的一部分，从其规划对象、内容等方面看，一般被划归为区域规划，即对应于国家法定规划体系中的城镇体系规划。传统的城镇体系规划对于全国、省、市域层面的城镇发展能够发挥统筹和协调作用，但在县（县级市）域或郊区层次，一方面由于地域范围相对狭小、很难形成完整的城镇功能，导致城镇体系结构在这一空间层次上实际是不存在或不完整的，研究县（县级市、郊区）域城镇体系结构的意义受到很大局限；另一方面，从操作角度而言，城镇体系规划的内容显得过于原则和笼统，同时县域城镇体系规划与市域城镇体系规划的编制要求和内容深度上是相同的，县域城镇体系规划在规划空间上的重叠覆盖也无法满足城乡统筹和实际规划管理的需要。

实际上，21 世纪以来，随着城乡统筹政策的逐步深入，城乡统筹规划、城乡总体规划、城乡一体化规划等一系列新的规划名称出现，都属于"城乡统筹规划"的范畴。《城乡规划法》提出，城乡规划包括城镇体系规划、城市规划、镇规划、乡规划和村庄规划，并未明确该规划类型的法律地位。从目前开展情况看，可分两种类型：一种是法定规划，如重庆市城乡总体规划、浙江省开展的县市域总体规划，都起到城市总体规划的法定地位；另一种是非法定规划，是法定规划的补充。山东省要求规划全覆盖的文件即把城乡总体规划安排在城镇体系规划层面，着眼于统筹城乡发展的需要，经过省政府审批，作为法定规划，处于城、镇、乡、村规划之上，是其他城乡规划的上位规划。江苏省已正式出台文件《省政府办公厅关于加强城乡统筹规划工作的通知》（苏政办发 [2010]119 号），明确指出：城市（县）、乡镇总体规划正在修编的，要专题研究、同步编制城乡统筹规划，纳入城市（县）总体规划或乡镇总体规划一并审批。城市（县）、乡镇总体规划已经修编完成的，城乡规划主管部门应依据总体规划，组织制定城乡统筹专项规划。单独编制的城市（县）城乡统筹专项规划报同级人民政府审批，乡镇城乡统筹专项规划报上一级城市、县人民政府审批，规划报批前应经城市（县）总体规划或乡镇总体规划审批机关的城乡规划主管部门审查同意。城乡统筹专项规划涉及城市（县）和乡镇总体规划强制性内容修改的，应当在规划报审前按《江苏省城市总体规划修改工作规则》的规定程序，先行修改总体规划。

2.2 城乡统筹规划的重要性和必要性

2.2.1 深刻认识城乡统筹规划的重大现实意义

现阶段我国正经历快速城镇化和工业化，经济高速增长、人口从乡村涌入城市，造成城市土地迅速扩张以及一系列相关问题，如交通拥堵、生态环境恶化、耕地减少、历史文化遗产遭到破坏等。为了应对这些问题，落实科学发展观和城乡统筹发展，我国城市的快速发展迫切需要迈向内涵式、集约化发展轨道，城乡规划要更加凸显其综合性、协调性和政策性的特点。不仅从单纯的规划向综合公共管理工作转变，在规划实践中也要求体现出科学管理的特征，优化城乡空间资源的配置，加大公众参与和公开公示的力度。因此，城乡统筹规划是确立我国未来城乡统筹发展方式和发展方向的重要基础，是加快形成城乡经济社会发展一体化新格局的前提条件，是搞好我国城乡社会管理的关键环节。

为实现城乡统筹发展要求的城乡规划，其公共政策集中的调控目标应该是把农村和城市作为一个有机整体，统筹城乡资源要素，优化安排城乡建设、基本农田、产业集聚、生活居住、生态保护等空间，尊重城乡的功能、文化和特色差异，形成布局合理、分工有序、开放互通的城乡空间结构。即要用城乡区域一体化发展的思维来统筹制定区域社会发展和产业布局规划，根据城乡不同的社会结构特点和发展基础条件，合理制订发展策略和目标。在此基础上，城镇体系规划、城市总体规划、乡（镇）总体规划和土地利用总体规划等涉及空间物质形态控制的规划，要进一步按照城乡一体化的原则来落实空间资源管理和利用，对各类功能区要给予明确界定，对不同区域内部的空间利用要结合城乡特点进行规范，从而促进区域产业的合理分工和布局，减少和避免重复投资，实现区域基础设施与公共服务设施的共建、优势资源共享，持续改善区域环境和引导城乡居民点聚落布局调整，构建城乡统一市场，促进农业人口向非农产业转移，促进城镇化健康发展，形成城乡社会发展一体化。

2.2.2 城乡统筹规划能有效促进经济和社会发展

随着市场化改革的推进，我国的经济发展速度不断加快，经济实力迅速增强。同时，城乡间贫富差距也在逐步扩大，城乡二元结构凸显，导致我国城乡经济与社会发展失衡。农村地区的落后严重制约了我国经济总量的增长，阻碍了经济结构的改进和优化，影响了经济质量的改善和提高。

在构建和谐社会的时代背景下，城乡统筹能够实现城乡间良性互动，形成以实行城乡发展双赢为目的的发展格局，充分发挥工业对农业的支持和反哺作用、城市对农村的辐射和带动作用，建立以工促农、以城带乡的长效机制，促进城乡协调发展。

第一，城乡统筹有利于削弱并逐步清除城乡之间的制度樊篱。城市和农村是构成现代社会的两个基本单元，两者是密切联系、相互影响、不可分割的。但许多人为设定的制度樊篱，如户籍制度、教育体制、劳动就业体制、医疗体制、社保体制等方面都实行着截然不同的管理制度，使得城乡制度管理上存在不公平。通过城乡统筹，形成城乡一体化的管理体制，有助于打破城乡间管理制度的樊篱，促进城乡社会均衡发展。

第二，城乡统筹有利于构建城乡一体化的市场体系。在社会主义市场经济体制的背景下，通过城乡统筹优化城乡间资源配置，构建城乡一体化的市场体系是必然趋势，也是实现资源在城乡间自由流动的必要条件。城市应充分发挥其对经济要素的集聚作用，更多地承担各类资源的分配与流通功能，而农村作为城市经济增长的后盾与腹地，更多地承担生产与再生功能。农村在城乡一体化的市场体系中，应被摆在同等重要的地位。只有城市与乡村充分发挥各自的优势，相互合作，才能构建健康、稳定、持续发展的城乡一体化市场体系。

第三，城乡统筹有利于缩小城乡间差距。统筹城乡发展，缩小城乡差距，决非使城市的发展停下来等着农村发展，而是通过农村的快速发展来缩小城乡之间的差距。社会主义新农村建设是发展农村经济、缩小城乡差距的重要举措。在城乡统筹发展的基础上，以城市发展水平为标杆，通过实行农业产业化经营，努力实现农业现代化，加快农村城镇化建设进程，加快农村剩余劳动力的转移，逐步缩小城乡社会与经济的差距。

第四，城乡统筹有助于形成城市带动农村的有效机制。在世界经济发展史上，城市带动农村是经济发展的内在规律，城市发展离不开农村的支持，农村发展离不开城市的带动。就我国目前情况来看，城市也已经完全具备了带动农村经济发展的能力和实力。所以，要逐步形成城市带动农村的有效机制，实现城乡统筹发展。

2.2.3 城乡统筹体现了城乡规划的核心价值

2008 年正式施行的《城乡规划法》着重提出城乡统筹发展，对城乡统筹规划做出了很多明确的规定，这是我国城乡规划发展历程中具有里程碑意义的进步。它表明，伴随着我国经济的快速发展和城镇化的快速推进，经过几十年的探索和思考，我国政府的规划管理者、决策者和规划专家们对城乡规划的理解和认识进入了一个新的阶段。这突出地体现在对城乡规划的四个核心价值，即规划的区域观、公平观、发展观与质量观的再发现、再认识，或者说，是对规划的四个核心价值的觉醒与回归。

第一，城乡统筹规划体现了规划的区域观。城乡规划中，区域观是比较重要的传统理念，历史上中国城市的选址和建设，都特别强调跟周边区域自然环境的有机协调。城乡统筹规划理念是传统区域观的一个觉醒，即是城市和乡村应该在一个相对完整的功能地域系统中整体布局，不能割裂开来。农村的问题不能单纯靠农村来解决，反过来，城市的问题，如交通拥挤、环境污染、重大灾害威胁等城市病，也不能单独靠城市来解决，要在以城市为核心的一个广大的城乡区域系统内统筹配置资源，谋求城乡互动发展。所以，城乡规划统筹应该是区域观的直接体现。

第二，城乡统筹规划反映了规划的公平观。实际上，公平正义是现代社会价值的基石，也是公共政策制定的核心。以前我国城乡二元结构相对严重，农村和城市没有充分体现一种公平观，传统规划中资源配置的重点还是放在城市。由于国家大规模投资所带来的收益直接考虑到农村部分比较少，如土地开发的收益基本由城市获得。所以，城乡统筹规划应该体现公共政策的公平观，从规划起源上注重公平，更多地考虑八亿多农民的生产、生活和生态需求。

第三，城乡统筹规划突出了规划的发展观。规划本质上是对资源的分配和利益的平衡，某种意义上来讲，规划不仅仅是画图，而是要通过公共政策设计，通过空间管制和一系列资源控制来实现发展利益的再平衡。所以城乡统筹规划要考虑到农村的发展，把全体中国人民实现更殷实、更全面的小康生活作为规划的主要目标。城乡统筹规划更多的是为了发展，根本目的是在发展的进程中逐步实现包括农村和城市在内的区域之间的公平发展，包括广大城市居民和农村居民的利益共享，受益最大化。这既是规划传统的复兴，也是新的规划意识的觉醒，是中国城乡规划发展到新的阶段的重要价值体现。

第四，城乡统筹规划体现了规划的质量观。城镇化的发展质量是与城乡统筹相一致的，追求发展的质量既是城乡统筹规划的出发点，也是城乡统筹规划的落脚点。一方面，综合考虑城市与乡村均衡发展的规划是有质量、有水平的规划。城市与乡村是区域系统的有机组成部分，乡村地区为城市发展提供了必需的粮食安全、环境安全、生态安全和能源安全（李兵弟，2010），是城镇化水平加速和发展质量提升不能缺失的基础，是区域城镇化良性、健康、可持续发展的基本保障。另一方面，城乡统筹规划要有针对性地解决本地区城乡二元结构带来的各种问题。针对我国城乡二元结构所带来的各种纷繁复杂的问题，以及城乡发展过程中所遇到的诸多富有中国特色的挑战，城乡统筹规划能够从战略层面、理论层面、操作层面和管理层面系统地考量城市与乡村发展的整个过程，提出有较高标准的发展规划指引，实现对城市与乡村统一的民生发展要求，不断提高城乡居民的生活质量。

2.2.4 促进城镇化健康发展，调整优化城乡居民点体系

转变城镇化发展方式，推动城乡统筹发展，必须把城镇化的发展重点真正地转到促进中小城市和小城镇发展上来，实现大、中、小城市（镇）的包容性发展。小城镇在城乡发展结构中承上启下，既是工业化的重要载体，又是农业产业化的服务依托，还是城镇化的基础支撑。小城镇的比较优势能就近吸纳农村人口，成为农民工回乡创业之地，乡镇企业的再生之地，县域经济的富民之地，

其相对较低的比较成本可以使大量农民从农村转出来、待得住、能发展。

第一，继续发挥特大城市、城市群在城镇化发展中的核心引领作用。在城乡统筹发展中，特大城市和大城市更要率先转变经济和城市发展模式，不断完善和提升城市在全球化竞争发展中的特定功能，退出一般性的竞争行业（尤其是低端制造业），内敛行政资源的外延性扩张，重点发展战略性新兴产业。当前主要是做到城市能力的三个提升，即提升创造功能、服务功能、信息引领功能为主的城市创新能力；提升生态发展、低碳发展、人文发展为主的城市综合承载能力，不断提高城市地区开发建设的成熟程度；提升民生发展、民生保障和市民幸福指数为主的城市公共服务能力。

第二，将中小城市和小城镇发展作为重点扶持发展对象，在制度安排、政策引导、措施落实等方面给予保障和支持。中小城市和小城镇的发展要与区域中心城市功能提升、人口合理集聚和农业现代化结合起来，优化空间布局，承接产业转移，完善城市功能，提升城镇品质，提高中小城市和小城镇的吸纳能力、承载能力、特色能力和县域经济带动能力。政府支配的公共资源要优先向小城镇配置，以吸引各类生产要素和市场要素向小城镇集中。农村地区要优先发展能够带动现代农业发展的建制镇，为农村特色产业服务的特色镇，有一定产业基础吸纳农民工能力强的工业镇，承接大中城市产业转移的小城镇，有效改善周边农村地区人居环境的中心镇。坚持绿色可持续发展，落实"节能减排"指标，有效防止城市污染向农村地区扩散。保护小城镇特色风貌，发展乡土特色、民族特色鲜明的县域经济和多种产业，引导小城镇有特色的发展。

第三，尊重城镇化发展的客观规律和依循农村发展的实际，严格开展农村居民点调整工作。我国正处在快速城镇化发展过程中，抓住机遇，适时适度引导调整散落的农村居民点是必然的，也是可行的，对农村居民点过于自然主义的发展状态显然有悖于国家长期的宏观发展目标。这既是促进小城镇发展的有力举措，也是城乡统筹规划工作的重要内容。首先，从国际城市化发展的一般规律看，城镇化发展过程中城乡居民点调整的重点从来都不是城市，主体也不是建制镇，而是农村的村庄，是农村大量散落的居民点与分散的自然村落。中国也不会例外。农村居民点的调整对任何一个国家来说，都是一项庞大的长期的系统工程，也是一项巨大的建设投资和社会建设工程。国外城镇化所经历的农村居民点调整合并，早期不少是采取残酷的"羊吃人"方式，之后不少国家又借助于两次世界大战战后恢复和农村建设的机遇调整农村居民点。有的国家至今还在有限度地调整农村聚落。新中国成立后，我们最急迫的是完成新民主主义的革命任务，重点推进农村土地改革。此后，又经历了合作化、人民公社和农村改革开放，农村的生产组织形式不断调整，但是农村居民点的空间布局总体上基本稳定（行政建制在动态调整中）。城镇化本质上是公共过程，是向包括广大农民在内的全体居民提供公共品和公共服务的过程，在城乡统筹规划指引下，采取和平的、渐进的、利益逐步调整的做法，以城市反哺、城乡共同发展的方式引导农民进城进镇、逐步调整农村居民点，应该是我们借鉴国际上城镇化发展经验得到的最基本启示。要以科学的规划和公共设施建设保障为农村新居民点建设服务。绝不能人为地推动城镇化进程，以撤村拿农民的土地，以集中并村扩大城镇规模，以基本建设的方式推动小城镇发展。保证安居、保障就业、保护农村生产生活链条的正常循环，抓住机遇、尊重民意、依法有序、稳妥实施，应是当前农村居民点调整的基本原则。其次，严格依法规范农村集中居民点建设。稳妥地引导农村居民点调整，与为了解决城镇发展用地短缺而去拆农民的村庄，是完全不同的两件事，绝不能因为施政后果（使用建设用地指标）的趋同而将不同的政策设计与执行方法混淆，将两种不同的制度随意打通。以耕地为主的农地综合整治是为了顺应农村规模化经营的要求，可以在更大范围内展开。但是农村集中社区建设和农民宅基地的整理就必须有严格的地域划定，即严格限定在城市规划区内的城中村。对于城市规划区外的村庄调整应重在以非农产业活动为主的、以非农劳动力转移为主的村庄，重在受自然灾害威胁、生态环境恶化，必须实施搬迁的农村居民点，重在基础设施配套和公共服务设施难以企及的农村极度困难地区。节余的土地指标应纳入城乡统筹规划，防止为了多得土地指标，哪个村可以多节地就整那个村的做法。最后，严格规范农村新建居民点的动迁。农村居民点调整是一项政策性很强的工作，是发展利益在不同主体之间重新分配的制度建设。我们的基层政府也许能够信心十足地去判断农村居民点集中建设的各种可能性，并且有把握控制局面，但是在快速城镇化和市场经济体制作用下，一些可能对农民造成的永久性伤害和影响，我们未必都能事先完整地准确地判断清楚。即使对所有可能状况都能做出准确判断，对于广阔的农村地区和众多的农民群众，也难以找到可以立即应付各种风险的政策设计，难以立即出台满足各种可能性的服务管理的社会手段。因此，中央文件多次反复强调的"风险可控"，应该是在农村居民点调整规划建设中必须坚守的工作与政策底线。当前最重要、最急迫的是要坚持先建后拆、合理补偿的硬杠杠，绝不能在规划的农村集中居住点的房子还没盖，就让农民先拆房子，甚至让农民自行解决拆房后的临时居住出路[①]。要严格尊重农民意愿，做到没有签订合同不动迁、没有建好房子不动迁、没有建设公共设施不动迁。

2.2.5　促进城乡规划体系创新与发展

城乡统筹规划不是法定规划，但是一个依法编制的规划，是依据《城乡规划法》、《土地管理法》等法律法规统筹编制的规划，是中央和地方政府有迫切需求的规划，是一些先行地区已经探索并有实际成效的规划。从国家规划体制看，城乡统筹规划应是一个包容性的规划，带有改革趋向的规划。为了更好地反映和指导各地的城乡统筹实践，这个规划应在一定的范畴内，整合统筹相关地区的经济社会发展规划、城乡规划和土地利用规划，以及环境保护规划，深化实化各方政策指引，推动规划编制内容的"三规合一"或"四规合一"，探索有利于发挥国家规划体系综合效能的改革。从规划的实际内容看，可以先行推进统筹城乡规划的编制、统筹城乡建设用地的使用、统筹城乡建设资金的安排、统筹城乡建设项目的审批。对于规划的实施，不要急于改变现行的部门执行体制，可以依据规划分别由各有关单位组织落实，为国家城乡规划体制的深入改革做一些铺垫。

2.3　城乡统筹规划的基本要求

2.3.1　城乡统筹实现的战略途径

中国的现代化发展道路必须坚持城乡统筹，落实城乡统筹必须坚持城镇化与新农村建设双轮驱动的发展战略，坚持推进城镇化与推进农业现代化和新农村建设相互促进，这是新中国成立后发展历史的经验总结，也是改革开放后发展实践给我们的重要启示，这是符合中国国情的唯一正确选择，对此绝不能有任何动摇和怀疑。

1. 推动健康城镇化车轮加快运转

（1）城镇化是城乡统筹发展的有效途径

一是通过城乡基本公共服务均等化，缩小城乡差距，实现社会公平。缩小城乡差距，应先从推动城乡基本公共服务的均等化做起。具体而言，就是通过科学的规划，改变建设用地的利用组合与利用形式，不断引入先进的生产和生活方式，为农村社会和农民带来更多的财富。以政府公共财政投入为主，引导配备基本的基础设施和公共设施，加强农村地区公共服务与社会管理，使农民享受到与城市居民基本均等的居住环境和公共服务设施。在城乡范围内的土地上，人民都能安居乐业。

---

① 据报道，沿海某市动迁农户，每天发 120 元，自行解决临时住所。

二是释放农村土地资产，推动产业发展，实现社会财富增值。在城镇化进程中，通过深化改革与制度设计，逐步推进集体建设用地与国有土地"同地、同价、同权"的改革进程，激活农民手中土地的潜在资产价值，提高农民的收入水平和消费能力，从而实现社会财富的滚动式增长。通过统筹安排城乡用地，对原来分散、零乱、土地资源利用效率低下的村落，进行集中改造，挖掘整理出可以集约使用的发展用地，实现土地及各种公共资源最大限度的整合提升与集约使用，促进人口和产业的集聚，发挥中心城镇的带动辐射作用。

三是保护生态环境，实现可持续发展的目标。发展的根本目的是以人为本，促进人的全面发展，不断满足人们发展中的物质和精神需求，不断提升人们的生活水平。这要求实现又好又快发展，既要"金山银山"，又要"绿水青山"，任何时候都不能以牺牲环境为代价，换取经济的一时发展。在城镇化推进过程中，要打破城乡二元体制，建立城乡统筹的生态保护体系、污染治理体系、生态补偿机制，有效地实现环境保护和可持续发展。

（2）城镇化可以有效地"减少农民"，"富裕农民"

国际发展的长期经验已经证明，没有高水平的城镇化就不可能有发达的国民经济，也不可能从根本上实现乡村高效益发展、乡村环境高品质维护和农民富裕等一系列目标。目前，发达国家农业劳动力在社会总劳动力中的比重一般都在5%左右。以美国为例，20世纪30年代美国农业人口占全国总人口的比重为25%，农民年人均农业产值约6000美元；到1950年，农业人口已降至17%，人均农业产值近1万美元。目前美国农业人口大概只占2%，农民人均农业产值近2.5万美元。我国目前农村有近5亿劳动力，除务农、乡镇所在地的企业吸收外，还有近2亿富余劳动力。在这2亿农村富余劳力中，有1亿多在全国各地的城市劳动力市场中就业，还有相当数量的富余劳动力仍滞留在农村。与许多世界发达国家乡村劳动力的彻底转移不同，我国第六次人口普查中的统计城镇化水平已经接近50%，但是进城的大量农村富余劳动力及其家属还没有实现彻底的身份与职业转化。

目前一些地方将城乡统筹发展与推进城镇化进程对立起来，错误地理解新农村建设和国家加大对农业的扶持、加大对农村的投入等一系列举措，片面地认为不应该再强调推进城镇化，而是要让更多的农民"留"在乡村发展，甚至让更多的农村劳动力从城市返回乡村。显然，这是一种完全错误且具有极大危害的认识。对于中国这样的发展中国家而言，在未来相当长一段时期内稳定、持续地推进城镇化是一条正确的道路。我们要注意更加统筹地处理大规模、快速城镇化过程中的一系列问题，加快进城进镇乡村人口的彻底转化。同时，也要充分地认识到城镇化是一个长期的、系统的过程，通过城乡统筹发展，有效地"减少农民"，实现"富裕农民"。

（3）城镇化可以促进区域网络化发展

城乡统筹是一个长期的过程，而不是一个特定的阶段，并不是只有经济发达、人口密集、土地资源短缺的地区才需要进行城乡统筹规划。但是，由于我国幅员辽阔、地区发展水平差异极大，不同地区的城乡统筹规划着力点是不一样的。简要而言，对于中西部城镇化水平还比较低的地区，城乡统筹规划的重点是促进城乡生产力发展，推动生成合理的村镇聚落级配，完善骨干性基础设施，发挥各级城镇"据点"带动乡村区域发展的作用。对于东部沿海城镇密集地区，其乡村地区城乡统筹规划的重点是如何促进乡村聚落的优化、集聚集约发展空间，提高公共服务设施的服务效率和质量，促进乡村经济向高效化方向转型发展。对于大都市边缘地区的城乡统筹规划，其重点是如何协调城乡空间发展与建设的矛盾，实施一元化的城乡土地、社会保障等制度管理，加强空间管制与功能协同，促进公共设施的一体化统建共享。

中国城镇化进程还远没有结束，不少乡村地区的聚落格局必然还要经历较大规模的重组、重构。"集中"、"集聚"、"集约"发展仍然是我国城乡空间发展必须坚持的基本要求，将有限的公共资源、公共财政进行科学合理、富有前瞻性的投放，运用城乡统筹规划的机遇实现城乡公共服务设施的

"均衡"、"均等"（而不是"均匀"、"平均"）配置，是城乡统筹规划必须认真思考和解决的问题。需要注意的是，一些地方将乡村地区公共服务设施的"全覆盖"简单地作为一种政治工程、"民心工程"，忽视了地区城镇化进程的规律、前景和效益，甚至将"村村通工程"直接通达十几户人家的自然村。这些做法违背了城镇化的基本规律，不仅造成了大量资源、资金的浪费，而且将影响、严重制约我国城镇化的健康进程，进一步加剧乡村分散、低效发展的局面。事实上，长江三角洲地区一些经济发达的县市，已在早些年就实施将公共设施配置到乡村组团、中心村等一系列合理的举措，以引导村庄的集聚、集约发展。

2. 推进社会主义新农村建设车轮协调运转

统筹城乡发展，重点和难点在农村，要始终坚持把解决好"三农"问题作为全部工作的重中之重。新农村建设的目的是实现农村经济发展和农民生活富裕，让农业、农村和农民走出传统的发展模式，有节奏、有梯次地转移农村富余劳动力，反对一切形式的将农民固化在农村、固守在农业的做法。在"城乡均质化"理念下，站在统筹城乡发展的高度，从农村产业开发和农村基础设施建设入手，把农业发展放到整个国民经济的大格局中，把新农村建设放到整个现代化建设的大格局中，把农民增收放到国民收入分配和再分配的大格局中，让农民与农村、农业一起发展，推动实现农村城镇化，从而缩小城乡差距，解决"三农"问题。

（1）发展现代农业

坚持现代农业发展方向，推进农业结构调整，优化农产品品种品质结构。加快农业科技进步，深化农业科研体制改革。推进农业机械化，着力提高重要农时、重点作物、关键生产环节和粮食主产区的机械化作业水平。发展农业产业化经营，加强和扶持龙头企业建设，完善农业产业化经营组织内部的利益相连机制，扶持发展农民专业合作组织。加快发展资源节约型农业和循环农业，节约和集约利用土地，提高农业投入品利用效率。

（2）建设新农村

促进农村经济持续、健康、稳定的发展。注意解决农村人口老龄化、劳动力外流、发展活力降低等城镇化带来的社会问题，形成民主法治、公平正义、诚信友爱、充满活力、安定有序、人与自然和谐相处的良好社会，避免农村凋敝现象。加强农村地区生产、生活基础设施建设，积极推进农村信息化建设，提高农村基本公共服务能力。大力发展农村公共事业，改善农村教育、卫生、文化等基础设施，基本建立比较完善的医疗、养老、最低生活保障和困难救助等社会保障体系。不断改善农村人居生态环境与村庄面貌，建设宜居、宜业的社会主义新农村。

（3）培养新型农民

随着城乡经济相互作用的增强和对外开放的扩大，农民面对的市场竞争将越来越激烈，其现有素质的不适应性也越来越强。加强农民培训、提高农民的组织化程度，不仅有利于农民更好地适应市场和现代产业竞争、就业竞争的挑战，扩大农民增收、就业和实现自我发展的机会，还可以提高农民的市场谈判能力、参与发展决策的能力、对农村公共品和社会发展需求的表达能力和争取相对有利的政策地位的能力，从而促进城乡协调发展机制的形成。

3. 促进城乡统筹发展的制度环境建设

（1）缩小城乡差距需要政府主动、系统的干预

西方国家对于乡村地区发展的认识经历了一个大的转变过程。20世纪20、30年代，由于过于信赖自由市场经济的作用，因而将城乡发展的不平衡视为一种正常的现象，希望通过市场经济机制主导的要素配置而逐步实现城乡之间的发展平衡。然而事实并非如此，那时西方国家的区域、城乡之间的发展差距不断扩大。对此，"累积因果论"、"核心与边缘区理论"等给予了解释：市场经济主导下的要素流动与配置具有选择性的偏好，因此不会自然地去缩小城乡之间的差距，尤其是不可能去弥补需要公共财力支持的乡村发展部分。城乡之间的极化效应的作用要远远强于扩展

效应，因此要改变城乡之间的发展差距，唯一可行的办法是国家进行干预。

于是在第二次世界大战以后，借助于当时凯恩斯主义的大背景，西方国家普遍开始了大规模实施政府主导干预下的乡村发展政策，包括国家投资改善基础设施，提供各种优惠政策，甚至直接投资兴办国有企业等。以挪威的乡村地区发展为例，20世纪初它的城乡差距极大，当时有70%的乡村人口且基本都生活在贫困之中，直至20世纪60年代，挪威城乡居民收入差距仍然一度达到3：1以上，大量农民因此流向城市，造成了结构性失业等大量的社会问题。从这个时候开始，挪威将乡村发展问题作为政府工作的重要内容，采取了一系列对策和措施（如1960年的"地区发展计划"、1970年的"北挪威发展计划"、1980年的"应急项目"等）。通过政府手中的资源下放、扶持农村地区的生产财政补贴、扩大财政转移支付规模等方式推动农村地区的经济发展，大力完善乡村公共设施，建立全国城乡统一的基础设施和公共服务体系。在20世纪70年代，政府对农业的年投资额是对其他产业的2~3倍（1977年甚至达到4倍）。与此同时，政府十分重视乡村地区的生态环境保护与可持续发展。如今挪威可以称为完全实现了城乡一体化融合，乡村人口已经只占全国人口的3.5%左右，全国人均收入4万美元，基尼系数仅为0.258，是世界上城乡收入差距最小的国家之一。可见，挪威能够在不长的时间内取得乡村地区发展的巨大成功，根本是归因于政府的主动和系统干预。

（2）相关制度与法规支撑是实施城乡统筹规划的保障

由于国家体制的差异，我国的空间规划更多地表现为技术性文件，往往缺少"法规"的色彩，而空间规划与相关的配套法规之间又几乎是完全分离的，这不仅导致了我国许多类型的空间规划缺乏法定的约束力，而且从根本上缺乏法定的实施推动力。虽然目前在法定的规划编制体系中没有"城乡统筹规划"的地位，但是我们认为"城乡统筹规划"是多样化的，有着趋同的目标、政策、方法和技术手段，而不是仅仅成为一种固化的规划类型。城乡统筹作为一种理念，可以渗透到其他各种法定规划（如城镇体系规划、总体规划、镇乡村规划等）的编制之中。

国外的经验值得借鉴。美国当年为了促进乡村地区的发展，先后通过了《地区再开发法》、《加速公共工程法》、《公共工程与经济开发法》、《人力训练与发展法》、《农村发展法》、《联邦受援区法案》等法律。日本有《过疏地区活跃法特别措施法》、《山区振兴法》、《向农村地区引入工业促进法》等，1952年的《北海道开发法》更是直接促进了北海道的发展。德国则先后制定了《联邦空间布局法》、《联邦改善区域结构共同任务法》等。我国"城乡统筹"虽然被中央文件、区域发展指导意见等各种方式反复提及，但是尚未有一部正式的法规对如何实现城乡统筹、促进乡村地区发展予以明确具体的规定，更没有具有法定地位的实施计划。城乡统筹规划如果只是表明了一种空间发展的意图，没有相关制度与法规的配套支撑，那它就只能进行消极、被动地应付式管理，难以主动地实施推动。因此，确立相关制度制定相关法规，避免城乡统筹规划在实施中受制于各种因素和利益关系，已经是一项急迫的工作。

2.3.2 城乡统筹的发展阶段和基本模式

1. 发展阶段划分

我国存在广大经济发展水平较低的乡村区域，国家的整体实力还有限，城乡统筹在我国将是一个长期而艰巨的任务。各地经济发展千差万别，既有社会经济发展水平较高的沿海地区，也有经济发展水平相对较低的中西部地区，在同一类大区域中也存在着次级区域的发展差异。这种地区发展的差异性决定了各地城乡统筹的模式和道路也是不同的。一些试验先行地区和沿海发达地区城乡统筹发展经验可以为我们提供借鉴。

张红宇等基于江苏、上海的城乡统筹历程，把城乡关系划分为三个阶段。早期阶段，当苏南地区和上海市人均GDP超过800美元时，"以工补农"的实践主要表现在通过兴办农村工业，就地转移农村富余劳动力。第二阶段，20 世纪 90 年代初期，随着社会主义市场经济体制的确立，苏南地区和上海等地积极推进农村城镇化和农业社会化，经济建设和农村社会各项事业得到迅速发展，城镇化速度也明显加快。第三个时期，党的"十六大"以后，苏南地区和上海人均 GDP 达到 5000 美元以上，城乡统筹的重点放在改变城乡二元经济社会结构方面，政策由早期做大做强经济基础，扶持产业成长，开始向关注社会公平，平抑城乡居民收入差距，提供农村公共品，全面发展农村社会事业转变。这是学者对沿海经济发达地区比较典型的城乡统筹发展阶段的划分。

2. 基本模式界定

从区域空间相互作用模式看，城乡统筹发展的模式主要有三种类型：（1）都市区辐射带动型。都市区是由一定规模以上的中心城市及与其保持密切社会经济联系、非农业活动发达的外围地区共同组成的具有城乡一体化倾向的城市功能地域。（2）经济廊道带动型。城市与城市之间往往容易形成带状工业走廊或者经济走廊。沿经济走廊两侧一定范围形成辐射带动区，带动乡村地区的发展。辐射带动区范围宽度视中心城市的实力与整个走廊整体经济实力而定。（3）小城镇带动或乡村自发型。这两种发展的动力均属于"自下"型，小城镇或乡村依托自身资源或某种优势，带动一定地域范围的经济发展而使居民享受到城市的生活水准。每一种类型的运行机制和适用范畴等还需要在实践中进一步研究深化。

从东西部发展阶段来看，城乡统筹规划可以抽象为两种简化模式：一是东部地区"城乡一体"的规划模式；二是适合西部地区的"城乡协调"规划模式。"城乡一体"的规划模式更适宜在生产力较为发达的东部地区选用。这种规划模式要求在尽可能的情况下实现城市与乡村的结合，以城带乡，以乡补城，互为资源，互为市场，互为环境，达到城乡之间在社会、经济、空间及生态等方面的高度融合。东部地区在产业、公共服务等方面，更多地需要从"有"走向"优"，促进在公共服务方面共有、共享的问题。西部地区受发展水平限制，更多的是从"无或者欠缺"走向"有"，解决发展程度较低引起的基本公共服务短缺的问题。因此，在西部地区除少数城市发达地区外，大部分地区的城乡统筹规划都需要采用"城乡协调"的规划模式，重点推动资源要素的适度集聚，生态环境的保护改善，经济社会的稳定发展，民生问题的逐步解决。

2.3.3　城乡统筹规划的总体要求

1. 尊重农民的利益

要尊重普通农民的利益，按照他们的愿望，引导和帮助他们去发展农业生产，促进农业现代化，不断改善农村人居环境，完善农村生活服务设施的配置。要保护农民的土地使用权益，保护农民利用土地生产经营的合法收益，保护农民宅基地的用益物权，保障农民住房的居住利益。把城乡统筹规划建设的着眼点放在改路、改水、改厕、改线等方面，达到道路硬化、村庄绿化、河道净化、环境美化的目标。这是城乡统筹规划的基本原则。

2. 尊重地方的历史文化

尊重地方的、民族的、乡土的历史文化，尊重传统的农村生活方式，重在建立保护和传承农耕文明、农村聚落、农耕文化的、适应现阶段的农村和农民实际生活需要的工作机制。在这个机制中，政府提供必需的公共品是最为关键的。所谓公共品，包括公共设施、公共服务和公共管理，是社会生活中所有居民共同需要的、但一家一户提供不了的必需品，如教育、卫生、环境保护、科学知识传播、文化建设和必要的基础设施等，这些必需的公共品的供应状况，涉及能否让人有尊严地生活在农村。

这种机制有的是有形的，如公共财政转移支付、历史文化名镇名村保护、村庄整治、农村美好家园建设等；有的是无形的，如乡规民约、乡土文化和历史文化传承等。城乡统筹规划既要推动有形机制的建设，更要保护和弘扬这些无形机制，用农民熟悉的语言、文化去引导，用看得见摸得着的形象去养成，在他们熟悉的制度基础上建立新制度，使农民在现代文明的发展进程中，成为地方历史文化的传承者和保护神。

3. 尊重自然生态的环境

中央提出的五个统筹,对农村来讲,就是要走资源节约型或者环境友好型的道路,核心是尊重自然生态。农村规划建设不能像城市那样,对大自然进行无限的挑战。应该尊重和悉心呵护自然环境,继承村民们尊重周边生态环境、与之共存的传统思想。做到人与自然和平相处,善待大自然的传统文化,珍惜自然环境。做到节能减排,保护环境,保证城乡经济可持续发展。所以,只有把现代的生态文明建在当地民众朴素的传统自然观之上,才能在新农村建设中遵循和落实构建环境友好型、资源节约型社会的要求。

2.3.4 城乡统筹规划的基本原则

1. 坚持以经济发展为中心

城镇化的过程本质上是一个国家和地区的公共品(公共服务)提供过程,是城乡居民共享发展成果和社会进步的过程。城乡统筹规划必须始终以经济发展为中心,坚持经济发展中心地位不动摇,全面加强促进工业化和农业现代化发展步伐。推动城乡经济发展方式转变,发挥市场作用统筹配置城乡生产力,坚持园区经济发展理念,建设城乡重大基础设施,逐步实现城乡经济一体化发展。

2. 引导城乡空间集聚集约发展

以城市带、都市圈和各级中心城镇为重点,将产业园区发展与城镇布局相结合,有效聚集产业和人口,加快城市化进程,提升城镇化质量。坚持集约和节约城乡建设用地,确保基本农田数量不减少、质量不降低。结合农业产业化、现代化和乡村旅游发展的需要,积极有序地推进新农村建设和村庄整治工作,引导村庄合理集中发展。

3. 实现城乡基本公共服务均等化

妥善处理好经济发展与社会发展的关系,坚持政府对城乡重大基础设施和公共建设的投入。按功能和需求因地制宜地配置市、县(市)、镇(乡)域公共服务设施,使城乡居民能合理就近享受义务教育、文化体育、医疗保健和住房保障等公共服务。

4. 保持城乡特色差异化

坚持城乡有差异化的发展,深入研究城市和乡村在城镇化不同发展阶段的功能特征、生产需求特点,探索城乡和谐发展的创新思路,寻求主动互补协作的新型城乡关系,尊重并满足城乡在产业需求、文化脉络、空间景观、风土人情等方面的特色差异。

5. 坚持因地制宜、分类指导

结合各地的经济社会发展水平和城市化、工业化和农业现代化进程,有针对性地制定符合当地发展阶段和自身需求的城乡统筹发展政策和措施,努力实现在更高水平上的城镇化、工业化和农业现代化"三化"协同发展。

2.3.5 城乡统筹规划的基本方法

1. 自上而下与自下而上相结合

城乡统筹规划中涉及的利益主体多元化,规划内容深度也较一般的区域规划更深(需要将区域规划中许多协调的内容真正落实到空间和用地上),这使得规划中协调城与乡、各城镇发展之间的关系更加复杂。同时,城乡统筹规划介于地市域规划与乡镇域规划之间,因此规划中需要协调与上位规划和下位规划的关系。在这一背景下,"自上而下与自下而上"相结合的规划方法是成功协调各利益主体的关键。

"自上而下"表现在两个层面:一方面,规划需要与上位规划相衔接,在大区域的视角下,对该地区的发展形成整体把握,确定区域整体发展目标和战略;另一方面,从本地区层面统筹各城镇之间的职能分工、产业发展、人口预测等，实现自上而下对城乡发展的指导。"自下而上"要求规划在自上而下统筹安排功能和空间时，兼顾和协调各发展主体的愿望，最大可能地支持基层村镇的合理发展，努力与下位规划保持一致，增强规划的可操作性。

2. 刚性与弹性相结合

城乡统筹规划的区域规划属性及其规划范围决定了规划内容不可能达到城市总体规划的内容深度，即不可能明确区域内每一块用地的性质。但城乡统筹规划又需要在空间和用地上落实各城镇协调发展的诉求。采用刚性与弹性相结合的方法可以保证区域内城乡建设用地的统筹安排，确保区域性生态用地和功能性用地的落实，又给其他建设用地一定的弹性。

"刚性"表现在两个层面：一方面是要将区域范围内该控制的地方控制住，如水源保护区、自然保护区、生态敏感区、基本农田等要素构成了整个区域刚性的生态本底，是不可建设地区；另一方面是规划出区域内需要优质发展或集中发展某一重要功能的地区，如区域性产业用地、区域性服务用地、区域性基础设施用地等，这些要素构成了区域的刚性功能用地，是要优化发展的地区。"弹性"是在区域中刚性要素确定的前提下，赋予各城镇发展相对弹性的空间。由于各城镇发展机遇存在诸多不确定性，城乡统筹规划需要给予这些地区一定的可控发展空间，既可以通过划定各城镇增长边界，也可以在增长边界内通过土地的集约改造实现。

3. 政府善治与公众利益诉求相结合

政府善治是使公众利益最大化的社会管理活动和管理过程。政府善治的本质特征在于它是政府与公民对公共生活的合作管理，是政治国家与公民社会的一种新型关系，是政府和公众两者对社会共同治理的最佳状态。公众利益是多方社会主体利益的集合。在现有的城乡二元格局下统筹城乡发展，要实现政府善治，就需要妥善处理长远利益与近期利益、公共利益与个人利益、政府利益与民众利益、经济利益与生态环境利益、多数人与少数人的利益冲突，以及本地居民与外来居民的利益协调等。政府是规划编制的主导者、政策的决定者、决策的实施者，只有在城乡统筹规划编制过程中坚持做到程序公开、成果公开，畅通民意诉求和民意表达渠道，做好公众直接参与工作，认真权衡多方利益，才能真正做到政府善治。

2.4　城乡统筹规划的框架体系

2.4.1　目标体系

1. 发展目标

（1）城乡统筹的终极目标

城乡统筹发展的最终结果是什么？不同学者提出了不同的看法。从城乡差别是否消失的角度看，大多学者认为城乡协调发展的目标就是在生产力高度发达的基础上，城乡差别完全消失、城乡关系达到完全融洽；也有学者认为城乡协调的目标不是城乡差别消灭，而是在于改善城乡结构和功能，协调城乡利益和利益再分配，实现城乡生产要素合理配置，城乡经济、社会、文化持续协调发展；也有学者认为城乡协调发展是在保存城市和乡村鲜明特色的前提下，城乡经济高度发展和给人以极大满足；还有人认为城乡协调发展的目标是平等发展，且平等发展的核心是城乡经济利益平等；也有学者认为城乡统筹发展的长远目标为城乡地位平等、城乡开放互通、城乡共同繁荣进步。显然，以上观点的表述是基于城乡统筹不同的研究视角得出的认识。从发展的过程看，主要是生产要素的合理配置和城乡的协调发展；从发展的结果看，城乡居民应均能享受到物质极大丰富所带来的基础设施便利、医疗、养老覆盖、环境优良的高品质生活；从外在景观上看，城乡将呈现出各具特色的景观特征。2010 年中共中央 1 号文件中写到：把统筹城乡发展作为全面建设小康社会的根本要求，把改善农村民生作为调整国民收入分配格局的重要内容，把扩大农村需求作为拉动内需的关键举措，把建设现代农业作为转变经济发展方式的重大任务，把建设社会主义新农村和推进城镇化作为保持经济平稳较快发展的持久动力，明确了城乡统筹的最终目标是实现全面建设小康社会。

（2）城乡统筹的具体目标

城乡统筹发展是一项全方位的系统工程，涉及经济、社会、资源、环境、人口等多个方面，因而对城乡统筹状况进行评价，不能以单一的、经济方面的指标为标准，而应该采用涉及以上诸多方面的指标体系，全方位地将城乡统筹的现状及动态进程体现出来。多数学者对城乡统筹目标研究停留在宏观层面。如徐静珍等提出城乡统筹的三大目标：城乡经济统筹、城乡社会统筹、城乡生态统筹。这些指标过于笼统，容易理解，但不易操作评估。针对我国各地发展的实际，要真正落实城乡统筹发展战略，就要针对城乡发展的客观情况，有重点地选择影响乡村发展的因素进行考虑。譬如，在城乡基础设施方面，应包括乡村道路、给水排水、电力、互联网、电信、能源供应等设施的完善程度；在生活保障方面，应关注城乡基本医疗保险、基本养老保险的统筹等指标的覆盖情况。

（3）分阶段目标

根据完世伟的研究，将城乡发展划分为城乡二元结构、城乡互动起步、城乡初步一体化、城乡一体化基本实现、城乡高度一体化等五个阶段，他制定了城乡一体化水平测算方法，并把五个阶段量化。在城乡二元结构阶段，城乡一体化发展还未真正展开，城乡一体化水平小于20%；在城乡互动发展阶段，是实现城乡一体化的基础阶段，作用重大，城乡一体化水平为20%~40%；在城乡一体化初步实现阶段，综合水平为40%~60%；在城乡一体化基本实现阶段为60%~80%；在城乡高度一体化阶段，综合水平大于80%。在规划中可以借鉴这一方法，判断各地城乡统筹的发展阶段，制定相应规划目标。

2. 指标体系

从人口、经济、社会、生态环境等四个方面，选取31项指标，建立城乡统筹发展指标体系，测评城乡统筹发展水平，如表2-1所示。

城乡统筹测评规划指标体系 表2-1

分类	指标	分类	指标
人口	城镇化水平（%）	社会生活	城乡每百户使用国际互联网数（户）
	文盲、半文盲率（%）		交通网密度（km/km²）
	城乡第三产业从业人员比重（%）		城乡社会保障覆盖率（%）
	非农劳动力与农村劳动力比值		农村合作医疗覆盖率（%）
经济	人均GDP（美元）		15岁以上人口平均受教育年限（年）
	农民人均纯收入（元）		城乡高校入学率（%）
	非农业增加值占地区生产总值比重（%）		城乡人口平均预期寿命
	农业支出占财政支出的比例（%）	环境	城乡安全饮用水普及率（%）
	城乡居民收入差异系数（%）		城乡废水综合处理率（%）
	农村非农产值占农村社会总产值（%）		城乡固体垃圾综合处理率（%）
	二元比较劳动生产率对比系数（%）		城乡综合供热覆盖率（%）
社会生活	城乡恩格尔系数差异系数（%）		城乡综合燃气普及率（%）
	城乡居民文化娱乐支出比重（%）		城乡综合消防设施覆盖率（%）
	城乡教育支出占财政支出比例（%）		城乡综合环卫设施覆盖率（%）
	城乡每百户拥有移动电话数（门）		环保投资占GDP比重（%）

2.4.2 城乡统筹规划的主要类型

《城乡规划法》的出台改变了我国原有城乡分割的规划管理体制，第一次将乡和村庄纳入到规划体系中，从法律上实现了规划的全地域覆盖。但城乡统筹规划作为一种特定的规划类型仍没有被纳入法定规划体系，城乡统筹规划目前尚无统一的技术、内容要求，各地结合本地特点对城乡规划体系进行补充、调整和完善，在实践中勇于探索，初步形成了以下四种类型。

一是在城市总体规划的基础上扩大管制区域，将城乡统筹规划作为一种指导思想、理念贯穿于各层次的规划编制中。例如成都的城乡统筹规划实践，首先调整现行的规划体系，建立覆盖全域的城乡规划编制体系，深化、细化各层次编制标准，制定编制模板，然后将城乡统筹作为一种理念，贯穿在整个规划编制体系中，在全市域、中心城直至乡村的各级规划编制中都得以体现。

二是在城镇体系规划的基础上深化、细化内容，强化城乡统筹的有关内容。例如天津市武清区在城乡统筹规划实践中提出，在省、市域层面的城镇体系规划中增加城乡统筹的内容，而县（县级市、郊区）层面应该开展城乡统筹规划，规划内容和深度应远远深于现行的城镇体系规划。

三是在区域规划的基础上突出空间属性，突出区域内城市与乡村的地域特征。例如武汉市构建新农村规划体系，首先组织编制了《武汉市新农村建设空间规划》，指导各区分别编制《新农村建设空间分区规划》，其后各镇（乡）编制《镇（乡）域村庄布局规划》，以便全面展开《村庄建设规划》编制，形成了一套序列完整、层次分明、结构紧密的自上而下的新农村规划编制体系。

四是由政府布置的现有规划体系中增加的一个特定规划层次，即城乡统筹规划、城乡一体化规划等。例如浙江省县市域总体规划属于第一种模式，在现有的规划体系中，创新性地提出"县市域总体规划"的概念，对县市全域城乡空间进行统筹规划。

这些规划有四个共同点：一是空间全覆盖，在城镇体系中纳入乡村聚落，有的还做了全域覆盖的用地安排；二是更为全面地考虑整个城乡的产业布局，尤其重视现代农业产业的布局；三是结合地域特点提出了乡村发展模式或策略；四是城乡各支撑系统做到全域覆盖，通盘考虑城乡交通系统、市政基础设施系统、公共服务设施系统等。

第3章 城乡统筹规划的主要技术方法

3.1 城乡统筹的主要路径

成都市作为全国统筹城乡综合配套改革试验区，经过 6 年多统筹城乡发展的实践，总结出推进城乡统筹的主要路径为"六个一体化"，即城乡规划一体化、城乡产业一体化、城乡市场体制一体化、城乡基础设施一体化、城乡公共服务一体化、城乡管理体制一体化。其中，科学规划是基础，产业发展是支撑，城乡生产要素自由流动是关键，基础设施建设、公共服务城乡均等化配置以及管理体制的建立是保障[1]。

3.2 城乡统筹规划的重点领域

基于成都和全国其他地区的城乡统筹实践，结合"六个一体化"的主要要求，我们总结出城乡统筹规划的重点领域为：城乡空间发展一体化规划、城乡产业发展一体化规划、城乡生态环境保护一体化规划、城乡公共服务一体化规划、城乡基础设施一体化规划和城乡规划一体化六个方面，提供给读者作为参考。各地根据实际情况而各有所侧重，也许还会增加一些重点领域。当然，城乡统筹规划还应包括推进机制、社会保障、制度保障等社会经济和政策层面的相关内容，但由于各地的实际情况差异较大，难以从技术方法上一概而论，将在本书第 4 章中进行论述。

3.2.1 城乡空间发展一体化规划

城乡空间发展一体化规划是指通过综合评判资源条件和发展趋势，综合协调各类现状空间，综合衔接社会经济发展、国土、产业等各部门规划，遵循生态优先、安全优先、土地集约等理念，寻求全区域内城乡功能互补协作和空间资源的统一配置，构建城乡功能互补、设施一体、共同发展的一体化空间新格局。

1. 城乡空间发展一体化规划的基本原则

城乡空间发展一体化规划的实质是引导城乡之间生产要素自由、高效流动，实现城乡空间资源配置的最优化。城乡空间发展一体化规划应从全域城乡协调发展的视角出发，整合既有各类空间资源，明确空间配置的总体思路，系统性地组织各类城乡生产生活功能，其基本原则应包括：

（1）全覆盖

全覆盖是实现城乡空间一体化发展的基本前提。城乡空间发展一体化规划应以规划区域范围内全域空间为对象，保持从城市到农村整体空间的连续性和完整性，覆盖城市、镇乡和村庄等人类生活聚居点，同时覆盖广大农村地区，包括相应的林地、耕地、水域等非建设用地以及相关的生产、旅游等空间和设施等建设用地，实现规划区域范围内各类空间的全区域统筹[2]。

---

① 四川大学成都科学发展研究院，中共成都市委统筹城乡工作委员会，《成都统筹城乡发展年度报告（2009）》，2009。

② 四川省住房和城乡建设厅，四川省城乡规划编制研究中心，四川大学建筑与环境学院．《四川省城乡统筹规划编制技术及管理规程研究报告》，2010，11。

（2）系统性

系统性是实现城乡空间一体化发展的基本要求。城乡空间发展一体化的系统性体现在两个方面：一是构建城、镇、村相匹配的城镇村体系，形成完善的公共服务和基础设施体系；二是系统性地解决空间发展的问题，处理好多层次空间的协同发展。

（3）协调性

整合协调各类空间规划是实现空间一体化发展的基本方法。由于管理体制和规划重点不同，各部门、各类别空间规划存在口径不一致、内容相冲突等问题。城乡空间发展一体化规划应整合既有各类规划，协调各类空间资源，形成统一协调的规划平台。

（4）层次性

层次性是实现空间一体化发展应关注的基本特点。对不同尺度规划对象空间一体化发展的需求，城乡空间发展一体化规划的重点应有所侧重。省域、市域更关注城乡空间的总体战略、组织模式和管制要求，为城乡统筹战略决策和各部门工作开展提供空间平台；县域空间作为独立的行政单元，经济区划、自然条件具有相对的完整性，是开展城乡空间发展一体化规划较为适宜的空间单元；而镇乡地区是衔接城乡关系最基层的空间单元，也是城乡统筹规划的重点和难点。

2. 城乡空间发展一体化规划的主要方法

（1）提出分区发展引导

关注区域城乡统筹的相似性和差异性，在充分分析全域生态本底和城乡统筹发展条件基础上，制订城乡统筹分区发展空间策略，引导要素有效流动，统筹发展与保护的关系，解决不同区域城乡统筹"差异化"发展的问题。

1）识别区域城乡统筹发展差异性。综合分析区域自然资源条件及生态承载能力、现状发展基础及社会经济发展特征及态势，明确规划范围内不同区域城乡关系发展的特点，识别不同区域在城乡互动方式、动力来源、生态保护、产业和城镇发展、城镇化路径等方面的相似性和差异性。

2）编制城乡统筹功能空间区划。根据规划范围内不同区域城乡统筹发展的相似性和差异性进行城乡功能空间分区，对各区域的产业发展、城镇建设、生态保护实施综合的分区引导与调控。

3）制订不同分区空间政策导向。根据不同地区城乡统筹发展的重点，从政府事权出发，确定不同空间分区内空间管理的政策导向，对不同区域实施差别化的政策、策略和调控。

（2）统一配置空间资源

空间资源统筹配置使用。在规划区域范围内，打破行政区划、城乡界线，引导优势资源向农村地区流动、向小城镇集聚，通过流动与集聚实现产业、人口、土地等资源要素的统一配置，建立以"三个集中"①为主要方法的空间配置总体思路，统筹集约安排城乡生产、生活功能空间组织，统筹城乡建设用地的规划与使用。

"三个集中"是指充分发挥规模经济基本原理，引导产业、人口、土地高效流动，统一调控城乡土地空间资源，优化配置生产要素，全面整合，推进城镇化发展和城乡建设以及产业的相对集中、集约发展。

1）推动工业向集中发展区集中

①工业布局的区域引导。通过对区域内工业发展区位商、产业发展相似性、地区工业发展水平、主要园区综合评价等分析，通过对自然资源、劳动力费用、土地费用、基础设施及市场等引导性要素和土地资源、区域生态保护、城市与工业协调发展等约束性要素的综合分析，确定工业空间布局结构。

②工业园区集中布局。通过对影响工业园区集中发展的自然环境条件和资源、地方市场化程度、

---

① "三个集中"是指推进工业向集中发展区集中、引导农民向城镇和新型社区集中、推动土地向规模经营集中。

地方社会经济基础以及现状园区发展水平评价等综合评判，遵照集中发展、整体协调、效率优先、产城一体的原则，对区域内工业发展区（点）进行归并，确定工业集中发展区的空间布局，明确各工业集中发展区的产业导向。

③确定工业用地规模。通过基于社会经济发展水平（包括 GDP、第二产业及工业增加值、地均工业增加值）预测以及基于水资源容量等约束性要素分析，综合确定工业用地总量以及各工业集中发展区用地规模。

④工业后备空间选择。按照适应性、优越性、协调性原则，充分考虑发展的不确定性和生态保护对城市发展的影响，从区域整体发展的角度出发，确定工业发展战略后备空间。

2）引导农民向城镇和农村新型社区集中

①城镇化发展研究。分析城镇化现状，找出城镇化发展的主要问题，研究城镇化动力机制，提出新型城镇化和新型工业化联动发展战略，明确城镇化发展的路径与策略。

②发展规模研究。分析人口增长、农村剩余劳动力转化和就业结构的变化趋势；预测城镇化水平，提出人口空间转移的方向和目标，引导人口适应生产力布局合理分布。

③合理确定城镇村体系。合理确定城、镇、村各层次等级，科学预测城市人口发展规模，确定城市性质职能，选定重点发展中心镇，提出乡镇合并的优化调整方案，确定各乡镇人口规模、职能分工、建设标准，明确重点建设的中心村和农村新型社区及其人口规模，优化农村居民点布局，制订建设标准，明确其迁并辐射范围。

④农村居民点布局优化及迁并。

● 明确迁并总原则。农民自愿并受益、土地与资金内部基本平衡、产业推动是迁并的总原则。一是保证迁并农民完全自愿，迁并后有稳定的生活来源、公共设施更加完善、生活费用不大幅增加。二是建设用地与建设资金能够实现内部的基本平衡。遵循建设用地不增加、耕地不减少的基本原则，通过建设用地的合理流转提升土地利用效率。探索实现农民拆迁、复垦和新居建设资金与建设用地流转收益的内部平衡。三是结合产业发展逐步推进，具有产业基础的村，如靠近城区、工业集中发展区的村，开展农业规模化经营的村，有利于创造就业机会，也有利于流转建设用地的高效利用，可以在规划中列为优先推动新民居建设。

● 分析迁并推进关键。从迁并前后是否增加生活费用、是否可持续发展等方面入手，通过对政府和农民迁并的动阻力分析，明确推动农村迁并的关键，找到区域内农村迁并问题的突破口。

● 估算资金与用地平衡。通过农村集体建设用地减少与城镇建设用地增加挂钩的资金收支分析，初步估算通过土地级差收益回报进行新民居建设的可行性及资金缺口分析。

● 确定新型社区的合理规模。通过对农业生产活动有效工作半径的分析，以及对农村地区小学规模及服务范围测算、供热合理规模等制约性要素的分析，确定该区域内农村聚居的合理规模。

● 明确迁并模式及规划分区。按照不同的城镇化路径划分不同的农村居民点迁并分区（如城镇化拓展地区、生态控制地区、一般农业地区等），明确不同分区的迁并方式和建设引导模式。

● 迁村并点布局。根据农村社区规模、公共服务、交通、产业基础等分析，选取重点培育型新区，明确各村庄的迁建、改建、新建类型，确定全域迁村并点的总体空间布局。

3）推动土地向规模经营集中

①空间利用总体战略。根据资源环境承载力、自然和历史文化保护、安全防灾等要求，划定城乡建设不能突破的底线，结合产业规划、土地利用总体规划要求，提出市（县）域空间利用总体战略。

②确定城乡空间结构。根据产业协作分工和城乡空间体系，组织产业、生活、服务、流通等各类功能空间，结合现状城乡人口和城镇化发展战略，明确城乡建设用地的空间布局，构建合理的城镇村空间结构。

③建设用地统一规划。体现城镇化、工业化、农业产业化的要求，在市（县）域产业发展空间布局的基础上进行市（县）域用地布局。打破制度瓶颈，国有建设用地与集体建设用地统一规划，实现"算总账、布总图"。改变以往规划"以人定地"的传统模式，强化与土地利用总体规划的协调，在可流转土地总量的基础上确定市（县）域总建设用地规模，进行建设用地基本配置。确定市（县）域城乡空间形态，并落实本级（市、县级）工业用地、物流用地、市场用地和基础设施用地，在此基础上规划适合下一层级，如县域、镇域发展的新型城乡空间形态。

④农业用地集中与规模化。推进土地向适度规模经营集中。结合土地利用总体规划和土地综合整治，通盘考量全区域范围内的土地利用情况，明确规模化农业用地的总量，明确农业用地集中分片的总体空间格局，协调城乡建设用地与规模化农业用地的空间关系。

（3）明确空间管制

通过划定各类建设与资源环境控制区，并通过规定其规模、布局和利用强度等限制要求，实施城乡空间建设引导，从而构建区域生态安全下的城乡空间建设引导模式。空间管制通过明确的发展指引、强制性的规定和事权的明晰划分，为各级政府的空间管理提供依据，是实现对城乡空间各项建设进行有效管理和落实城乡统筹规划各项要求的基本手段，是城乡统筹各项政策落实的"空间投影"。

1）分区管制。通过全域资源要素和生态本底识别，控制各类重要的生态空间和农业空间资源。根据土地用途和土地利用强度将全域空间划分为禁建区、限建区、已建区、适建区，对不同类别的分区实施不同的政策、策略与调控，引导不同地域的城乡规划、建设和管理，从而促进城乡整体协调发展。

2）色线控制。通过全域自然生态保护、文化遗产保护、基础设施、公共服务设施等不同强制性要素的识别，制订相应的空间管制措施，将不同的强制性要素统一纳入各类控制线的控制管理之中。如：根据道路划定道路红线；根据绿色山体廊道划定城市绿线及控制范围；根据河湖水系划定城市蓝线及控制范围；根据历史名城保护规划划定城市紫线及控制范围；根据铁路及地铁线划定城市黑线及控制范围；根据机场净空、微波净空要求划定城市灰线及控制范围；根据高压走廊划定城市黄线及控制范围等。

3. 规划案例

（1）成都市总体发展战略规划[①]

该规划在充分保护和尊重生态本底的基础上，将成都市域划分为生态及旅游发展区、优化型发展区、提升型发展区、扩展型发展区4大总体功能区。

1）生态及旅游发展区。龙门山、龙泉山是成都市的生态屏障，也是旅游产业的重点发展区。范围包括彭州、都江堰、崇州、大邑、邛崃、蒲江、双流、龙泉驿、青白江和金堂的山区。应当严格限制建设活动，加强生态保育，根据实际需要适当开展低密度开发活动，体现出以自然生态为主体的开发格局。

2）优化型发展区。以现代农业为基础，现代服务业与先进制造业协调发展的区域。范围包括市域西部的彭州、都江堰、郫县、温江、崇州、大邑、邛崃和蒲江等以平原为主的地区。该区域是成都都江堰自流灌溉区和基本农田集中分布区，城镇布局应注重显山露水，充分体现"城在田中"。

3）提升型发展区。以现代服务业为主导的发展区域。范围为中心城区，重点是优化调整产业结构，提高城市承载能力，提升城市功能和品质，改善人居环境，形成"园在城中"的城市格局。

4）扩展型发展区。以先进制造业为主导，现代服务业与现代农业协调发展的区域。范围包括市域东部的新都、青白江、金堂、龙泉驿、双流和新津以丘陵为主的地区。本区是城镇建设的重点地区，城镇布局要在保护生态本底的基础上形成"城田相融"的格局。

---

① 中国城市规划设计研究院，成都市规划设计研究院，2010。

（2）石家庄栾城城乡统筹规划①

该规划针对迁村并点推进的现实困惑，深入进行了迁并动阻力分析和资金与用地平衡测算，制订了符合实际操作的迁村并点分区及推进模式。

1）迁并动阻力分析

规划对农村迁并的动力、阻力因素进行分析。从政府来讲，农村迁并的动力主要在于解决农村空心化带来的土地浪费和农村凋敝问题，实现土地资源的合理利用；政府面临的阻力在于资金和建设用地能否内部平衡。从农民的角度来讲，农村迁并将促进公共设施和社会保障更加完善，但有一系列问题需要解决，如部分住宅为独门独院，建设年代较近，农民对居住条件比较满意；农民对农村地域文化和邻里关系比较认同；农民迁并后，若仍从事一产，耕作半径是否满足基本要求，新民居能否满足农民的生产要求；如何控制农民生活费用不大幅增加；在居民意见不统一的情况下如何实现宅基地的复耕等。

从生活费用看，农村迁并后在燃气、供热、排水、环卫以及教育、卫生、文化等方面设施条件有改善，但生活费用支出由原来约 1300 元 / 年增长到约 5200 元 / 年，主要原因是供热费用增加（见表 3-1）。供热问题是石家庄市农村迁并需要解决的问题。

石家庄栾城城乡统筹规划农村迁并前后费用对比   表 3-1

		目前解决方式	目前费用	迁并后方式	迁并后费用
基础设施	供电	农村电网	0.52 元 /kWh，与城区相同	农村电网	0.52 元 / kWh，每月约 13 元
	供水	村分时供水	村集体承担费用	区域集中供水	约 1.4 元 /m³，月费用约 10 元
	燃气	烧煤、柴、沼气	月费用约 60 元	天然气	2.5 元 /m³，月费用约 30 元
	供热	烧煤、秸秆、锯末等	年费用 300~500 元	集中或分散供热	30 元 /m²，县政府补贴后 18 元 /m²。全年预计 4000 元
	通信	广电、通信网络基本覆盖	广电 12 元 / 月	广电、通信网络	不变，12 元 / 月
	排水	自行排放	无	集中处理后排放	含在水费中
	环卫		无	统一收集处理	每月约 8 元
公共服务设施	教育	部分村没有小学或没有完整小学	—	合理半径内有完整小学	—
	卫生	推行每村一卫生站	—	每村一卫生站	—
	文化	部分村尚没有文化站	—	每村一文化站	—
其他	物业		无		每月约 30~50 元

（资料来源：成都市规划设计研究院. 石家庄栾城城乡统筹规划，2010。）

2）资金与用地平衡

根据栾城县一些新民居建设项目，拆旧区及安置费用按整理出土地指标计算，每亩约需 50 万元，按栾城目前的土地收益还不能保证每个土地指标流转项目均能实现资金平衡（见表 3-2）。

石家庄栾城城乡统筹规划农村拆旧及安置费用   表 3-2

	人口与用地	资金测算	拆旧区及安置费用
温家庄	2400 人，现宅基地 750 亩，新民居计划占地 150 亩，节省用地约 600 亩	新民居建设成本 1050 元 /m²，预计需 1.58 亿元 旧宅基地拆迁 450 元 /m²，预计需 2.25 亿元	按整理出土地指标计算，每亩约需 64 万元
冶河村	3300 人，现宅基地 738 亩，新民居计划占地 120 亩，可节省用地约 618 亩	新居建设费用 3.18 亿元 旧宅基地拆迁费用 1.45 亿元	按整理出土地指标计算，每亩约需 75 万元（包含部分商品房建设）

---

① 成都市规划设计研究院，2010。

图 3-1 石家庄栾城城乡统筹规划村庄迁并类型分区

（资料来源：成都市规划设计研究院．石家庄栾城城乡统筹规划，2010。）

3）迁并分区及方式（图 3-1）

①城镇化拓展地区。城镇建设用地增长边界范围内的村庄，既包括规划期末建设用地覆盖范围内的村庄，也包括为应对不确定性因素预留的弹性发展用地范围的村庄。主要分布于现状中心城区周边 5km、县城周边 5km、新市镇周边 2km 的范围内。发展政策重点为纳入城镇统一管理，积极引导有序推动村庄整体迁并、改造和城市型服务设施建设。

②生态与安全控制地区。指对于保障城市生态安全有着重要作用的各类、各级保护区，对于提升城市整体生态环境品质有着重要作用的河川绿地、风景绿地和特殊绿地等范围内的村庄，以及各类地质灾害易发区、危险区内的村庄和重大基础设施廊道影响范围内的村庄。发展政策重点为实行长久性严格保护和限制开发措施，在政府资金支持下积极推动村庄的整体迁移。

③一般农业区。一般农业区内可分为新社区重点培育地区和过渡控制性地区。新社区重点培育地区指农村新社区具体按照"两沿（沿国省道、沿高速路出入口）、三有（有农业基础、有服务设施、有一定人口规模）、三远离（距离中心城区 5km、距离县市城区 5km、距离新市镇镇区 2km以上）"的原则，选择村庄。其发展政策重点大力推动农村新民居建设，实现村容改善、设施提升、服务拓展。特色村庄根据各县市具体情况，选择自然景观条件较好、保留地方风貌较为完整或具有历史文化保留价值的村庄。过渡控制性地区指未列入上述发展政策地区内的村庄。其发展政策重点为严控建设用地新增，确需新增的应安排至邻近的新市镇、新社区。

4）迁村并点及布局

根据农村社区规模、社区公共服务、交通、产业基础等的分析，选取 17 个重点培育型新区。按城镇化扩展地区、生态安全与控制地区、新社区重点培育地区以及过渡控制性地区分类的迁村并点方案如图 3-2 所示。

图例
□ 县城建成区
■ 新社区重点培育地区
□ 2020年拆并村
□ 2030年拆并村

图 3-2　石家庄栾城城乡统筹规划迁村并点规划布局图

（资料来源：成都市规划设计研究院 . 石家庄栾城城乡统筹规划，2010。）

3.2.2　城乡产业发展一体化规划

1. 城乡产业发展一体化规划的基本原则

（1）三次产业在更高水平上的协同发展

打破城乡经济各自为政的发展局面，促进三次产业在更高水平上互动、协同发展，优化三次产业格局，真正形成以工促农、以城带乡的城乡经济协调发展机制，有效破除城乡二元经济结构。

（2）规模集聚

以推动产业集聚发展，提高生产效率为主线，通过引导土地向规模经营集中，形成规模化、标准化、现代化的种养殖基地；引导工业向园区集中，形成产业集群；引导服务业与服务对象集聚、同业集聚、混合集聚等，构建园区服务中心。

（3）集约用地，产城一体、镇园一体

产业发展坚持园区经济思路，以园区建设带动地方经济发展；产业用地高效集约，鼓励采用多层种养殖设施或场所发展设施农业，合理提高工业园区的容积率，鼓励服务业地上、地下发展；园区经济与产城一体、镇园一体的发展思路相结合，促进产业与城镇功能复合、互为支撑；提高土地集约利用效率，有效减少通勤交通压力。

（4）兼顾政府与市场

产业发展是政府与市场双重作用的结果，规划的城乡产业统筹应为政府与市场的共同兴奋点，形成发展合力，共同推动规划实施。切实保护农民利益，充分尊重农民意愿，加大政府扶持力度，支持农民自主选择产业发展模式。

（5）可持续发展

产业规划立足于可持续发展，关注产业结构的调整过程与结果，向上下游延伸产业链，循序渐进地引导产业优化、升级；逐步转变以环境为代价的产业发展模式，促进废弃物、副产物的循环利用与节能减排。

2. 城乡产业发展一体化规划的主要技术方法

（1）工业统筹布局规划（工业向园区集中）

随着工业分散布局局限性的日益凸显，工业向园区集聚发展已成为社会共识，然而由于工业园区对地方 GDP 及税收的持续贡献，大到城市，小到乡镇，各级政府无不想多增设工业园区、多增加工业用地，如果缺乏基于全域的统筹规划，将形成新一轮的无序布局，甚至造成同质竞争与资源内耗。工业统筹布局规划的主要技术方法有：

1）现有园区、工业用地的整合与总体布局

在工业园区进行全域统筹规划之前，面临最突出的问题往往不是工业用地的总量不足，而是数量多、规模小、分布散乱、定位不清。因此，规划的首要任务是对现有园区及工业用地进行整合调整，提高工业集中度。在有条件的地区，应倡导按照工业集群的布局思路形成工业规模效应，找准工业集群的产业特色、定位和发展思路，通过立足长远、平衡协调的集群内部工业园区总体布局，强化园区间乃至产业间的集约、联动与规模化发展。

第一，对现状工业园区及用地进行充分评估，包括对真实的利用情况进行深入摸底，对企业及行业类型、地均产出水平、设施条件、环境影响等方面进行综合分析；第二，从企业及行业的竞争力、区位及对外交通条件、拓展空间等方面对现状及潜在工业园区的发展潜力进行预测判断；第三，对各级城镇工业发展需求进行客观评价，全面衡量工业园区设立的必要性；第四，以上述研究为基础，在规划中提出现状工业园区及用地的整合调整措施，形成全域工业园区的总体布局。

2）设立准入门槛与退出机制

企业对工业园区的选择与工业园区对企业的选择是双向选择过程，在两者不同的发展阶段会呈现出不同的博弈关系，随着地区经济水平的提高、园区的壮大及工业用地的日益稀缺，对入驻园区企业设立准入门槛是必然趋势，也是确保园区按既定目标发展的重要手段。准入门槛应在规划中予以明确，主要体现在行业准入、投资强度准入和产出效益准入三个方面。

①行业准入机制。行业准入有正向和负向引导两方面策略。正向引导即确定园区的主导产业，对符合产业导向的入驻企业予以优惠、扶持，以达到提高同业集聚度，乃至培育出有竞争力的产业集群的目的；负向引导是根据园区的定位与条件，确定限制发展和禁止发展的行业门类，以约束企业行为。因地制宜地对不同园区设置不同的主导产业，确定各园区的行业准入，有利于避免园区间的同质竞争，形成错位发展的良好格局。

规划对各园区主导产业的遴选及确定应理清以下思路：一是明确各园区主导产业是地区工业经济的重要支撑，尽量在地区工业发展总体思路确定的重点行业框架内进行选择；二是对各级城镇优势产业的竞争力、拟进入的重大项目的潜在竞争力进行横向对比分析，结合发展条件予以综合评价；三是尽量选择产业链相对较长、带动力更强的产业作为主导产业。

②投资建设准入机制。投资建设准入门槛的设置是为了集约利用土地资源，约定入驻园区企业应达到投资强度和开发强度。投资强度主要约束单位面积的固定资产投资规模，开发强度主要对项目建设的容积率提出最低要求。规划中提出上述两方面的合理约束条件，必须基于对现状情况的深入摸底和对相似案例的细致研究，同时应注意研究地区差异和行业差异，对地价高的地区，应提高准入门槛。而为鼓励主导产业集聚，对业内企业则可以适当放低门槛。如《上海产业用地指南（2008版）》将上海市划分为四类地区，针对33个工业行业大类制定了四类地区不同的固定资产投资强度标准，以及容积率的控制值和推荐值，以有效地推进土地节约集约利用。

③产出效益退出机制。一般通过设定园区的地均产值或地均税收来约束企业的生产行为，与投资建设准入在企业进入初期即可考核不同，产业效益准入仅能针对投产一定时期的工业企业，

对于运营一定阶段后不能达到相应要求的企业将有可能面临被清退的风险。该标准的研究与设立应预判企业可达到的增长能力，尽量设定一个"跳起来摸高"的标准，以推动园区的良性发展。在《上海产业用地指南（2008版）》中就将项目用地范围内单位土地面积上主营业务的收入作为衡量产出效益的主要指标，界定了33个行业的控制值，作为淘汰劣势产业、盘活工业用地资源、促进产业结构优化调整的重要依据。

3）合理确定工业用地规模

为防止盲目扩大工业用地，促进工业用地集约利用，应在规划中统筹确定各园区的用地规模。由于工业园区的用地规模与产值规模息息相关，规划编制中应将对工业产值规模的预测作为确定用地规模的前置条件，综合考虑产业类型、地均产值、配套用地需求等因素，统筹规划新增工业用地的总量。针对各园区的实际情况，进行新增工业用地的统筹配置，形成各园区合理的用地规模。

（2）现代农业产业园区与生产基地规划（第一、第二产业联动）

现代农业产业化发展的关键是以第一、第二产业联动为核心，以商贸流通等第三产业为辅助，以工业化的理念改造传统农业的生产方式，推动农业由以家庭为单位的分散经营模式向以企业或合作组织为主体的集约经营模式转变，既提高生产效率与抗市场风险能力，又通过延伸农业产业链，提高农业附加值。从农业产业化的发展载体来看，农业规模生产主要体现为将分户的农田整合建设为标准化的生产基地，延伸产业链则体现为建设以农副产品精深加工为主导的现代农业产业园区，通过园区与基地互动，实现农业的升级发展。

1）现代农业产业园区规划

现代农业产业园区是以调整农业生产结构、增加农民收入为目标，通过改变生产经营方式，运用现代农业科技，提高农产品的附加值，加速农业产业化进程，对周边的农村地区具有较强的示范带动作用。

①合理选址。现代农业产业园区一般选址在农业地区的城镇，既有利于带动周边农业生产基地的发展，又便于城镇基础设施的接入，并保障对外交通的便利。

②围绕功能组织布局。现代农业产业园区的核心功能包括技术研发、生产加工、展示示范、技术培训、质量检测、贸易物流等，园区规划应围绕核心功能进行布局与各类设施组织，尤其针对农业技术研发的特殊性，应考虑规划中间性试验基地。

2）农业标准化生产基地规划

农业标准化生产基地相对于农业产业园区的生产加工企业而言是原材料的供应方、产业链的上游。标准化生产基地是指产地环境质量符合有关技术条件要求，按相关技术标准、生产操作规程和全程质量控制体系实施生产和管理，并具有一定规模的种植区域或养殖场所。因此，标准化生产基地的建立意味着生产经营方式从以家庭为主体向以企业为主体转变，即从农业向规模经营集中。如蒲江县复兴乡的猕猴桃种植基地，即是与中新农业科技有限公司合作，构建"公司与农民利益共享"的新型经济联合体，通过土地流转，发展起种植基地7000余亩，通过对果形、糖度、硬度、维生素C含量等主要指标进行检测与监控，使其达到目前同类果品的优质指标，并已出口德国、法国等欧盟国家。

①严格选址。由于生产方式的变革和生产要求的严苛，标准化生产基地的选址应确定在土壤、气候等自然条件适宜发展，具备农业用地整合连片发展的区域，同时确保附近无污染源。

②土地整理与流转。土地整理即是通过采取各种措施，对田、水、路、林、村进行综合整治，提高耕地质量，增加有效耕地面积，改善农业生态条件和生态环境。在土地整理的基础上，引导农民以租赁、入股等多种方式将农用地流转给合作组织或龙头企业，实现土地向规模经营集中。

③合理布局。规划布局以自然地形为基础，着重考虑生产方式变革带来的规划建设需求变化，

如机械化的生产方式对农用地划分的影响、标准化生产所需的农业基础设施组织与布局等。

（3）乡村旅游规划（第一、第三产业联动）

乡村旅游是指以乡村空间环境为依托，以乡村独特的生产形态、民俗风情、生活形式、乡村风光、乡村居所和乡村文化等为对象，利用城乡差异来规划设计和组合产品，集观光、游览、娱乐、休闲和购物为一体的一种旅游形式[①]。乡村旅游是第一、第三产业联动发展的产物，它充分利用城乡居民的需求互补，赋予了农村生产生活新的附加值，密切了城乡之间的接触，拓宽了农民增收渠道。

乡村旅游规划应注重以下技术要点：

1）优化调整农业生产结构，设计乡村旅游产品

观赏、体验是乡村旅游的两大主要内容，传统的农业生产或者是规模生产基地往往关注产出农产品的品质，而非观赏性和参与性。以乡村旅游为重点发展方向的农村地区，应有意识地挖掘本地特色资源，规划设计乡村旅游产品体系，在有必要的时候，对种植、养殖结构及生产组织方式进行适当优化调整，以满足旅游发展的需要。如规划设计一些五彩花卉种植园区，营造大地景观效果，在农业生产区域规划一些面向游客的进入通道，以便游客开展采摘、喂养等体验活动。值得注意的是，种植、养殖结构调整应以当地自然条件能够支撑为前提，而生产组织的优化也不应影响正常的农业劳作。

2）构建乡村旅游服务支撑体系

纯农业地区向乡村旅游地区转变，除了乡村旅游产品的设计之外，还应构建起面向乡村旅游的服务支撑体系。首先，规划完善的旅游交通体系，包括建立便利的对外交通联系和合理的内部交通组织，结合实际条件设置步行、骑游的绿色旅游通道、水上游道及公共停车场；其次，应结合旅游项目的分布规划布局旅游服务节点，完善引导标识体系，向游客提供信息咨询及"吃、住、购、娱"等旅游服务和安全警示，保证游客旅游的舒畅和安全；最后，注意在主要游道及旅游项目区设置完善的公共环卫设施，形成良好的旅游环境。

3）居民点布局与乡村风貌塑造

乡村旅游的精髓之一是发展"农家乐"，将农家院落发展为旅游服务节点，作为城市游客体验农村生活的重要载体，让农户直接参与到旅游接待活动中，分享城市化发展的成果。在农村居民点布局的时候应与乡村旅游景点相结合，宜散则散、宜聚则聚。农村民居建设，可以按照"居旅合一"的功能设置，有条件的地方要支持农户安全改造民居，打造成为家庭式乡村酒店。整体策划，突出地方特色、乡土特色、民族特色，保护村落的原生态环境，积极塑造独有的乡村风貌特色。

3. 规划案例

（1）成都市工业发展布局规划（2003-2020）[②]、成都市工业集中发展区（点）布局规划调整研究[③]

1）整合园区、统筹布局

该规划是成都市首次对全市域的工业布局进行统筹规划的成果。规划首先对新中国成立50多年以来形成的成都工业格局进行深刻反思，发现4方面的主要矛盾："一是工业区域分布结构不合理，大中型骨干企业分布在城区较多，使城市功能的发挥和工业企业发展的矛盾日益突出；二是产业不集中，主导产业不突出，集聚效应不强，产业配套能力弱；三是工业开发区较多，产业特色不明显，用地结构不合理，管理创新能力不足，基础设施不配套，规模普遍偏小，投入产出效率低；四是工业布局规划与城市总体规划和土地利用总体规划相互衔接不够，造成了土地资源配

① 皮银姣，徐朝花，杜云路.县域乡村旅游空间布局探讨.中国市场，2011，6。
② 成都市规划设计研究院，2003。
③ 成都市规划设计研究院，2008。

置错位。"在上述分析认识和综合平衡的基础上，规划确定将截止 2002 年末"成都市现有的 116 个各种工业开发区整顿规范为 21 个工业集中发展区，通过对全市工业集中发展区的规划布局和具体实施，打造中国西部 6 大产业基地，逐步形成高新技术产业、现代制造业和特色产业 3 大工业经济区域，以此构建成都未来工业发展布局的新格局"（图 3-3）。

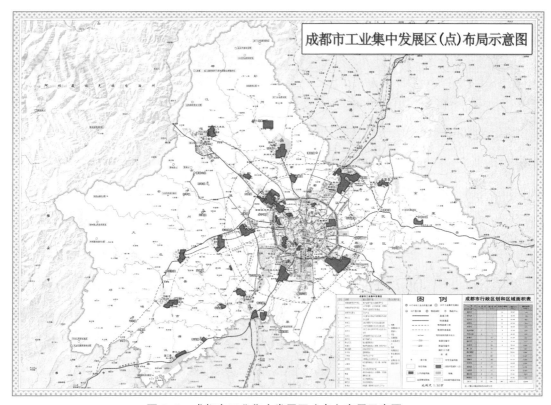

图 3-3 成都市工业集中发展区（点）布局示意图

（资料来源：成都市规划设计研究院.成都市工业集中发展区（点）布局规划调整研究，2008。）

2）明确"一区一主业"产业定位

《成都市工业集中发展区（点）布局规划调整研究（2008）》在 2003 年版的《成都市工业发展布局规划》运行 5 年之后编制，此时 21 个工业集中发展区的格局业已成型，旨在对现有工业发展格局进行进一步优化完善。其中最重要的研究成果之一就是将对各园区发展方向的引导明确为"一区一主业"的产业定位（表 3-3）。

成都市工业集中发展区"一区一主业"产业定位　　　　　　　　　　表 3-3

序号	名称	重点支持产业	禁止发展产业
1	成都高新技术开发区	电子信息产业及生物医药产业	制糖；味精制造（分装除外）；印染；皮革鞣制；人造原油生产；炼焦；核燃料加工；再生橡胶制造；金属冶金（压延加工除外）
2	成都经济技术开发区	以汽车整车（含工程机械）及配套零部件为主的现代制造业	
3	成都石化基地	石化产业	
4	锦江工业集中发展区	以创意设计及电子信息服务为主的企业总部	
5	青羊工业集中发展区	以航天模具产业为主的企业总部	
6	金牛工业集中发展区	以电子信息服务为主的企业总部	
7	武侯科技园	以轻工设计及软件开发为主的企业总部	
8	龙潭工业集中发展区	以机电研发为主的企业总部	

续表

序号	名称	重点支持产业	禁止发展产业
9	海峡两岸科技产业园	电子机械产业	
10	青白江工业集中发展区	冶金建材制造业	
11	新都工业集中发展区	精密机械制造业（新繁：家具产业）	
12	都江堰工业集中发展区	机电及软件产业	
13	彭州工业集中发展区	塑料制造业	
14	邛崃工业集中发展区	天然气化工产业	
15	崇州工业集中发展区	以制鞋业为主的轻工业	
16	金堂工业集中发展区	新型建材制造业（淮口镇：纺织制鞋业）	
17	双流工业集中发展区	光伏光电及机电产业	
18	郫县工业集中发展区	紧密机电制造业（安德镇：川菜原辅料加工业）	
19	大邑工业集中发展区	轻工机械制造业	
20	蒲江工业集中发展区	食品饮料制造业	
21	川浙工业园	新能源、新材料为主的化工产业	

（资料来源：成都市规划设计研究院.成都市工业集中发展区（点）布局规划调整研究，2008。）

3）确定用地规模

研究首先采用布朗三次指数平滑法对2008~2020年成都市工业增加值进行预测，在研究地均增加值可能范围的基础上，推算出2008~2020年的全市工业用地面积。其次，通过分析各园区现状的土地利用情况、产出水平和储备项目，对新增工业用地在园区间进行分配（表3-4）。

成都市域工业集中发展区规划调整方案（单位：km²） 表3-4

地区	工业集中区名称	现规划	至2012年新增	2012年规划	至2020年新增	2020年规划
高新	成都高新技术开发区	27.8	0.0	27.8	0.0	27.8
龙泉	成都经济技术开发区	23.3	15.0	38.3	27.0	50.3
温江	海峡两岸科技产业园	10.4	4.0	14.4	4.0	14.4
锦江	锦江工业集中发展区	1.2	0.0	1.2	0.0	1.2
青羊	青羊工业集中发展区	3.0	0.0	3.0	0.0	3.0
金牛	金牛工业集中发展区	4.3	0.0	4.3	0.0	4.3
武侯	武侯科技园	6.1	0.0	6.1	0.0	6.1
成华	龙潭工业集中发展区	8.1	0.0	8.1	0.0	8.1
青白江	青白江工业集中发展区	14.6	8.0	22.6	11.6	26.2
新都	新都工业集中发展区	11.9	4.8	16.7	4.8	16.7
都江堰	都江堰工业集中发展区	9.8	2.0	11.8	3.0	12.8
彭州	彭州工业集中发展区	9.2	5.0	14.2	7.0	16.2
邛崃	邛崃工业集中发展区	6.3	3.0	9.3	9.0	15.3
崇州	崇州工业集中发展区	9.1	4.0	13.1	10.0	19.1
金堂	金堂工业集中发展区	2.9	3.0	5.9	7.0	9.9
双流	双流工业集中发展区	11.1	5.0	16.1	16.0	27.1
郫县	郫县工业集中发展区	9.8	0.8	10.6	0.8	10.6
大邑	大邑工业集中发展区	5.6	5.0	10.6	7.0	12.6

地区	工业集中区名称	现规划	至 2012 年新增	2012 年规划	至 2020 年新增	2020 年规划
蒲江	蒲江工业集中发展区	3.5	2.5	6.0	4.0	7.5
新津	川浙工业园	7.5	8.0	21.5	29.5	37.0
	石化基地	6.4	0.0	6.4	5.5	12.3

（资料来源：成都市规划设计研究院. 成都市工业集中发展区（点）布局规划调整研究，2008。）

（2）沈阳市沈北新区新城子现代农业经济区总体规划[①]

1）构建循环互补的城乡产业体系

该规划立足于城乡产业的关联、互补发展研究，提出通过现代农业规模生产、农业科学技术的推广实施、农业经营方式组织制度的改革创新，以及城镇内涉农工业、服务业的支撑保障，形成现代农业的产业化发展、集约化经营、企业化管理、社会化服务的运行体系和城乡结合、链条完备的产业体系，通过产业链的纵向延伸与横向联合（图 3-4），使地方经济增长方式发生了较大转变。

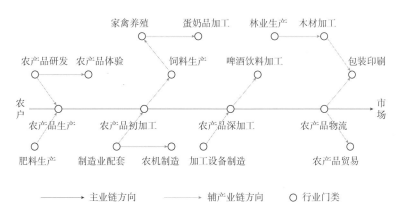

图 3-4 沈北新区农产品产业链构成示意图

（资料来源：沈阳市城市规划设计研究院. 沈阳市沈北新区新城子现代农业经济区总体规划。）

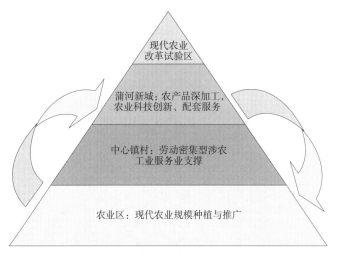

图 3-5 沈北新区产业分布引导

（资料来源：沈阳市城市规划设计研究院. 沈阳市沈北新区新城子现代农业经济区总体规划。）

2）统筹城乡产业布局

根据产业选址及关联发展的要求，规划在农业区发展现代农业规模种植与推广；在中心镇以劳动密集型的工业服务业为支撑，即在中心镇边缘规划一定规模的工业园区，在中心村规划与农业产品基地建设相结合的农产品储藏和粗加工点；在蒲河新城以农产品深加工和农业科技科研创新为特色。以此构建起现代农业改革试验区的金字塔结构，以及由现代农业示范区、农产品精深加工聚集区和辐射区构成的现代农业梯度推进模式（图 3-5）。

----

① 沈阳市城市规划设计研究院。

3）探索现代农业的经营模式与组织方式

规划引导分散的农户从小规模生产转变为合作化、企业化的"基地＋农户＋公司"的社会化大生产，鼓励实行"运行公司制、投资业主制、科技承包制、联结农户合同制"，打造现代农业经营模式。推动土地流转，由投资者从农户手中将分散的土地承包过来，再组织少量的农户对所承包的土地进行规模化经营，投资者负责对土地进行资金和技术方面的投入，并支付给农户工资以及相应的社会保险，最终产品由投资者组织面对市场。通过这种组织，可以更多地为农民谋取提高收入的机会，主要包括4个方面：一是土地流转后的地租收入；二是为公司务工的工资收入；三是依托宅基地改造从事经营活动的收入；四是土地承包入股后的分红收入。

（3）湖南省望城县白箬铺镇光明村新农村建设总体规划（2009-2020）[1]

1）策划乡村旅游品牌及产品

该规划充分利用湘西地区资源特色，将旅游策划创意与新农村建设规划相结合，提出将光明村建设成为长株潭地区独具湖湘特色、四季多元的乡村旅游目的地及湖南省新农村建设示范基地。乡村旅游作为规划的核心内容，首先提出了"五彩蝶谷"的旅游品牌，再次结合地形环境、农业产业布局和项目引进情况，策划"五谷八景"作为光明村乡村旅游的主要景区（图3-6）。

图3-6　"五谷八景"分布图

（资料来源：成都市规划设计研究院.湖南省望城县白箬铺镇光明村新农村建设总体规划（2009-2020），2009。）

2）构建乡村旅游支撑体系

为支撑"五谷八景"的景区项目，规划构建了内外通达的交通体系，设计了串联景点的自行车、电瓶车及登山游线，考虑了旅游服务中心、公共停车场、乡村酒店等旅游服务设施，并结合景区特点进行了标识设计。

3）引导民居风貌改造

该规划对湖湘建筑文化进行了研究，包括村落选址、村落形态、院落空间、室内外空间、建

---

① 成都市规划设计研究院，2009。

筑特色和细部装饰，在此基础上提出光明村的居民点布局形态（图 3-7），并对民居院落风貌改造提出规划建议，较好地指导了建设的实施。

（a）

（b）

图 3-7　农房改造为乡村酒店效果示意

（a）现状照片；（b）改造效果示意

（资料来源：成都市规划设计研究院 . 湖南省望城县白箬铺镇光明村新农村建设总体规划（2009-2020），2009。）

3.2.3　城乡生态环境保护一体化规划

1. 规划的基本原则

城乡生态环境保护一体化主要包括两方面内容：一是城乡生态保护一体化，重点是统筹城乡生态资源，保护原生态环境，有针对性地开展治山理水；二是城乡环境保护一体化，重点是对城乡空气环境、水环境、土壤环境、声环境、垃圾收集与处理等进行统筹，加强污染防治和城乡环境建设。规划原则主要有：

（1）可持续发展原则

坚持科学发展观，走可持续发展之路，建立完善的城乡生态环境体系，为城乡居民提供舒适健康的生产生活环境。

（2）人与自然和谐共处原则

协调处理好人与自然的关系，充分尊重自然和保护自然，保障城市生态系统与区域整体生态环境的稳定性，促进人与自然和谐共处。

（3）分区规划分类指导原则

结合区域的特点，因地制宜、科学规划，采取分区规划分类指导的原则，营建特色鲜明的城乡生态环境。

2. 城乡生态保护一体化规划的主要技术方法

（1）生态功能分区

生态功能分区是城乡生态统筹规划较为常用的技术方法之一。生态功能分区是根据区域支持系统的生态环境要素、生态环境敏感性和生态功能的差异，将特定区域划分为不同的主导功能区，并进行分区指引[1]。

1）划分的原则[2]

①主导功能原则。生态功能分区的确定，以生态系统的主导服务功能为主。在具有多种生态服务功能的地域，以生态调节功能优先；在具有多种生态调节功能的地域，以主导调节功能优先。

②相似一致原则。生态分区是根据区域生态一致性进行分区的，不同区划单位的区划指标应

---

①　王波，宗跃光 . 基于分解步骤法的浙江开化县域综合生态分区 . 长江流域资源与环境，2007（3）。

②　本原则参考了《江苏省重要生态功能保护区区域规划》的相关内容。

具有相对一致性，包括地貌类型相似、生态系统相似、自然资源和发展潜力相似性，存在的问题及生态环境保护对策的相似性等。

③可操作性原则。生态分区应是空间上相对完整的自然区域，除了考虑自然地理单元和生态系统的完整性外，同时应尽量注意行政区划的完整性。

④协调衔接原则。生态分区的划定要充分考虑与国民经济发展规划、土地利用总体规划及其他规划相协调、相衔接。

2）划分方法

生态分区的基础是做好区域生态敏感性分析，从区域的自然环境与自然资源现状出发，综合结合区域内的地形地貌条件、基本农田保护、风景资源、山地森林资源、水资源和生物多样性等自然生态方面的因素，同时结合城镇文化遗产等人文要素进行综合评价分析，在此基础上开展生态分区规划。

生态分区方法有经验法、指标法、类型法、叠置法、聚类分析法等，可根据分区原则与指标，运用定性和定量相结合的方法，进行生态分区。

（2）生态控制线

生态控制线是为了保障城乡基本生态安全，维护生态系统的科学性、完整性和连续性，防止城镇建设无序蔓延，在尊重城镇自然生态系统和环境承载力的前提下，根据有关法律、法规，结合当地的实际情况划定的生态保护范围界线[1]。通过在区域内划定生态控制线，以生态控制线的方法控制城市发展边界，对基本生态控制线范围内的空间资源（土地等）进行强制性地严格保护。从规划技术及理论层面来看，改变了传统的规划思路，实现了从"发展建设规划"到"禁止建设规划"的转变，考虑了城市发展的建设需求，又兼顾了保持良好生态环境的需要。

深圳市是国内第一个划定并通过政府规章形式明确城市生态界线的城市，2005年11月，深圳市出台了《深圳市基本生态控制线管理规定》和《深圳市基本生态控制线范围图》，以8处大型区域绿地和18条城市生态廊道组成的生态绿地系统为基础，将深圳市全市2020km²的974.5km²土地划入基本生态控制线，约占全市总面积的一半。同时，深圳市明确除了重大道路交通设施、市政公用设施、旅游设施和公园绿地以外，禁止在基本生态控制线范围内进行建设（图3-8）。

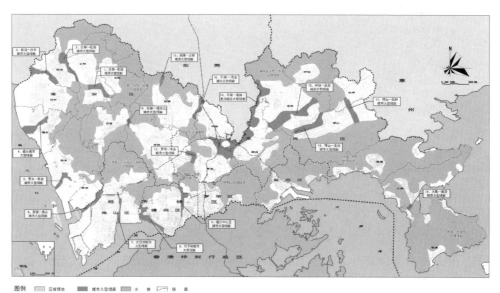

图 3-8　深圳市基本生态控制线规划图

（资料来源：深圳市规划局网站。）

---

[1]　主要参考深圳生态控制线管理规定中的相关定义。

深圳划入生态控制线范围主要包括以下方面：

1）一级水源保护区、风景名胜区、自然保护区、集中成片的基本农田保护区、森林以及郊野公园；

2）坡度大于 25% 的山地、林地以及高地；

3）主干河流、水库以及湿地；

4）维护生态系统完整性的生态廊道和绿地；

5）其他具有生态保护价值需要控制的区域。

（3）绿道

1）定义与作用

绿道是区域内连接公园、自然保护地、名胜区、历史古迹以及其他与高密度聚居区之间进行连接的开敞空间纽带。是沿着诸如河滨、溪谷、山脊线等自然走廊，或是沿着诸如用作游憩活动的废弃铁路线、沟渠、风景道路等人工走廊所建立的线性开敞空间，包括所有可供行人和骑车者进入的自然景观线路和人工景观线路[①]。

由于绿道起着区域生物廊道的作用，将城乡全域生态环境中的多样生态基质、斑块连接成网络，促进各生态系统间的物质交流，平衡全域生态结构。因此，绿道就像联系身体各个部分的神经网络，它能使城乡成为一个有机的整体，是城乡生态一体化规划的一个重要方法。通过构建融合生态、环保、教育和休闲等多种功能的"绿道"体系，逐步形成联系城镇内部绿化绿地与外部区域绿地之间、城镇与乡村之间的绿色串联网络，既可起到构筑区域生态安全网络、防止城市无序蔓延、优化城乡生态格局与生态环境的作用，又可为居民提供健康可供游憩娱乐的绿色开敞空间，有力推动区域生态保护和生活休闲一体化以及宜居城乡建设，提高城乡居民的生活品质。

2）绿道的起源与国内发展

自 1867 年绿道的雏形在美国出现至今，国际绿道建设已经历了一百多年的发展历史。我国绿道起源于 2008 年广东省珠三角的绿道系统规划，现在国内许多大中城市正在开展积极的实践探索。

广东省珠三角绿道网规划范围包括广州、深圳、珠海、佛山、惠州、东莞、中山、江门和肇庆等地，覆盖面积约 5.46 万 km²。规划珠三角将建成总长约 1678km 的 6 条区域绿道，是目前国内地域范围最大的区域绿道网络。珠三角 6 条区域绿道从布局选线到功能都各具特色，主线串联了 200 多处主要森林公园、自然保护区、风景名胜区、郊野公园、滨水公园和历史文化遗迹等发展节点，连接广佛肇、深莞惠、珠中江三大都市区，服务人口约 2565 万人。同时，珠三角范围内各市积极建设城市绿道与社区绿道，并与区域绿道相联通，形成贯通珠三角城市和乡村的多层级绿道网络系统（图 3-9）。

3）绿道的类型

按功能可分为生态型绿道、郊野型绿道、都市型绿道三种。

①生态型绿道：指在世界自然遗产地、风景名胜区、自然保护区范围内，沿自然河流、结合旅游景点、自然地形设立，达到保护生态环境和保障生物多样性，并且可进行自然科考及野外徒步旅行的线性空间。生态型绿道控制宽度一般不小于 200m。

②郊野型绿道：指在城（镇）建成区周边的开敞绿地、水体和乡村设施，为人们提供亲近大自然、感受大自然的绿色休闲空间，实现人与自然的和谐共处。包括登山道、栈道、骑游道等，原则上不与"村村通"道路相重合。郊野型绿道控制宽度一般不小于 100m。

③都市型绿道：指在城镇建成区内，依托人行道、道路绿地、滨水绿地等"人车分行"的绿道，

---

① 主要参考成都市健康绿道规划中的相关定义。

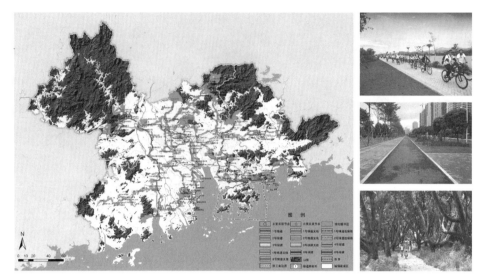

图 3-9　珠三角绿道网布局图

主要供慢跑、步行及自行车骑行，以林荫街、健身步道、游步道、滨河廊道等多种形式，串联城市公园、公共绿地、街头绿地、滨水绿地、广场、户外公共空间、文化遗迹、历史建筑、景观街区等，并具有完善的机动车换乘、自行车租赁系统等服务体系。控制宽度一般不小于 20m。

（4）水系

1）水系在城乡生态保护中的作用

水系是城乡生态环境的基本构成要素，是城市和乡村赖以生存、发展的重要保障。除农业灌溉、城乡用水、水运交通外，还具有一系列与城乡生态保护密切相关的作用。

①生态保护作用：水系为城乡的生产和生活输送原水，保护和协调着原水供应的生态环境，承载与缓解人类活动带来的污染排放。

②景观美化作用：水系是城市中的自然开敞空间，是城乡环境的重要景观。

③格局稳定作用：水系能固化、稳定城镇村空间肌理与格局。

④选址影响作用：管子曾提出"高勿近阜而水用足，低勿近水而沟防省"，城、镇、村和园区的选址，无不需考虑水系的利弊影响。

2）水系规划的原则及方法

对于城乡统筹规划中的水系规划，应遵循以下原则与技术方法：

①安全性原则与方法。水系规划需充分考虑城市生态安全。严格保护水源保护地的环境，对水系进行流域性治理，尤其要注意控制城镇上游地区的污染；结合防洪要求控制城镇村建设用地边界与地上水系的安全距离；完善城镇排洪设施，防止城市内涝；加筑护坡堤，防止泥石流等灾害。

②原真性原则与方法。水系规划应注重历史与自然环境的延续性，以非工程化手段为主理水，维系传统河堤形式，倡导自然岸线，营造宜人的滨水空间。对于历史文化名城、名镇、名村，要尊重水网格局和滨水开敞空间节点的延续。例如成都在水系规划中充分保持"两江抱城"、道路与河流角度保持一致的传统格局。临沂市水系规划也十分注重水系及湿地对城乡空间布局的固化作用。

③经济性原则与方法。水系规划应兼顾经济性和可持续性，实现水系治理一功多效。注重中水利用，将水系治理工程、环境治理工程与城镇村景观的结合。

（5）规划重大生态修复项目

城乡生态保护一体化规划的一项重要内容是治山理水，重点生态环境的保护和生态环境的修复。针对脆弱的生态环境和亟待修复、恢复的生态环境，提出山体修复、水系治理、草场保护、植被恢复、生态控制线与绿道工程建设等方面的重大项目建议，设立重大生态修复规划项目库。

3. 城乡环境保护一体化规划主要技术方法

当前城乡环境保护任务艰巨，一方面由于城镇化和工业化进程加快，对环境造成的压力与日俱增；另一方面，在广大农村地区，农村的面源污染、工业污染和生活环境污染交织，使环境问题日趋严重和复杂，一些城市总体规划"重城市、轻乡镇"，城乡环境保护缺乏统筹规划治理，造成各自为政的局面。

城乡环境保护一体化规划的目的是打破城乡界限，整合和完善区域环境基础设施，控制污染物排放总量，使空气、水和土壤等环境质量得到改善，有效保护重要生态功能区，提高城乡生态环境质量，保障城乡环境安全。城乡环境保护一体化规划主要技术方法有：

（1）坚持低碳经济，促进城乡发展方式转变

加大城乡产业结构调整力度，推行清洁生产、发展低碳经济，减少和控制二氧化硫、氮氧化物等污染物的排放，促进城乡转变经济发展方式，积极发展绿色小城镇，推动农村生态文明建设。

（2）推进城乡污染联防联控

重点从城乡的水、土壤、大气、声环境、固体废弃物处置等方面减少污染物的排放总量，实行统一规划、统一监管和污染物的统一处置。

（3）加强城乡统筹，改善农村环境质量

具体包括提高城乡饮用水安全保障水平、加强农村环境基础设施建设、严禁污染企业扩散到农村、强化农村畜禽养殖污染防治、加强农村种植业污染控制、改善重点区域环境质量以及加强农村环境监管等。

（4）统筹城乡环境基础设施规划

统筹城乡供水、排水、污水处理设施、环卫设施的规划和建设，推广以生态治理为主的农村生活污染治理适宜使用技术，持续推动农户"改厨改厕改圈（猪羊牛圈）"，实现城乡全覆盖，改善乡村环境质量。

（5）统筹城乡生态建设

完善生态功能区划，加大重要生态功能区的恢复与保育，加强自然生态系统保护以及城乡一体的绿地系统建设。城乡一体绿化系统建设重点为区域生态林地、绿地廊道、湿地建设以及城市中心区内公园绿地、道路绿化带以及河道绿化带建设。

4. 规划案例：青海海西蒙古族藏族自治州统筹城乡发展总体规划[①]

（1）城乡生态保护一体化

1）生态分区

青海海西蒙古族藏族自治州城乡统筹规划生态保护规划重点从气候、动植物资源、自然保护区、土地荒漠化、草场退化等方面进行分析，规划总体认为海西蒙古族藏族自治州生态系统较为脆弱，土地沙漠化问题严重、水土流失面积较大。因此，根据海西蒙古族藏族自治州的实际情况，结合相关控制要求，规划将海西蒙古族藏族自治州划分成生态控制区、生态保育区、生态提升区、生态改善区4个生态分区，形成四类生态分区控制体系（图3-10）。

①生态控制区。生态控制区是海西蒙古族藏族自治州保护等级最高，对生态环境、公共安全等有重大影响的地区，一旦破坏很难恢复或将造成重大损失。生态控制区为生态保护重点地区，原则上禁止开发。主要包括：高山冰川地区、自然保护区、地质灾害易发区、水源地保护区、风景区核心景区等。

---

① 成都市规划设计研究院，2010。

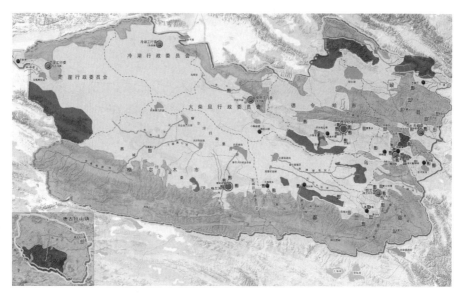

图 3-10　青海海西蒙古族藏族自治州生态分区

（资料来源：成都市规划设计研究院 . 青海海西蒙古族藏族自治州统筹城乡发展总体规划，2010。）

②生态保育区。生态保育区为生态敏感地区，主要包括：高山山脉地区、天然林、公益林地区等，生态保育区应根据资源环境条件进一步划分控制等级，科学合理地限制开发，如需利用，应做出相应的生态评价，提出补偿措施，或作出利用的可行性、必要性研究。

③生态提升区。生态提升区主要为各城镇村发展辐射区域、工矿农牧业发展地区。生态提升区为生态重点建设地区，在合理开发利用的同时应加强生态保护、生态建设。

④生态改善区。生态改善区是现状生态功能较弱且不易开发利用的区域，主要包括戈壁、沙漠、沙地等地区。生态改善区应注重对其生态功能的改善提高。

2）生态保护措施

①退牧还草工程。退牧还草工程涉及两类：一类是因草场严重退化、水土流失或草原生态环境破坏严重需要恢复的；另一类是国家和地方政府对自然保护区、水源保护区有明确要求的。退牧还草地区应妥善处理当地牧民的生产生活问题。

②退耕还林工程。在保证基本农田的前提下，对生态自然环境较差、交通不便的地区实现退耕还林。

③造林植草工程。在近村镇、近路、近水的区域，实行山、水、林、田、路统一规划，乔灌草相结合，进行小流域综合治理。沿路建造防护林带，沿河修建水土防护林，对荒滩等地区进行植草。

④生态移民及封禁保护工程。对自然条件恶劣、有保护要求的地区采取生态移民。在不具备灌溉条件的地区，实行大面积封山禁牧，依靠自然修复功能，迅速恢复植被。

⑤生态建设区工程。加强柴达木盆地沙漠绿洲林业生态建设区、祁连山林业生态建设区、青海湖流域林业生态建设区及三江源林业生态建设区的建设。

⑥自然保护区工程。对现有自然保护区进行生态治理和加大保护力度，加强重要生态功能区的保护和治理，逐步恢复天然林草植被、水源涵养功能和生物多样性，使草原退化、沙化、荒漠化扩大的趋势得到有效缓解。对生态价值较高、有条件地区应新增自然保护区。

⑦提升城镇生态环境。包括加强城镇治理，提高绿化覆盖面积；利用城镇经济实力对周边进行植树造林，生态培育，因地制宜建设生态示范工程等。

（2）城乡环境保护一体化

1）明确城乡环境保护的目标与措施

青海海西蒙古族藏族自治州城乡环境保护一体化重点从水环境、大气环境、声环境、固体废弃物处置等方面提出了环境保护目标和环境综合整治措施。

2）统筹城乡环境基础设施，推进城乡污染联防联控

在污水处理方面，规划提出海西蒙古族藏族自治州城乡按照集中与分散相结合、处理与利用相结合的原则，就近处理、就近排放、就近利用。加强乡镇和农牧区污水处理设施及其配套管网建设工作，乡镇均应建设污水处理设施，根据生活污水产生量及当地实际情况，因地制宜，合理确定建设规模和处理方式；在农牧民地区积极推广使用家庭沼气池处理设施、地埋式一体化处理设施或生态处理等。在固体废物收集与处理方面，除了城市地区工业固体废弃物和居民生活垃圾处理之外，规划对农村地区生活垃圾收集、转运、处置系统建设进行了统筹考虑，推广"户分类、组保洁、村收集、镇转运、区（县）处理"的模式，统筹布局无害化处理设施和收运系统。同时，在偏远和交通不便的地区积极探索资源化利用和就地化处理模式，使城市和农村地区的固体废弃物得到妥善处置。

3）加快农业结构调整，改善农村环境质量

结合生态环境建设，海西蒙古族藏族自治州农业地区积极发展生态农业，促进现代农业发展，推动农业结构调整。加强对农业污染的控制，推广使用喷灌、滴灌等节水灌溉技术，大力发展节水农业，削减农田径流，从源头和生产过程有效控制农业面源污染。农村地区按照减量化、无害化和资源化的原则，积极改进养殖方式，大力推进清洁养殖，减少畜禽养殖业污染排放对水体污染。包括规范养殖场，将分散养殖转化为集中养殖，逐步引导家庭养殖向养殖小区集中，实行集约化舍饲养殖。地表水源保护区、地下水防护区内禁止新建养殖企业；新建畜禽舍不得设在居民区的上风上水地段，且必须远离居民区500m以上等。

3.2.4　城乡公共服务一体化规划

1. 城乡公共服务一体化的主要内容

城乡公共服务一体化包括以下7个方面：教育设施、医疗卫生设施、文化娱乐设施、体育设施、社会福利与保障设施、行政管理与社区服务设施、民生商业设施。

2. 城乡公共服务一体化规划的基本原则

城乡公共服务设施建设属于政府的公共财政开支。因此，城乡公共服务一体化规划的目的在于为城乡公共服务的财政投入提供落实于空间上的依据。

城乡公共服务一体化规划的核心思想是：以"城乡规划最佳、设施配置最优、服务效率最高、资源效益最大、覆盖面积最广"为根本要求，从满足人民群众的生活需求出发，结合实际、预判未来、整合资源、实现公正，促进城乡公共服务设施合理配置。城乡公共服务一体化规划的基本原则如下：

（1）均等保障原则

在规划范围内形成多层次、功能完善的公共服务设施体系，基本公共服务设施均等化，建立城乡均等、规模级配合理的配置标准，使城镇与乡村均能享受到公共服务设施保障与服务。

公共服务配套的层级应该遵照规划所确立的城乡居民点体系进行划分，通常由城市、县城、中心镇、一般镇、农村新型社区5级构成。对于不同层级的公共服务设施，规划相对应的基本配置要求。

（2）集约建设原则

公共服务设施的布局应集约建设。对于城镇的住区和农村新型社区内的公共服务设施，宜采用公共服务综合体的形式集约建设。在一定区域内，可结合公共设施服务范围，实现城乡公共服务设施共建共享。

（3）因地制宜原则

应结合平原、丘陵、山区等不同地形和公共服务设施布局的不同要求（如规模、服务半径等），

以及不同的地域文化特点，因地制宜地采用不同的公共服务设施布局方式。

（4）以人为本原则

公共服务设施的统筹布局应以满足"人的需求"为出发点和最终目的，方便人的使用，坚持以人为本。

3. 城乡公共服务一体化规划的主要技术方法

（1）建立城乡一体的公共服务设施体系

1）城乡教育设施系统

城乡教育设施系统可分为高等教育设施、初级教育设施、职业教育设施和特殊教育设施。在城乡统筹规划中，对初级教育设施，尤其是义务教育设施的统筹配置是工作重点。

城乡教育设施系统的主要内容如表3-5所示。

城乡教育设施系统构成表 表3-5

	等级	主要内容	备注
城乡教育设施系统	高等教育设施	综合性大学	—
		专业院校，职业学院	—
	初级教育设施	高中*	—
		初中*	九年义务教育
		小学*	九年义务教育
		幼儿园、学前教育*	—
	职业教育设施	中专、职高	—
		成人教育	—
	特殊教育设施	老年学校	—
		残疾人学校	—
		农村远程教育	—

*表示规划工作重点。

2）城乡医疗卫生设施系统

城乡医疗卫生设施系统可分为综合医疗机构、专类医疗机构、疾病预防机构和社区卫生机构，其中社区卫生机构是关系到城乡居民生命健康的最基本医疗服务设施，其配置是城乡统筹规划的工作重点。

城乡医疗卫生设施系统的主要内容如表3-6所示。

城乡医疗卫生设施系统构成表 表3-6

	等级	主要内容	备注
城乡医疗卫生设施系统	综合医疗机构	综合医院	—
		中医医院	含中西医结合医院
		民族医院	—
	专类医疗机构	各类专科医院	包括口腔、精神病、皮肤病等医院
		妇幼保健院	—
	疾病预防中心	疾控中心	—
		卫生防疫站	—
		各类专业疾病防治机构	—
	社区卫生机构	社区卫生服务中心*	包括农村社区
		社区卫生服务站*	包括农村社区

*表示规划工作重点。

3）城乡文化娱乐设施系统

城乡文化娱乐设施系统可分为综合文博设施、专类人群文娱设施和社区文娱设施。其中社区文娱设施（包括文化活动中心、站）是为城乡居民提供最基本文化娱乐服务的设施，是城乡统筹规划的工作重点。

城乡文化娱乐设施系统的主要内容如表3-7所示。

城乡文化娱乐设施系统构成表　　　　　　　　　　表3-7

	等级	主要内容	备注
城乡文化娱乐设施系统	综合文博设施	图书馆*、文化馆*、档案馆、影剧院、劳动人民文化宫、会展中心、美术馆、博物馆、展览馆、纪念馆等	—
	专类人群文娱设施	儿童乐园	—
		青少年宫	—
		老年活动中心	—
	社区文娱设施	社区文化活动中心*	包括农村社区
		社区文化活动站*	包括农村社区

*表示规划工作重点。

4）城乡体育设施系统

城乡体育设施系统可分为综合体育场馆、专类体育场馆与社区体育设施。社区体育馆和全民健身场所是城乡统筹规划的工作重点。

城乡体育设施系统的主要内容如表3-8所示。

城乡体育设施系统构成表　　　　　　　　　　表3-8

	等级	主要内容	备注
城乡体育设施系统	综合体育场馆	体育中心	—
		体育馆	—
	专类体育场馆	游泳馆、羽毛球馆、篮球场、足球场、网球场等	含竞技与练习场馆
	社区体育设施	社区体育馆*	包括农村社区
		全民健身场所*	露天，可结合绿地；包括农村社区

*表示规划工作重点。

5）城乡社会福利与保障设施系统

城乡社会福利与保障设施系统包含社会福利机构和社会保障机构，在城乡统筹规划中应结合当地实际情况进行统筹配置，其主要内容如表3-9所示。

城乡社会福利与保障设施系统构成表　　　　　　　　　　表3-9

	等级	主要内容	备注
城乡社会福利与保障设施系统	社会福利机构	综合性社会福利院	—
		老年福利院	—
		儿童福利院	—
		残疾人员康复站	—
		养老院	—

续表

等级		主要内容	备注
城乡社会福利与 保障设施系统	社会保障机构	社会救助管理站	—
		社会捐助站	—
		劳动保障站	—
		妇女儿童权益保障站	—

6）城乡行政管理与社区服务设施系统

城乡行政管理与社区服务设施系统包含城市行政管理机构和社会服务机构，在城乡统筹规划中应重点对街道办事处、社区居委会（含农村社区）、村委会[①]、派出所等设施进行统筹配置，其主要内容如表3-10所示。

城乡行政管理与社区服务设施系统构成表　　　　表3-10

等级		主要内容	备注
城乡行政管理与 社区服务设施系统	城市行政管理机构	党政、团体机构	—
		公检法机构	—
		各类专项管理机构	—
		派出所*	—
	社会服务机构	街道办事处*	—
		社区居委会*	包括村委会

*表示规划工作重点。

7）城乡基本民生商业设施系统

城乡基本民生商业设施是指与城乡居民生活紧密相关的商业设施，是最基本的民生服务设施。在城乡基本民生商业设施系统中，农贸市场、肉菜市场、农村放心店和农资放心店等设施的配置应是城乡统筹规划的工作重点，其主要内容如表3-11所示。

城乡基本民生商业设施系统构成表　　　　表3-11

等级		主要内容	备注
城乡基本民生商业 设施系统	—	农贸市场*	农贸市场与肉菜市场可合设
		肉菜市场*	
		农村放心店*	—
		农资放心店*	—

*表示规划工作重点。

（2）城乡基本公共服务设施均等化

1）建立与城乡居民点体系相对应的分级配置体系

城乡统筹规划的实质是资源在空间上的合理配置。在城乡统筹规划中，应建立与城乡居民点体系相对应的公共服务设施分级配置体系，根据服务人口规模的不同、公共服务设施服务半径的不同，分级配置，保障基本公共服务设施配置均等化。

2）建立城乡公共服务设施基本配置标准

各地由于实际情况不同，可能会形成不同的城乡居民点体系，这是客观存在的差异性，也具

---

① 在农村，村委会（村两委）、村支部、党员活动室、民兵组织活动室、文化室、远程教育场地等可以规划联合使用。

有因地制宜的合理性。可按照城市、县城、中心镇、一般镇和农村聚居点等不同的层级，结合城乡居民点体系规划，设置城乡公共服务设施的配置标准。

对于城乡公共配套设施，可采用一项或多项指标进行定量控制，以保证其规模、服务半径达到基本服务标准，规划时应根据不同地区的特殊需求进行配置。城乡公共服务设施基本配置标准如表 3-12 所示。

城乡公共服务设施基本配置标准一览表（参考）　　　　　表 3-12

类别	设施	地级市市区	县级市市区	中心镇镇区	一般镇镇区	农村聚居点	配置指标
教育	综合性大学	○	—	—	—	—	无指标
	专业院校，职业学院	○	○	—	—	—	无指标
	高中	★	★	★	○	—	千人用地面积 生均学位数 生均占地面积 服务半径
	初中	★	★	★	★	○	
	小学、幼儿园	★	★	★	★	★	
	中专、职高	★	★	○	—	—	千人用地面积
	成人教育	★	★	—	—	—	
	老年、残疾人学校	★	○	—	—	—	无指标
	农村远程教育	★	★	—	—	—	无指标
医疗卫生	综合医院、中医医院	★	★	—	—	—	千人用地面积 千人床位数 床均占地面积 服务半径
	各类专科医院	★	○	—	—	—	
	妇幼保健院	★	★	—	—	—	
	疾控中心、防疫站	★	★	—	—	—	千人用地面积
	专业疾病防治机构	★	○	—	—	—	
	社区卫生服务中心	★	★	★	★	○	千人建筑面积
	社区卫生服务站	★	★	★	★	★	
文化娱乐	纪念馆、美术馆、歌剧院	○	—	—	—	—	无指标
	会展、展览馆、博物馆	★	—	—	—	—	无指标
	图书馆、档案馆、影剧院	★	★	○	—	—	千人用地面积
	儿童乐园	★	★	○	○	—	
	青少年宫	★	★	○	—	—	
	老年活动中心	★	★	★	★	○	
	社区文化活动中心	★	★	★	★	○	
	农村文化活动室	★	★	★	★	★	千人建筑面积
体育	体育中心、体育馆	★	★	★	—	—	千人用地面积
	各类专业练习场馆	★	★	○	—	—	无指标
	全民健身场所	★	★	★	★	★	千人用地面积
社会福利与保障	综合性社会福利院	★	★	—	—	—	千人用地面积
	儿童福利院、残疾康复站	★	○	—	—	—	
	养老院	★	★	★	★	★	
	社会救助管理站、捐助站	○	○	—	—	—	千人用地面积 服务半径
	劳动保障站	○	○	—	—	—	
	妇女儿童权益保障站	★	★	★	★	★	

续表

类别	设施	地级市市区	县级市市区	中心镇镇区	一般镇镇区	农村聚居点	配置指标
行政管理与社区服务	党政、团体机构	★	★	★	★	○	无指标
	公检法机构	★	★	★	★	—	无指标
	各类专项管理机构	★	★	★	★	—	无指标
	派出所	★	★	★	★	○	千人用地面积
	街道办事处	★	★	★	★		
	社区居委会（村委会）	★	★	★	★	★	千人建筑面积
民生商业	农贸市场	★	★	★	★	○	千人用地面积 服务半径
	肉菜市场	★	★	★	★	★	
	生鲜超市	★	★	★	★	—	无指标
	农村放心店	—	—	—	○	★	千人建筑面积
	农资放心店	—	—	—	○	★	

注：表中符号意义：★表示必设项目；○表示选设项目；—表示不设项目。
（资料来源：在参考《四川省区域基础设施与公共服务设施规划建设标准研究》的基础上，结合成都市相关标准，仅供参考。）

（3）公共服务圈

1）公共服务圈的内涵

公共服务圈是指在城乡统筹规划范围内，依照一定半径划定的公共服务覆盖范围。公共服务圈旨在通过构建分片集中的服务体系，实现城乡公共服务满覆盖，最终达到基本公共服务配置均等化。

2）公共服务圈的分类

公共服务圈一般有社区公共服务圈、跨区域公共服务圈等，可结合各地实际情况，选择不同的配置方式。

①社区公共服务圈。社区公共服务圈通常指"社区级"的公共服务设施与空间范畴，即以社区内综合服务中心为重点，形成社区公共服务网络，实现对市、区（县）、街镇、村（居委）的社区级公共服务全覆盖。社区公共服务圈与我国现行最小行政管理单元（居委会辖区、村委会辖区）相一致，按照城乡社区居民的生活需求，配置方便本社区居民享用的公共服务设施。例如上海市建设"15分钟公共文化服务圈"，北京市建设"15分钟便民服务圈"，大连市建设"20分钟生活圈"，其实质都是构建社区级的公共服务体系。

②跨区域公共服务圈。跨区域公共服务圈往往是打破镇、村等级，按照人的需求和公共服务设施的合理半径，均衡布局公共服务设施集中点。公共服务设施集中点的选址一般宜结合现状或规划的镇或农村集中居住点设置。一般适宜在发展条件差距不大的区域配置跨区域公共服务圈，这种区域往往城镇体系等级结构不明显，城镇差距不大，如果按照城乡体系分层次配置公共服务设施，会造成公共服务设施配置不经济和级配不合理。

3）公共服务圈的划分方法

公共服务圈的服务范围划分受到地形地貌、交通条件、城镇村布局特点等因素的制约，公共服务圈的划定一般有以下方法：

①服务半径应控制在与规划主要交通方式相适宜的距离内。在农村地区，公共服务圈的半径应控制在主要交通方式的适宜通达距离内，而在交通条件较差的山区，则应进一步缩小公共服务圈的半径。

②公共服务圈内的设施项目应满足基本公共服务需求。在资源条件有限的情况下，应优先配

置基本公共服务设施，满足公共服务圈内人民群众的基本服务需求。

③根据公共服务圈服务的人口规模配置相应的公共服务设施。除满足基本服务要求外，还应根据不同公共服务圈服务的人口规模，配置相应的公共服务设施，或增设公共服务中心，完善公共服务设施体系，适应人民群众的物质文化和生活需求。

4. 规划案例

（1）案例一：成都市相关文件及《世界现代田园城市规划建设导则》[1]

根据成都市相关部门确定的标准，并在《世界现代田园城市规划建设导则》中进一步完善，成都市的公共服务设施按照城乡体系进行分级配置。对于城市、县城，需按照城市功能配置完善的基本公共服务设施体系；重点镇、一般镇、农村新型社区，分别按照不同的标准配置基本公共服务设施。

1）成都重点镇采用"1+10"标准，即1个中心镇必须配套10类基本公共服务设施项目，详见表3-13。

成都重点镇"1+10"配套标准 表3-13

公共配套设施		数量	内容
公共管理体系	城乡规划体系	1	镇总体规划、乡镇土地利用总体规划、城乡产业规划、镇区控制性详规等
	城市管理队伍	1	
公共服务体系	便民服务中心	1	农村产权交易服务站、劳动保障所及工商、税务、民政、计生、法律服务等服务项目
	区域性农业服务中心	1	林业工作站等服务项目
	综合文化活动中心	1	
	职业技能培训基地	1	
	"211"工程	1	田径场、灯光球场、游泳池、健身中心
	标准化学校	1	
	标准化卫生院	1	
	社会福利院	1	

2）成都一般镇采用"1+6"标准，即1个一般镇必须配套6类基本公共服务设施项目，详见表3-14。

成都一般镇"1+6"配套标准 表3-14

公共配套设施	综合服务中心
	派出所
	标准化学校
	幼儿园
	标准化卫生院
	养老院

3）成都农村新型社区采用"1+11"标准，即1个中心镇必须配套11类基本公共服务设施项目，详见表3-15。

---

① 成都市规划设计研究院，2010。

成都市农村新型社区"1+11"配套标准　　　　　表 3-15

规模项目名称	建筑面积（m²）	复合规模（m²）	备注
劳动保障站	≥50	总建筑面积≥100	进入农村综合服务中心用房
卫生服务站	≥80		
人口计生服务室	≥20		
社区综合文化活动室	≥100		
警务室	≥20		
全民健身设施	≥200	—	—
农贸市场	≥50	—	—
日用品放心店	≥20	—	—
农资放心店	≥50	—	—
公厕	≥20	—	—
教育设施	—	—	人口达 1000 人以上的农村原则上配置幼儿园 1 处，生均占地面积约 10m²

（2）案例二：海南城乡经济社会一体化规划[①]

在《海南城乡经济社会一体化规划》中，海南全岛被划定为 21 个基本生活圈（即公共服务圈），并提出：

1）以基本生活圈为载体，国际旅游高端服务需求为重点，满足城乡居民基本公共服务需求为根本，实现全岛基本公共服务均等化；

2）基本生活圈以县城和人口密集地区的重点镇为中心，每个生活圈内，通过完善路网结构，达到通勤距离在 30~40min 以内（图 3-11）；

3）在每个基本生活圈内从工作、居住、休闲、就学、医疗等人的基本需求出发，配置社会服务供给系统，引导科学发展（图 3-12）；

图 3-11　半小时通勤圈与人口密度叠合图

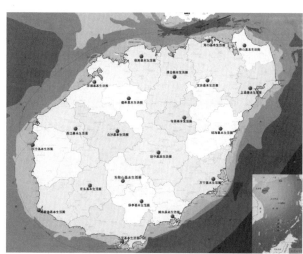

图 3-12　海南的 21 个基本生活圈

---

① 中国城市规划设计研究院，2010。

4）打造生活圈内优美的生态环境和高品质的生活。

3.2.5 城乡基础设施一体化规划

1. 城乡基础设施一体化规划的主要内容

城乡基础设施统筹的主要内容包括道路交通体系（含道路、轨道、水路、公共交通等）、市政公用基础设施体系（含给水、排水、电力、电信、燃气、供热、环卫等）、公共安全体系（含预警、防灾、避灾、救灾、灾后重建、应急管理等）三大方面。

2. 城乡基础设施统筹的基本原则

（1）公平公正原则

强化基础设施向乡村地区的延伸，建立城乡一体的基础设施配置标准，使城市与乡村均能享受到均等的基本的基础设施保障与服务。

（2）因地制宜原则

根据不同地区社会经济、自然条件等现实因素的差异性，区别对待该地区基础设施的体系构成、服务范围、配置标准等，构建适应于地方条件与特色的城乡基础设施体系。

（3）安全可靠原则

深入分析区域资源、合理预测设施规模、科学安排设施布局，强化城乡基础设施体系的安全性与可靠性，实现来源有保障、规模有保障、安全有保障、应急有对策。

（4）集约利用原则

结合实际需求与条件，通过区域统筹安排，强化基础设施的城乡共建共享，实现设施的集约高效利用，避免资源浪费、重复建设。

3. 城乡基础设施一体化规划的技术方法

（1）构建城乡一体的基础设施体系

体系的构建是城乡基础设施统筹的基础。在当前的规划与建设工作中，对城市、镇的基础设施体系的构建工作已经较为完善，但乡村地区的基础设施覆盖与配置还存在较大缺失，造成如饮用水自取自用、生活污水随意排放、垃圾随处丢弃等一系列问题。体系构建的目的是要使城市与乡村享受同样的基础设施服务。体系构建应尤其关注贫困地区和交通欠发达地区，加强对水、电、路、气等网络化基础设施的建设，让基础设施空间布局尽可能覆盖到行政村，有条件的地区要覆盖到中心村。

1）道路交通系统

完整的交通体系涵盖的内容较多，包括道路、轨道、航空、水路等，而城乡统筹工作中所涉及的内容，则主要是道路及公共交通设施。

城乡道路交通体系的主要内容如表3-16所示。

道路系统的主要内容　　　　　　　　　　　　　　　　　　　　表3-16

类型	等级		内容	备注
区域性道路	高速公路		—	对外联系的主要通道
	干线公路		国道	
			省道	
内部道路	快速路		—	主要联系城市组团、县城的快速通道
	干路		城市主干道	—
			城市次干道	—
			县道	主要联系县城、乡镇的通道
			乡道	主要联系乡镇、村的通道

续表

类型	等级	内容	备注
内部道路	支路	城市支路	—
		村道	主要联系各村及村内的道路
公共交通设施		公交枢纽站	主要配置于城市、县城
		公交客运站	主要配置于各乡镇
		公交招呼站	主要配置于各村及农村聚居点

2）市政公用基础设施系统

市政公用基础设施系统主要包括给水、排水、电力、电信、燃气、供热、环卫等方面，应结合地方实际情况，因地制宜地建立覆盖城乡的市政公用基础设施体系，尤其是要明确乡村地区的市政公用基础设施配置。农村生活用能要充分考虑该地区农村特点，利用秸秆等当地的生物质能源，建设小型秸秆气化站等设施。市政公用基础设施系统的主要内容如表3-17所示。

市政公用基础设施系统的主要内容   表3-17

类型	内容	备注
给水	水源	—
	水厂	全域统筹设置
	小型给水处理设施	不能纳入集中供水的乡镇、村可使用
	给水加压站	根据管线位置、地形等实际条件设置
排水	污水处理厂	全域统筹设置
	小型污水处理设施	不能纳入集中处理的乡镇、村可使用
	化粪池、湿地等	不能纳入集中处理的乡镇、村可使用
	污水提升泵站	根据管线位置、地形等实际条件设置
电力	电源	—
	变电站	全域统筹设置
	开闭所	—
电信	交换局	以全市为单元设置
	端局	以县城、城市组团为单元设置
	模块局	以乡镇为单元设置
燃气	气源	—
	门站	全域统筹设置
	储配站	
	调压站	
	秸秆气化站	以自然村为主设置
供热	热源	—
	热交换站	全域统筹设置
	其他取暖方式	利用本地生物质能源
环卫	垃圾卫生填埋场	全域统筹设置
	垃圾焚烧处理厂	
	垃圾转运站	以乡镇为单元设置
	垃圾收集点	以村为单元设置

3）公共安全系统

影响城乡公共安全的主要因素包括自然灾害（极端天气、洪水、地震、地质灾害等）和事件灾害（火灾、交通事故、突发公共卫生事件、恐怖袭击与破坏、战争等）两大类。城乡公共安全一体化规划的主要内容包括防灾体系、监测体系、避灾体系、救灾体系和应急管理体系5个方面。

（2）基本城乡基础设施均等化

配置标准的设立是城乡基础设施均等化的关键。城市与乡村在基本基础设施配置方面的不均等，乡村地区基本基础设施配置不全，难以满足乡村居民日常生产生活的需求，以及生态环境保护需求，是当前城乡差异的突出表现。

实现城乡基本基础设施均等化的目的是要让乡村与城市能享受到均等的基本基础设施配套服务。均等化并不等于配置标准的完全一样，而是应该客观分析城市与乡村、不同地域之间对基础设施服务需求的差异性，以及公共设施的经济性，统一规划、分类指导。

城乡市政公用基础设施的指标体系的主要内容如表3-18所示。

市政公用基础设施指标体系的主要内容

表3-18

类型	指标	单位
给水	城、镇、村人均综合用水量	L/（人·d）
	集中供水率	%
排水	城、镇、村污水收集率	%
	城、镇、村污水处理率	%
电力	城、镇、村人均综合用电量	kWh/（人·a）
电信	城、镇、村固定电话普及率	%
	城、镇、村移动电话普及率	%
燃气	城、镇、村人均生活用气量	m³/（人·d）
	气化率	%
供热	普及率	%
环卫	城、镇、村人均垃圾产生量	kg/（人·d）
	垃圾处理率	%

城乡市政公用基础设施的配置标准应结合当地的自然条件、社会经济等实际情况，因地制宜地予以制定。

（3）城乡基础设施共建共享

共建共享是城乡基础设施统筹的核心，其关键是要明确区域性重大基础设施的规模与位置，对于非重大区域性的城乡基础设施，应提出布局原则与配置要求。基础设施大多属于公益性设施，资金投入大、维护成本高、运行时间长。因此，基础设施的建设与利用应充分体现集约、高效的原则。城市与乡村在对基础设施服务的需求上基本相似，只是标准和方式存在一些差异。实现城乡基础设施的共建共享，是实现资源节约型社会发展目标的重要手段之一，有利于集约、集成地为城市与乡村同时提供均等的基础设施配套服务，减少投入，节约成本。

实现城乡基础设施共建共享，应按照区域统筹、城乡共享的思路，将各类基础设施在空间上予以落实，主要技术手法有以下3个方面：

1）根据城乡建设空间的规划布局，从经济性、有效性的角度入手，分析各类基础设施的合理服务范围，实现城市与乡村基础设施共建共享。

2）根据以上共建共享的原则，合理预测各项城乡基础设施的服务需求，明确设施规模，明确空间布局，明确主要管线位置及等级。

3）与此同时，城乡共建共享思路下的基础设施布局也可反作用于城乡建设空间的布局规划，对城乡空间布局提出优化建议。

（4）城乡公共安全一体化

"近年来，全社会对公共安全的重视程度与日俱增，传统的综合防灾规划有逐渐演变为公共安全规划的趋势。综合防灾规划作为城市总体规划的强制性内容之一，历来有之；而城市公共安全规划是近几年才出现的新内容。两者名称相似，都是为预防、应对灾害，保障城市安全而编制的规划，但内容各有侧重。综合防灾规划，强调各单灾种的综合，从单灾种规划中整合而成，主要考虑抗震防灾、防洪、消防、人防四部分（部分地区根据情况可能增加地质灾害、海洋灾害、气象灾害等），而对于其他灾害如安全事故、公共卫生事件等考虑较少。相比而言，城市公共安全规划研究的范围更广，不仅研究各种灾害，还将风险评估、应急管理、防灾空间的建立等诸多与城市安全相关的因素纳入进来，因而更加凸显其规划的综合性、科学性以及全程化"[①]。城乡公共安全一体化的技术方法主要有：

1）防灾体系规划

以风险评估的结论为依据，对规划区影响城乡公共安全的各类灾害的防灾工程和设施进行规划（如防洪、抗震、人防、消防、地质灾害防治、突发公共卫生事件等），明确城乡设防标准、落实设施位置。此部分内容与传统的综合防灾规划类似，但更强调对乡村地区的保障、强调城乡共建共享，更偏重于各类防灾工程的统筹协调与综合利用。

2）监测体系规划

监测体系规划主要包括两个方面的内容：一方面是需要重点监测的区域（点）规划，应以风险评估为基础，划分出针对各类突发事件的重点监测区域或监测点，例如易涝点、地质灾害多发点、易溃坝的大堤部位等；另一方面是监测设施的规划，主要是对防洪监测站、地震监测站、消防监测站等监测设施的布局规划，应明确其空间位置。

3）避灾体系规划

避灾体系规划主要包括避难场所规划和应急救援疏散通道规划两个部分。应在充分研究疏散方式、疏散规模、疏散方向、救灾支援的基础上，针对城市与乡村的实际需求，明确紧急避难场所、固定避难场所、中心避难场所的位置、规模，建立联系城乡的各级疏散通道，明确位置与等级，保障空间联系的通畅。

4）救灾体系规划

救灾体系规划除上述应急救援疏散通道规划外，还应对应急救灾物资供应体系予以落实。应急救灾物资供应体系主要由应急救灾设备管理系统、救灾物资调配站和应急物流系统3部分组成。

4. 规划案例：安徽省淮南市城乡一体化规划[②]

（1）市政公用基础设施指标体系（表3-19）

市政公用基础设施指标体系　　　　　　　　　　　　　　　　　表3-19

等级	范围	供水		排水		电力	供气		电信		环卫
		用水指标 [L/（人·d）]	供水普及率	污水收集率	污水处理率	人均综合用电量 [kWh/（人·a）]	居民生活用气指标 [m³/（人·d）]	气化率	固定电话普及率	移动电话普及率	人均垃圾产量 [kg/（人·d）]
一	城区	400	100%	90%	95%	4000	0.45	95%	90%	60%	1
二	镇（乡）	200~250	95%	90%	85%	2500	0.35	80%	45%~50%	30%	0.8

---

① 北京清华城市规划设计研究院 张丛 . 浅议城市公共安全规划编制，2010，5。

② 成都市规划设计研究院，2010。

| 等级 | 范围 | 供水 | | 排水 | | 电力 | 供气 | | 电信 | | 环卫 |
		用水指标 [L/（人·d）]	供水普及率	污水收集率	污水处理率	人均综合用电量 [kWh/（人·a）]	居民生活用气指标 [m³/（人·d）]	气化率	固定电话普及率	移动电话普及率	人均垃圾产量 [kg/（人·d）]
三	约46个新型社区	120~150	90%	90%	80%	1500	0.35	60%	40%	30%	0.4
四	散居点	100				1500	0.3	40%	20%	30%	0.4

（2）供水设施一体化

1）明确城乡供水原则

规划中明确了淮南市的城区、乡镇均采用区域水厂集中供水的原则；农村新型社区通过综合比较后确定供水方式，有条件的应纳入集中供水；散居农户则取地下水使用，如图3-13所示。

2）划定农村新型社区集中供水范围

农村新型社区可采用集中供水、单独供水两种方式。规划首先对两种方式从经济性、技术性、安全可靠三方面进行综合比较，以确定纳入集中供水的农村新型社区范围。

图3-13 规划区供水体系图
（资料来源：成都市规划设计研究院.安徽省淮南市城乡一体化规划，2011。）

通过比较发现，集中供水从后期维护、技术性、安全可靠性都比单独供水要好，从经济性上考虑集中供水的经济距离在3km以内，而单独供水则在距城市供水管3km以上区域有经济优势。由于所规划的农村新型社区距城市供水管均在3km以内，因此规划确定将全部农村新型社区均纳入集中供水的范围，散居农户则自取地下水使用。

3）确定城乡集中供水量

按照上述划定的集中供水范围，确定淮南市最高日供水量为78万 m³/d（表3-20），将通过规划自来水厂统一供给。

规划区 2020 年用水预测表　　　　表3-20

等级	范围	用水指标 [L/（人·d）]	供水普及率（%）	人口规模（万人）	供水最高日水量（万 m³/d）
一	城区	淮南中心城区、潘集副中心	400	100	181	72.4
二	镇	重点镇、一般镇（乡）	200 ~ 250	95	14	2.8~3.5
三	新型社区	约46个	120 ~ 150	90	14	1.5~1.9
四	散居农户		100		6	—
合计					76.7 ~ 77.8

4）统筹布局自来水厂

规划通过保留、改扩建等方式，明确了6座自来水厂的规模与空间布局。到2020年，总计供水能力达90万 m³/d，满足上述78万 m³/d 的城乡总用水要求（图3-14）。

3.2.6　城乡规划一体化

城乡规划一体化是规划编制、管理、监督三个层面的全覆盖和一体化，需要打破部门之间的

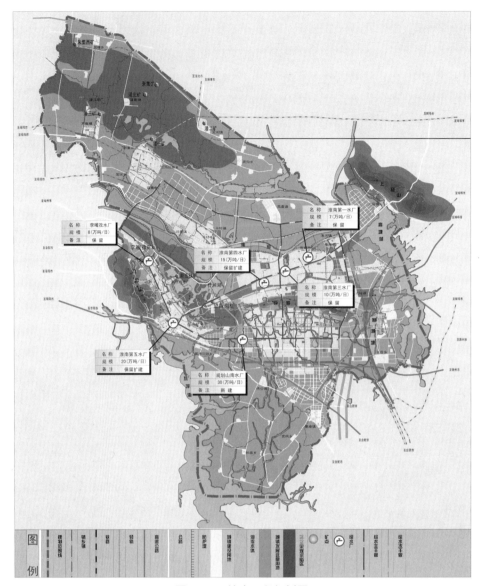

图 3-14 给水工程规划图

（资料来源：成都市规划设计研究院 . 安徽省淮南市城乡一体化规划，2011。）

分割与壁垒，构建政府各部门开展统筹城乡工作的基础平台，全面整合经济社会发展各领域的规划，建立多规协调的规划工作机制，并建立完善的城乡规划监督体系，确保城乡规划落到实处。

1. 城乡规划一体化涉及的主要规划

涉及城乡空间规划的除城乡规划外，还包括国民经济与社会发展五年规划、土地利用总体规划与环境保护规划。在国家层面，由中央政府统一制定的、以国家经济社会发展规划为总体目标、以全国城镇规划为空间支撑、以全国土地利用总体规划为调控手段、以环境保护规划为约束条件的"四规"，基本形成了紧密联系、互为协调的规划及管理格局。但在地方层面，由于编制、审批和实施主体的差异，更由于各领域规划同步协调机制的缺失，四个规划往往各自为政，甚至时有矛盾，由此造成规划浪费和规划实施困难。当前，不少地方已经围绕着"规划一体化"进行了有益尝试，以空间规划为平台，通过统一规划目标、统一空间管制、统一空间数据、统一空间布局，减少各类规划之间的矛盾冲突，加强各类规划的相互协调和衔接，实现各类规划的协调统一，如成都，重庆；也有部分城市通过管理部门的合并进行更为彻底的规划、土地等管理一体化，如上海、武汉、深圳等。总结上述实践探索，各地城乡规划一体化的基本做法有 3 点：一是努力实现城乡总体规划、国民经济与社会发展规划、土地利用总体规划和环境保护规划的"四规叠合"或"四规合一"；二是建立规划实施的统一的空间管理平台；三是建立多部门协调的空间管理体制。

2. 城乡规划一体化的主要技术方法

改善和完善城乡规划，最理想的方案即是建立"多规合一"的规划体系。目前，各类规划不论在行政管理体制还是法规体系上均较为成熟，因此，采取"四规叠合"而不是"合一"的方式是现阶段较为适宜的选择（童小平，2008）。

所谓"四规叠合"是指将国民经济与社会发展五年规划、城乡总体规划、土地资源利用总体规划和环境保护规划在规划数据、规划目标、规划范围等各方面进行统一，改变过去各自为政的局面，建立各类规划全面、系统、有效的衔接机制，形成区域和城市发展的政策合力。其中，空间是各项规划的共同载体。

同时，国民经济和社会发展规划虽然涵盖了社会经济发展的各项目标规划，但对空间布局的指导相对较少，且内容较为原则，难以直接指导建设；土地利用总体规划与环境保护规划指向明确，约束性强，但内容较为单一，难以指导社会经济发展的各个方面。因此，以空间布局及各项建设为主要内容、综合性强的城乡规划是统一各项规划的基础平台，而城乡总体规划是与各相关规划对接的适宜层次。"四规叠合"的主要内容包括：

（1）统一规划范围

除城乡总体规划的规划对象为规划区外，其余4个规划的规划对象均为整个行政辖区。因此，城乡规划范围要调整，统一采用行政辖区为规划区范围。

（2）协调规划期限、规划目标

城乡总体规划通过近期建设规划与国民经济和社会发展规划、土地利用规划相协调。因此，统一各规划的规划期限应以五年为宜，协调各项规划中的近期建设目标。同时，加强城乡规划与其他规划的长期发展目标（15~20年）的衔接。

（3）统一统计口径

在现状用地统计数据上，城市规划统计的是现状建成区各类用地数据，土地利用总体规划则根据土地权属的不同（如国有土地、集体土地等），对整个行政辖区进行统计，以是否征用为统计标准，两者存在一定差异。在人口指标方面，建设部[1998]161号文件规定，城市人口包括居住在（规划）建成区内的非农业户籍人口、农业户籍人口和一年以上的暂住人口。国土资源部《县级土地利用总体规划编著规程》中规定，城镇人口应为城镇范围内的常住人口总和，不包括流动人口。可见，前者所称人口范畴比后者大。对流动人口，特别是一年以上暂住人口的统计资料比较欠缺，不同部门对暂住人口的统计数据也相差很大，加上规划区范围不一致，城乡总体规划与其他相关规划的人口数据在基数上即存在较大差异，也进一步导致预测的人口规模不尽一致。在人口统计口径上，应统一采用公安局、统计局、计生委等部门的人口调查统计数据，统一统计范围，如统一以城市所在区镇的市区人口或镇域人口或城市现状建成区人口等。在建设用地统计口径上，统一城乡总体规划与土地利用总体规划建设用地的口径，包括城市建设用地、农村集体建设用地等，同时建立统一的信息平台与相应的空间数据库，为规划协调奠定基础。

（4）协调分类标准

城乡总体规划与土地利用总体规划目前采用的是不同的用地分类标准。住房和城乡建设部颁布的《城市用地分类与规划建设用地标准》共划分为10大类46中类，国土资源部颁布的《全国土地分类》中将土地分为3个一级类（农用地、建设用地、未利用地）和15个二级类，两者的差异非常明显。同时，在这两种分类标准中，部分分类名称相同，但内容不同。如商业用地，在《全国土地分类》中包含了市场用地，而在《城市用地分类与规划建设用地标准》中，商业用地与市场用地是两种不同的用地类型。据悉，住房和城乡建设部在新版的《城市用地分类与规划建设用地标准》中已将用地分类与国土分类标准进行了衔接，为城乡总体规划和土地利用总体规划对接奠定了新的基础。

（5）协调用地规模控制目标

城乡总体规划与国民经济和社会发展规划主要反映了各级政府不同时期的经济社会发展和城市建设的各类目标，确定的目标是发展类指标；而土地利用总体规划的第一条原则是严格保护基本农田，控制非农业建设占用农用地，与环境保护规划一起，更多地关注于资源的保护与集约利用，确定的目标是约束性指标。因此，前两种规划受社会经济变化影响更多，弹性更大；后两种规划，尤其是土地利用总体规划受到人口多、后备资源少的限制和国家层层指标分解的管控，刚性更为突出。城乡总体规划应根据不同规划的特点，衔接好规划的弹性与刚性，可以利用基本农田确定规划建设用地增长边界，协调各规划用地规模控制目标。

（6）统筹规划内容

城乡规划一体化应统筹平衡区域内各种资源要素，使经济社会发展规划关于发展战略、发展目标、产业和重大项目布局等内容，城乡建设总体规划关于城乡建设目标、基础设施空间布局、道路红线、市政黄线、水系蓝线、生态绿线、文物保护紫线等内容，土地利用总体规划关于用地结构安排、耕地保护等内容，环境保护规划关于环境容量与总量控制要求等内容，融合在一起，实现各种规划要素的最佳重组，真正实现各种资源要素与重大项目布局在空间上落地（童小平，2008）。

以重庆市为例。2007年，重庆市城乡总体规划获批，同年，重庆市被定为全国统筹城乡发展综合配套改革实验区。以此为契机，重庆市开始了统筹城乡的规划改革，以区（县）城乡总体规划为规划编制体系改革的重要试点。2009年，继重庆市规划部门主导的"三规合一"编制之后，重庆市发展和改革委员会主导的"四规叠合"综合实施方案开始试点工作，并在江北区率先实施。

规划按照"功能定位导向，相互衔接编制，要素协调一致，综合集成实施"的思路，成立"四规叠合"协调小组，定期召开协调会议，边协调边反馈，在编制过程中达成共识，并反映到各相关部门和规划中（图3-15）。

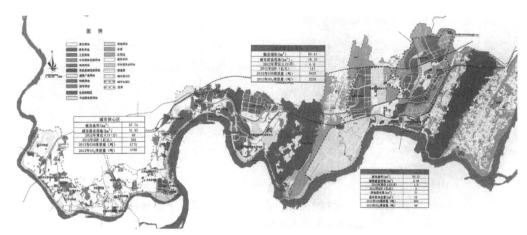

图 3-15　重庆市江北区"四规叠合"综合实施方案图

（资料来源：余军，易峥．综合性空间规划编制探索——以重庆市城乡规划编制改革试点为例．规划师，2009，25（10）：P92．）

规划以空间布局为载体，融合经济社会发展规划关于主体功能区规划、经济社会发展目标、人口规模、产业发展和布局、重大项目建设等方面的内容；城乡总体规划关于城镇村建设用地规模及空间布局、城镇村空间结构、空间管制区划定内容、土地利用总体规划关于耕地保有量、基本农田保有量及其空间布局、建设用地量等方面的内容；环境保护规划关于环境保护功能区划、节能减排指标等方面的内容，在不改变各规划的编制方式和程序，各规划仍由相关部门牵头编制的情况下，由区发改部门牵头编制叠合规划。

（7）统筹规划实施

以近期建设规划为载体，协调国民经济和社会发展五年规划和土地利用年度计划，制订包括年度建设用地计划（农转用与占补平衡）、年度土地储备计划、年度土地出让计划等，通过指标管理和分配方式，调节统筹各类建设项目，引导各类建设用地向规划建设范围集中，并滚动编制，同时加强国土空间开发状况动态监测，使城乡规划成为真正引导城市建设发展的行动规划。

3.3 不同地区城乡统筹规划指引

在不同的地区，城乡统筹规划需要解决的问题和侧重点有所不同，可以根据城乡用地比重、城镇化动力与乡村地区功能划分为都市化地区、半都市化地区、一般农业地区以及生态保护地区，分类进行指引。省域、一些规模较大市的市域等可能包括全部四类地区（表3-21），规模较小市的市域、县域等可能仅包括一到两类地区。

四类地区的主要特征　　　　　　　表 3-21

地区	城乡用地比重	城镇化特征	城乡功能	产业发展重点
都市化地区	城镇建设用地为主体	现代服务业与先进制造业促进面向大城市的直接城镇化，向农村地区蔓延发展的现象突出	城镇以综合服务功能为主，乡村以生态功能为主	发展现代综合服务业，工业结构升级，生态修复，发展游憩业
半都市化地区	城镇建设用地与农村生产用地比重均较大	以工业化带动城镇化，城镇化动力较强或具备潜力	城镇以工业生产、综合服务功能为主，乡村以生态功能、农业生产功能为主	承接大城市工业、服务业转移、重点发展现代农业，保育生态，发展游憩业
一般农业地区	农村生产用地为主体	规模化农业与农村腹地经济发展是保障城镇化质量的前提	城镇以服务现代农业为主，乡村以农业生产功能为主	发展规模化农业、农家乐
生态保护地区	生态用地为主体	生态移民与地质移民，加快人口外迁	生态功能为主	生态保育、旅游业

3.3.1 都市化地区发展指引

随着我国城镇化进程的快速推进，2009 年我国的城市数量已达 654 个，城镇化率为 46.6%[①]。都市化地区是以大都市（大中城市）为主体的区域，土地利用以城镇建设用地为主体，城市扩展及人口增长速度较快，城镇化水平通常在 60% 以上；都市化地区的第二、第三产业占绝对优势。都市化地区城市以综合服务功能为主、功能相对完善，乡村以生态功能为主，城乡统筹规划面临的问题主要位于城市边缘地区（近郊区）。

1. 城乡统筹规划要解决的主要问题

（1）城市发展无序蔓延

城乡二元结构造成了都市化地区城乡发展的各自为政和城乡资源的相对封闭。都市化地区的城市地区土地资源紧缺，开发强度高；城郊结合部的农村地区土地价值具有了更大的升值空间，也导致了无序发展、违法用地、违法建设，空间功能发展失控。

（2）城乡发展功能混乱

由于城镇化的动力强劲，都市化地区城镇建设用地不断向农村地区蔓延。同时，由于城市功能的外溢，城市边缘的农村地区也有工业、服务业等功能，城乡界线模糊。城市的无序蔓延使城

---

① 数据来源：《中国统计年鉴 2010》。

市边缘地区呈现发展混乱、重复建设、基础设施不配套、环境脏乱差等特征。

（3）城乡建设管理薄弱

由于管理体制的城乡分治，城市边缘的农村地区长期按照村镇标准进行建设管理，造成这类地区存在不同的建设标准、规划管理薄弱、土地使用效率低，资源浪费。

2. 城乡统筹规划的重点及主要技术方法

（1）划定城镇增长边界

都市化地区要做到城乡一体化规划管理，首先需要界定城市增长边界，明晰城乡用地范围。增长边界界定清晰之后，方可根据建设用地与非建设用地的不同利用方式统一配置资源，一体化发展。

（2）城乡土地利用重构

在城乡边界界定清晰后，为解决都市化地区城乡二元结构的问题，需要在体制上有所突破，进行土地利用重构。规划应按照十七届三中全会精神，逐步建立城乡统一的建设用地市场，在土地利用方式上以农用地和建设用地作为划分土地使用的标准。农用地应严格执行国家政策，保证农地农有、农地农用；建设用地从资源利用角度将国有建设用地和集体建设用地统一规划使用，在确保农民利益的基础上，按照规划推动集体建设用地整理与依法合规有序流转，实现土地资源向土地资本的转化（图3-16）。

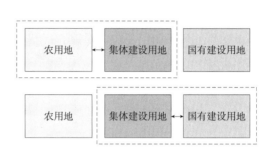

图3-16 城乡土地利用重构

（资料来源：成都市规划设计研究院. 成都市中心非城市建设用地城乡统筹规划，2008。）

（3）城乡功能重构

在土地利用重构的基础上，都市化地区内应将工业、服务业、居住、农业等功能进行统一规划，统一布局。规划确定的城市建设地区承担各项城市功能，规划确定的永久农村地区主要承担生态功能。农村地区土地划分为生态用地、现代农业用地和农村建设用地。生态用地主要承载生态保护、水源涵养、绿化景观、安全防护等功能，将其塑造成为都市化地区的生态景观带；农村建设用地主要用于农民住房建设和旅游休闲项目，同时预留区域性基础设施用地及相关控制走廊。农村地区的工业应逐步全部迁出，进入城市（镇）工业园区或工业集中发展点。

（4）城乡形态重构

都市化地区总体应呈现疏密有致、高低错落的新型城乡形态。城市地区高度集聚，空间形态集约集成，通过优化建筑形态，形成优美的天际线，塑造明确的标志性和秩序感。农村地区主要作为生态空间，呈现"自然开敞"的形态，低水平开发建设，形成舒缓的乡村空间，造成大疏大密的宜人环境。

（5）支撑系统重构

都市化地区应形成城乡一体化的公共服务及基础设施支撑体系，重在提高城市基础设施的质量和乡村基础设施的覆盖程度。一方面，城市地区的基础设施向农村延伸，公共服务覆盖农村地区；另一方面，农村地区可作为区域性基础设施通廊，以及建设绿道系统，提供休闲生态功能。

（6）将非城市建设用地纳入规划控制

应对都市化地区的非城市建设用地编制控制性详细规划，与建设用地的控制性详细规划充分衔接，统一规划布局，并制定建设控制要求，统一纳入规划管理。

3. 规划案例：成都市中心城非城市建设用地城乡统筹规划——成都市"198"地区控制规划[1]

成都市中心城区范围为四环路以内（含道路外侧500m绿化带）区域，五城区行政辖区在四环

---

[1] 成都市规划设计研究院，2008。

路以外部分以及高新南区大源组团，面积约 630km²。成都市总体规划确定中心城区规划建设用地约 430km²，非城市建设用地（郊区农村用地）约 198km²，故也称"198"地区。"198"地区呈环状包裹着中心城，是成都市都市化地区的城郊结合部区域，规划作为中心城的生态绿楔（图 3-17）。

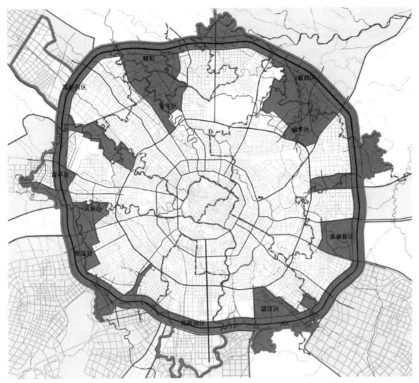

图 3-17　成都市中心城非城市建设用地

（资料来源：成都市规划设计研究院 . 成都市中心城非城市建设用地城乡统筹规划，2008。）

　　现状概况："198"地区由于具有蜚声海内的"五朵金花"（幸福梅林、花香农居、东篱菊园、江家菜地、荷塘月色）、国家级成都大熊猫繁育研究基地、明代蜀王陵墓、中国非物质文化遗产公园等诸多生态、文化资源以及区位优势，保护与发展的矛盾较大。2005 年，"198"地区内的建设用地已达 87km²。

　　规划主要内容：

　　（1）明确城市增长边界

　　成都市将规划"198"地区的边界在现场勘定，用带公示条文的界桩围合起来，鼓励群众监督。

　　（2）整合土地资源

　　明确建设用地总指标为 45km²，现状 87km² 集体建设用地须"拆二建一"（即拆除 2km² 建设用地方可建设 1km² 建设用地）。

　　（3）功能重构

　　"198"地区具有生态景观、现代服务业和基础设施承载三大功能。生态绿地用于建设树木、草地、花卉、水体和生态农业等项目，构成成都市特大中心城市的大生态环境；建设用地主要用于文化、体育、娱乐、旅游、休闲、居住等项目，完善成都市特大中心城市的现代服务业功能；工业全部迁出，进入工业集中发展区。同时，预留区域性基础设施用地及基础设施走廊。"198"地区规划形成 6 个重要功能片区，通过区域道路进行交通组织，各个片区各具特色，如锦江区"五朵金花"片区以休闲旅游为主题，依托现状"五朵金花"农家乐打造风景旅游区，突出休闲旅游功能；十陵片区以历史文化为主题，依托明代蜀王陵墓和丘陵地形打造历史文化风景区和奥体中心，突出历史文化、体育功能等。

（4）空间重构

规划提出以"生态优先，集中建设，提高标准，岛式布局"为原则，形成建设用地与生态用地相互渗透的空间形态，使生态用地的环境效益最大化，建设用地的经济效益最大化。整理集中的建设用地分别依托交通资源、环境资源、文化资源形成"岛式布局"，平均容积率不大于1.5。居民由散居转为聚居，进入按城市标准建设的居住区。

（5）支撑系统重构

城乡就业、福利等公共设施和基础设施等按城市标准予以配套，一体化配置，统一管理。形成中心城贯通完善的城乡绿道体系，在外环路两侧预留基础设施走廊，敷设电力、燃气等管道，建设铁路货运外绕线等。

3.3.2　半都市化地区的发展指引

半都市化地区通常以中小城市为核心，城镇建设用地与农村地区用地比重均较大。从城镇化进程来看，半都市化地区城镇化动力较强或潜力较大，城镇化水平通常在30%~60%之间。从工业化进程来看，半都市化地区处于工业化中期阶段，第二、第三产业比重占有较大优势，产业结构呈现"二、三、一"或"三、二、一"的结构，但农业从业人口仍较多。

1. 城乡统筹面临的主要问题

（1）城乡无序发展，差异化不明显

半都市化地区由于城镇化、工业化动力强劲，城市与村镇地区均面临良好的发展机遇，故往往出现城镇无序发展甚至连片发展的态势，如半都市化地区的城市可能与邻近的都市化地区连片发展，城市与镇连片发展，甚至出现"村村点火，户户冒烟"的情况，给生态环境和基本农田保护带来较大压力。城乡无序发展还带来产业同构，缺乏发展的差异性，形成同质化竞争的局面。

（2）规划建设不统一

由于缺乏对城乡发展规划的统筹，半都市化地区与邻近的都市化地区或半都市化地区的城镇间可能会在城乡形态、城市功能、生态环境、道路交通、市政设施、建设标准等方面相脱节，如道路不对接、道路断面不一致、市政基础设施各管各，生态廊道不贯通等。

（3）产城不融合

半都市化地区可能出现"有业无城"或"有城无业"的局面。"有业无城"：城市工业发展态势较好，周边农民进城打工，但缺乏转化为市民的途径，城市的发展受到制约，商业、服务业发展滞后，形成功能单一的工业区，城市品质较差；"有城无业"：城市以居住功能为主，成为大都市的卧城，缺乏产业支撑，就业不足，对农民的吸纳能力有限。

2. 城乡统筹规划的重点及主要技术方法

（1）统筹各类规划

为实现半都市化地区的城乡统筹发展，应统筹城市、镇村以及周边地区的规划，继续推动城镇化合理健康发展；统筹城乡规划、土地利用规划与国民经济与社会发展规划，协调好主导产业布局和主要城镇布局；统筹产业发展、资源利用、城镇建设、环境保护和公共安全，为主要资源要素在区域内的有效配置提供空间支撑，变单纯的物质规划为综合性规划。

（2）明晰空间功能地域结构，实现城乡有差异化发展指导

半都市化地区应分析识别区域的生态本底以及具备发展潜力的地区，对重要的生态空间、生态廊道进行预留和控制，避免在城镇发展中遭到蚕食，并作为控制城镇间连片发展的隔离地区；将有发展潜力的地区作为重要的功能地域进行培育，保留大片的农业生产地区，促进农业现代化

发展，实现城乡空间有差异化的发展指导。根据地区发展条件确定合理的城镇村体系，建设用地规模与土地利用规划衔接，在建设用地总量不增加、耕地总量不减少的前提下，实现城镇建设用地与集体建设用地的"增减挂钩"，并在此基础上构建明晰的城乡空间结构。

（3）产城一体，错位发展

半都市化地区应产城一体发展，以产业功能来定位、以城市功能来配套，避免城市发展和产业发展脱节。产业用地可以适度推动复合功能布局，如发展高端研住综合体、一站式服务综合体、以产业链相联系的厂房综合体等，有机融入城市功能，使生产区、生活区、公共游憩区、配套服务区融合，提高土地集约利用效率，也避免造成大量的通勤交通。该类地区可承接都市化地区的产业转移，并结合区位、资源、现状条件，打造本地区的主导功能，与周边其他地区错位发展。

（4）构建新型城乡形态

空间形态避免同质化发展，应呈现从城市核心向外由密到疏、由高到低"梯度式"的形态特征，沿中心城镇、交通枢纽、发展轴线集聚发展、轴向发展，形成由城市到镇村，集聚和辐射功能由强到弱，土地利用集约程度渐次减低，空间形态由高效集约的人工环境向有机分散的自然环境过渡的新型城乡形态。城乡主通道两侧形态进行规划控制，形成建设区与开敞空间边缘清晰、交错融合，建筑高低错落、疏密有致的大地景观特征。

（5）构建城乡一体化的公共服务设施和基础设施体系

半都市化地区规划形成网络状、覆盖城乡的道路体系，城乡道路等级体系相统一。根据公共服务及基础设施的服务能力和服务区域，按区域统筹考虑，城乡统一配置。

3. 规划案例：成都都市区总体控制规划[①]

成都都市区包括 11 个区（县），辖区面积 3677km²。都市区包括中心城区以及周边 6 个组团（即半都市化地区）。2009 年总人口约 913 万人（含流动人口，占全市人口的 65%），城市人口 750 万人（占全市人口的 83%），城镇化率为 82%；人口密度为 2483 人 /km²。都市区总体控制规划对成都都市区进行整体规划，统一标准，统筹管理。

（1）空间结构

规划确定"五楔六廊、同城多心"[②]的总体空间格局，形成 2300km² 的生态区（主要为五条楔形绿地），其中农业和生态用地 2000km²，主要承担现代农业和生态景观两大主要功能。

（2）功能结构

外围组团承接中心城制造业转移，结合交通枢纽设置物流园区，依托物流园区布局大型批发市场，加强市级教育、文化、医疗等产业化布局，加强城市配套功能。规划外围组团差异化发展，形成产城一体的综合组团，建设北部商贸物流城、西部健康休闲城、东部工业商务城、南部科技商务城以及空港城。

（3）城乡形态

外围组团适度集聚，总体开发强度低于中心城，在组团中心、交通枢纽、发展轴线上集聚发展。居住用地开发强度应高、中、低结合，形成疏密有致的形态，突出宜居环境。对贯通都市区的 30 条放射性主要道路两侧形态进行规划控制，形成建设区与开敞空间相结合，建筑高低错落的景观。统一放射性主要道路建设标准。控制都市区各走廊绿化隔离区基本间距，明确建设控制要求，避免城市、城镇连片发展，形成串珠状格局，展现新型城乡形态。小城镇建设应在顺应自然与延续历史肌理的原则下，突出多样性、特色化，倡导适宜的集约紧凑式布局；农村新型社区建设应充分体现"四性"的特征，即发展性、多样性、共享性、相融性。

---

① 成都市规划设计研究院，2010。

② "五楔六廊"：五条贯通绿楔，六条城市走廊；"同城多心"：都市区同城化，形成多中心格局。

（4）公共服务设施及基础设施一体化

都市区形成网络状、覆盖城乡的道路体系，城乡道路统一为五级道路体系（快速通道、主要通道、次要通道、城市支路、乡村道路），打通联系各走廊的环路，强化外围组团联系。公共服务及基础设施统筹考虑，打破行政区划限制，城乡一体化配置。如环卫实行村收集、镇转运、县处理的体制。

3.3.3　一般农业地区发展指引

一般农业地区是指农业经济仍占较大比重的地区。从工业化进程来看，处于前工业化时期或工业化初期，产业结构呈现出"一、二、三"或"二、一、三"的特征，从城镇化进程来看，处于城镇化初期，城镇化水平低于30%，人口增长缓慢，以自然增长为主。

1. 城乡统筹面临的主要问题

（1）经济增长动力不足

农业经济占主导地位，且农业生产经营往往主要以家庭为基本单元，种植、养殖结构也以传统农畜产品为主，生产效率低下，抗风险能力差。农民收入渠道主要依靠务农收入，部分青壮年劳动力外出务工，家庭收入水平较低。

（2）农业服务滞后

农业服务发展相对滞后，为发展规模化农业的配套服务准备不充分，缺乏由农业生产、加工、营销、贸易、物流等环节构成的现代规模化农业产业链支撑，不能形成农业地区内"小城镇服务带大农村生产"的产业"点面分工"格局。

（3）小城镇发展不足

农业地区的县城聚集力相对较强、首位度较高，但小城镇却普遍存在人口规模小、缺乏产业支撑、配套设施不完善、土地利用粗放、规划建设中特色不突出等特点，对周边农村的辐射带动能力十分有限。

（4）基础设施和公共服务设施体系不健全

由于缺乏经济支撑，农业地区的基础设施和公共服务设施的建设推进缓慢，对内、对外的交通网络难以形成，市政设施的覆盖面有限，科教文卫体等公共服务难以保质保量地向农村延伸。

2. 城乡统筹规划的重点及主要技术方法

（1）优化镇村体系，引导适度聚居

在充分调查、尊重当地居民意愿的前提下，以人口分布特征、生产力布局、生产生活方式的研究为基础，优化农业地区的镇村体系，合理确定城镇化水平、镇村规模等级结构，有选择、有重点地发展小城镇，强化辐射带动力，在有条件的地方适度引导农民向城镇及农村新型社区进一步集聚，集约使用农村建设用地。

（2）引导产业升级

首先，应着力推动农业生产方式从分散向集聚、从粗放向集约转变，以土地整理和流转为着力点，引导农业产业化、规模化发展。其次，应挖掘地方资源优势，积极培育和扶持第二、第三产业，重点促进第一、第二产业互动和第一、第三产业互动，形成产业特色。

（3）强化小城镇的中心和辐射作用

应结合区位及资源条件，明确规划重点发展小城镇的定位与产业重点，确保产业支撑，并服务周边农村地区，成为区域的公共服务中心，吸引周边农村人口向城镇聚居，走新型城镇化道路。在规划建设中应倡导"一镇一特色"，整体布局坚持延续原有城镇肌理，顺应自然、显山露水、灵活多样，重点突出自然环境、人文历史、产业特征。规划建设选址应注重"安全适用"，规划建设用地应坚持"功能复合、用地集约"的原则。

（4）优化新农村布局与建设

按照"生产发展、生活宽裕、乡风文明、村容整洁、管理民主"的要求，从各地实际出发，尊重农民意愿，以"安全、经济、适用、省地"为指导思想，遵循发展性、多样性、相融性、共享性的"四性"原则，规划建设社会主义新农村，使之与产业发展相结合、与自然环境相协调，形成丰富多样的农村风貌，实现城乡基本公共服务和基础设施的均等与共享。

（5）完善配套和支撑体系

以镇村体系为依托，按照共建共享、综合集成的理念，优化配置公共服务设施和基础设施，增加公共财政的重点投入。按照农村生活圈、休闲圈的理念，划定半径合理的服务圈，规划的小城镇镇区配套设施应考虑对周边乡村地区的辐射。农村居民点的公共配套设施坚持集约用地、功能复合、使用方便、尊重民意的原则，确定配套设施内容和标准。

3.规划案例：新津县兴义镇城乡一体总体规划[①]

兴义镇地处成都市西南，新津县城北部，总面积约38km²，是以蔬果种植、水产养殖为主的传统农业镇。该镇辖1个社区、11个行政村，城镇化率约为12.3%。兴义镇境内自然生态环境优越，"两江环抱、一水穿城"，城镇和大小林盘点缀于田园河畔之间。

规划编制于成都市获准设立为国家城乡统筹综合配套改革试验区之际，兴义镇从一般镇升级为成都市重点镇。该规划强调全域统筹、城乡一体、产业支撑、特色鲜明、配套完善、经济省地、安全适用（图3-18）。

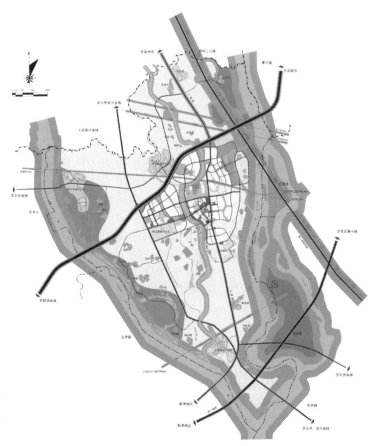

图 3-18　兴义镇镇域总体布局规划图

（资料来源：成都市规划设计研究院，四川三众建筑设计有限公司.新津县兴义镇城乡一体总体规划，2008。）

[①]　成都市规划设计研究院，四川三众建筑设计有限公司，2008。

（1）构建新型镇乡形态

规划突破传统城市规划关注的焦点，将规划范围延伸到全域。规划摆脱了"摊大饼"式的发展结构，遵循大集中、小分散的原则。每个农村新型社区都是根据耕作半径、环境因素、产业资源、配套服务以及林盘区域等因素进行实地勘察选取的。社区围绕镇区所形成的圈层点簇式布局营造出良好的新型镇乡形态。

（2）强调产业支撑

在分析兴义镇社会经济发展、产业发展方向的基础上，结合现状条件及优势，规划确定了有机农业的发展方向。规划"一心三带，三区七点"的产业布局，并策划产业项目作为支撑（图3-19）。"一心"即镇区，主要通过启动花红堰风情水街和羊马河滨水绿带的建设为突破口，形成独具特色的田园水乡小镇的中心区域；"三带"即休闲度假观光带、绿色生态长廊、亲水游乐体验带；"三区"为北部产业发展区、中部产业发展区、南部产业发展区；"七点"为7个社区产业发展节点。

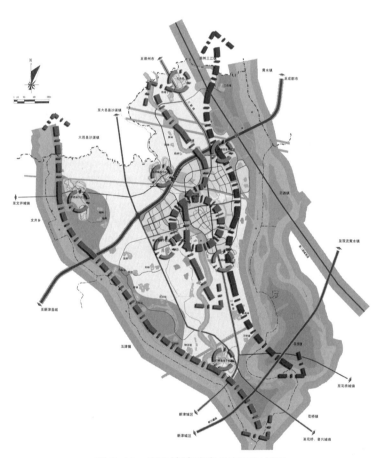

图3-19　兴义镇镇域产业布局规划图

（资料来源：成都市规划设计研究院，四川三众建筑设计有限公司.新津县兴义镇城乡一体总体规划，2008。）

（3）强化城镇的中心和辐射作用

规划将兴义城镇的性质确定为成都平原南部的特色"水乡"，新津县北部重要的城镇组团，以发展田园休闲、生态度假和水文化为主的农旅型城镇。对城镇的发展规模、功能结构、用地布局、基础设施与公服设施进行了详细规划，以确保其承担服务镇域、辐射周边农村地区的功能。

（4）农村新型社区建设引导

规划设置7个农村新型社区，确定各社区的人口规模、用地面积，结合自然地形条件、产业、文化等特征对各社区的建设风貌进行规划引导，提出社区配套设施配置标准，充分体现了"四性"的要求（图3-20）。

图 3-20　兴义镇田渡麻店子社区鸟瞰图

（资料来源：成都市规划设计研究院，四川三众建筑设计有限公司.新津县兴义镇城乡一体总体规划，2008。）

3.3.4　生态保护地区指引

生态保护地区指在保持流域、区域生态平衡，防止和减轻自然灾害，具有重要生态服务功能和保护价值，在维护区域生物多样性和生态安全等方面有重要作用的区域。主要指国家级、省级和市级风景名胜区、自然保护区、森林公园、永久性绿地和水源保护地等区域[1]。按照原生态、原生地、原真性等"三原原则"进行生态资源的保护和利用。

1.城乡统筹面临的主要问题

（1）生态保护与开发建设存在较大矛盾

生态保护地区生态敏感度较高，保护要求高，这与地方经济发展之间存在一定的矛盾。尤其是采矿业、房地产等相关产业，对区域内生态环境将造成一定的破坏。另外，由于这类区域往往是旅游开发的重点地区，生态保护与旅游开发之间的矛盾通常也比较突出。

（2）生态保护与镇、村发展矛盾较大

由于缺乏统筹规划，生态保护地区内的镇、村建设往往缺乏有效的发展指导，以眼前利益为主的发展导致镇、村建设与生态保护之间的矛盾冲突不断加剧。

（3）公共设施与基础设施配套不足

生态保护地区内公共设施与基础设施建设短缺严重，生产和生活污水收集与处理设施缺乏，生活垃圾等固体废物处理方式单一粗放，对生态环境造成负面影响。

2.城乡统筹的重点及主要技术方法

（1）分类分区引导

参考国家、省、市有关生态功能区保护的办法，在生态保护区内划定禁止开发区和限制开发区。禁止开发区内禁止一切与生态保护维护功能无关的开发活动；限制开发区内在不影响其主导生态功能的前提下，可以开展一些对生态环境影响不大的建设和开发活动，具体参见表3-22。

---

[1]　参考各城市生态保护区的相关定义整理。

主要生态保护区保护分区一览表① 表 3-22

序号	名称	禁止开发区	限制开发区
1	自然保护区	自然保护区的核心区和缓冲区	自然保护区实验区
2	风景名胜区	风景名胜区总体规划确定的核心景区，包括生态保护区、自然景观保护区和史迹保护区等	除禁止开发区以外的区域
3	森林公园	森林公园中划定的生态保护区	除禁止开发区以外的区域
4	地质遗迹保护区（公园）	具有特殊研究与保护价值的地质构造、地质剖面、构造形迹、古生物化石、岩石、矿物、宝玉石及其典型产地	其余划为限制开发区
5	饮用水源保护区	一级保护区	其他等级的保护区
6	洪水调蓄区	—	均属于限制开发区
7	重要水源涵养区	生态系统良好、生物多样性丰富、有直接汇水作用的林草地和重要水体	其余区域为限制开发区
8	重要渔业水域	河流、湖泊与海洋珍稀鱼类资源繁殖与保护区	其他渔业水域为限制开发区
9	重要湿地	饮用水源地一级保护区、野生动物繁殖区及栖息地、湿地公园生态保护区（核心区）等生物多样性富集区	其余区域为限制开发区
10	清水通道维护区	—	均为限制开发区
11	生态公益林	国家级、省级重点公益林，市、县级生态公益林中的天然林	市、县级人工生态公益林
12	特殊生态产业区	—	均为限制开发区

注：各生态保护区的保护要求具体参考国家、省、市法律法规的要求执行。

（2）以治山理水为首要任务

在生态保护地区，须尤其重视山体、水系等生态要素的保护和培育。城乡统筹规划工作应以治山理水为首要任务，修复生态本底、延续生态格局、维系生态大环境。对于生态环境严重破坏的地区，规划应确定生态修复的目标和要求，提出生态修复的重大项目建议，编制生态治理的自然修复与工程建设项目库。在生态保护保育优先的基础上，可以进行适度、可控的建设活动。

（3）控制建设用地和人口规模

生态保护区的禁止开发区范围内，禁止一切无关的开发建设活动，结合国家生态移民项目推动生态移民，有计划地迁出居住人口。在限制开发区范围内，在保护自然资源及环境的前提下，因地制宜，合理布局生产、生活、管理、交通和基础设施，控制建设用地和人口规模，积极引导原居住人口向规划新型农村社区集中，规范化发展，或向生态区外搬迁，以减少人类活动对生态保护区的影响。

（4）科学引导产业发展

一方面，应制定退耕还林、水土涵养等规划，加大生态保育力度；另一方面，坚持循环经济的发展理念，调整农业生产布局和农业产业结构，发展有利于生态保护的农业。在有条件发展旅游的区域，要妥善处理好旅游发展与生态保护之间的关系，合理开发旅游资源，带动地方经济发展和当地居民致富。

（5）加强环境保护

加强自然环境保护，重点从水环境、大气环境、声学环境、固体废弃物处置和水土流失等方面进行综合规划。整合和完善区域环境基础设施，控制污染物排放总量。同时，结合各个地区的生态环境保护要求，制定相应的政策和措施并予以落实。

（6）完善公共服务设施和市政基础设施配套

结合生态保护区内的人口分布和空间布局规划，做好统筹工作，加强公共服务设施以及基础

① 本表主要参考《江苏省重要生态功能保护区区域规划》的相关内容进行分类。

设施的配套，重点加强居民生产、生活点以及旅游区域的配套。

3.4 城乡统筹规划成果的基本内容

关于城乡统筹规划成果的编制内容，各地已进行了较多探索，本节参照《浙江省市域总体规划编制导则》《四川省城乡统筹规划编制技术及管理规程》及《成都县域总体规划编制办法（试行）》等有关实践做法，提出城乡统筹规划成果的基本内容。

3.4.1 成果的编制原则

1. "全覆盖"原则

按照三个"全覆盖"（即全地域、全领域、全职能）的原则，完成城乡统筹规划的成果编制，体现出城乡统筹规划的全局性、特色性和阶段性。

2. 系统性原则

城乡统筹规划的成果编制应注重系统性，处理好整体与局部、长远与近期、限制与发展的关系。在空间上妥善处理好城乡建设与生态环境保护、资源保护、风险避让的关系。根据不同地域的保护要求和用地类别确定分地域的发展策略，协调规划对象的城乡居民点体系布局结构、地域性基础设施与城乡居民点布置的空间关系，并确定各城镇发展边界和空间形态。

3. 强制性原则

对涉及城市发展长期保障的资源利用和环境保护、地域协调发展、风景名胜资源管理、自然与文化遗产保护、公共安全和公众利益等方面的内容，城乡统筹规划应依照国家相关法律法规，确定为必须严格执行的强制性内容。

4. 衔接性原则

城乡统筹规划应与上位层次的城镇体系规划、城市总体规划等城乡规划相衔接，与各区（市）县社会经济发展、土地利用、交通、环保、教育、医疗、电力、水利、农林业等既有规划相协调，避免造成原则性矛盾。确有必要对上层次规划确定的强制性内容进行调整的，应作出专题论证，并取得原审批机关认可。

应以城乡统筹规划为平台，建立项目库，采用自下而上与自上而下相结合的研究方法，搭建信息化操作平台。

5. 特色性原则

城乡统筹规划应因地制宜，注重体现地域特色，保护和延续当地文化传统。

6. 侧重性原则

规划应重点探索城乡统筹背景下规划对象的发展战略及定位，对非城镇建设地区发展进行引导，研究城乡发展的底线与门槛，制定非城镇建设地区的引导分区和发展导则，并探索县域镇（重点镇、新市镇、一般建制镇）、乡（建制乡）、村统筹发展道路，建立一体化的交通和基础设施支撑、保障体系。

3.4.2 成果的主要内容

不论城乡统筹规划是作为总体规划的指导思想、城镇体系规划、区域规划的深化还是特定的规划编制层次，均应在成果中包含如下内容：

1. 相关规划统筹协调

规划应通过对相关国民经济和社会发展规划、土地利用规划、生态环境保护规划、总体规划、城镇体系规划、历史文化遗产保护规划、城市市政公用设施规划等分析，通过对各项相关规划的梳理，突出各项规划控制要求，并明确是否存在冲突与矛盾之处。

2. 城乡统筹发展分区指引

规划应建立合理的城乡居民点体系，引导人口集聚，推进城镇化进程，明确各级城镇体系规划的分工，根据社会经济及自然资源条件，划定城乡统筹发展分区，根据发展实际分区制定发展策略和引导措施。

3. 城乡产业统筹规划

规划应明确城乡产业的总体布局，提出产业发展引导。

4. 城乡用地统筹布局规划

规划应与土地利用总体规划相互衔接，进一步明确建设用地总量和主要建设用地类别的规模，包括城镇建设地区、农村集体建设用地、农村居民点（农村新型社区）的建设用地，明确地域整体空间结构与用地发展方向。

5. 城乡生态环境保护统筹规划

规划应在生态功能区划和有关专业规划的基础上，确定城乡生态环境统筹保护的原则、明确城乡环境保护的目标和控制要求，协调城乡建设用地与生态环境保护的关系，确定城乡生态资源的控制要求，提出水、气、声、固体废弃物等污染物的城乡联防联控防治措施与主要设施的布局区位与合适规模。

6. 城乡公共服务设施统筹规划

规划应明确地域各级城（县）、镇（乡）、村（新型社区）相关配套公共服务设施的等级、结构、位置与规模以及配置标准。

7. 城乡基础设施统筹规划

依据相关部门专业规划,结合自然条件、现状特点及县(市)域总体布局和城乡居民点位置配置,在确定地域性基础设施及市（县）城市政设施的位置、规模与等级及管线走向的基础上对规划对象的基础设施进行配置，实现城乡满覆盖、集约利用、有效整合，促进内外联网、共建共享。

8. 城乡统筹政策建议

结合各地实际情况，规划应提出城乡统筹政策建议，以保障城乡统筹规划的实施。

3.4.3　成果的基本要求

单独编制的城乡统筹规划成果包括文本、图纸及规划说明书、基础资料汇编，以及必要的专题报告附件。

1. 规划文本

规划文本需表达规划的意图、目标和规定性要求。文字表达应规范、准确、肯定、含义清楚。规划文本需明确强制性内容要求，与国家相关法律法规一致。

2. 规划图纸

图纸成果应包括以下内容，可单独成图，也可结合相关图纸表达：

（1）城乡统筹发展分区指引图；

（2）城乡产业统筹规划图；

（3）城乡用地统筹布局规划图；

（4）城乡生态环境保护统筹规划图；

（5）城乡公共服务设施统筹规划图；

（6）城乡基础设施统筹规划图。

3. 规划说明书

规划说明书是对规划文本与图纸的详细说明，说明书中应包含规划成果的全部研究内容。

专题报告等附件是对规划中某一专项问题或专门领域规划的深入论证，是对规划成果的补充说明或进一步深入分析、透彻解析，可以加深对规划结论的认知。

第 4 章　城乡统筹规划中的重大政策问题

4.1　城乡统筹规划实施的困境

4.1.1　规划地位不明确

城乡统筹规划属于一种新兴的规划类型，不属于国家法定规划，在国家现行城乡规划体系中的地位也尚无定论，国家相关的法律法规也未有对城乡统筹规划编制的内容、深度等作出相应的说明或规定。因此，各地所开展的城乡统筹规划多是地方政府基于自身对城乡统筹发展的诉求、应对本地城乡发展面临问题的一种自发和自律的行为，规划的内容和要求也取决于各地的发展实际、规划编制单位和政府部门的认识水平，规划的形式也多种多样，有类似城乡全覆盖的总体规划，有深化了的城镇体系规划以及专项的规划等。规划名称也不尽相同，如城乡总体规划、县市域总体规划、城乡一体化规划等。这些规划虽然名称不同、内容各异，但本质上都是城乡统筹规划。

规划地位的不明确使得许多地方编制的城乡统筹规划仅仅作为一种规划研究，缺乏相应的法律保障和法律效力，直接影响城乡规划的权威性和可操作性，使得城乡统筹规划难以落实。以城乡统筹规划的研究范围、对象、内容等方面而言，城乡统筹规划应属于相对宏观的区域规划层次，对整个城乡规划具有统领性、指导性作用，而现实中这一作用未能充分体现。同时，规划统领地位未能确立，也使得规划的内容、方法、深度、成果表达方式等方面难以统一，进而影响整个城乡规划体系的构建以及规划的实施。

4.1.2　规划衔接不紧密

在当前条块分割、分而治之的体制背景下，加强规划之间的衔接已经成为各方共识。城乡统筹规划作为综合性的占据统领地位的城乡空间规划，既是对城乡空间要素与城乡发展机会的统筹，也是对各部门调控资源的统筹。因此，加强与各部门规划的衔接对于规划的顺利实施以及规划效用的发挥具有突出意义。然而，目前受各方面因素制约，规划的衔接尤其是与国民经济和社会发展规划、土地利用总体规划、生态环境保护规划等三大部门规划的衔接仍然不紧密，甚至有些地方开展的规划鲜有衔接，以致规划的统筹协调流于形式，直接降低了城乡统筹规划的效用。

从政策体制分析，目前的规划衔接也确实存在较多难点。城乡规划、土地利用总体规划、环境保护规划均分属于不同的法律授权，且该三类规划与国民经济和社会发展规划隶属于不同的行政主管部门，在规划的编制技术标准、目标、重点、管理方式、调控手段等方面均存在较大差异，这些都形成规划衔接的制约因素。城乡统筹规划要真正发挥引导城乡和谐发展、指导城乡有序建设的作用，必须突破条块限制，搭建各项规划有机衔接的空间平台，建立相互衔接的体制和机制。

4.1.3　规划实施缺乏支撑

城乡统筹规划尚处于研究探索阶段，规划实施的支撑体系还未架构完善。一方面，未有相关的配套法规，使得规划缺乏法定的约束力，进而制约了规划的实施；另一方面，规划缺乏相应的政策与制度配套，尤其是土地、人口、财税等政策体系，部分地区在实践中虽出台一定的政策，但在实施过程中仍有诸多问题，还有待进一步完善。其中，发展权的问题尤其值得关注。城乡统筹规划涉及城乡资源要素的统筹配置和城乡发展机会的统筹协调，牵涉面广，关乎多个利益主体的公平、平等发展问题，然而实践中仍然缺乏科学合理的城乡区域公平发展制度保障，因生态敏感或其他原因被划定为限制发展的地区无法获得应有的补偿，规划控制在地方发展利益面前也就成了软弱的呼吁。

与此同时，各部门现行相关政策不乏涉及城乡发展的政策，尤其在支农惠农方面，但普遍缺乏整合，缺乏与城乡统筹规划的匹配。多部门、多口子的扶持政策[①]，一方面使得资源的投放零星分散，难以形成发展合力；另一方面存在与城乡统筹规划相脱节的现象。如规划确定限制发展的地区、实施农村居民点搬迁的地区，仍会有大量的资金投入用于农村居民点各项设施建设。因此，城乡统筹规划既面临政策支撑短缺，又面临部门政策不匹配的尴尬。

4.1.4 实施效果存在偏差

城乡统筹规划旨在协调城乡发展，缓解城乡发展矛盾，提升农村的生产生活水平。然而，部分地区在推进城乡统筹过程中过于激进，过于功利性，缺乏制度准备，反而造成了城乡矛盾、社会矛盾激化，甚至出现农村居民点被强拆等极端事件，极大地伤害了农民感情，侵犯了农民的实际利益。分析其深层次原因，既有规划导向迷失，也有政府功利冲动。

当前，国家在试点地区提出城乡建设用地增减挂钩政策，目的是促进农村用地的整理，提高土地利用效率，但部分地区却对这一政策加以滥用，以致编制城乡统筹规划的核心内容就是核算村庄迁并能够整理出多少城镇建设用地指标。在这一错误思想的主导下，城乡统筹规划沦为了"圈地运动"的工具。在城镇建设用地新增用地指标日益短缺的背景下，急于发展的部分地方政府"剑走偏锋"，大肆通过"宅基地换房"、"迁村并点"等形式掠夺农村建设用地指标，侵占农村土地收益，剥夺农村发展机会。有的地方甚至一哄而上、一刀切地推进农村迁村并点工作，"强拆"、强迫农民上楼等现象屡有出现。前一时期失地农民的简单安置也带来了诸多的社会问题。

此外，在农村公共设施建设方面，由于规划与各部门的实际操作存在脱节，或由于规划本身也过于强调公共服务的均等化配置，加之部分地方政府推进公共服务全覆盖的过程中，又偏好于将其看作是一项"政治工作"、"政绩工程"，导致过小的村庄公共设施配套建设十分不合理。

4.2 城乡统筹规划的政策与制度设计框架

4.2.1 政策与制度设计的出发点

作为统领城乡发展全局的一种区域性规划，城乡统筹规划牵涉面广，规划要真正发挥指导实践、促进城乡协调发展的作用，必然需要对现行的政策与制度进行改革创新和完善。配套政策与制度设计的目的也是要保障规划的顺利实施，通过土地、人口、户籍、财政、金融、行政管理、规划建设管理等一系列的政策制度，逐步调整城乡二元结构，化解"三农"问题，引导农村人口的集中居住、农业生产的规模经营、乡镇工业的集聚发展，以及城镇公共设施、基础设施向农村地区的覆盖、延伸，促进城乡有序和谐发展。

政策与制度设计的出发点需要着重体现以下三个方面的内容：

1. 体现对农民利益的保护和参与权表达

城乡统筹规划涉及农民的根本利益，相关政策与制度设计必须充分保障农民的利益，尤其是

---

① 根据财政部的统计，涉农口子投资有 17 家之多。

保护农民的土地权益，保障农民的生存权和发展权。与此同时，按照党的"十七大"提出的"依法保障人民的知情权、参与权、表达权、监督权"的新要求，农民群众享有城乡统筹规划等公共决策和管理的参与权和表达权，要求政策制定过程中必须充分尊重农民意愿和利益诉求，畅达农民对利益诉求的直接表达。

2. 体现协调的城乡发展观和区域观

调整城乡二元结构，引导城乡和区域的协调发展是城乡统筹发展的重要目标，政策与制度设计必须体现出协调的城乡发展观和区域观，积极促进城乡发展要素的合理流动，促进城市支持农村与工业反哺农业的政策落实，促进整个区域和县域经济的协调可持续发展。

3. 体现出多方利益协作

城乡统筹规划的系统推进与落实既有政府行为，也有市场行为，政策与制度设计在保障农民利益的同时，也需要积极地协调利益关联方，在多方利益协作的前提下明确利益调整、分配等内容的约束机制，确保相关工作的持续推进。

4.2.2 城乡统筹政策体系的基本框架

1. 城乡统筹政策设计的基本思路

城乡统筹是一个非常复杂的系统工程，我国城乡之间最基本的问题在于城乡之间各类要素不能在统一的市场机制下合理流动，特别是现阶段城乡之间土地、人力资源、资金等要素的流动多以城市对乡村的剥夺而实现，如何在以城促乡、以工补农的目标下实现城乡之间各类要素的合理流动是目前城乡统筹政策设计的出发点，也是政策设计的难点所在。

（1）有利于城乡之间从割裂走向融合

总体上而言，城市地区和农村地区的发展呈现出的差异，以及由此导致的城乡关系的不协调在世界范围内是普遍存在的。发展中国家由于农业和工业、城市和乡村发展的相对不平衡，普遍呈现出典型的二元结构特征。我国的城乡二元结构在原有的城市和乡村的二元结构的基础上，又衍生出农民工和城市居民的新的二元结构。城乡统筹政策的设立要有利于打破城乡之间人为分割的状况，有利于优化城乡之间各类要素的配置，促进城乡之间的融合发展，在保持城市和农村各自特点的情况下，使城乡得到更均衡的发展，进而建立城乡全面合作的新型伙伴关系。

（2）从对乡村的剥夺转向给予

长期以来，我国对农村地区一直是获取多于给予，城市对乡村的剥夺首先表现在对乡村土地的剥夺。1978~2003年间，中国共有7057.5万亩耕地转化为建设用地。城市对乡村的剥夺还表现在城市建设对乡村资金和生活方式的剥夺。1952~1986年的34年时间里，国家通过价格"剪刀差"等手段，共从农业中抽走6868.12亿元用于城市发展建设。因此，当前城乡统筹政策的制定必须最大限度地尊重农民的利益诉求，有利于形成以工促农、以城带乡的城乡统筹机制，真正使农民从城乡统筹中获得实惠。

（3）尊重现有的法律法规

城乡统筹的政策体系的设计必须在国家现有的法律规范和政策框架下进行，对于现有的法律法规和政策已经明确的内容不得随意进行突破。特别是对于土地政策、人口政策等政治敏感度高、情况极端复杂的政策必须在尊重现有法律和政策的前提下进行适度的探索。在推进城乡统筹的过程中也要充分考虑涉及法律的改革，但是涉及法律和根本政策的改革，必须报批准机关同意后才可以试行。不能违反法律规定进行改革试点。

（4）鼓励不同地区根据实际特点进行各类探索

我国国土面积辽阔，各地历史文化和风俗习惯差异较大，特别是各地区经济社会发展水平差距较大。因此，在我国进行城乡统筹的政策设计必须充分尊重各地区的差异，鼓励各地区和基层民众根据各地区发展的需求和各自的特点，在国家总体政策的指导下进行不同的政策探索。充分发掘我国不同地区在历史上形成的不同类型的乡村治理经验，结合现在社会的特征以及我国建设社会主义和谐社会的目标，探索出具有不同地方特色的城乡统筹模式。

2. 城乡统筹政策的框架体系

城乡统筹涉及的主要政策框架如图 4-1 所示。从政策类型上来说，城乡统筹的政策保障体系包括了生态政策、经济政策、社会事业发展政策、财政政策、投资政策、环境保护政策、城乡治理政策、乡村规划管理政策等基本政策，而土地政策、人口迁徙政策和社会保障政策是城乡统筹政策的核心，也是高度敏感且极其复杂的政策。从政策制定和实施过程中的主体来说，包括了中央政府、地方政府以及民众三个层面。中央政府城乡统筹的政策体系中处于非常重要的地位，中央政策对明确农村土地用地管理制度改革的基本方向、统一户籍改革制度、建立公平合理的城乡要素流通机制等改革创新方面作用重大。各级地方政府作为推进城乡统筹实施的基层主体，其在中央政府明确的框架下进行城乡统筹政策的积极探索与实践，是推进城乡统筹政策更符合各地实情的关键。广大民众是城乡统筹政策实施过程中的参与者、监督者和直接受益者，特别是广大农村居民的积极参与，对城乡统筹政策的实施效果判断十分重要。

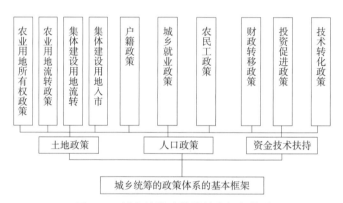

图 4-1 城乡统筹政策的基本框架体系

城乡统筹政策涉及城乡发展的方方面面，既包括了城乡人口户籍政策、社会保障政策等以人为直接对象的内容，也包含了用地管理政策、财政投资政策、产业政策、生态保护政策等统筹发展的对象。因此，城乡统筹政策体系的建立，受到多种因素的直接限制或间接影响，不可能面面俱到，必须要有所为，有所不为，做到重点突出，围绕解决现阶段急需解决的关键问题，在现有的制度框架下发挥政策创新指引的作用。

4.2.3 关于农村集体建设用地的政策

1. 政策宏观背景判读

土地管理制度的改革是基础性的制度安排。党的十七届三中全会通过的《中共中央关于推进农村改革发展若干重大问题的决定》（以下简称《决定》），对深化土地管理制度改革做出了全面部署。《决定》明确了土地管理两个最严格制度，即最严格的耕地保护制度和最严格的节约用地制度，为了中华民族长期发展的利益，坚守住 18 亿亩的耕地红线；明确了两个市场，即建立健全土地承包经营权流转市场与逐步建立城乡统一的建设用地市场，在土地承包经营权流转中，不得改变土地集体所有性质，不得改变土地用途，不得损害农民土地承包权益；明确保障农民在土地使用中的两个权益，即农民对承包土地的占有、使用和收益权，与依法保障农户宅基地的用益物权。《决定》中还明确了土地使用权的四个方面流转经营与处置，即土地承包经营权流转，农村宅基地和村庄整理所节约土地的处置使用（首先复垦，其次集体经济组织的公益性建设），农村集体经营性建设用地的转让（经营和进入市场）和"在土地利用规划确定的城镇建设用地范围外，经批准占用农村集体土地建设非公益性项目，允许农民依法通过多种方式参与开发经营并保障农民合法权益"。对于最后一种表述应该如何认识，可以看中央农村工作领导小组副组长陈锡文同志的解释——"在城镇建设的规划区外，如果是非公益性的项目用地，得到批准之后这部分土地可以不向农民征用，农民可以采取出租等方式，土地的性质就不改变了"[①]。

　　显然，深化土地管理制度的改革目标是要坚持最严格的土地使用制度，将城镇化发展过程中的土地收益更多地向农村倾斜，让农民得到更多的实际利益，这是完全正确的。我国对农村的建设活动，历来是两法规范，即《土地管理法》和《城乡规划法》。在深化土地管理制度改革的进程中，我们要继续坚持对农村集体建设用地上建设活动的依法规划依法管理，寻求与土地管理制度改革相适应的村镇规划建设管理模式。应该指出的是，集约节约农村建设用地、将城镇化进程中村庄整理调整出的集体建设用地指标用于支持城市的发展是应该的、可能的，也是可行的。但必须明确另一个方面，这种建设用地的调整是一个伴随城镇化进程逐步演变的过程，是一个与社会经济发展相适应的过程，是一个城乡发展利益相互协调的过程。我们绝不能以行政的方法人为地加速这个过程，不能在农民利益没有得到完整保全的情况下急于推进这个进程，更不能把城镇发展建设用地的增加压在整理农民宅基地上，否则，我们将会犯历史性的错误。城乡建设用地增减挂钩试点必须严格控制，必须严格控制在国家批准的试点范围内，村庄整理出的建设用地要纳入到城乡统筹规划中，指标不出县，依据城乡规划法和土地管理法纳入年度计划安排使用。各地在城乡统筹规划中，要摸索城乡建设用地统筹调剂使用的主要范式，依法、有序、合理使用，绝不能够脱离农民的意愿，强行推动，绝不能够政府包办代替、替民做主，绝不能够简单行事、推给企业[②]，绝不能够一哄而上、遍地开花。

2. 农村集体建设用地的调剂使用

　　（1）调剂使用的文件规定——源于"城乡建设用地增减挂钩"（以下简称挂钩）政策

　　2004年10月，《国务院关于深化改革严格土地管理的决定》（国发〔2004〕28号）首次明确提出"鼓励农村建设用地整理，城镇建设用地增加要与农村建设用地减少相挂钩"。之后，2005年10月的《关于规范城镇建设用地增加与农村建设用地减少相挂钩试点工作的意见》（国土资发〔2005〕207号）、2007年7月的《关于进一步规范城乡建设用地增减挂钩试点工作的通知》（国土资发〔2007〕169号）、2008年6月的《城乡建设用地增减挂钩试点管理办法》（国土资发〔2008〕138号）和2010年12月的《关于严格规范城乡建设用地增减挂钩试点切实做好农村土地整治工作的通知》（国发〔2010〕47号）等一系列文件对挂钩政策做了明确的规定。

　　根据《城乡建设用地增减挂钩试点管理办法》，城乡建设用地增减挂钩是指依据土地利用总体规划，将若干拟整理复垦为耕地的农村建设用地地块（即拆旧地块）和拟用于城镇建设的地块（即建新地块）等面积共同组成建新拆旧项目区（以下简称项目区），通过建新拆旧和土地整理复垦等措施，在保证项目区内各类土地面积平衡的基础上，最终实现增加耕地有效面积，提高耕地质量，节约集约利用建设用地，城乡用地布局更合理的目标。挂钩试点的规模控制和管理，通过下达一定数量的周转指标进行，实行总量控制、封闭运行、定期考核、到期归还的政策，归还期一般不

---

① 建设报，2009年9月9日。

② 个别地方规定，房地产企业必须有土地指标（地票），才能够有资格参加土地招投标（招拍挂），在没有地票交易市场的条件下，这等于是逼着企业去整村庄、去整农民的宅基地。这种交易模式，与次贷何其相似。地票是资源，要始终掌握在政府手中。

超过 3 年。因此,调剂使用实质上需通过挂钩政策的落实得以实现,并且在实际操作中具有定项目、定指标、定范围、定时间、定方法的严格规定与要求。

在实际推进过程中,出现了少数地方片面追求增加城镇建设用地指标、擅自开展增减挂钩试点和扩大试点范围、突破周转指标、违背农民意愿强拆强建等一些亟须规范的问题。在国发〔2010〕47 号文件中,中央明确要求城乡建设用地增减挂钩试点要以促进农业现代化和城乡统筹发展为导向,以增加高产稳产基本农田和改善农村生产生活条件为目标,以切实维护农民权益为出发点和落脚点。整治腾出的农村建设用地,首先要复垦为耕地,在优先满足农村各种发展建设用地后,经批准将节约的指标少量调剂给城镇使用的,其土地增值收益必须及时全部返还农村,切实做到农民自愿、农民参与、农民满意。针对地方出现的问题,文件明确指出要严格规范增减挂钩试点,要坚决扭转片面追求增加城镇建设用地指标的倾向;坚决制止以各种名义擅自开展土地置换等行为;严禁突破挂钩周转指标;严禁盲目大拆大建和强迫农民住高楼;严禁侵害农民权益。并要求各级国土资源主管部门严格监督管理,严肃查处违法违规行为。

（2）调剂使用的原则

1）遵循法规文件,依法合法使用。城乡建设用地调剂使用的政策依据是城乡建设用地增减挂钩,因此土地的调剂使用必须遵循挂钩的一系列法规文件,依法、合法地使用调剂指标。根据相关法规文件,调剂使用必须在挂钩试点地区操作,取得挂钩试点资格;调剂使用的指标规模必须控制在批准的挂钩周转指标规模内,一般为扣除村庄安置及相关配套设施、非农产业用地后的节余指标;调剂使用要求封闭运行,不得跨县市行政区。

2）立足"三农"问题,统筹城乡发展。调剂使用必须立足"三农"问题,通过农村土地的综合整治和调剂用地的级差地租收益反哺,促进农村生产生活条件和生态环境的改善,促进耕地的集中和农业的现代化发展,促进农村集体经济的发展,促进农民共享发展成果,最终实现城乡的统筹发展。

3）节约集约利用,优化用地结构。挂钩的目的是"节约集约利用建设用地,城乡用地布局更加合理",调剂使用作为挂钩政策的进一步落实,必须坚持节约集约利用、优化用地结构的原则。一方面,调剂指标要投向级差地租相对较高的地区以及经济收益更高的用地类别,以获得较高的经济产出,提高土地的使用价值和利用率;另一方面,要以优化城乡用地结构、空间结构为导向,通过调剂指标向小城镇投放和集中建设,促进乡镇的重新合理布局,促进小城镇的集聚壮大和健康发展。

4）因地制宜,有序推进。由于各地自然条件、经济发展水平、农村建设状况和城乡用地矛盾差异较大,调剂使用必须因地制宜,有序推进。对于自然条件较好、经济较发达、农村建设过于散乱以及土地供需矛盾突出的地区,可在尊重民意的前提下优先开展挂钩工作,确保有一定的指标调剂用于城镇建设。同时,根据条件明确调整时序,确保有序推进。

5）尊重农民意愿,维护农民权益。调剂使用必须尊重农民意愿,维护农民的合法权益。调剂使用要充分征询农民意见,优先用于农民建房、村庄基础设施和公共服务配套设施建设,以及发展农村非农集体经济。在调剂使用过程中,要保障农民的知情权、参与权、监督权;新居建设、土地互换、利用方式等方面尊重当地农民生产生活习惯;调剂使用所获收益,必须按照明晰产权、维护权益的原则,合理分配增值收益。

（3）调剂使用的措施

1）精心组织,科学规划。农村集体建设用地的调剂使用是建立在挂钩基础上的一个长期、渐进的过程,其中牵涉到各部门的协调配合,必须由政府主导推进,规划、国土等各部门协作,共同参与。因此,组织工作宜由县市人民政府领导和协调,国土部门重点负责挂钩的落实推进,规划部门重点负责调剂使用的统筹规划与实施,其他部门共同参与。在统筹协调的基础上编制科学可行的调剂使用规划实施方案，一方面要与城乡规划、挂钩专项规划、土地利用总体规划等规划相衔接，确保调剂使用的合规可行；另一方面要明确调剂使用的指标规模、用地空间分布、实施时序、收益估算、反哺用途（资金向原项目区投资建设计划）等内容，确保规划可控。

2）加大宣传，规范操作。调剂使用有赖于挂钩的顺利推进，因此必须加大挂钩政策宣传，让广大干部和群众知晓并支持挂钩工作，推进土地的节约集约利用和城乡统筹发展。同时，调剂使用要严格遵循相关法律法规要求，必须在挂钩试点地区符合规划、纳入计划的前提下，优先满足集体建设用地，富余指标方可有偿置换到城镇使用，不得骗取追求增加城镇建设用地指标，不得跨县市行政区调剂指标，不得侵占调剂指标的收益。

3）强化保障，完善制度。调剂使用牵涉利益的调整，必须建立、完善相关的政策制度，保障调剂工作的顺利开展。首先，应建立尊重农民意愿和保护农民权益的制度，建立公众监督的机制，确保民情民意上通下达，确保农民权益的制度化以及监督的常态化；其次，要完善农村土地管理制度，理顺调剂使用过程中土地权属变更、集体建设用地流转、收益分配的问题，促进土地资源、资产、资本的有效管理；第三，建立完善激励和奖惩制度，确保每步工作都有明确的责任主体及目标时限要求，强化差别化管理；对于不按法律法规要求进行调剂使用的，由上级人民政府及责任部门追究相关责任人的责任。

4.2.4 关于农村规划建设管理制度建设

1. 农村规划建设管理制度概况

长期以来，城乡规划领域受城乡分治和"重城轻乡"发展政策的影响，农村的规划建设管理制度建设严重滞后，现行制度非常有限，其中，法律法规类主要有《村庄和集镇规划建设管理条例》（国务院令第116号，1993.06）《历史文化名城名镇名村保护条例》（国务院令第524号，2008.04）、《县域村镇体系规划编制暂行办法》（建规[2006]183号），技术标准和规范主要有《镇规划标准》（GB50188-2007）《村庄整治技术规范》（GB50445-2008）《镇（乡）域规划导则（试行）》（建村［2010］184号，2010.11）等。这些法律法规和技术标准规范在一定程度上规范了农村的规划建设管理，但在城乡统筹发展的背景下以及快速城镇化过程中农村纷繁复杂的工作形势下，原有管理制度也亟须健全和完善。目前，《城乡规划法》中新规定的乡村建设规划许可制度、新修改的《建筑法》以及正在制订中的《镇、乡、村庄规划编制办法》等制度均是农村规划建设管理制度的有益补充。

2. 乡村建设规划许可制度

（1）《城乡规划法》的相关规定

乡村建设规划许可是《城乡规划法》中新设立的行政许可制度，是强化政府对农村建设行为管制，加强规划建设管理的重要行政手段。《城乡规划法》第四十一条规定，"在乡、村庄规划区内进行乡镇企业、乡村公共设施和公益事业建设的，建设单位或者个人应当向乡、镇人民政府提出申请，由乡、镇人民政府报城市、县人民政府城乡规划主管部门核发乡村建设规划许可证。在乡、村庄规划区内使用原有宅基地进行农村村民住宅建设的规划管理办法，由省、自治区、直辖市制定。在乡、村庄规划区内进行乡镇企业、乡村公共设施和公益事业建设以及农村村民住宅建设，不得占用农用地；确需占用农用地的，应当依照《中华人民共和国土地管理法》有关规定办理农用地转用审批手续后，由城市、县人民政府城乡规划主管部门核发乡村建设规划许可证。建设单位或者个人在取得乡村建设规划许可证后，方可办理用地审批手续。"

在建设部《关于贯彻实施〈城乡规划法〉的指导意见》（2008.01）中，明确乡村建设规划许可证制度的建立要充分体现农村特点，体现便民利民和以人为本，满足农民生产和生活需要，遏制农村无序建设和浪费土地。要求地方配套法规要进一步细化乡村建设规划许可证核发的具体内容、程序、条件要求；各地在实施《城乡规划法》中，要认真研究、明确可以核发建设工程规划许可证的镇的范围；各省、自治区、直辖市要抓紧制定在乡、村庄规划区内使用原有宅基地进行农村村民住宅建设的规划管理办法。

（2）地方法规的细化

由于各地城乡发展情况存在差异性，在细化乡村建设规划许可制度方面的规定也不甚相同；但原则上均以上位法为指导进行细化完善。以浙江省为例，根据住房和城乡建设部的文件要求，《浙江省城乡规划条例》（2010.05）（以下简称《条例》）对本省的乡村建设规划许可制度进行了细化落实。《条例》在第三十七、三十八、三十九条中详细规范了乡村建设规划许可证的核发办理的程序和要求。

第三十七条规定：在乡、村庄规划区内使用集体所有土地进行乡镇企业、乡村公共设施、公益事业建设的，建设单位或者个人应当持村民委员会签署的书面同意意见、使用土地的有关证明文件向城市、县人民政府城乡规划主管部门申请核发乡村建设规划许可证。城市、县人民政府城乡规划主管部门应当自受理申请之日起五个工作日内依据乡、村庄规划核定建设用地位置、允许建设的范围、基础标高、建筑高度等规划要求。建设单位或者个人应当依据规划要求向城市、县人民政府城乡规划主管部门提出建设工程设计方案。建设工程设计方案符合乡、村庄规划和规划要求的，城市、县人民政府城乡规划主管部门应当自收到建设工程设计方案之日起十五个工作日内核发乡村建设规划许可证。

第三十八条规定：在乡、村庄规划区内使用集体所有土地进行农村村民住宅建设的，农村村民应当持村民委员会签署的书面同意意见、使用土地的有关证明文件、住宅设计图件向乡（镇）人民政府提出申请，由乡（镇）人民政府自受理申请之日起五个工作日内报城市、县人民政府城乡规划主管部门，由城市、县人民政府城乡规划主管部门核发乡村建设规划许可证。农村村民也可以持前款规定的材料直接向城市、县人民政府城乡规划主管部门申请核发乡村建设规划许可证。城市、县人民政府城乡规划主管部门应当依据乡、村庄规划核发乡村建设规划许可证，并在乡村建设规划许可证中明确建设用地位置、允许建设的范围、基础标高、建筑高度等规划要求。城市、县人民政府城乡规划主管部门可以委托乡（镇）人民政府核发本条规定的乡村建设规划许可证。

第三十九条规定：在乡、村庄规划区内使用国有土地进行工程建设的，应当按照城市、镇规划区内国有土地上工程建设规划许可的程序，依据乡、村庄规划或者专项规划办理规划许可手续。

3. 建筑法

《中华人民共和国建筑法》（以下简称《建筑法》）于1998年3月1日起施行，2011年4月进行过修正，修正后的《建筑法》于2011年7月1日起施行。《建筑法》确立了施工许可证制度，目的在于保障建筑工程质量，避免不具备施工条件的工程盲目施工，也有利于开工的工程尽快建成和建设行政主管部门进行监督管理。对于农村规划建设管理而言，施工许可证制度也是一项重要的监管手段。

《建筑法》重点详细规定了施工许可证的领取、许可条件、许可证的时效等方面的内容。对于许可证的领取，第七条明确规定："建筑工程开工前，建设单位应当按照国家有关规定向工程所在地县级以上人民政府建设行政主管部门申请领取施工许可证；但是，国务院建设行政主管部门确定的限额以下的小型工程除外。按照国务院规定的权限和程序批准开工报告的建筑工程，不再领取施工许可证。" 根据《建筑工程施工许可管理办法》（建设部令第91号，2001.07），限额以下的小型工程指"工程投资额在30万元以下或者建筑面积在300平方米以下的建筑工程"。根据这一法规，大多数农房建设属于限额以下的小型工程，而乡镇企业、乡村公共设施和公益事业建设基本都需要申领施工许可证。

4. 村庄和集镇规划建设管理条例

1993 年颁布的《村庄和集镇规划建设管理条例》(以下简称《条例》)是指导我国村镇建设的基本法规,有效促进了村镇建设活动及其管理行为的规范化和法制化。《条例》共7章48条,对村庄和集镇规划的制定、实施、设计与施工管理以及房屋、公共设施、村容镇貌和环境卫生管理等内容做了明确规定。但随着农村经济社会事业的快速发展,以及《城乡规划法》《建筑法》《城市房地产管理法》《土地管理法》《物权法》等一批与村镇建设直接相关的法律法规的颁布或修订,为适应农村建设管理不断发展的需要,保持法律法规衔接一致,《条例》部分规定也亟须完善。2008 年,住房和城乡建设部已正式启动《条例》的修订工作,目前尚在进一步修订完善之中。新《条例》对于规范乡村地区的公共建设活动,保护资源,保护农民利益,促进农村社会经济的全面进步,促进城乡统筹,促进城乡基本公共服务均等化发展必将发挥重要作用。

5. 镇、乡、村庄规划编制办法

《镇、乡、村庄规划编制办法》(以下简称《办法》)目前正在制订当中,该《办法》是《城乡规划法》颁布后对城乡规划体系的深化完善,是未来农村规划建设管理的重要的部门规章。《办法》主要用于规范镇、乡、村庄规划的编制,包括县域镇村体系规划、镇(乡)域规划、镇区总体规划、乡驻地规划、镇乡详细规划、村庄规划等内容。

4.3 城乡统筹规划的政策支持与制度创新

4.3.1 规划建设项目的实践机制

1. 各地建设项目的系统管理实践

近几年,随着国家经济实力的增强和城乡统筹的深入,农村地区的投资项目日渐增多,出现了新的投资特点。一是国家投资大幅度提高,包括以水电路气房为重点的农村基础设施建设,也包括以农村社保、医保、普及教育、政权建设为主的公共服务设施投资;二是投资主体多元化,已不是以往村镇队办农民等投资企业,而是以大的上市公司、投资公司、合资公司等多元化主体向农村农业的投资;三是投资项目多类型,包括生产型基础设施,也包括生活性的消费性的,尤其是直接向现代农业、观光农业、都市农业、生态农业等项目投资;四是投资地区广域化,不仅仅在城市规划区内,也不仅仅在农村的居住地区,已经扩大到广大的乡村地区;五是农村建设活动多要素化,各种民生目标、发展目标、环境目标等导致的多要素建设活动日趋活跃;六是投资活动越来越触及到制度层面,尤其是农民的土地、宅基地以及集体经济组织的产权等;七是乡村空间形态加速变化,乡村的生态空间、环境空间、聚落空间均在发生变化,正在逐步改变着传统的农村聚落的空间形态。

各地针对这一情况,加强了城乡统筹进程中农村地区建设活动的规划管理,对城乡建设项目的立项、选址、审批、批后管理等方面的系统管理机制进行了积极探索。浙江省出台了《浙江省建设项目选址规划管理办法》,对全省城乡地域内的新建、扩建和改建各类项目的项目选址及选址许可管理上提出了具体的要求。安徽省建立了全省城乡建设重点项目信息管理系统和年度滚动项目库。贵州六枝特区建立了流程管理机制、联审联办机制、全程代办机制、快速办理机制、服务创新机制、时效管理机制"六大机制"。安徽省合肥市实行了"一家受理,抄告相关,并联审查,限时完成"城乡规划建设项目并联审批制制度。

2. 探索重大城乡建设项目协调推进机制

在城乡统筹发展过程中,重大城乡建设项目往往是规划管理的重点,其牵涉面广,尤其需要多个部门的协调推进。根据各地的实践探索,应重在建立以下 4 个方面的工作机制:

（1）重大城乡建设项目的申报制度。设立重大项目建设管理机构，会同各有关职能部门对重大城乡建设项目的申报进行评估、确定。

（2）重大项目前期协调工作机制。重大项目建设管理机构牵头建立重大项目联席会议制度，协调解决重大项目各环节存在的重大问题。各有关职能部门要统筹协调项目前期的调查勘查、报告编制、行业审查、手续办理等工作，各级政府和有关单位依法出具支持项目建设的文件材料，并对项目前期工作提供便利。

（3）重大项目督查稽察制度。加强对重大项目的督促检查，会同有关部门组成联合督查组，对重大项目开展定期和不定期督查。

（4）重大项目征地拆迁工作的协调管理机制。国土资源、林业、农牧部门要加强联动，同步进行用地丈量、权属确认等，确保项目征地工作全面、规范、高效开展。

4.3.2　农村产权制度的改革与探索

农村产权主要指农村集体土地使用权、所有权、农村土地承包经营权、农村房屋所有权、林权等权益。农村产权制度改革比较有影响的是成都的"三个集中"试验、浙江嘉兴的"两分两换"试验、天津的"宅基地换房"改革和重庆的"地票交易"试验。虽然具体操作方法在细节上有所区别，但本质上都是通过对农村宅基地复垦，实现农民集中居住，让节约出来的土地发展权向城市流转。

成都市通过"工业向集中发展区集中、农民向城镇集中和土地向规模经营集中"，逐步推进农村产权制度改革，2008 年出台《关于加强耕地保护进一步改革完善农村土地和房屋产权制度的意见（试行）》，把改革的重点锁定在开展农村集体土地和房屋确权登记、创新耕地保护机制、推动土地承包经营流转、推动农村建设用地使用权流转和开展农村房屋产权使用权流转试点等方面。对农村相关产权分别通过《农村土地承包经营权证》、《集体土地使用权证》和《房屋所有权证》来进行确权认定。

成都市温江区首先通过确权颁证，使农民的产权资本化，继而推行农村产权抵押融资，以农村集体建设用地使用权、农村房屋所有权、农村承包地经营权和林权进行抵押融资。在机制方面，推行农村集体资产股份化、农村集体土地收益股权化、用股份制改造传统集体经济组织的"两股一改"新机制。在管理政策方面，相继制定了包括《农村集体土地使用权流转管理办法》在内的 4 个确权登记管理试行办法、3 个农村产权流转试行办法、1 个耕保基金试行办法、"1+6"的金融服务试行办法（集中居住＋产业发展、基础设施、公共设施、生产设施、公共管理和社会化服务、生态环境建设）、"1+4"的村级治理机制（"1"即建立村级民主管理监督委员会，"4"即配套推行农村财务双代管、勤廉双述、村务公开、公章管理4 项制度）的指导意见。在组织机构上，专门建立了领导小组和联席会议制度，定期研究解决农村产权制度改革过程中的问题。

重庆市提出在不改变农业用地性质的前提下，对经营方式进行调整，提出"地票"的概念。"地票"专指农村集体建设用地——包括农村宅基地及其附属设施用地、乡镇企业用地、农村公共设施和农村公益事业用地等——经过复垦与验收后所产生的可交易和转让的用地指标。2008 年 12月成立了全国首个农村土地交易所，作为地票的交易场所，使农村土地指标可以跨地区流转，农民可以直接面对市场。

天津市的"宅基地换房"模式中，农民以宅基地按规定的标准，换取小城镇中的一套住宅，迁入小城镇居住。原有宅基地统一组织整理复耕，实现耕地占补平衡，作为农村基本制度的家庭承包责任制不变。新的小城镇除了农民住宅区外，还规划出一块可供市场开发出让的土地，用土地出让收入平衡小城镇建设资金。政府将土地增值收益用于还迁农民的社会保险，保证迁入小城镇的农民有固定的收入来源。

嘉兴的"两分两换"政策是将宅基地与承包地分开，搬迁与土地流转分开；以承包地换股、换租、换保障，推进集约经营，转换生产方式；以宅基地换钱、换房、换地方，推进集中居住，转换生活方式。

江苏苏州的"三集中"、"三置换"（即以承包土地置换土地股份合作社股权、宅基地置换商品房、集体资产置换股份，实现城乡土地资源优化配置）和"四对接"（城乡基础设施、城乡公共服务、城乡社会保障和城乡社会管理的对接）实现农村承包土地、宅基地的流转，实现农民土地使用权、财产权与社会保障、公共服务的交换或对接。

以上是当前各地一些实践探索的主要做法。城乡统筹规划应该密切关注各地农村产权制度改革实践，积极顺应农村产权制度改革要求，为农村改革发展服务。

4.3.3 村庄集体建设用地综合整治

1. 村庄土地综合整治实践

国土资源部于 2008 年发布《城乡建设用地增减挂钩试点管理办法》，将成都、天津、浙江等地作为增减挂钩的试点地区，推进城乡建设用地增减挂钩试点工作，积极探索并积累经验。

成都作为全国试点城市，各区县都进行了农村土地综合整治实践，蒲江县通过土地整理，吸引企业加盟，实现万余亩土地流转，项目区建立了农业合作经济组织，解决土地流转后农民的就业问题。新津县采用"统一规划、自主建设"的方式，将土地成片流转，发展种植养殖业，同时通过合作社经济组织，把产业链做长，农民可以进入企业务工。

浙江省政府办公厅于 2009 年发布《关于切实做好城乡建设用地增减工作的通知》（浙政办发〔2009〕121 号）；浙江省国土资源厅印发《城乡建设用地增减实施方案审查报批办法（试行）》，提出城乡建设用地增减挂钩指标在满足农村建设用地需求后，剩余部分可以用于其他建设项目，作为浙江省推进农村土地综合整治工作的依据。

安徽省在 2001~2009 年间共实施国家和省级投资土地整治复垦项目 251 个，新增耕地 25.11 万亩，地方各级政府实施项目新增耕地 154.99 万亩。农村土地整治从单一的土地整理、村庄置换向综合治理、整体推进演变。县级政府制定拆迁补偿标准，并将财政资金和涉农资金整合投入项目区中。

河南柘城县成立农村土地综合整治指挥部，县级领导负责指挥部组织工作，21 个乡镇的书记和县各部门的主要领导为指挥部成员。县政府出台了《柘城县新农村建设暨农村土地综合整治实施方案》，党政领导每人联系一个综合整治村，协调有关部门解决整治过程中出现的困难和问题。实行"1+X"资金捆绑机制，以土地整治专项资金为主，聚合各种涉农资金，投入到农村土地综合整治区。

2. 农村集体土地流转探索

伴随着城市化与城乡统筹的发展，农村的土地流转已成必然趋势，进一步探索农村土地流转的方式，规范农村集体建设用地的流转使用，已是我国农村土地管理制度改革的关键。重庆城乡统筹的农地入股，广东、海南模式的土地股份合作制，是直接推动土地成为流动要素的改革。成都的确权颁证、还权赋能的土地流转改革、天津的"宅基地换房"及嘉兴的"两分两换"的土地流转改革做法，其直接目的是保障农民的土地权益，破解城镇长期发展的土地瓶颈，改革的基本动力在于经济持续发展推动建设用地流转。这些先发地区的艰辛探索与实践，为我们提供了初步经验。

然而，土地流转的核心在于明晰农村土地产权、盘活农民土地资产、理顺利益分配机制、解决农民的未来出路、土地的流转产生的收益与农民共享。因此，如何深入推进土地流转制度改革，是今后城乡统筹过程中的一项重要课题。

（1）明晰产权，建立产权流转体系，保障农民合法权益

要积极开展农村土地确权、登记和颁证制度，明晰土地产权。在此基础上，要建立土地流转市场，培育市场中介组织，畅通土地流转信息。流转过程中要保证农民的自愿、自主，依法保障农民的合法权益，确定农民作为农村土地的产权主体、交易主体与分配主体的地位，保障农民在土地流转过程中的参与权与利益分配权，明确土地流转后的土地收益在国家、企业、集体经济与农民之间的分配原则、比例等。建立健全农村土地产权流转体系，保障农民合法权益。

（2）制度建设，保障农村土地流转的合法性、有效性

农村土地承包经营权流转，不得改变土地集体所有性质，不得改变土地用途，坚持最严格的耕地保护制度。集体经营性建设用地流转坚持最严格的节约用地制度，从严控制城乡建设用地总规模；农村宅基地和村庄整理所节约的土地，首先要复垦为耕地，调剂为建设用地的必须符合土地利用规划、纳入年度建设用地计划，并优先满足集体建设用地。这些规定为建立农村土地流转行之有效的制度，提供了最基本的的规范。

3. 农村宅基地退出机制探索

在快速城市化发展时期，我国每年有大量的农民工进城并在城市定居，但由于农村土地管理中宅基地退出机制的缺失，使大量在外打工并且定居在城市的农民，其在农村占有的宅基地并未退出，造成了土地资源的闲置和浪费。城乡统筹发展建设要盘活这部分土地，要进一步研究宅基地退出机制，保护农民财产权益，优化土地资源配置，提高土地资源利用的综合效益。

（1）因地制宜，设计多样化农村宅基地退出安置模式，赋予农民多样化选择的权利。

（2）从土地资源高效利用的要求出发，进行村庄布局的空间整合，而不是推倒一切重新建设。整体谋划、分步推进、先易后难、量力而行是必须坚持的基本方法。

（3）规范农村村庄整治节约的集体建设用地的指标使用。节余指标应按土地利用总体规划和城乡规划落实使用，应明确集体和农民是节余指标收益分配的主体，收益应全部返还农村，要规范收益用途，防止侵害农民权益。

城乡统筹规划中要统筹考虑山、水、农、林、田、路、房，将农地综合整治作为城乡统筹规划的重要内容，提出农地综合整治的外部规划条件和农地综合整治的规划建议，为整治后节约的集体建设用地指标的使用指明出路。

4.3.4　农村居民点调整规划的政策与实施机制

1. 农村居民点调整的相关政策

在城镇化发展过程中，农村居民点调整有其必然性、必要性和可行性，对提高土地的利用效率、优化资源配置、节约基础设施和公共设施投资、改善农村生产生活条件等具有直接意义。

当前，一些地方为了城市发展用地指标，片面理解城乡建设用地增减挂钩政策，随意扩大试点范围，不顾民意肆意拆并村庄，强行农民集中上楼居住，激化了社会矛盾，影响了政府公信力，引起农民的强烈不满。从一些地方的实践来看，我们在农村居民点调整方面的制度供给是短缺的，尤其是针对城乡二元结构，还缺乏有针对性的工作要求和政策安排，也没能把各地的实践探索总结提炼成国家层面的政策指引。目前相关政策文件更多地集中在农村居民点整治以及规划编制等方面，如《关于村庄整治工作的指导意见》（建村〔2005〕174号）、《关于村庄整治中规范农宅拆迁保护农民权益的意见》（建村〔2006〕173号）、《村庄整治技术规范》（GB 50445-2008）、《镇（乡）域规划导则（试行）》（建村〔2010〕184号）《村庄和集镇规划建设管理条例》（中华人民共和国国务院令第116号）、《县域村镇体系规划编制暂行办法》（建规〔2006〕183号）等。

2010年12月的《关于严格规范城乡建设用地增减挂钩试点切实做好农村土地整治工作的通知》（国发〔2010〕47号）对农村居民点调整提出了切实要求。文件明确要求严禁盲目大拆大建和强

迫农民住高楼，要与地方经济社会发展水平和农业产业发展相适应，与城镇化进程和农村人口转移相协调，遵循城镇发展规律，区分城镇规划区内、城乡结合部、空心村和闲置宅基地等不同情况，因地制宜，量力而行，循序渐进。涉及农村拆迁安置的新居建设，要为农民提供多种建房选择，保持农村特色和风貌，保护具有历史文化和景观价值的传统建筑。要尊重农民意愿并考虑农民实际承受能力，防止不顾条件盲目推进、大拆大建。严禁在农村地区盲目建高楼、强迫农民住高楼。

针对拆迁等问题，《关于进一步严格征地拆迁管理工作切实维护群众合法权益的紧急通知》（国办发明电（2010）15号）明确规定："征地涉及拆迁农民住房的，必须先安置后拆迁，妥善解决好被征地农户的居住问题，切实做到被征地拆迁农民原有生活水平不降低，长远生计有保障"。《国土资源部办公厅关于切实做好征地拆迁管理工作的紧急通知》（国土资电发〔2011〕72号）也对拆迁作了明确规定：实施征地拆迁，必须在政府的统一组织领导下依法规范进行。征地中拆迁农民房屋要给予合理补偿，并因地制宜采取迁建安置、货币安置或实物补偿等多种安置方式，妥善解决好农户生产生活用房问题。要严格履行规定程序，征地前及时组织征地公告，并就征地补偿安置标准和政策征求群众意见。群众有意见的，要认真反复做好政策宣传解释和群众思想疏导工作，得到群众的理解和支持，不得强行实施征地拆迁；对于群众提出的合理要求，必须妥善予以解决。征地经依法批准后，要依法规范实施，确保征地补偿费用及时足额支付到位，防止出现拖欠、截留、挪用问题。

2. 农村居民点调整规划

（1）科学编制农村居民点调整规划

农村居民点调整规划是城乡统筹规划的重要内容之一，在城乡空间统筹中宜合理确定城乡空间布局结构、城乡居民点体系，作为指导农村居民点调整的直接依据。农村居民点调整规划要坚持以下基本原则：一是尊重农村生产活动方式的要求，调整的农村居民点要能够满足并服务于现代农业生产发展的需要[1]，充分考虑耕作半径、村庄经济发展、集聚村庄的人口和用地规模以及设施的配套等内容；二是尊重城乡统筹下农村生活方式的要求，充分尊重农民对居住地的自主选择，尊重农民的意愿以及生产生活习惯；三是尊重农村社会管理的组织方式变革，充分发挥村民自治组织的作用，明确中心村、基层村以及撤并村庄，方便基层政府以小城镇（中心村）为中心提供基本公共服务和社会管理，合理组织农村居民点空间调整；四是尊重科学，尊重自然。要安全选址、生态和谐，确保民安。注重保护农村地区的聚落形态、保护传统水网地区的农村布局特点、传承农村地区的优秀历史文化传统，同时让农村新居民点反映乡村特色、地域特色和民族特色。

（2）制定农村新建居民点的配套设施建设标准

要保证农村新建居民点最基本的基础设施和公共服务设施，制定符合地方实际的建设用地标准和基础设施配套要求，根据发展需要不断充实完善基础性建设的要求。要制定不能突破的、最低的建设用地标准和设施配套要求，制定有农村特殊要求的容积率指标，严格控制高层居住建筑，避免农村新建居民点沦为未来的农村贫民窟。成都市双流县为保证农村集中居住社区建设的公共服务水平，对农村集中居住区规定了"1+7+3"的标准配套要求，即每个农村新型社区必须配套建设7项公共服务设施，按照各自特色配套3项公共服务设施。7项必须配套的公共服务设施为：1）社区管理用房，设置警务、财务、社保、医保、卫生计生服务站、劳动保障工作站和党、群团活动室等功能用房及科技文化图书室，建筑总面积200~400m²；2）全民健身设施（场地），结合小广场、集中绿地设置，用地面积不小于200m²；3）农贸市场，占地面积500m²左右；4）放心便民店，建筑面积约50m²；5）小型垃

---

[1] 农业部的同志告诉笔者，东部沿海地区某市已经出现农村新居住点距农业生产地近30华里的现象。

坂转运站，建筑面积 100m² 左右；6）公厕，建筑面积 50m² 左右；7）因地制宜地设置集中或分散的污水处理设施。3 项可选择配套的公共服务设施为：农村新型社区的公交招呼站、集中停车场（每 100m² 建筑面积配置 0.3~0.5 个停车位）、农村新型社区敬老院。

3. 农村居民点调整的实施机制

（1）农村聚落空间发展政策指引

各地经济社会发展情况差异很大，农村居民点调整必须在规划指引下分类组织实施。根据一些地方的经验，在统筹考虑村庄发展基础和发展潜力、生态和公共安全保护要求以及城镇化发展对村庄影响等方面的基础上，可以以行政村为单位划分 4 类政策分区及相应的村庄类型，实施不同的空间发展政策指引。

1）城镇化拓展地区：撤村建居型。指城镇建设用地增长边界范围内的村庄，既包括现状建成区内的城中村，也包括规划建设用地范围内的城郊村。发展思路为原则上撤村建居，一律纳入城镇统一管理，有序推动村庄整体迁移、改造，布置城市型公共服务设施建设。

2）生态与安全控制地区：迁移新建型。指对于保障生态安全有着重要作用的各类、各级保护区，对于提升城市整体生态环境品质有着重要作用的河川绿地、风景绿地和特殊绿地等范围内的村庄，以及各类地质灾害易发区、危险区内的村庄和重大基础设施廊道影响范围内的村庄。发展思路为尽可能地逐步组织整体迁移新建，严格控制保留的自然村落，确保该区域的长久性严格保护和限制开发。

3）重点培育地区：集聚发展型。指具有良好发展条件和潜力，并作重点培育地区的村庄及特色村。发展思路为集聚发展，成为服务周边地区农村人口的中心村，积极引导散落的农户到中心村居住。地方风貌较为完整或具有历史文化保留价值的特色村宜积极发展农村旅游和特色旅游。

4）过渡控制性地区：控制发展型。指未列入上述发展政策地区内的村庄。发展思路为保留原有的村落布局形式，严格控制新增建设用地，确需新增的建设用地应安排至邻近的镇区、中心村。对于有迁徙意愿的农户，政府应按照村民意愿稳妥推进村庄迁移，重点向邻近的小城镇、中心村迁并。

（2）分步、稳妥实施农村居民点调整

农村居民点的调整是一个长期、渐进的过程，事关农村居民的居住生活安排和住房财产权益，必须分步、稳妥、依法、有序地实施。农村集中社区建设（调整后新建农村居民点）和农民宅基地的整理必须有严格的地域划定，即严格限定在城市规划区内的城中村。对于城市规划区以外的村庄调整，应重在以非农产业活动为主的、以非农劳动力转移为主的村庄，重在受自然灾害威胁、生态环境恶化必须实施搬迁的农村居民。对于迁并条件成熟以及关乎群众生命财产安全地区的农村居民点，应优先实施搬迁。如有一定的经济基础、农民搬迁意愿强烈、已不再从事农业的村庄（城中村、城郊村）、公共设施难以配套地区、各类地质灾害易发区危险区内的村庄以及重大基础设施建设需搬迁的村庄。对于纳入城乡建设用地增减挂钩试点项目区的村庄，也宜遵照先易后难、分步实施的原则，优先考虑在自然条件较好、经济较发达、复垦潜力较大、政府和农民积极性较高的地区实施。有条件的地区可以逐步推广，加快推进；条件相对较差的地区，则宜控制规模，谨慎有序推进。

为确保农村居民点调整的稳步、规范推进，避免当前调整中的突出问题，并切实提高群众的生活居住水平，应进一步加强农村居民点调整工作的实施机制建设。一是建立政府的规划调控引导机制，在县域镇村体系规划的基础上，根据政府的公共财力，制定落实农村居民点调整的年度计划，引导公共财政向农村地区倾斜，优先为保留的村庄、中心村提供公共物品，引导村庄和人口的集聚；二是对于保留并集聚发展的农村居民点，规划应制定严格的建设用地标准、公共设施和基础设施的配套标准，确保保留的农村居民点生活水平不落后，确保实际操作有规可循；三是加强农村住房制度、农村住房建设制度和农村住房改革制度的建设，全面改善农村的居住环境和农户的居住条件，引导农民合理住房消费，规范农村住房建设行为，及时推动农村住房制度的完善与改革，形成良性的农村居民点规划建设管理机制和农村生产生活环境的改善机制。

（3）建立政府引导下的农民利益保护机制

农村居民点的调整务必切实维护农民的利益，建立农民利益保护机制。当前，应逐步建立完善4方面的制度：一是完善农村建设用地估价制度，坚持公开、公正、公平的原则，科学评估，根据市场价值对农民的宅基地和农民住房进行合理补偿；二是建立农村整理土地收益返还机制，确保整理后的土地依然为农民集体所有，调剂为城镇建设用地的土地收益主要向农村农民倾斜，除去建设必要的集体性福利设施资金外，主要的收益部分应以多种方式补偿给农户；三是规范迁建村庄的建设标准，包括人均建设用地面积、人均居住面积、配套公共服务设施及基础设施、安置地块的容积率、建筑密度、绿地率等，确保农村和谐稳定的居住环境和农民生活居住水平的不断改善；四是规范农房拆迁，坚持先建后拆、合理补偿的基本要求，明确未经农民同意、未与农民签订拆迁合同，迁建房未建好以及相关的基础设施和保障措施未落实的情况下不得拆迁。

（4）建立农户和村民组织的参与机制

农村居民点调整事关农民的切身利益，应积极引导农民及村民组织参与农村居民点调整的全过程，逐步建立农民自愿参与、村民组织自主管理、农户代表全过程监督的农民参与机制。新建农村居住点涉及整村调整的，要按照农村重大事项决策要求，由村党支部提议、支委会和村委会联席会议商议、全体党员大会审议、村民代表会议或村民会议决议。村民代表会议应就新建集中居住点规划地点、新房建设设计及设施标准、原村土地的使用及利益分配、公共服务与基础设施配建、宅基地和建设用地置换以及农户建房形式等关键问题形成意见。要努力形成"三公开"的机制，即会议讨论决定涉及的村庄调整事项公开，新建居住点的主要规划指标和实施效果公开，旧村调整和新村建设的全过程公开。凡涉及财产权益的，必须征得相关农民集体经济组织内全体农户的同意，不同意的，不得实施。报有关部门的审批材料要全面真实，充分体现全体村民的真实意愿。

（5）建立村委会和农户代表全过程的监督机制

坚持农民自愿、民主决策的原则，选举农户代表或委托相关机构人员与村民委员会共同对农村居民点调整实施全过程进行监督：一是对规划实施标准落实的监督；二是对新村建设房屋施工质量的监督；三是对村民组织投工投劳、入股合作等形式及其建设资金的监督；四是对参与农村居民点的拆迁安置工程的监督。村民、村民代表（委托人）及村民组织可以随时向政府有关部门反映迁建过程中的任何问题。

4. 完善相关的配套政策

为稳步推进农村居民点调整，除上述方面外，还应建立农村居民点调整的保障机制，重点是户籍管理、土地管理、公共财政资金等相关部门的政策配合。建立农村居民点调整工作的监督机制，规划建设部门应严格审查农村居民点调整拆迁安置实施方案，并在建设的各个环节加强检查工作，确保新建农村居民点依法合规、布局合理、设施配套、房屋质量安全。国土管理部门要为新村建设及时核批建设用地，奖励和复垦补助资金足额到位，指导做好旧村土地的复垦复耕；财政部门保证新村建设所需的基础设施、公共设施建设资金，做好资金使用的监管；户籍管理部门为迁徙农户办理户籍变更手续；民政部门及时跟进组织农村新社区管理等。各部门都要努力研究农村居民点调整后的稳定发展机制，包括村庄合并涉及的农民就业、新社区的基层治理，新村的公共设施、基础设施运行与维护管理，集体资产经营等，努力实现新村建设新、管理模式新、发展环境新，社区和谐稳定，共享城镇化发展成果。

4.3.5 关于农房集中建设、集体统建的服务与管理政策

1. 充分认识集中建设、集体统建的重要性

集中建设、集体统建是引导农民集中居住过程中形成的一种新建农房组织形式，是提高新农村建设水平的有效途径之一。如果组织管理得当，能为农民建房带来便利，有利于提高农房建设水平；如果组织管理不当，也可能给乡土风情、自然风貌带来不良影响，甚至会损害农民利益，引发社会矛盾。因此，需要规划建设部门充分认识这项工作的复杂性，高度重视，采取有效措施加强农民集中居住点房屋集体统建管理，规范农房代建行为，提高农房建设质量和基础设施配套水平，切实保护农民利益。

2. 创建集中建设、集体统建的实施机制

（1）明确农房建设前提条件和责任主体

集中建设、集体统建的农房必须具备以下前提条件：符合新建住房条件；村民自愿参与；在镇村布局规划保留的农村居民点进行农房建设；统建项目实施前，建房农户应全部确定，并按规定通过新建住房资格审查；拥有旧房的农户全部签订拆除原有房屋承诺书。村委会（涉农社区）或乡镇政府（涉农街道）是集体统建的责任主体，对项目实施管理负总责。责任主体应通过招投标方式确定建设方。建设方需具备相应的施工资质。

（2）加强集中建设、集体统建的程序管理

实施集中建设、集体统建行为前，所有建房农户必须与统建责任主体、建设方签订统建协议，明确各方的责任和义务，注明代建形式、分配方式、户型价格、资金筹措、交付标准等要素，并由建房农户推选代表与集体统建责任主体组成监管小组，共同参与代建项目管理。

（3）严格集中建设、集体统建资金安全监管

集体统建资金实行项目监管小组和建设方双控管理。工程建设成本核算公开、透明，项目交付前监管小组应按规定组织对财务账目进行审核，并向全体建房农户公布审定结果。乡镇政府（涉农街道）应对代建资金安全监管加强指导。

（4）依法加强规划和工程质量安全管理

严格执行规划管理程序，集体统建项目必须符合经依法批准的城乡规划，依法取得乡村建设规划许可证和建设工程规划许可证，并经县级城乡规划管理部门现场放线、验线后方可开工建设。农民集中居住点统建工程应按规定统一进行建设工程质量管理。统建工程为3层及以上的，必须由取得相应设计资格证书的单位设计；统建工程为3层以下的，可选用经有权机构发布的通用设计图集，但基础工程要委托持证单位专门设计，严禁无证设计和无设计施工。鼓励对集体统建工程实施建设监理，县级建设主管部门应当对统建工程的施工质量和施工安全进行检查监管。工程竣工后，统建责任主体应组织竣工验收，县级规划、建设等相关主管部门和建房代表共同参加，工程质量不合格的建设项目不得通过竣工验收。

（5）农民自愿参与，保障农民的合法权益

集中建设、集体统建是一项政策性很强的工作，在建设过程中要切实尊重农民的自主权，坚持农民的主体地位，保障农民的合法权益。严禁强拆强迁，严禁变相开发和非集体经济组织成员在集体土地上购房。

（6）加强统建点的公共服务设施配套完善

必须统筹考虑，统一规划符合集中居住点生活和生产需求的配套服务设施，提高居民点宜居水平，加大公共服务能力建设。

3. 推进农村住房集中建设、集体统建的政府服务与管理

江苏省农民集中居住区建设：江苏省尝试统一规划农民新村，将分布零散的自然村逐步集中。

各地通过各种实物住房、现金奖励等措施，补贴资金等多种方式鼓励农民集中居住。各地同步推进村级集体资产权制度改革、土地股份合作制、土地承包经营权流转、健全农民保障体系，维护集中居住农民合法权益，打破村组界限，试行村组土地置换、流转，以多种方式实践农民集中居住区的相对集中、成幢、连片建设。

成都"拆院并院"模式：对象是对城镇建设用地增加与农村建设用地减少相挂钩的试点。依据土地利用总体规划，将若干拟复垦为耕地的农村建设用地地块（拆旧）和拟用于城镇建设的地块（建新）共同组成建新拆旧项目区，实现项目区内建设用地总量不增加，耕地面积不减少、质量不降低，用地布局更合理的土地整理工作，带动村民向中心村集中，带动土地向规模经营集中，进而带动产业发展，产业发展形成新农村建设的产业支撑。成都市出台《关于建立农村住房保障体系的实施意见（试行）》、《成都市社会主义新农村规划建设管理办法（试行）》等文件，各县依据实际情况制定本地区的实施细则，保障"拆院并院"模式的顺利开展。

4.3.6 村镇规划建设管理制度的改革与创新

1. 乡村规划建设制度改革的系统构建

村镇建设制度改革的根本要求是建立与农村土地管理制度改革同步推进、完善在城乡规划法律框架内的乡村规划建设管理的基本制度。重点领域是加强对农村集体建设用地的规划管理，依法规范农村集体建设用地上的建设活动，强化城乡统筹基础上的城乡建设用地流转使用的城乡规划指导。主要方法是加强县域镇村体系规划，实现乡镇域规划的全覆盖，推进乡村建设规划许可制度实施，规范农村集体建设用地开发利用，科学引导农民自建住房建设。修订《村庄和集镇规划建设管理条例》，制订《镇乡、村庄规划编制办法》，独立编制县域镇村体系规划和全覆盖的乡镇域规划，实现山、水、林、田、路、房（村）统一规划。落实《城乡规划法》中提出的乡村建设规划许可证制度，加快制订《乡村建设规划许可实施管理办法》。修订镇乡村庄规划技术标准体系，增设《县域镇村体系规划标准》、《镇（乡）域规划标准》、《农村集体建设用地分类与规划标准》、《农村居住用地与建设标准》、《村庄整治规划标准以及农村污水、垃圾收集处理规程》等。研究中国农村住房制度、住房建设制度与农村住房改革制度，保障农村最困难群众最基本的居住权利，保障农户宅基地的用益物权。强化各级政府的村镇建设公共服务与社会管理能力，按照城乡统筹、政府购买、下乡下村、服务到户的原则，加强农村地区建设的质量安全管理，推行农村建筑工匠制度。推动《乡村建设与保护法》的立法研究。

2. 加强农户自建住房的规划服务与政府管理

农房是农民从事生产与生活最基本的固定资产，也是农民最主要的财产。鼓励、支持农民依靠自身力量建设改造自用住房，通过政府和社会的帮扶解决农村贫困群众安全住房建设，构建安居乐业、和谐的城乡社会，是统筹城乡发展建设的重要内容。改革开放以来，我国农民住房条件有了极大的改善，农村人居环境有了极大的改观。农民住房建设已经从简单的遮风挡雨发展到了建设安全居住建筑，从解决住房困难发展到建设适居宜居功能完善的新式农房，从单纯地拥有住屋进步到追求住房所表达的财富程度与拥有的财产权益。但是农民自建房也遇到了亟待解决的发展改革中的深层次问题：一是农民建房的基本权益受到不同层面冲击，动摇农民自筹资金、自行建设、自己拥有、自我管理、自家使用为特点的农房建设基本制度；二是拆迁农民住房随意性加大、缺乏着眼长期生存发展的拆迁合理补偿；三是农村建房规划管理与技术服务薄弱，相当部分的农房缺乏抵御自然灾害的基本能力；四是村庄基础设施建设和人居环境改善滞后；五是农村宅基地的退出机制尚不明晰，农民房屋财产权益保护缺乏制度性安排。

农户自建房依然是今后一段时期内农村住房建设的主要形式。要按照完善农村住房基本制度的要求，始终把实现全面小康社会的农村"住有所居"目标作为农村的重大民生任务，坚持政府帮扶、社会资助、农民自力更生相结合的方针，积极支持农民主要依靠自己的力量不断改善自身居住条件。坚持稳定的农民建房宅基地供给政策，统筹合理安排农民住房建设用地需求。健全农民建房的社会服务体系，落实政府农村公共服务设施建设职能，加强农民住房建设质量安全的服务与监管。探索建立农村贫困农户住房基本保障制度，加大并稳定各级政府对农村困难群众住房安全的帮扶力度（农村危房改造）。推动农村住房建设产业政策引领，形成有效推进节能省地减排农房建设的政策支撑，配套推动农村公共设施建设维护管理资金税费改革，持续改善农村的人居生态环境。按照同一平台、城乡有别，独立编码、预留接口，分类登记、共同指导的原则推进农村房屋登记管理工作，实现农户宅基地用益物权。

各地根据自身特点摸索了农民自建房的政府服务模式，值得总结。如江苏省泗阳和平康居示范村实行农村自建模式，由县政府负责规划的审批，村委会委托专家设计民居建筑，并组织有建筑特长的村民成立工程队，帮助村民建房。村民自建房之后，村集体出钱进行绿化、路灯、下水道、自来水等基础设施建设，工程仍由村里的工程队实施。这种做法既保证了工程质量，又降低了成本，让村民看得见、摸得着、能监管，得到了实惠，政府也履行了规划审批监管的服务责任。再如广东省中山市小榄镇是全国村民自治的试点镇，村民通过自我管理、自我教育、自我服务，依法办理与村民利益相关的村内事务，对建设活动中涉及的物业管理出租、开发与建设、股份分配等事务都要经村民讨论通过。

3. 加强农房建设工程质量安全的政府服务与管理

加强对农村新建集中居住点和农民自建房的质量监管，建立严格的质量安全登记监管制度，彻底解决农村建设中的质量监管空白问题。凡政府组织统建、代建的农村居住点，由项目法人对工程质量安全负责，相关的勘察设计、施工、监理、材料供应单位按各自职责对所承建的工程承担相应的质量安全责任。由村民集体经济组织或村民代表大会公推的村民代表组织的农房建设，要保障农民自主建房的基本做法，充分尊重农民意愿，由农民自己组织，自行选择图纸、施工队伍、监理形式以及代建方式等。政府要履职尽责，做好政策制定、规划引导和质量安全监管等工作，为农民建房提供全方位的公共服务与社会管理。对农民分散自建的住宅，由建房业主和农村建筑工匠负责质量安全。各级政府部门要按照利民、便民和惠民的要求，开展"送规划、送技术、送图纸"的下乡活动，加强对设计图集选用、基础施工、墙体砌筑、抗震设防等重要环节和工序的技术服务与指导。

4.3.7　农村新型基层治理机制

城镇化进程必然会改变以往以农事为主的社会管理模式，探索新型城乡社区的市民社会管理方式，逐步形成依托小城镇的城乡统一协调的社会管理体制。加强农村地区社会管理，充分发挥村民自治组织的作用，探索新型农村基层治理机制，将是伴随城镇化整个发展历程的历史任务。城乡统筹规划应该高度重视农村集中居住社区的社会服务与社会管理，顺应农村社会管理形式的改革发展，在规划中积极考虑与日后农村社区管理模式的对接协调。

1. 探索新型多样的农村基层治理模式

农村基层治理机制的改革重在理顺农村的事权与财权关系，保证党对农村的组织领导与发挥、保障村民自治权利的统一协调，近几年各地都对农村社区管理模式做了积极探索，主要有河南邓州等地的"四议两公开"模式、"三会联治"模式、"一承诺两代理"模式、"第一书记"模式、"能人治村"模式、"大学生村官"模式、"一肩挑"模式以及"三资四化"模式等。

河南省邓州市农村在基层治理机制中创新性的提出"四议两公开"的工作方法，即对村级重大事务实行党支部提议、"两委会"商议、党员大会审议、村民大会或村民代表会议决议，决议内容和实施结果公开。这种做法得到了党中央领导人的充分肯定，并在农村地区进行推广。

江西省于都县东溪村推行"三会联治"的新型农村治理机制，即在社区民主成立议事会、理事会和监事会，议事会负责民主决策，理事会负责科学办事，监事会公开监督。在社区理事会下设产业发展、公益事业、和谐平安、社会互助、文体活动、资金管理6个小组，民主管理社区事务，使村民自我管理、自我服务和自我教育能力进一步增强。

成都市蒲江县试行基层组织"一承诺两代理"的管理机制，即村（社区）"两委"将民议、民决的为民办实事和经济社会发展目标，以及具体工作内容向群众作出公开承诺，年终向群众报告履行承诺的情况；村（社区）设置代办员，将群众的待办事项统一到乡镇和县行政服务中心办理；对于群众信访工作，由信访代理员代理或陪访，使问题得到圆满解决。改机制容决策、管理、监督与落实为一体，维护了包括农民群众在内的广大群众的发展权益，提高了凝聚力，促进了城乡的和谐发展。

湖南省湘阴县首创"第一支书"制度，派具有一定知识阅历和工作能力、带着明确的目标、长期驻扎在村里协助村党支部和村委会真正为老百姓办点实事的下派干部。辅助和增强基层村委会的组织和办事能力。伴随着村民选举的持续推进，越来越多的农村"先富能人"被选作村委会干部，通过他们在经济生产方面的能力，带动全村村民共同致富，发展经济。这种模式也推动了农村民主选举的进程。2002年，中共中央办公厅、国务院办公厅下发了《关于进一步做好村民委员会换届选举工作的通知》，提出村党支部书记兼任村委会主任，党支部委员兼任村委会委员，党支部委员和村委会成员之间交叉任，即"一肩挑"模式。同年，该模式在全国范围内推广。目前，"一肩挑"模式已经成为农村"两委"关系的新机制。

还有一些农村地区在探索实行"三资四化"新机制（指资产、资源、资金，民主化、服务化、网络化、公开化），形成了产权明晰、权责明确、经营高效、管理民主、监督到位的管理体制和运行机制。

"大学生村官"是新农村建设中出现的新事物，指具有大专以上学历的应届或往届大学毕业生到农村担任村党支部书记、村委会主任助理或其他村"两委"职务，这项工作已经取得了积极的进展，受到农村地区广大农民的欢迎和基层干部的支持。深圳市、成都市、南京市等都创造性地推出了规划师下乡，效果十分理想。

2. 创新农村新社区管理模式

农民集中居住到新的社区如何管理，如何与原有的管理模式协调，也是当前管理中不能回避的实际问题。为解决大量农村居民搬进农民集中居住区的社会管理，双流县在坚持村级公共服务和社会管理、村级治理机制建设的基础上，结合集中居住区的特点，在实践中摸索出了若干解决方案。一是对于在本村辖区范围内选址规划建设的农民集中居住小区且安置的均是本村的农村居民，规模不大的，农民集中居住小区的入住居民接受本村村委会的管理和服务；二是对于跨村选址规划建设的农民集中居住小区且安置的农村居民含两个以上村的农村居民，规模较大的，则在农民集中居住小区设立小区临时管理委员会，管理人员由入住小区的农村居民原所在村村委会抽调人员构成，分别在原村委会的领导下负责小区的管理和服务工作；三是对于一个村整村拆迁且农村居民整体搬进农民集中居住小区，小区所有农村居民的土地已全部征用，集体经济也已经股权量化分配到个人，撤销其建制，组建社区居委会班子，班子成员原则由原村委担任。双流县的做法注重衔接、留有余地，值得借鉴。

3. 破解农民集中居住区管理难题

农民集中居住区建设并不是简单地集聚农民，而必须让农民集中居住区成为农民享受与城市居民同等生活条件的载体。在城乡统筹中，针对农民集中居住区存在的问题，开展农民集中居住区整改工作，解决农民集中居住区建设的后续问题，是保证农民权益、稳定农民生活、保证城乡统筹发展成果的重要方面，成都市双流县也作了积极努力。

一是破解农房产权办理难。针对农民集中居住区严重缺失产权办理前置手续的问题，双流县提出优化办证程序，凡符合城乡一体化规划、土地利用总体规划，且具备验收合格证、用地意见书、房屋质量安全鉴定书和消防验收合格证4项手续的农户即可办理产权证。为加快办证进度，允许相关部门在镇（街道）出具对缺失资料补办（交）承诺书后，先行会签，相关镇（街道）按承诺时限补齐资料。双流县还免除了房屋测绘费、建设工程施工图设计审查费、散装水泥费、防雷评估服务费等相关权证费用，减轻了农户负担。截至目前，双流县办理了农民集中居住区房屋所有权证15628套，占应办总数的82.3%。

二是破解小区物业管理难。双流县出台了《农民集中居住区物业管理暂行办法》，对小区物业管理服务事项、费用收取及补贴、房屋专项维修资金的筹集等内容予以明确。农民集中居住区的物业管理尊重安置户意愿，可由镇（街道）委托村（社区）代管或聘请物业服务企业及其他管理人管理，也可自行管理。房管部门抽调专人分片包干指导农民集中居住区成立业主委员会或管委会，制定完善财务管理、事务公开及档案管理等制度。双流县积极鼓励小区实行市场化物业管理，引导小区业主主动缴纳物业管理费。对聘请有资质的物业管理公司进行管理的，县、镇（街道）按现行财政体制给予物业管理费补贴，多层住宅每月0.25元/m²，高层住宅每月0.5元/m²，连续补助5年，并按20%逐年递减，5年后过渡到由业主自主缴纳。经过努力，现有的25个农民集中居住小区的绝大部分安置户开始主动缴纳物业管理费，缴纳标准在0.1~0.5元/m²之间。

三是破解集中建设小区设施配套难。针对农村集中居住小区中部分小区基础设施和公共设施配套不完善的状况，双流县结合村级公共服务和社会管理改革工作，由县级相关部门、镇（街道）对已建成农民集中居住区基础设施和公共设施配套情况进行梳理，查缺补漏，确定需进行配套完善的31个小区，共108个项目。目前，财政已投入近2000万元，完成了已建成农民集中居住区的108个项目整改完善工作，并按照"一室多用、共建共享"原则，完善农民集中居住区"五站一室两店"（便民服务站、计生卫生服务站、培训就业活动站、公共设施管理维护站、农业服务站、警务室、农村放心店、农资放心店）公共服务配套设施。

4.3.8　乡村（驻镇）规划师制度的探索

适应城乡统筹要求的规划师制度的探索主要是在现有城市规划师制度的基础上，加强农村群众的规划公众参与，加强规划师下乡驻村的规划服务，加强规划知识宣传和规划管理能力的普及，强化对农村地区规划师技术队伍的建设和专业技术水平的培养。这一制度的探索必将极大地促进我国村镇规划建设事业的发展，促进城乡规划法的实施，促进城乡统筹规划的落实。目前这一制度在探索实践中不断进步。

深圳市龙岗区顾问规划师制度：顾问规划师由区政府聘选，基本上以熟悉各镇情况、编制过各镇规划的设计院为主，配以相关专业的专业设计院，同时设立专门的机构——顾问规划师服务中心，保证制度的运行和落实，在每个镇成立"顾问规划师工作小组"，促进镇村参与规划。顾问规划师把政府的规划政策、规划蓝图传达给群众，再把群众的规划意愿向上传达。此外，还建立专家派遣咨询制度，用专家的专业技术协助顾问规划师工作。

乡村（驻镇）规划师制度：成都市首创乡村规划师制度，面向全社会招募规划师进驻村镇，采取公开招聘、征集机构志愿者和个人志愿者、选调任职、选派挂职等5种方式配备。除纳入各级城市规划区的27个乡镇外，其余196个乡镇全部配备乡村规划师；驻镇规划师的主要任务是代表乡镇党委、政府、村民委员会履行规划编制职责，不替代相关职能部门的行政审批和监督职能。

浙江省淳安县的乡镇规划建设员：为充实乡镇规划技术力量，淳安县在乡镇设置规划建设员，接受县建设局、规划局的业务指导和考核，原来配有城建员的建制镇可由原城建员承担规划员职责，转为规划建设员。镇可设专职，乡可视业务情况兼职。

4.3.9 规划编制体系的改革与完善

1. 城乡统筹规划改革的方向性

城乡统筹规划要正确、全面认识和把握当前的城乡关系，这是科学编制城乡统筹规划的认识基础。城乡统筹规划是一个多目标层的规划。制定规划不但要落实城乡统筹的要求，更要把握城乡统筹的方向（城市支持农村、工业反哺农业）；不但要关注发展目标的设定，更要关注发展过程中的政策设计；不但要看改革成果分配的公平性，更要关注生产条件和发展环境的公平性。城乡统筹规划更多的是关注城乡发展利益的协调机制，统筹城乡发展的基本政策，落实城乡互利发展的重大项目，破解城乡发展资源环境的相互制约，努力促进城乡之间协调友好的发展。

城乡统筹规划要把握基本方向。根据当前国家城乡统筹部署，各地组织编制城乡统筹规划是顺应形势发展要求而为而谋的重要工作。城乡统筹规划的基础法律依据依然是《城乡规划法》，《城乡规划法》确定的"先规划后建设，无规划不能建设"的基本原则依然适用。公共领域的公共投资是保证发展条件和发展环境基本公平的重要手段，针对城乡差距扩大的新成因（农村主要资源要素价值流失），加强城乡统筹规划对公共财政投资的科学引导，加强对重点小城镇、中心村发展的规划指引，实现以规划促进城乡资源要素的合理配置，以市场力量实现城乡资源要素的公平竞争，应是城乡统筹规划必须把握的基本方向。

城乡统筹规划要实现全覆盖。全覆盖的对象主要指 4 个层面，即对行政地域的全覆盖、城乡主要领域（部门规划）的全覆盖、城乡发展要素的全覆盖、政府统筹城乡职能的全覆盖，最终逐步实现城乡的分类、分区、分层、分步规划的全面统筹。规划全覆盖的目标要针对解决城镇化发展进程中的区域、城乡、经济与社会发展的 3 个不平衡，实现在城乡空间布局上城乡居民点同步谋划，在基础设施和公共服务设施建设上同步推进向农村地区延伸，在主要生产要素配置上在城乡同步组织布局安排，在发展成果上城乡共建共享共用，在资金政策上将分散在各部门的资金能够统筹集中使用。

城乡统筹规划要突出阶段性重点。总结一些先行地区的规划实践，现阶段重点可以归结为城乡基本民生目标与"三保、三集、三圈"的规划基点。基本民生目标主要包括城乡居民的就业、就医、就教、住房与养老保障等，各地的发展侧重点基本相同而进度会有所不同。"三保"是指"保护城乡地域生态、保障城乡聚落安全、保全城乡居民利益"[1]；"三集"是指"集中城镇、集聚人口、集群企业"，以规划引导重点镇、中心村集中发展，引导散落的自然村庄和农民建房集聚建设，引导龙头企业及其产业群进入工业园区集群发展；"三圈"是指城乡统筹规划地域范围内的"交通运输圈，基础设施、公共服务、社会管理的服务圈、城乡居民户外运动的休闲圈"。上述规划重点会随着各地发展的不同而有所调整。

2. 城乡统筹规划主要内容的改革

（1）"多规合一"

浙江省在县市域总体规划中重点落实"两规衔接"工作，由住房和城乡建设厅发起，国土资源厅配合，各地政府成立两规衔接的协调工作小组，由规划和国土部门的专业技术人员具体操作。

---

[1] 转自李兵弟. 城乡统筹规划：制度构建与政策思考. 城市规划 2010（12）：24-32.

　　作者自述：我们的规划师需要关注安定和安宁。国力增强、百姓增富的同时，社会矛盾加剧、各方关系偏紧，城乡都在日新月异的建设高潮中。规划要为建设热潮服务，也要为百姓的安宁生活服务。如果我们手上的规划能让城里的树多长些年，让农民的房子多住些年，让祖辈的空间历史记忆多留些年，让城乡老百姓的生活更安宁些，那就让我们的规划告诉城乡居民——这片区域已经开发成熟，不会再动土了。真的需要社会安定、百姓安宁，规划些"稳定建成区"吧（就是基本不搞建设的地区，词不达意，但不是历史文化保护地带或保护地区）。

以《浙江省县市域总体规划编制导则（试行）》为技术标准，住房和城乡建设厅、国土资源厅联合发布的《关于深入推进县市域总体规划和土地利用总体规划衔接工作的通知》为工作准则，对县市域总体规划和土地利用总体规划在基础数据、规划范围、空间安排、规划指标、实施期限等方面进行全面衔接，使市县域总体规划的发展规模符合土地利用规划的指标控制，使县市域总体规划中的空间布局都能落实到地。

成都市成立统筹城乡综合配套改革试验区领导小组，组建市统筹城乡工作委员会，以规划国土建设等部门为重点，先后对规划、财政、交通等30多个部门的行政管理体制进行了改革调整，形成统筹城乡发展的管理体制。以科学编制"全域成都"规划为龙头，通过市建委、发改委、农委、国土资源局、房管局等联合制定的各项管理实施文件（新型社区建设，集体经济组织租赁经营，农村地区三个集中工作等）为依据，加强经济社会发展规划、城乡总体规划及土地利用规划的"三规合一"，建立了编制、实施、监督一体化规划管理体制。

重庆市在"三规合一"的基础上推行"四规叠合"，各区县成立工作协调小组，由区县政府主要领导担任组长，负责工作总体协调；区县发改委、国土房管局、规划局和环保局4部门牵头分别调整修改既有的产业发展规划、城乡规划、土地利用规划和环境保护规划；部门在各规划修编过程中，相互协调密切配合；吸纳大专院校专家参与前期研究，委托规划设计研究院等技术服务机构参与"四规叠合"综合实施方案编制工作。

而"四规合一"在不同地区，受发展阶段、发展目标和发展战略各不相同的因素影响，其内容也不尽相同。如芜湖市是将城市总体规划、土地利用总体规划、产业布局规划和社区布点规划进行协调统一；太原市是指城市总体规划、土地利用总体规划、产业园区规划和环境影响评价相统一；新乡市是指土地利用规划、城镇发展规划、产业集聚区规划和新型农村社区规划相统一。

（2）探索城乡统筹规划编制的基本内容

城乡统筹规划的思路、对象和要解决的重点问题决定了规划的基本内容，主要是对城乡之间发展关系方面的规划约定与指引，其中比较成熟的规范的内容应当依法纳入到法定规划中，一些内容可供政府决策时参考。从规划行业看，主要有：基本实现城镇化发展目标的设定（包含城乡产业发展指引）；城乡居民点聚落体系空间布局调整；重点发展区域、发展轴、发展廊道规划；城乡建设用地统筹整理及调整使用规划指引；城乡发展安全环境与生态保护规划指引；城乡区域性基础设施建设规划及重大建设项目库；城乡公共设施配置规划的基本要求（按生活消费、社会管理模式组织的城乡公共服务圈）；统筹城乡社会发展规划；城乡社区（社会）服务管理规划引导；推进城乡一体化建设的阶段目标与主要措施等。

（3）建立基础设施与公共服务设施项目库

项目的引进和建设向来是各地各级政府工作的重点，是各地社会经济发展的重要支撑。各地的发改委、经贸委等部门多年来都有比较成熟、完善的项目库建立和管理机制。城乡统筹规划要重视基础设施、公共服务设施等公益性项目的建库和管理。基础设施与公共服务设施项目库与传统项目库有一些不同，它更加关注民生，重视项目的公共性和公益性；更加关注城乡共同受益、共同发展的项目，使城乡基础设施与公共服务设施能够在同一个平台上进行立项、建设和管理；更加关注跨区域跨流域跨行业的重大项目，尤其是生态治理、生态修复、环境保护等关系可持续发展的项目。项目库建设一般结合各地的五年规划进行编制，要覆盖城乡道路建设和改造、城乡排水设施及水系建设和改造、城市园林建设，风景区建设与保护、污水设施建设、环卫设施建设与改造公交、自来水、燃气设施建设、社会公共停车场建设等方面。

3. 城乡统筹规划组织领导与实施方式的改革

城乡统筹规划的内涵和外延均超出了目前规划建设部门的职能范畴，需要其他各职能部门的共同协作，具体做法主要有3种模式：一是成立跨部门的联合规划组织机构来统领城乡规划的编制和实施工作；二是理顺现有规划管理层次职能，强化现行规划管理机构效率；三是增强现行规划管理组织结构上的薄弱环节。

重庆市属于第一种模式，由市委成立"统筹城乡发展工作委员会"，市政府成立"统筹城乡发展局"，党政两个机构合署办公，乡镇实施综合部门管理体制，成立3个综合部门：政务综合部门、经济发展部门和社会管理部门。在管理机构上，重庆市成立由市长、市委常委、分管副市长组成的全市统筹城乡综合配套改革领导小组，成立了统筹城乡综合配套改革办公室，内设规划、改革协调、政策信息三个处室。

安徽省属于第二种模式，繁昌县建立了"县为主导、镇为重点、村为基础、社区配合"的规划层级管理工作机制，建立健全村和社区规划建设管理网络，推进规划建设管理工作向基层一线延伸。

湖南省属于第二、三种模式的结合应用，首先强化省级城乡规划管理部门在统筹全省城乡建设发展方面的综合调控职能，完善省规划委员会工作制度，增强省规划委员会协调监督职能；同时在乡镇设立"规划管理站（所）"或"乡镇规划办"，改变乡镇规划管理机构、人员缺乏或者虚置的状况，赋予乡镇在统筹乡村规划方面的一定权限。

河南新乡属于第三种模式。目前，全国大部分镇（乡）机构的"七站八所"里没有规划管理机构，县（市）级规划行政主管部门的传统管理范围也没有涉及农村地区，导致规划实施失效。河南省新乡市改变了"规划不下乡"的传统，将规划延伸至乡、村一级，变单纯的城市规划为城乡规划。

4. 建立统一的空间管理平台

建立统一的空间管理平台是规划一体化的基础。应建立覆盖规划编制、实施、监督管理，整合各类规划，多时段多比例尺地形、航空摄影和卫星影像等各类规划基础信息的信息平台。在此基础上，建设跨部门、跨行业的信息共享机制，拓展整合信息数据，为城乡发展各方面工作提供及时有力的信息支持，为政府及社会公众提供权威、快捷、精确的信息服务。大力推进先进的科学技术，如地理信息系统（GIS）、全球定位系统（GPS）、遥感（RS）、虚拟现实（VR）、模拟仿真等技术及基于这些技术的规划辅助信息系统，通过建立统一的空间管理平台，建立实施反馈和动态评估机制，加强规划的可操作性，提高规划编制工作的科学性与准确性，加强对规划实施的动态监测过程。

（1）空间管理平台建设目标

根据赵静（2009）、沈正军（2007）、曹式飙（2006）等的研究，管理平台的具体内容主要包括基础地理信息系统、编制成果综合应用信息系统及审批系统三方面。通过空间管理平台实现以下目标：

1）规划管理信息面向公众的实时发布；

2）实现对基本农田、城乡建设用地的动态监测，包括对总用地范围、规模的控制监测，以及各类用地布局、范围和性质是否改变情况的监测；

3）实现对城市建设工程规划实施情况的动态监测，包括各类建筑物、构筑物、水厂、污水处理厂等基础设施工程建设的监测；

4）实现对"四线"实施情况的动态监测。"四线"是指红线、绿线、蓝线、紫线，还可包括基础设施黄线等。

（2）空间管理平台核心技术

统一的基础地理信息系统是平台的关键。根据王利等（2008）的研究，满足城乡规划一体化的基础地理信息系统数据支撑至少应包括如下基本内容：

1）国家标准的基本比例尺矢量化地形数据；

2）土地利用以及基本农田分布数据；

3）1m 或者更大分辨率不同时段卫星遥感影像数据；

4）25m 以上精度的数字高程模型（DEM）数据；

5）规划不同时段的村级行政单位、乡镇、县区行政边界以及对应的人口、经济、社会基本要素数据；

6）重要资源分布、现状产业区分布图，以及生态控制区、基础设施、公用设施分布图等。

以上海市为例，2009 年底，在"统一数据底板，统一用地分类，统一技术规程"的基础上，上海市新的土地利用总体规划总图与城市总体规划图纸相衔接，并展开了在"一张图"下的城市规划管理与土地利用管理的新机制、新手段的探索。

上海市建立了全市城乡建设用地"一张图"（1 ∶ 2000 数字版）管理流程，在统一的土地数据底板上对各类建设项目进行"三线"（基本农田保护控制线、城乡建设用地范围控制线、产业区块范围控制线）管理。其中，基本农田保护控制线采取强控制模式，各类建设项目一旦触及基本农田保护控制线 1m² 以上，审批系统自动识别并拒绝。城乡建设用地范围控制线、产业区块范围控制线实施次强控制，触及 100m² 以上，系统自动识别并红色警报，由后台管理进行取舍。如项目需要进一步运作，必须首先调整"两规合一"图，否则难以继续。在规划审批平台的流程设计中，范围管控比对工作放在了规划选址意见书和土地预审批复之前的地籍测绘阶段，从起步阶段开始控制项目布点。对农村居民点和新农村建设用地，另行安排独立通道；对线型交通市政工程、特殊用地项目，有专项的简易程序予以范围调整或动用机动指标审批；对城市经营性用地和产业区用地，严格按照三线比对程序，规划调整程序也设计得较为繁琐，体现了"两规合一"工作在不侵占基本农田和开放空间、在努力形成较高密度和紧凑的布局结构两大前提下，实现上海经济社会持续发展的规划理念。

5. 建立多部门协调的空间管理体制

由于由多个部门分别管理组织，各类规划往往在目标、政策等方面产生冲突。而从单一发展角度出发所提出的具体空间安排，往往又很难与其他规划在空间上达到协调一致。因此，建立多部门协调的空间管理机制是推动城乡统筹发展的必要手段。

（1）强化规划的统领地位

要建立多部门协调的管理机制，首先需要强化作为管理平台的城乡总体规划的地位。应建立以规划为龙头，政府组织、部门合作、专家咨询、公众参与、规划委员会决策的城乡规划编制决策机制，确保在城乡一体化规划的指导下推进城乡经济社会各项事业发展。

（2）建立多部门协调的统筹机制

突破条块分割和行政壁垒，建立各部门、各层次的协调合作机制，坚持战略谋划、综合研究、经济社会各部门广泛合作，协同研究城乡发展中的重大战略问题。确保各部门专业专项规划都有规划部门参与，以空间规划为平台，将产业、社会事业、基础设施、交通、资源和环境等各领域发展统筹安排，各部门在综合规划的基础上再展开各自工作，使规划成为融合各领域发展目标、明确各层次建设标准、引领项目有效实施的"综合性规划"。

4.3.10　其他相关政策

1. 进行与户籍制度相关的改革，促进农村人口城镇化

城乡统筹中的一个重点领域即城市和农村人口的统筹，涉及城乡统筹的户籍、就业、社保等相关政策。目前，户籍制度改革实际上是站着两条路径前行。其一，实行城乡户口登记管理一体化，统一以"居民户口"取代"农业"、"非农业"等其他类型的户口。至 2008 年年底，我国有河北、辽宁、江苏、浙江、福建、山东、湖北、湖南、广西、重庆、四川、陕西、云南 13 个省市取消了农业户口和非农业户口的二元户口性质划分，统称为居民户口。重庆市推进户籍制度改革，实行城乡户

口一体化管理。采取梯级推进方式，放开小城镇、县城、大城市和区域性中心城市的户口自由迁移，有条件地放开主城区户籍管理，以具有合法固定住所为基本条件调整户口迁移政策，逐步取消公民现有农业户口、非农业户口的性质，将城乡居民户口统一登记为"重庆市居民户口"，并尽快过渡到以身份证取代属地户籍管理制度。其二，逐步放宽户口迁移政策，把具有合法固定住所、稳定的职业或生活来源作为在当地落户的条件。

城乡户口登记管理一体化有利于全体公民的身份认同，放宽户口迁移政策有利于让更多人口能够享受优质的社会公共产品服务。但是，如果涉及城乡一体的基本社会公共产品（如社保、教育等）分享体制不能建立，户籍改革只能是阶段性和局部性的。因此，户籍制度改革必须与其他政策的配套改革同步推进。

首先，逐步推广城乡一体的户口登记制度，放宽省范围内的户口迁移限制，按照"固定住所、稳定职业、一定年限"的原则允许外来人口在居住地落户。对中小城市和城镇，取消城乡户籍差别，给公民迁徙自由，统一实行居住地户口。鼓励把那些在外地工作后回乡的人口吸引到本地城镇居住；对其他城市，包括特大、大中城市，采用累积居住年限制度逐步推进户籍制度改革和放宽入户条件。即在本地连续居住满一定年限，连续办理相关的各种证件，就业者连续若干年参加社会保险到一定时间后，就自动取得落户的资格。

其次，逐步实现与户口分离的均等化社会保障体系建设。逐步做到城市社会公共产品（包括社会保障、教育）的分配按照属地原则一视同仁。（1）构建过渡性农民工社会保障制度，加快解决农民工"续保难"的问题，实现农民工保险关系随本人转移。（2）尽快实现养老保险统筹，结合国家养老保险试点，完善养老保险制度，将养老金分为基础养老金和个人账户养老金，其中，基础养老金由中央管理和统筹基金支付，个人账户养老金由地方政府管理，随本人转移，由本人缴存。（3）将农民工住房安排纳入住房制度改革，结合财政政策配套改革，调整支出结构，将其一部分投入转移到农民工市民化的安居方面上来，将农民工分期分批纳入城镇住房体系，在制度和计划上合理确定农民工的住房安排。一是大力建设廉租房；二是在农民工集中地区建造社会性"民工公寓"和企业"员工之家"，以廉租房或经济适用房的形式租给或卖给农民工；三是推进农民工住房公积金制度，并将取得城市户籍的农民工尽快纳入经济适用房范围。（4）建立城镇和工业征用农地与农民工转为市民的指标挂钩制度。把增加非农占地与农民工市民化指标挂钩，可以使城镇扩张与城市化的真实成本建立起对应关系，遏制城市特别是大城市无成本约束的土地无限扩张冲动，改变现在城市化和工业化过程中只无偿使用廉价劳动力而不承担相应的经济和社会责任的状况。（5）进一步完善农民工子女教育制度。各地义务教育阶段入学率巩固率指标的考核，应由原先按照户籍人口为基数变为以常住人口为基数，加大对城市政府职责的监督，对未能尽职尽责解决农民工子女义务教育问题的地方，加大惩罚力度，确保制度安排的实施。

第三，推进统筹城乡就业的政策改革。建立城乡劳动者平等就业的制度，实行除居民身份证外的流动人口居住证"一证式"管理制度，农民工凭居住证可与城镇居民同等享受各项社区公共服务资源，从体制上消除农村劳动力流动就业障碍，打破农村劳动力就业的身份限制和地域限制，加快形成与我国经济发展相适应的统筹城乡就业政策体系。加快建立农村劳动者的就业和失业登记制度，实行覆盖城乡的社会失业调查制度。整合有关部门资源，建立人力资源市场信息共享平台。逐步实现人力资源市场信息发布、市场规则、市场管理的"三统一"。进一步完善以劳动保障部门管理的职业培训机构、技工学校及教育部门管理的中等职业学校，惠及城乡劳动者的职业培训政策体系。结合实际需要，统筹制定面向城乡劳动者的培训计划，集中资源，创新培训模式，大力推动创业带动就业，形成鼓励自主创业的良好环境。

2. 建立有利于城乡统筹发展的财税体制

我国的分税制改革对县乡两级财政造成巨大影响，造成地方政府财政自给能力急剧下降，镇、乡村的建设资金来源紧张，农村财权与事权严重不匹配。乡村建设与城市建设的差距进一步加大。各地在城乡统筹发展中对财税体制政策及管理机制等方面都进行了大量探索。

浙江省在"千村示范、万村整治"中，实行城乡建设资金统一管理制度，从土地出让金中划出专项资金用于规划和村庄整治。对于示范村，土地出让金全额返还，同时地方财政每年还安排配套资金扶持村庄建设。

苏南地区在农民集中居住区建设中，对行政事业性收费和税收，普遍采取减收、免收、先征后返等方法。同时，运用市场机制，广开资金渠道，如苏州昆山、南京江宁在农村集中居住区中拿出30%的住宅按市场价销售，通过"以3养7"等市场化运作方式，做到政府、集体、农户"三个基本不出钱"。盐城东台、南京高淳采取不同区位宅基地竞价分配、部分商业用房租赁等方法，增加建设资金来源。

广东中山小榄镇在总体规划的实施中对需要打破村的行政界线，调整用地功能的，凡位于基本农田保护区内的村一律给予经济补贴。镇政府在完成农民股份合作制之后，实行村一级经济核算，取消自然村，增强了政府的协调平衡能力，对因功能布局而产生的经济发展不平衡进行综合平衡，保证了镇总体规划的顺利实施。

由此可以看出，以城乡统筹为目标的建设资金投入是以城乡基本公共服务均等化为宗旨的。

首先，进一步扩展城乡建设资金的来源渠道。加大政府财政投入、提高集体经济收入、鼓励社会资金投入、增加集体土地整理收益、引入外资民资、农民投工投劳等多个方面增加城乡建设资金的投入。

其次，进一步完善现行的农村公共财政体制。分清各级政府的事权，明确划定各级财政的支出范围，并以此为依据赋予其履行职责必需的收入来源。逐步调整和完善县乡财政管理体制，合理划分财权和事权，根据事权核定所需财力，本身财力不足的，上级财政应给予补助。科学确定分税范围和共享税分成比例，适当扩大地方政府财权，使其财权与事权相统一。提高农村基层财政自给率，确保乡镇政府有充足的财力来提供农村公共产品。

第三，加大财政转移支付力度，积极改革县乡财政体制。加大对乡镇财政的转移支付力度，使财力分配适度向乡镇财政倾斜，解决农村公共开支不足的问题，杜绝农村税外收费泛滥的现象，减轻农民负担。此外，应积极推行县乡财政体制改革，创造县乡财政解困的体制环境。本着"多予少取、放水养鱼"的原则，多把财力留给基层，给县乡"休养生息"的机会。要按照精简高效的原则对乡镇政府进行必要的撤并，试行"乡财县管"，防止因庞大的行政经费支出而加重农民的负担。

第四，建立城乡一体化的公共产品供给体系。调整政府公共支出政策，加大对农业和农村的投资力度，增加财政支农资金的投入，确保财政支农资金增长速度不低于财政支出增长速度，调整财政支农结构，加大农村和农业基础设施投资。农业基础设施的建设，既靠国家，又要靠农民自己，实行责任分摊。加大财政对农村基础教育的投入力度，积极构建完善的农村公共卫生体系，建立农村卫生专项转移支付制度，保证农村公共卫生服务的投入。针对农村实际，努力构建多元化公共产品供给体制。

第五，改革城市维护建设税。按照"独立税种、扩大税源、稳定税基、提高税率、专征专管专用"的思路，研究推动将目前的城市维护建设税改革为城乡建设维护税，建立国家专项税收支持村镇基础设施建设维护管理的长效机制。科学统筹小城镇发展中的"建新与治旧"的关系，公共财政要支持原有小城镇的治理和改造，有机更新，让更多的城镇居民受益。

3. 深化"省直管县"体制

我国改革开放之后的城镇化进程与工业化、现代化交织进行，县城在城镇化的进程中起着联系城市和乡村的桥梁作用。我国相当长一段时期都在重点发展特大城市和大城市周边相对集中的重点小城镇。由于发展阶段和多种因素所限，"市带县"模式在为城市提供相应的发展空间、发展资源和发展动力的同时，也相当程度地阻碍了城乡差异化的发展，导致目前城乡发展差距不断加大、农村发展相对滞后的局面。为了支持县域经济发展，解决县城和小城镇发展动力缺失的问题，解决统筹农村发展的难题，有必要理智地反思 20 世纪 80 年代的"市管县"制度。按照党的十七届三中全会通过的《中共中央关于推进农村改革发展若干重大问题的决定》的要求，在保持行政管理制度基本稳定的前提下，审慎推动"省直管县"管理模式的实践，让更多的市场要素通过市场机制在小城镇积聚，增强小城镇发展动力，促进县域经济发展。

"省直管县"体制改革的重点是增强县域经济活力，大力发展县域经济，加快"三农"转移，积极发展小城镇；促进城乡统筹发展。当前主要在两个方面重点探索：

一是"扩权强县"改革，对经济发展较快的县市进行扩权，把地级市的经济管理权限直接下放给重点县。"扩权强县"模式在浙江省首先试点，从 1992 年至今，浙江省已经进行了五轮强县扩权改革。扩权主要采取三种方式进行：减少管理层级，原来县报市再报省的事项，改为县直接上报审批和管理；由省以交办的方式下放，直接由县审批和管理；市通过交办的方式将权限下放给县审批和管理。1992~2002 年的 10 年间，浙江省、市向县下放了若干管理权限。仅 2002 年，浙江省就将 313 项原属地级市的经济管理权限下放给 20 个试点县（市、区）。2007 年，浙江的县域经济 GDP 已占到浙江的 70%，是中国县域经济最发达的省份。2006 年，浙江省启动第四轮强县扩权试点，这一次只针对义乌，进一步扩大义乌市政府经济社会管理权限，除规划管理、重要资源配置、重大社会事务管理等经济社会管理事项外，赋予义乌市与设区市同等的经济社会管理权限，并相应调整和完善有关管理体制和机构设置。

二是实行省直管县的财政体制，采用集权的办法，通过行政控制，确保县级财政优先用于县乡工资发放，约束县乡债务失控的问题。目前实行财政"省直管县"的有北京、上海、天津、重庆、河北、山西、海南、辽宁、吉林、黑龙江、江苏、浙江、安徽、福建、江西、山东、河南等 22 个省市。海南省土地面积和人口较少，已经在全省实行了"县市分治"，市只管理城市本身，县则由省直接管理。湖北省实行的省管县财政管理体制主要改变省管市、市管县的财政管理模式，对各项转移支付补助按照规范的办法直接分配到县，每年年终，省财政直接与县财政办理结算，结算结果抄送市财政。县国库直接对中央、省报解财政收入。2007 年，安徽省在宁国等 12 个县（市）开展扩大经济社会管理权限试点工作，试点县享有省辖市部分经济社会管理权限。这 12 个试点县（市）并不是固定的，放权的同时，省政府还将对试点（市）县实行动态管理，由省加快县域经济发展领导小组每两年考核一次，实行严格的淘汰机制。

4. 修复城乡生态环境

农村是城镇化健康发展的重要生态屏障，在统筹城乡发展中，不但要形成合理的城乡居民点空间布局形态，还要形成融合穿插于这些居民点的农田林网、绿地空间和生态湿地，以农村地区的良好的生态环境承载城镇化发展，以城镇化发展获取的效益加大对农村生态环境的治理与保护，形成城乡统筹下的城乡生态环境相互依存共同治理的局面。目前，城乡关系中一个比较突出的问题是在城市对乡村资源开发和要素不断向城市积聚的同时，却把一些污染的企业和项目扩散到农村，把开发造成的生态环境破坏留在农村。因此，解决这种跨城乡、跨区域、跨流域、分散化多点源的生态破坏与环境污染，修复城乡生态环境就是城乡统筹规划的重大任务。

一是在城乡统筹规划中要更加突出生态环境修复的要求，明确生态修复治理的重点地区，提出生态环境修复的指标要求和工程进度，筛选生态修复重大项目库建议，指出争取国家和社会修复生态环境资金募集渠道，提出维护生态环境的政策措施等。二是成立国家生态修复重大项目基金，组织国家、地方政府、企业和国外境外基金募集，对重大生态修复项目予以补助。三是加大对生态修复项目的实施监督。生态环境修复项目是地方的重大工程，往往资金投入大、实施时间长、跨行政地域难题多，必须加强组织领导和考核监督，一届一届政府坚持做，不动摇、不停步，不达目的不罢休。四是加强部门联动，发挥各部门的职能作用，共同落实城乡统筹规划的生态环境修复工程。五是加强生态文明建设，推动健全领导推进机制、监督考核机制、多元投入机制和公众参与的四大机制建设，形成城乡统筹生态文明建设合力。

城乡统筹发展及规划各地都在进行着积极的探索，相关的经验也在不断积累，政策在陆续出台，政策的操作性和效果都需要时间的检验，也需要做进一步的跟踪研究。对于相对成熟稳定的政策，应该在下阶段进一步明确政策制度，使之能够推广实施。各部门之间要加强协调沟通的力度，在现有的实践和政策创新的基础上形成相对独立的城乡统筹规划政策、制度、管理体制及机制。为未来城乡统筹规划的编制、实施提供依据，促进城乡统筹事业的全面发展。

下篇

案例精选

第 5 章　省域城乡统筹规划案例

5.1　江苏省镇村布局规划
——城镇化发展进程中省域农村聚落布局调整的规划探索[①]

5.1.1　编制背景

江苏省现状村庄布局呈现以下几个方面的特点：

1. 规模小，密度大

据统计，全省编制镇村布局规划的 1171 个乡镇现状农村人口 4088.29 万人，人口密度为 736 人 /km²。全省共有行政村 16738 个，自然村 248890 个，平均每个自然村 164 人，其中 300 人以下的村庄占总数的 84.15%，自然村密度最大的市平均每平方公里 5.28 个自然村。总体来看，江苏人口密度大、村落密度大，相应的导致了村落规模较小。

2. 布局散乱

由于全省区域经济状态、地形地貌以及生活习俗差异较大，村庄布局形式也有所不同，如以南通地区为代表的沿路、沿河带状布局（图 5-1），以扬州及苏南地区为代表的满天星布局，以连云港等苏北地区为代表的团块状布局（图 5-2）等，但总体来看，布局散乱现象比较严重，亟须进行村庄布局整理。

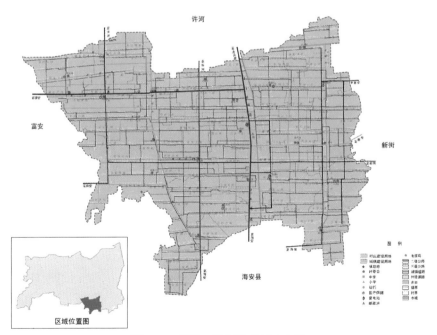

图 5-1　沿路、沿河带状村庄布局

---

① 该案例由江苏省城市规划设计研究院提供。

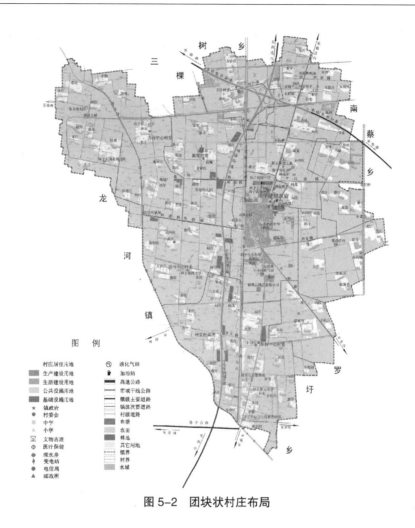

图 5-2　团块状村庄布局

3. 村庄人均建设用地指标普遍偏高

全省村庄建设用地 781172.27hm²，现状人均建设用地达 191.08m²，户均占地面积 646.9m²（折 0.97 亩）。其中最高的市人均建设用地达 235.66m²，最低人均建设用地也达 134.47m²，土地资源浪费较大。

4. 环境差，配套不完善

多数村庄建筑新旧交错，杂乱无章，质量悬殊，基础设施和公共设施的配套不完善，环境面貌较差。

江苏省村庄布局普遍存在分布散乱、规模较小、人均占地指标偏高等现象，造成了土地资源浪费、环境治理困难、基础设施难以配套、没有连片的生态空间和耕地等问题。为解决以上问题，江苏全省统一部署，1145 个乡镇同步开展编制了镇村布局规划。

5.1.2　编制组织

江苏省政府将编制镇村布局规划作为重点工作之一，发文部署全省编制镇村布局规划，省住房和城乡建设厅也相继制定了《推进全省镇村布局规划编制工作方案》和《江苏省镇村布局规划技术要点》。整个规划编制阶段分为布置发动、编制和指导督查、成果验收和成果完善 4 个阶段，前后共历时约 10 个月。在编制过程中从机制、技术、经费等方面进行保障，确保规划工作的顺利进行。

1. 机制保障

规划编制组织工作中建立并严格实施了 5 项制度，这是规划编制的机制保障。一是镇村布局规划编制责任制度。江苏省住房和城乡建设厅与各省辖市村镇规划主管部门签订了《江苏省镇村布局规划编制工作目标责任状》，市也与所辖县（市、区）签订了责任状，明确责任主体、责任目标。二是工作进展月报制度。从工作启动开始，各地每月将具体进展情况及时向省住房和城乡建设厅报告。三是督查制度。省住房和城乡建设厅成立了全省镇村布局规划编制工作督查组和技术指导组，加强进度督查，及时解决各地编制工作中的技术问题。四是通报制度。省住房和城乡建设厅编印简报，通报编制工作进展情况，交流各地经验，将有关情况不仅通报建设系统，并通报到市委、市政府，重要情况及时向省委、省政府汇报。五是分级验收把关制度。县（市、区）村镇规划主管部门负责对各乡镇的镇村布局规划初步验收，省辖市村镇规划主管部门对县（市、区）镇村布局规划进行验收，省住房和城乡建设厅组织抽查验收。在整个规划编制过程中。这 5 项制度得到了严格执行，为顺利推进镇村布局规划编制工作提供了有力保障。

2. 技术保障

规划培训与巡回指导相结合，加强技术保障。江苏省住房和城乡建设厅在布置发动阶段举办了村镇规划建设管理干部和规划编制业务骨干专题培训班。各市也组织了一系列的规划编制培训工作。注重加强技术指导。省住房和城乡建设厅镇村布局规划编制工作技术指导组跟踪进行技术指导，对各地编制方案进行巡回指导，解决编制中出现的技术问题。及时印发技术指导文件，统一规划思路，规范规划成果。严格把好技术论证、验收、抽查验收关。通过编制培训与专家巡回指导相结合，统一全省规划编制理念。项目组通过 2 期村镇规划建设管理干部和规划编制骨干专题培训授课落实了规划理念；通过对 13 个地市 160 多个乡镇巡回现场技术指导和 292 个乡镇规划成果两轮抽样审查规范了全省镇村布局规划成果；通过征求村民意见使规划更具有可操作性，全省各市累计投入调查人员 7016 人，征求意见 4873 次、175575 人次。

3. 资金保障

加强资金保障，设立村镇规划省级专项经费。省住房和城乡建设厅会同省财政厅制定了《江苏省村镇规划省级专项资金使用管理办法》。各市县也积极配套专项资金，解决工作经费缺口问题。

5.1.3 规划技术路线

江苏省率先在全国组织编制镇村布局规划是创新性工作。该规划注重增强规划的理性和可实施性，尊重村民意见，走领导、专家、村民"自上而下"与"自下而上"相结合的编制道路。

规划按照城乡统筹理念，在县（市）域城镇体系指导下，结合乡镇总体规划，协调确定村庄布点。规划以城乡规划一体化统筹城乡空间布局，有序开展村庄布局调整，加快人口和产业向重点城镇集聚，提高城镇公共服务水平，保障乡村空间特色。以交通和市政基础设施引导村庄布点，促进城乡基础设施共建共享，助推城乡发展一体化。按功能和需求统筹配置公共服务设施，加快教育、医疗、文化等公共服务向农村延伸、拓展，逐步缩小城乡社会事业发展差距，促进城乡之间基本公共服务均等化。同时又进一步通过县市汇总，对于各村庄布点进行城乡统筹和行政边界地区村庄布点和基础设施布局的协调。

规划的总体原则是适度集聚，节约用地，有利农业生产，方便农民生活，保护地方特色和传统文化。规划的总体目标是按照江苏人多地少、人口密度达 736 人 /km^2、城市化水平为 50.5% 的基本省情，通过适度集聚，形成规模合理村庄，有利于各项设施集约配套；有利于挖掘地方特色和弘扬历史文化；有利于形成新型的农村社区；有利于节约土地资源；有利于现代农业的机械化耕作。

规划的主要内容是村庄布点、按照规划村进行配套设施规划，同时工业用地要向工业集中区集中，乡镇域内的弱质生态空间要划定保护范围。

规划成果是"三图一书一表"，即现状图、规划图、基础设施规划图、文本、规划成果汇总表（图 5-3~ 图 5-5）。

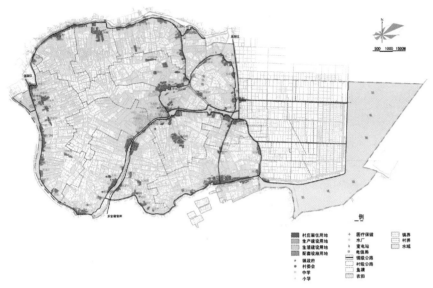

图 5-3　南京市高淳县镇村布局现状图

图 5-4　南京市高淳县镇村规划图

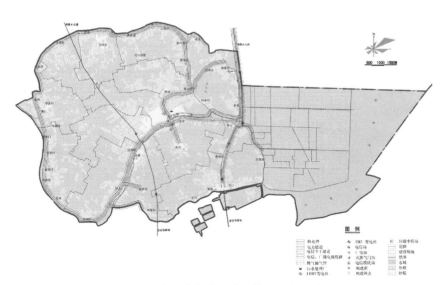

图 5-5　南京市高淳县镇村基础设施规划图

5.1.4 规划特点与创新

规划突出了前瞻性与现实性的有机融合，具有较强的政策性和创新性，受到了全社会的高度关注。规划按照适度集聚、集约经营的原则，优化整合乡村空间，采取逐步归并、连片、集中等多种因地制宜的措施，确定全省村庄布点。规划有以下创新：

1. 城镇体系规划编制创新

规划深化和完善了县市域城镇体系规划的相关内容，对每个村庄布点进行空间落实，并在此基础上进行村庄公共设施布点和基础设施网络配套，加强和深化了城镇体系规划的可实施性，从区域层面使城乡统筹落到实处，可以从根本上改变乡村建设布点混乱的局面。

2. 城乡统筹

优先推进城市化，积极引导城镇周边农户、已经长期稳定进城镇务工经商的农户向城镇转移，调整"城郊村"、"空心村"，合理确定村庄布点。

坚持规模总控。严格按城市总体规划和城镇体系规划期限进行控制，严格禁止利用镇村布局规划扩大城镇规模，村庄集聚主要以合理的耕作半径为依据，同时考虑基础设施配置的经济合理性，提出平原地区在没有地形地貌制约的情况下，有条件地区的村庄集聚居住人口规模一般以不低于800人为宜，对于水乡、丘陵等地形地貌特殊的地区必须因地制宜确定村庄集聚规模。

统筹城乡基础设施的规划和建设，大力推进城市基础设施向农村延伸，不断改善农村生产生活条件，着力形成公共交通、供水、垃圾处理、污染治理、环境保护等城乡一体化公共服务格局。

3. 离土又离乡

倡导从"离土不离乡"向"离土又离乡"转变，坚决引导"离土又离村"。积极鼓励和引导长期稳定从事第二、第三产业的农户"离土离村"、"进城进镇"，在城镇规划建设用地范围内的农民住宅建设，按照当地城镇规划要求，集中兴建居住小区，避免出现"城中村"，加快推进城市化进程。有序转移工业离村进镇进园，促进乡镇企业集聚发展。

4. 城乡分开

坚持空间特色的城乡分开。营造城乡分野的空间景观，合理保护村庄的社会结构和空间形态，建设乡村风情浓郁的村庄。

坚持产业的城乡分开，第一产业留在农村，第二产业集中到城镇区，第三产业因地制宜。明确第一、第二产业空间分开，促进城乡空间布局与产业布局的协调互动，形成第二、第三产业和非农人口向各级城镇集聚，第一产业人口向规划村集聚的格局。

坚持功能空间区位的城乡分开，坚持文化特色的城乡分开，促进城市文明和乡村文明各自发扬其优势，同时保持和创造各自的特色。

5. 适度集聚

规划统筹考虑了农业机械化特点、村民劳作方便、设施配套经济和运行有效等需求，适度集中过于分散的农户，保留有条件发展的村庄。

村庄集聚要根据经济社会发展水平和农业现代化进程，综合考虑地形地貌、区域性基础设施通道条件、农业产业结构特点、产业的经济规模，确定合理的劳作半径；村庄人口规模应考虑公共设施和基础设施配给的经济合理性，村庄的现状人口密度，从实际出发，合理确定居住人口规模。

村庄集聚要考虑村庄的现有设施配套水平，要因地制宜地合理保留建筑质量较好、设施配套好的村庄。

6. 因地制宜

村庄布点统筹考虑了与交通区位、产业特色、地形地貌等关系，强化了村庄选址的安全性，重视了保护基本农田范围内村庄的乡土特色，强调了村庄的乡土化。

7. 突出保护历史文化与地方特色

规划充分研究原村落布局的特点和成因，吸收其合理因素。在编制镇村布局规划过程中，始终把保护历史文化与地方特色作为规划的重点，要求凡是具有物质性文化遗存和非物质性历史文化遗存的村落必须予以保留；强调保护具有地方特色的村庄，将特色村庄内涵明确为建筑特色、规划布局、地形地貌、产业特色、风俗习惯等方面，延续原有的村庄脉络，保护乡村景观，塑造村庄地方特色。

5.1.5　技术经济指标

通过镇村布局规划，全省近25万个自然村将逐步集聚保留为4万多个农村居民点，农村人口从4088万人减少到2471万人，平均规模由现状每个自然村164人规划增加到586人，其中300人以下的居民点8428个，占总数的19.99%，301~800人的居民点23125个，占总数的54.86%，801~2000人的居民点9395个，占总数的22.29%，2000人以上的居民点1205个，占总数的2.86%。规划实施后可节约建设用地数百万亩（表5-1）。

江苏省镇村布局规划统计表　　　　　　　　　　　　　　表5-1

		现状	规划
村庄数量（个）		248890	42153
村庄建设用地（hm²）		781172	323769
人均建设用地（m²）		191	131
特殊村庄	小计	3054	
	特殊地形地貌	2768	
	历史文化遗存	286	

5.1.6　规划实施效果

目前规划已经成为江苏省各地农民建房规划定点管理的依据；全省正在按照规划逐年选点开展村庄环境综合整治工作；省政府各项新农村建设项目和资金都按照规划点进行安排；小学、卫生所、图书室等公共设施都按照规划点村庄进行布局；全省农村公路网规划已按照规划的村庄布点进行了调整，按照规划保留村庄实施"村村通公路"；城乡统筹区域供水正按规划保留点实施。此外，按照规划加强了历史文化保护和历史文化名村命名、保护工作。

通过镇村布局规划，规模小、散的村庄进行了适度集中，充分体现了有利于农业生产、方便农民生活、集聚集约使用土地资源的原则。规划后的村庄与现状相比，具有以下特点：

1. 村庄集聚规模适度增加

江苏省人多地少，在全国各省区中人口密度最高、物质性资源最少、人均环境容量最小，集约发展是江苏的必然选择。在村庄规划建设中，必须引导农民适度集中居住。规划在充分调查研究的基础上，适度增加了村庄的集聚规模，充分体现了有利于农业生产、方便农民生活、集聚集约使用土地资源的原则，村庄建设用地从粗放向集约转变，偏高的村庄人均建设用地得到了有效地引导。

2. 村庄的选址更为科学、安全

规划通过大量的调查研究，广泛征询水利、交通、国土等相关部门的意见。如宿迁地区国家规定的行滞洪区内、徐州地区煤矿采空区上等原来处于不安全地带的村庄将搬迁或者规划提出防灾减灾工程措施。

3. 有利于集中配套改善生产生活条件

江苏村庄现状小散乱造成了投资分散，众多零星散布的居民点使无经济实力的村庄无法配套，有经济实力的村庄配套浪费。江苏当前的总体经济实力和城市化水平决定了现阶段的新农村建设不可能也不应该盲目效仿发达国家目前的做法，村庄集聚布局增加了村庄设施配套的集约性和可行性，有利于改善村容村貌；通过规划，整合了资金和资源，集中政府和社会资金、技术多方支持到规划村庄上，有利于集中用力。

4. 历史文化遗存和特色村庄得到了有效的保护

江苏省历史文化资源丰厚，古村落以及特色村庄数量众多，尤其是苏南地区许多历史文化积淀深厚的村落，具有独特的江南水乡特色。通过本轮规划，探明了"家底"。全省特殊地形地貌村庄有 768 个，历史文化遗存村庄有 286 个，明确了保护目标，为下一步开展村庄建设规划，做好历史文化和地方特色保护工作，打下了坚实的基础。

5. 基础设施城乡统筹配套完善

基础设施规划与相关专业部门衔接协调，在县（市）域范围内统筹考虑，充分考虑了基础设施的区域化服务和市场化经营，明确了镇到村的基础设施管线、设施布点。

6. 集约利用了土地资源

通过村庄的集聚、镇域现状基础设施的整理和清理，大力推进了土地的集约利用，促进了人居环境的改善与资源集约利用水平同步提高。

5.2 海南省城乡经济社会发展一体化总体规划（2010-2030）
——国际旅游岛城乡统筹规划探索[①]

5.2.1 规划编制背景

海南作为我国唯一省级单元的特区，建省 20 多年来，在探索城乡一体化发展方面一直走在全国前列，粮食价格改革、免除农业税、免除城乡义务教育阶段学杂费、新型农村合作医疗制度等方面创造了多个率先。尤其是 2006 年以来相继出台了《海南城乡总体规划（2005-2020）》、《海南省社会主义新农村建设总体规划》，将全省作为一个整体，协调城乡资源的发展与保护，统筹全省经济社会建设，走出了城乡一体化发展的道路。

2009 年国际旅游岛建设上升为国家战略，海南发展又一次面临着重大转变。抓住外部条件变化的历史契机，全面推进城乡经济社会发展一体化，是海南赶超发达地区、实现跨越式发展的必由之路，也是海南在新的历史起点上贯彻落实科学发展观，探索本地区特色的现代化模式，全面建设小康社会的重大任务。因此，省委、省政府提出了编制《海南省城乡经济社会发展一体化总体规划（2010-2030）》的要求。

5.2.2 规划的技术路线

1. 从城乡经济社会发展一体化内涵出发明确规划基本内容

从城乡经济社会发展一体化的内涵要求出发，规划的两大核心任务是促进生产要素在城乡之间的自由流动和实现公共资源在城乡之间的均衡配置。

---

① 该案例由中国城市规划设计研究院提供。

　　由此规划由两条线索展开：一条是促进科学发展的发展主线，遵循市场经济的基本规律，强调政府的有效调节，进而形成生产要素在城乡之间自由流动的格局。途径上，主要包括加快城乡经济发展、完善城乡经济结构、增强城乡经济联系三个方面；空间上，通过加大经济密度、缩短经济距离、减少经济分割三个方面的努力，形成城乡之间经济板块泾渭分明、分工有序、联系紧密的格局。另一条为实现和谐社会的公平主线，规划强调基于平等原则的更为主动地调节与引导，进而达到公共资源在城乡之间均衡配置的局面。途径上，主要包括加快城乡社会建设、促进城乡公平发展、合理分配城乡资源等方面；空间上，通过减少城乡之间通勤时间、满足不同层面居民多样化需求、强化不同主体之间空间联系等方式，达到城乡之间生活水平界限模糊的状态。

2. 从国际旅游岛建设的要求出发增强规划内容体系的针对性

　　对新时期的海南发展而言，国际旅游岛建设与城乡经济社会发展一体化的推进是相互催生、相互促进的关系，在建设国际旅游岛的大目标下，整合、优化城乡资源是海南实现城乡经济社会发展一体化最现实的选择。同时，城乡经济社会发展一体化格局的实现也是支撑海南国际旅游岛建设的重要内容。因此，规划从国际旅游岛建设的要求出发增强针对性。包括：以国际旅游岛为目标，有针对性地分析省情，检验海南在城乡经济发展方面的现状水平和主要差距；构建支撑国际旅游岛建设的城乡功能体系和以旅游业为龙头、现代服务业为主导的现代产业体系，作为海南城乡经济发展一体化的重要内容；城乡公共服务设施的配置，既要满足城乡基本公共服务均等化的要求，更要满足国际旅游岛建设的需要；城乡经济社会发展一体化的体制机制创新与国际旅游岛的改革实验相结合等（图5-6）。

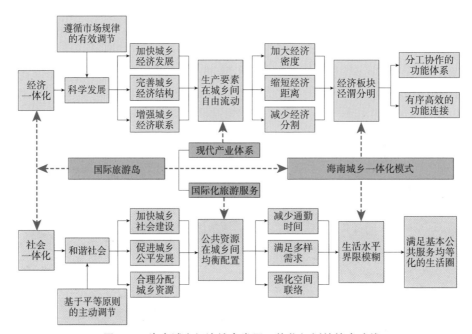

图 5-6　海南城乡经济社会发展一体化规划的技术路线

5.2.3　海南城乡经济社会发展一体化的实现路径

　　在建设"国际旅游岛"的整体背景下，海南城乡经济社会发展一体化的推进，需要以保障空间资源效益最大化和保护海南唯一的热带资源为出发点，明确海南在国家战略格局中定位，构建产业体系、综合交通、公共服务、绿色格局、城乡体系、交通体系、人才体系等内容作为支撑（图5-7）。

1. 在全国整体发展格局中准确把握海南的发展定位

　　国家在新的发展时期确定了长三角、珠三角、环渤海、海峡西岸和海南国际旅游岛等一系列

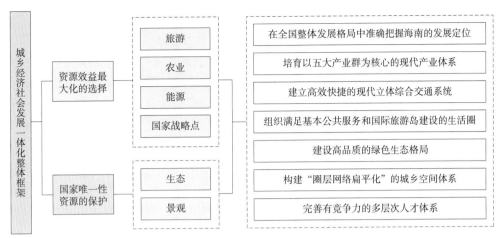

图 5-7　构建海南城乡经济社会发展一体化的整体框架

不同主题的改革发展示范区，基本明确了全国整体发展格局。海南必须在全国整体发展格局中找准特色，着眼于资源优势最大化，有针对性地发展主导功能，走海南特色的发展道路。

2. 培育以五大产业群为核心的现代产业体系

积极发展服务型经济、开放型经济、生态型经济，形成以旅游业为龙头、现代服务业为主导的特色经济结构。通过对三次产业重点领域，以及由融合而产生的新兴产业进行重新整合、重组，构建由现代服务业、新型工业、高新技术产业、热带特色农业和海洋经济组成的五大产业群。

3. 建立高效快捷的现代立体综合交通系统

建设机场、铁路、港口、跨海通道等对外交通设施，完善高速公路、环岛高速铁路、国道省道等内部快捷交通体系，建设旅游公路、内河航运码头、游艇码头、直升机场等旅游休闲观光交通设施，形成陆海空一体、有机衔接的综合立体交通系统。

4. 组织满足基本公共服务和国际旅游岛建设的生活圈

根据海南岛面积小、通达性好的特点，借鉴国际经验，采取组织"生活圈"的方式配置服务设施体系，全省规划建设 4 个都市生活圈、21 个基本生活圈，在每个生活圈内部配置公共服务设施和相关旅游服务设施，一方面满足基本公共服务需求，另一方面满足国际旅游岛的服务要求。

5. 建设高品质的绿色生态格局

加强城乡生态保护，严格保护自然保护区、水源保护区及风景名胜区、森林公园、河湖湿地、地质遗迹等生态敏感区；依托河流、生态保护区、林地分布，生态景观格局，拓展城乡绿色空间；划定海岸带功能分区，有序推进海岸资源的保护和开发；建立生态补偿和流域补偿机制。

6. 构建"圈层网络扁平化"的城乡空间体系

依据海南自然地理环境和发展基础等要素，构建蓝色海洋、金色海岸、橙色台地、绿色山区四个圈层，建立完善以海口、三亚、儋州—洋浦、琼海—博鳌为核心，14 个地区市县驻地为中心，量大面广的城镇为节点的城乡网络体系，引导生产要素有效流动，统筹发展与保护的关系。

7. 完善有竞争力的多层次人才体系

人才是支撑海南跨越式发展和国际旅游岛建设的基础，以满足国际旅游岛建设要求为目标，健全人才政策，实施重大人才工程，逐步形成支撑国际旅游岛长远发展人才体系。

5.2.4　空间规划内容

1. 构建"圈层网络扁平化"的城乡空间结构

（1）四个圈层：引导要素有效率流动，统筹发展与保护海南的自然本底条件和发展现实基础，在空间上呈现出较为明显的圈层特征，规划遵循这种圈层特征，采取圈层分区的空间结构，并赋予一定的政策内涵，引导要素有效流动，统筹发展与保护的关系。

划定沿海、台地、山区和海洋四个圈层（图 5-8）。其中，沿海圈层面积约占全省陆地面积的 36%，是海南发展的核心区域，规划引导城乡各类发展要素向该圈层集聚，未来将会承载海南总人口的 80%，城镇人口的 85%；山区圈层，为中部地区海拔 300m 以上的山地和部分丘陵，约占陆地面积的 26%，是海南主要河流的发源地和水源涵养区，自然保护区和生态敏感区均集中分布在该圈层，是需要重点保护的核心区域，规划引导人口、产业等各类要素一方面向中心城市集中，另一方面重点向沿海圈层转移，未来承载全省 5% 的总人口和城镇人口；台地圈层约占陆地面积的 38%，是海南农业生产的主要地区，采取环境友好型的农业发展模式；海洋圈层是海南省管辖的所有海域及岛礁，面积约 200 万 km²。

（2）四核多心功能网络化：保障要素自由流动，统筹城市与乡村

集中培育海口、三亚、儋州—洋浦、琼海—博鳌四大核心城市，引导各类城乡发展要素，尤其是创新型要素向它们集聚，丰富中心职能，提升中心地位。引导各类要素向东方、文昌、五指山等 14 个地区中心城市集聚，积极培育壮大能够发挥区域性中心作用的中等城市，成为带动全省城乡发展的空间节点（图 5-9）。按照"小集中、大分散"的城镇化战略要求，重点选择建设大量满足不同旅游需求的服务型乡镇，培育量大面广的乡镇服务点，作为支撑国际旅游岛建设和城乡经济社会发展一体化的空间细胞。

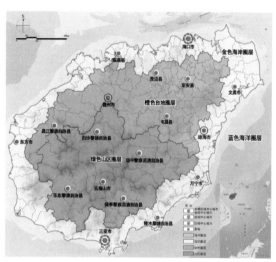

图 5-8　海南城乡空间发展的四个圈层

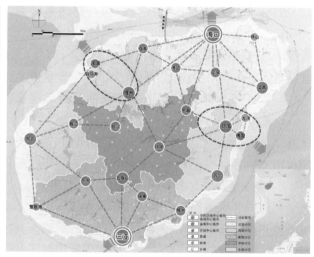

图 5-9　海南的城镇村体系布局规划图

在培育城乡各级功能点的同时，增强城乡功能联系，构筑城乡互动的功能网络。针对海南特点，从生产功能、服务功能、流通功能和旅游功能等方面组织城乡功能网络。

2. 组织满足基本公共服务和国际旅游岛建设的生活圈

生活圈组织遵循的原则：1）打破县市行政边界，以乡镇为最小单元；2）综合考虑自然环境、文化、经济和社会等因素；3）生活圈的大小，依据各地方人口规模、人口密度、人口迁移趋势、经济发展水平、运输网络疏密程度的高低而定；4）理论基础是中心地理论，遵循不同的服务类型具有不同的空间服务半径；5）充分考虑通勤距离；6）满足生态环境优美的需要。基于以上原则，从满足基本公共服务和满足国际旅游岛高端服务两个层面，在全省范围内组织 4 个都市生活圈和 21 个基本生活圈两种类型（图 5-10 和图 5-11）。

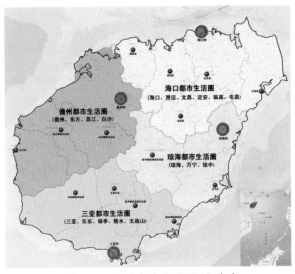

图 5-10　四个都市生活圈组织方案

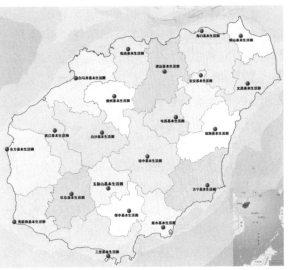

图 5-11　21 个基本生活圈组织方案

在确定生活圈空间组织方案的基础上，对生活圈公共服务设施配置的内容、要求及标准进行了规划，并对 21 个基本生活圈发展分别进行了具体的指引。

3. 建设快慢适当、内外有别的省域道路交通系统

根据圈层发展的战略思想，抛弃传统的整体、快速交通骨架构建思路，建立快慢适当、内外有别的海南省域道路系统，作为城乡空间结构最重要的支撑（图 5-12）。

在作为海南"绿心"的中南部山区，道路系统采用与生态环境较为协调的中低等级公路网络交通方式，将干线公路集中化，并丰富支线公路网络。"绿心"北大门以北属于琼北平原、低丘台地区，地形条件有利于工程建设，采用快速、大运量的、集中式廊道交通方式。南大门与三亚市区、海棠湾、亚龙湾以及环岛高速公路的距离均比较近，均不超过 40km，且地形条件比较复杂，重点建设分散化、网络化的二级公路交通网络。

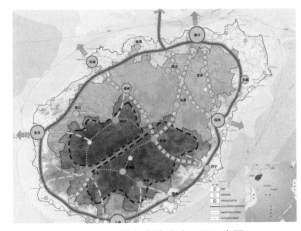

图 5-12　海南省域道路组织示意图

4. 建设海南高品质的绿色生态格局

首先，划定省级层面需要严格保护和禁止开发的地区，作为空间大规模开发的边界，由省级政府统一管理。范围包括范围 9 个国家级自然保护区、24 个省级保护区、17 个市县级自然保护区核心区，18 个区域水源保护区，以及森林公园核心区、风景名胜区、河湖湿地、地质遗迹、公益林地、基本农田、自然生态岸线等法律、法规确定的禁止建设地区和生态高度、极度敏感地区。

其次，依托景观密集区，构建体现海南特色的生态景观格局，拓展城乡绿色空间。依托河流、生态保护区、林地分布，构建 10 条生态绿廊和 12 个生态节点，由山区向沿海渗透，促进山海联动（图 5-13）。

第三，将海岸带从功能上划分为临港经济区、城镇生活区、旅游休闲区、生态保护区、农业和渔业区等五种类型区，有序推进保护和开发。

最后，从纵向和横向方面加强海南的生态补偿力度。其一，纵向补偿方面，加大国家层面对于海南生态补偿的力度，划定明确的生态补偿范围和试点对象；其二，横向补偿方面，按照流域加强海南省内部的生态补偿。

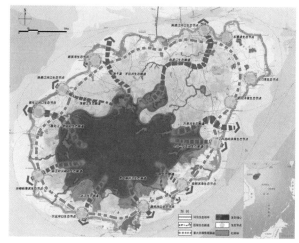

图5-13　海南绿色生态格局规划图

5.2.5　规划解决的重点、难点及创新

1. 如何体现针对性？

国家确定的实现城乡经济社会发展一体化的一般路径和基本原则是"以工促农、以城带乡"。在此大方向下，各个地方均根据自身特点，有针对性地进行了探索，形成了许多成功的"地方模式"。已有的实践经验表明，地方模式的成功与否，关键在于能否在充分认识地方特点、明确核心任务的基础上有针对性地进行探索，进而形成与本地工业化、城镇化进程相适应的城乡经济社会发展一体化模式。

对海南而言，什么是海南特色的城乡经济社会发展一体化？如何选择海南城乡经济社会发展一体化的独特路径和模式？这是规划编制面临的首要技术难点，实际上也是规划所要贯穿始终解决的核心问题。针对这一难点，规划在充分考虑城乡发展的普遍性规律和全国所面临的普遍性问题基础上，紧密结合海南城乡资源、经济社会发展基础、城乡关系的特点，在深入分析海南城乡发展独特性的基础上，有针对性地制定相关规划内容。

2. 如何确定内容边界和空间表达？

城乡经济社会发展一体化自身具有一个庞大的内容体系，如何选择规划的主体内容，明确规划的内容边界是规划面临的难点之一。另一方面，从城乡经济社会发展一体化的内涵出发，确定政策创新与空间组织是两大核心内容，但两个内容之间如何衔接，尤其是如何在空间上表达制度创新的核心内容，如何选择空间一体化组织的表现形式，是规划需要思考的又一难点。

针对这些难点，规划在系统认识城乡经济社会发展一体化的基本内容体系的同时，结合海南建设国际旅游岛这一重大的外部变化，思考国际旅游岛与城乡经济社会发展一体化之间的内在联系。在建设国际旅游岛这一大的战略目标下，有针对性地分析海南省城乡发展中面临的现实问题和客观要求，明确规划的核心内容。与此同时，规划强调国际案例的分析，借鉴国外岛屿国家（地区）和以旅游业发展为重点的国家（地区）的发展模式、城乡关系、空间组织形式等，联系海南独特省情，选择海南的路径与空间组织方式，探索本次规划政策的空间表达。

3. 如何在继承的基础上创新？

在探索健康城镇化和城乡统筹发展方面，海南一直走在全国前列。早在2004年3月，时任海南省省长的卫留成同志明确提出，启动把海南岛作为一个整体进行规划的工作，按照"五个统筹"的原则，将全岛统一布局，这样有利于生态省建设的整体协调和全省资源的合理利用，保障全省社会经济协调发展。之后，海南省相继出台了《海南省城乡总体规划》《海南省社会主义新农村建设总体规划》，探索和逐渐形成了将全省作为一个整体，统一规划、发展与建设的基本经验。两个规划不但对海南省走健康城镇化道路，推动城乡协调发展起到了重要的指引作用，而且在全国也产生了巨大的影响和示范作用，极大地推动了新时期城乡规划和区域规划思路和方法的创新。与已有的规划相比，本次规划的特点应该体现在哪些方面，如何在继承已有成果的基础上进一步创新，是本次规划面临的又一技术难点，也是规划本身科学性和实用性的要求。

针对这一难点，规划强调海南城乡发展历程的纵向梳理分析和已有规划的比较研究，进而找出不同时期城乡关系的基本特点、规划所采取的基本取向和所要达到的主要目标，确定本次规划应该继承的内容和可能创新的空间。事实上，与已有规划相比，本次规划面临的两个最大的新命题是：其一，省域整体空间发展思路的调整，"建设国际旅游岛"大战略的确定，必然带来城乡发展动力、模式和空间结构的改变；其二，城乡经济社会发展一体化要求与以往规划相比，社会发展方面的规划内容需要更加突出，不但要继承已有规划考虑的发展与保护的关系，更要考虑城乡经济发展与社会发展的协调。

5.2.6 实施机制探索

为保障海南城乡经济社会发展一体化的顺利推进，规划要求加快体制机制创新，配套完善相关政策措施，促进规划各项目标措施的有效落实。

1. 完善推动城乡经济社会发展一体化的体制机制

进一步深化行政改革，完善省直管市县行政管理体制；把海南作为大城市进行整体科学规划，建立城乡一体化的规划建设管理机制；加强对重点景区、旅游区等优势资源的省级管理，健全全省资源统筹开发利用机制。

2. 实施严格的生态环境保护政策

实施城乡生态环境同治政策，把农村环保切实纳入各级环保规划，加大农村环境保护投入；建立严格科学、覆盖城乡的生态环境监管制度，采取先进的技术、管理、制度，进一步优化城乡生态环境。

3. 创新城乡土地政策

实施全省土地统一规划管理政策，探索耕地占补平衡的多种途径和方式；鼓励存量土地集约利用，支持农民集中居住，推动农村居民点重构；建立城乡统一的建设用地市场，积极稳妥推进农村土地流转；改革现行土地税费政策。

4. 推动户籍制度改革

逐步剥离附着在户籍上的各种社会职能，建立城乡一元化的户籍制度。对内分步骤解决城乡一元化管理问题、城乡人口流动问题、区域人口流动问题；对外实施更具吸引力的落户政策为海南建设吸引人才、技术和资金。

5. 大力实施强农惠农政策

继续加大对农业农村的投入力度，完善农业补贴制度和市场调控机制；提高农村金融服务质量和水平，积极引导社会资源转向农业农村；大力开拓农村市场，积极鼓励农村、农民积极投入国际旅游岛建设；创造条件，实现农民工市民化；加强农村基础设施和公共服务设施建设。

6. 实施人才优先发展政策

制定实施人才创新创业扶持政策、鼓励非公经济组织和社会组织人才发展的政策、城乡区域人才流动的引导政策、教育先行政策、知识性财产保护政策和更加开放的人才国际化政策。

实施重大人才工程，包括高层次创新创业型人才引进培养工程、以旅游业为龙头的现代服务业人才开发工程、热带现代农业人才开发工程、南海资源开发人才集聚工程和优秀企业家培养工程。

7. 实施符合海南发展要求的海洋管理政策措施

强化围填海的规划管理，坚持围填海用海的总量控制制度，严格执行围填海年度计划指标管理制度，做好对围填海项目的科学论证，坚持集约用海原则。

强化海岸带的依法管理和规划管理，积极开展《海南省海岸带保护与开发管理条例》的立法工作和《海南省海岸带保护和利用规划》的编制工作。

制定分级海岛保护规划，鼓励和支持海岛所在地方人民政府实施海岛生态环境整治修复计划，实施出让无居民海岛使用权的招标拍卖制度。

建立区域海洋环境保护机制。

5.3 青海省城乡一体化规划（2010-2030）
——西部生态资源大省城乡统筹规划探索[①]

统筹城乡发展，"建立促进城乡经济社会一体化制度"，这是党中央在分析国际国内形势，全面把握我国经济社会发展阶段性特征的基础上，从党和国家事业发展全局出发确定的一项重大历史任务。青海省第十一次党代会和十一届人代会对青海省在新形势下建立促进城乡经济社会一体化制度，推进统筹城乡协调发展作出重大战略决策，提出要建设富裕文明和谐新青海、实现全面小康的宏伟目标。

青海省委、省政府高度重视社会主义新农村建设和城乡一体化规划工作。2010年3月15日，青海省政府与中国社会科学院共同召开"青海省城乡一体化规划讨论会"，双方的主要领导在会上听取了课题组的调研汇报和两院院士、专家对该项目的意见和建议。青海省玉树藏族自治州地震后，课题组又到玉树藏族自治州进行了补充调研，制定了规划大纲、总体战略和九个专题规划，提出了近期行动计划，对中、远期目标进行了预测。

5.3.1 规划编制背景

（1）自1999年中央开始实施西部大开发战略，西部各省区陆续进行了大规模的生态建设、交通、通信、能源、水利方面等重大项目建设。青海省抓住新的战略机遇期，推进工业化、城镇化和城乡一体化发展建设，以凸显区域发展和生产力布局的关键作用，促进经济社会发展。青海省编制城乡一体化规划，是推进统筹城乡发展和建设的迫切需要，是实施青海省"跨越发展、绿色发展、和谐发展、协调发展"战略的基础工作。

（2）青海省地处青藏高原，全省总体上是农牧兼营的半农半牧地区。"农业是安天下、稳民心的战略产业"。走中国特色、青海特点的农牧业现代化道路，适应"以工促农、以城带乡发展阶段"的新形势，顺应农牧民过上美好生活的新期待，开创青海农牧业发展的新局面，迫切需要编制城乡一体化规划。

（3）根据各个地区工业化、城市化进程的不同情况，需要将西宁大城市郊区都市型农业，东部重点农业区，海西"以工促农、以城带乡"试点区，青南以牧业为主的地区，分类型提出合理的现代农牧业发展战略规划。

5.3.2 中国特色城乡一体化的内涵

中国城乡一体化的理论和实践具有中国特色，落实到各省市和区域，有地方特点，它包含一般规律和特殊性两个方面。中国特色城乡一体化的内涵可概括为：城乡一体化是城乡结合的综合概念，它体现了城乡经济建设、政治建设、文化建设、社会建设、生态文明建设五位一体的综合内容，它不但涵盖了我国工业化、城镇化和农业现代化进程中，城乡之间发展的差别与深刻的社会矛盾的演变，同时涵盖了党和国家在处理城乡关系、解决"三农"问题方面的重大改革和政策内容，更加注重统筹城乡经济社会协调发展和基础设施、公共服务设施、生态环境建设，并赋予

---

① 该案例由中国社会科学研究院当代城乡发展规划院提供，合作编制单位为青海省住房和城乡建设厅，以及中外建工程设计与顾问有限公司。

其新时期的城乡一体化制度以新的内涵。

5.3.3 青海城乡发展特点

1. 青海自然地理

青海位于青藏高原东北部，东、北与甘肃为界，西北连新疆，西南毗邻西藏，东南部与四川接壤。青海 4/5 以上的地区为高原，平均海拔 3000m 以上。东部湟水流域是主要农业区，西部和南部主要是牧业区。青海气候属典型的高原大陆性气候。青海是山之宗，水之源，黄河、长江、澜沧江分别发源于青海境内的巴颜喀拉山北、南麓，被誉为"中华水塔"（图 5-14）。

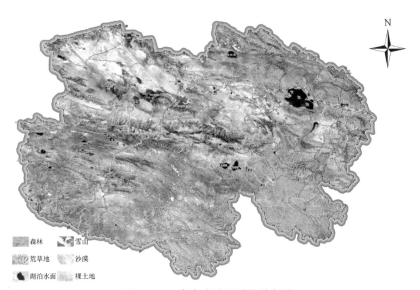

图 5-14 青海省地貌地物分析图

2. 青海城乡经济社会发展

全省辖 6 州、1 地、1 市，46 个县（区、市、行委），总面积 72.23 万 km^2，居全国第四位。2009 年实现生产总值 1081.27 亿元，全社会消费品零售总额突破 300 亿元，城镇居民人均可支配收入达到 12692 元，农牧民人均纯收入达到 3346 元。特色优势产业正在向规模化、集群化发展，新产能加快形成，工业发展后劲进一步增强。

3. 多民族聚居

全省共有 54 个民族，少数民族约占总人口的 46%，民族自治的地区占总面积的 98%，是一个多民族聚居、多元文化交织、多宗教并存的省份。

4. 资源丰富

全省矿产资源丰富，其中 54 种储量居全国前 10 位，9 种居全国首位。有黄河上游的水电资源、柴达木盆地的盐湖资源、石油天然气资源，以及分布在全省各地的有色金属资源、非金属矿产资源。农牧业资源、野生动植物资源和旅游资源丰富，具有高原特色，是藏传佛教发祥地，自然和人文景观独具魅力。

青海是资源开发大省，是三江源、高原等生态保护地区、汉藏等民族文化交融地区。但是青海地处偏远，发展起点低、起步晚，经济总量小，人均水平低。青海省城乡一体化规划，必须与本省的自然地理环境、工业化、城镇化和农牧业现代化进程相协调，与高原环境的承载力相适应，相互依存，可持续发展。

5. 生态环境保护与建设

青海境内江河源头的生态保护和建设，对下游地区乃至全国的生态安全和可持续发展具有重要意义。祁连山南麓是甘、青两省的主要水源地和西北重要的生态功能区。全省每年输出省外的总水量超过 600 亿 m³。目前已建成省级以上自然保护区 11 处，其中国家级 5 处，保护区面积达到 21.82 万 km²，占全省国土面积的 30.2%，森林覆盖率达 5.2%。

6. 城乡空间结构

城乡一体化建设重点在农牧区，内容主要包括 4 方面：为农牧民提供最基本的基础设施，不断改善农牧民的生存条件；为农牧民提供最基本的公共服务和相应的服务设施；改善农牧业、农牧村生产条件，培育新的支撑产业，提高农民收入；深化农村体制、机制改革，为城乡一体化建设提供制度保障。

5.3.4　城乡一体化规划编制的思路

规划提出建设中国高原地区、三江源生态环境保护特区、藏族等多民族历史文化名区的目标，即中国特色青海特点的城乡一体化，体现"大美青海"的自然力、生命力、新生力特点。

1."区别情况，分类指导"

世界各国城乡规划建设的经验表明，一是保证城乡基础设施建设的宏观经济性和社会性，二是城乡发展的布局和人口规模，产业布局和经济增长方式，居住、就业和社会发展，应以结合地区资源的承载力为宜。本次规划明确提出："四区多类型"规划，并落实为"四区一体九大模式"、交通、建设、设施规划（图 5-15）。

2. 集中与分散结合的城镇化策略

（1）依托西宁都市圈、建设东部城市群和海西蒙古族藏族自治州城市带

"十二五"期间，依托西宁都市圈，建设东部城市群；依据交通与城市互动原理，运用点轴开

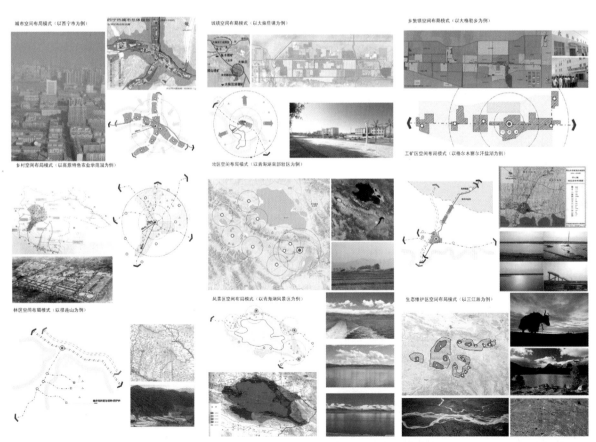

图 5-15　"九大模式"——空间一体化布局体系示意图

发模式，规划青海省东部、海西、青南三大经济区。在国家新十年西部大开发战略的推动下，三大经济区将在基础设施、生态建设、结构调整、科教文卫、公共服务等方面设立一系列重大项目。其中最大的区域性项目应包括乐都、贵德、玉树、同仁等我国高原生态新城建设试点，以及新能源和制造业研发中心，同时继续在西宁市和海西蒙古族藏族自治州加快发展四大主导产业、四大新兴产业，循环经济试验区，大力发展设施农业和纯天然生态畜牧业。

（2）确立"设市建镇"和发展小城镇

规划预测 2015 年、2020 年青海省城镇化水平分别达到 45.6%、49%。从设市、户籍、土地、财政、投资 5 个方面推进城镇化，把重点放在支持设市和支持县城、中心镇加快发展上，完善县城和中心镇功能、壮大新设城市规模，强化其中心地位，提高其辐射能力，带动乡镇和农村经济社会的全面发展。

5.3.5 规划内容

1.城乡建设空间管制

综合考虑青海省自然环境和现状建设情况，将青海省省域用地划分为已建区、禁建区、限建区和适建区，不同的限制分区应采取差异化的空间管制措施（图 5-16）。

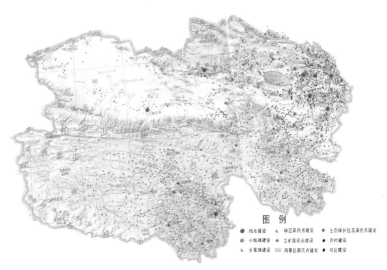

图 5-16　青海省城乡建设分类指导示意图

（1）已建区

综合整治处于基本生态控制线以外的各类现状建设用地，优化现状建成区的空间布局，梳理青海省已建城市、县城、小城镇、村庄、工矿点、牧区居民点以及交通水利设施的现状建成区用地的空间布局形态。

（2）禁建区

严禁在祁连山地震带、柴达木地震带等地震带的核心区域与湟水河、大通河及其支流、黄河干流及其较大支流两侧等主要泥石流分布区以及湟水河流域、黄河自兴海县以下主干河道等滑坡集中地带等进行大规模建设活动。

严禁在祁连山脉、东昆仑山脉等坡度大于 25° 的山区进行大规模建设活动。

严禁在扎陵湖、鄂陵湖等水域河道进行与水域保护、生态保护及防洪无关的各类建设活动。

严禁在青海湖国家级自然保护区、大通北川河源区省级保护区等生态保护核心区和自然保护核心区进行与生态保护无关的各类建设活动。

严禁在水源地保护核心区、矿产采空区、基本农田和基本草场保护区等进行各类建设活动。

（3）限建区

对下列地区建设活动进行相应的限制，主要包括：地质灾害低易发区，如滑坡易发区；通天河、澜沧江支流河谷中的处于发育状态的中、小型滑坡地区；坡度在15°~25°之间的丘陵山地地区；水域河流外围的管理范围及沿岸防护绿带内；生态保护、自然保护区的非核心区；地表水源地二、三级保护区和地下水源防护区、补给区；油气田、煤矿、铁矿等矿产采空区周边；一般农田、草场、林地；文物古迹的建设控制地带、环境协调区；地下文物埋藏区；风景名胜区、森林公园区的非核心区；重要市政基础设施预留区；境内各个机场噪声控制区，包括西宁的曹家堡机场、格尔木机场和玉树机场的噪声控制区、机场净空限制区等。

（4）适建区

城乡建设应选择在工程地质条件较好、符合土地利用总体规划和城市总体规划、已经划定为城乡建设发展用地的范围内，根据青海省当地的人口规模和经济发展水平合理确定各类城乡建设用地的开发模式和开发强度。

2. 城乡空间发展整合策略

（1）尊重青海特有的自然生态环境

以自然生态环境为基础，维护三江源、青海湖等地区的生态环境；部分地区通过退耕还林还草和减蓄等工程，逐步恢复其生态环境，做到生态环境保护、资源开发、城乡建设相协调。

（2）区别性对待不同地域的城乡一体化发展策略

区别性对待东部地区、柴达木地区、环青海湖地区、三江源地区等不同地区，依据区位条件、经济发展水平、经济产业、地形地貌等，对各类城乡地区采用差别化的空间发展策略。

（3）优化城镇体系，延伸城镇体系规划的内涵

增加对乡村腹地地区的研究，密切城乡联系，同时结合实际调整城镇之间的职能分工，建立合理完善的城镇体系，实现公共设施区域共建共享，人才、资本在区域内顺畅流动。

（4）以城镇化为主导，引导城乡居民合理流动

发挥西宁、格尔木、德令哈等中心城市的集聚作用，带动周边城乡地区共同发展，引导人口、产业向发展条件较好的小县城、城镇集中；结合自然环境要求，引导农牧民向乡集镇集中发展，做到空间分布有密有疏，减少生态压力；鼓励西宁中心城区的产业和人口向郊区和周边城镇扩展和疏散（图5-17）。

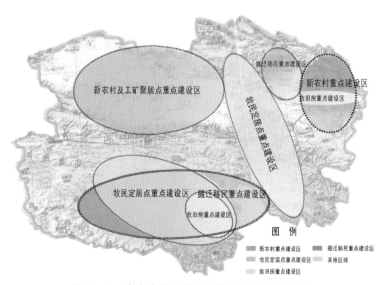

图5-17　青海省城乡地区住房建设指导示意图

（5）注重产业发展与城乡空间分布相协调，合理布局资源要素

结合地区产业经济发展特征，人口分布与产业发展要求相一致，居民点空间布局的位置、规模应与产业布局的位置和规模相协调；城镇基础设施和公共设施建设均应协调生产和生活两方面要求，做到方便居民使用和满足生产要求（图5-18）。

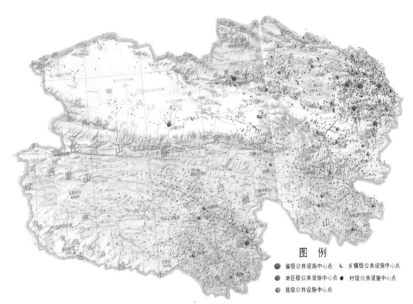

图5-18　青海省城乡公共服务设施配置规划示意图

（6）城乡空间布局与现代生活方式相适应

城乡空间的布局应顺应道路、汽车、电话、网络等现代的生活元素对生活方式的影响，为农牧民生活水平的提高和享受到更好的社会公共服务资源提供基础。

3. 城乡空间总体布局

（1）城乡空间总体布局

构建"山水相承"、"四区一体"、"九大模块"的城乡空间布局体系。

"山水相承"：在青海省域范围内构筑山水等自然环境、生态环境与城乡居民的生产环境、生活环境相互传承、和谐共生的"山、水、城、田、草、林，脉脉相承"的空间布局形态。

"四区一体"：将城乡空间布局与产业发展格局整合成一个"四区、两带、一线，城乡产业融合一体"的有机整体（图5-19）。

三江源丰富的　　柴达木盆地丰富　　西宁国家高新技术　　西宁青海大学
　水资源　　　　　的盐湖资源　　　　　产业园区

图5-19　四区、两带、一线，城乡产业融合一体示意图

"九大模式"：尊重青海省不同地区的实际情况和发展阶段，因地制宜，采用差别化、具有模块化特点的指导策略"分区、分类、分阶段，采用多种模式"对待各个地区的城乡一体化工作，体现各具特色的城乡空间布局模式。

（2）九大模式（图5-20）

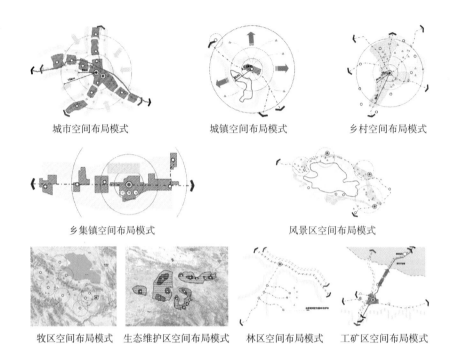

图5-20 "九大模式"示意图

1）城市空间布局模式：体现集中高效地利用土地，提供多样的公共服务设施，引导乡村腹地人口和产业向其集中，成为地区各方面发展的中心，参与更大范围经济竞争和合作。

2）城镇空间布局模式：发挥城市和集镇之间的过渡作用，引导人口产业相对集中发展单中心结构，能够提供基本的公共服务设施和市政基础设施。

3）乡集镇空间布局模式：适当提高其公共服务设施和市政基础设施配套水平，使其具备起码的公共服务能力，包括具有商品市场和医疗卫生机构，为周边乡村人口服务。

4）乡村空间布局模式：加强村庄环境整治工作，提高市政基础设施配套水平；适应土地流转制度和现代耕作生产方式的转变，集约规模化使用土地，向周边城镇聚集。

5）牧区空间布局模式：维护草场资源，合理开发和规模化利用草场资源，空间布局方式逐步由草场的划分、放牧路线的时空圈定向草场的全方位维护和牧民定居点建设转变。

6）工矿区空间布局模式：工矿区的空间布局应与矿产资源分布和生产工艺紧密结合，同时也应重视工矿区员工生活空间的营造。

7）林区空间布局模式：合理确定用材林、生态林、防护林、经济林及林场工人生活服务区及其他居民点的空间分布和空间联系。进一步减少林区居民点数量，林区空间布局向风景区或生态维护区空间布局模式转变。

8）风景区空间布局模式：明确划分核心景区、保护培育区、外围保护地带和旅游接待服务区等，合理划分各类游赏空间、休闲空间和休憩空间、娱乐空间等。

9）生态维护区空间布局模式：根据生态保护需要，合理划定核心保护区、缓冲区及各类生态实验区，逐步减少自然保护区内的人口规模。生态维护区应根据生态容量合理确定人口规模，本着生态维护优先的原则，明确各个区域内人口及牲畜的适宜密度。

4. 城乡自然生态保护空间布局规划

（1）自然保护区

珍惜青海省境内的自然生态遗产，对青海湖自然保护区和三江源自然保护区的各处核心区进行有效的保护，限制与自然保护无关的各项建设活动。自然保护区的缓冲区内要做好生态保护和草场草地治理，还要做好退牧还草和生态移民工作。

（2）生态维护区

将昆仑山、唐古拉山、巴颜喀拉山、可可西里等一定区域范围划为生态维护区，使其在水源涵养、土壤保持、防风固沙、生态多样性等方面发挥重要作用。

（3）生态修复区

在柴达木沙地戈壁设立生态修复试验区，重在进行该区域的生态修复，防止沙化进一步发展。

（4）生态恢复区

在昆仑山以南，唐古拉山脉以北，三江源自然保护区试验区外围设立三江源草地生态恢复区，规划进行综合治理，调整产业结构，降低人口畜牧对草场的压力。

（5）水土流失防护区

沿湟水河、黄河、大通河及其支流、黑水河沿岸设立水土流失保护区，保护河流沿岸生态植被。

（6）自然生态植被养护区

维护祁连山森林和草原生态系统，发挥水源涵养和土壤保持功能，建立祁连山森林生态植被养护区，对已超出生态承载力的地方应采取必要的移民措施，对已经受到破坏的自然生态系统，认真组织重建与恢复（图5-21）。

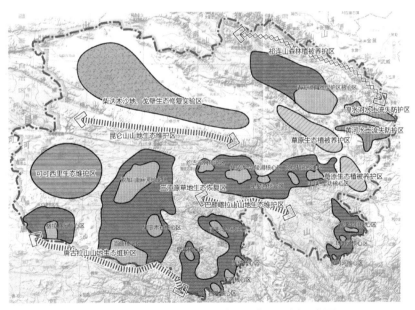

图5-21　城乡自然生态保护空间布局规划示意图

5. 城乡人口聚居空间布局规划

引导青海省人口分布形成"西凝、东聚、城市带扩散"的发展态势，加快青海省的城镇化步伐（图5-22）。

（1）依托柴达木循环经济产业区的建设，发挥重点城镇对人口的吸引和凝聚作用，促使柴达木盆地地区人口向盆地北部边缘地区、盆地南部边缘地区、盆地东部边缘水草相对丰盛的地带集中。

（2）进一步改善三江源地区的生态环境，通过生态搬迁、退牧减畜，引导三江源地区人口向

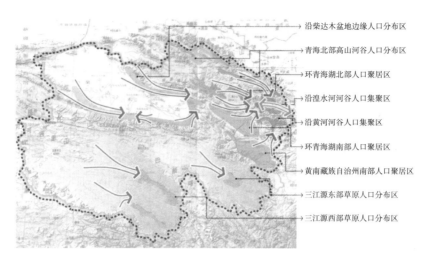

图 5-22 城乡人口聚居空间分布规划示意图

生存条件相对较好的低海拔、河谷地带集中。

（3）三江源东部草原人口，分布宜自三江源东部草原向黄河第一湾周边地区聚集，形成人口分布区。

（4）黄南藏族自治州南部人口聚居区规划主要向同仁一带聚居，与沿黄河河谷人口集聚区形成共同发展的格局。

（5）环青海湖人口聚居区与青海北部的高山河谷人口分布区的人口主要向西宁方向聚集，与沿湟水河河谷人口集聚区形成共同发展的格局。

（6）逐步缓解西宁市中心城区的人口压力，适当向周边地区疏散都市人口，与周边平安、乐都、湟中、湟源、大通构成以西宁为中心的人口密集发展带。

6. 城乡产业空间布局规划（图 5-23）

（1）农牧业空间布局规划。尊重青海省的气候条件、水土条件和植被分布情况，有选择地发展现代农牧业，科学布局青海省的农牧业产业发展空间，重点发展东部现代农牧业发展区、环青海湖北部畜牧产业区、柴达木绿洲农业区等。

（2）工业空间布局规划。强化工业经济发展地位，以产业集聚区的发展思路优化青海省的各类工业区的发展；加强以西宁市为中心的东部综合产业发展区、柴达木循环经济产业区的发展。

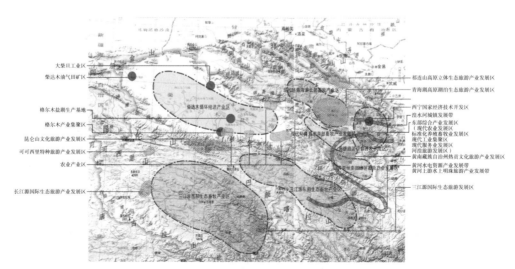

图 5-23 青海城乡产业空间分布示意图

（3）旅游业空间布局规划。充分发挥青海省的高原特色生态旅游优势，重点打造河湟旅游产业发展区、青海湖高原湖泊生态旅游产业发展区、祁连山高原立体生态旅游产业发展区、三江源国际生态旅游产业发展区等系列旅游产业。

（4）湟水河产业集聚发展带。依托湟水河流域城镇密集的有利条件，提高城镇基础设施建设水平，吸引符合青海省地域特点的产业向湟水河流域集中，进而形成湟水河城镇产业发展带，辐射和带动周边城乡地区共同发展。

（5）黄河水电资源产业发展带。充分利用黄河上游沿线丰富的水能资源、生态观光旅游资源，围绕黄河水电资源的开发建立黄河水电资源产业发展带。

7. 城乡建设用地空间布局

（1）沿湟水河城镇发展带。在湟水河沿线城镇发展的现状基础上进行整合，加强沿线城镇的产业和经济联系，进而形成以西宁为中心的城镇发展带。

（2）重要城市。强化格尔木作为柴达木地区西南部重要中心城市和工业城市的地位，引导城市向东、南发展。进一步提升德令哈市作为西部中心城市的地位，引导城市向南、向东继续发展，加强德令哈与柯鲁柯镇及尕海镇之间的空间联系。

（3）县城。做好各个县城的职能定位，提高对农村剩余劳动力的吸纳能力，使其既有能力承接省会、重要城市的产业梯级转移，又能起到其作为地区经济发展极核而辐射带动农村地区的作用。

（4）乡镇。通过合并、迁移、在合适的经济和交通区位设立新的小城镇等方式，建立合理的基层城镇体系，提高城镇服务职能，服务于基层农村居民，同时发挥承接上一级城市辐射带动的作用。

（5）农村地区。采用集中与分散相结合的布局方式，弘扬田园式乡村；牧区建设用地宜进行适当集中，形成季节性定居点；林场附近构建聚居生活区、服务区；工矿点重点理顺产业与居住间的关系，采用组团式发展模式，与区域生态环境相协调。

5.3.6 城乡一体化规划实施的政策措施

1. 贯彻落实中央统筹城乡发展的方针与政策
（1）符合我国国情的最严格的土地管理制度。
（2）坚持农村的基本经济制度。
（3）建立覆盖城乡的公共财政制度。
（4）覆盖城乡居民的基本卫生保健制度。
（5）建立覆盖城乡居民的社会保障体系和农村最低生活保障制度。
（6）农村社会养老保险和被征地农民社会保障制度。
（7）建立以工促农、以城带乡长效机制，形成城乡经济社会发展一体化新格局。
（8）建立健全覆盖城乡居民的基本医疗卫生制度。
（9）新型农村社会养老保险试点到2020年前基本实现全覆盖。

2. 结合地方实际进行改革创新
（1）城乡一体化规划实施措施
1）各级成立城乡一体化工作领导机构；
2）健全城乡一体化规划体系编制；
3）发动广大群众积极参与城乡一体化建设。
（2）城乡一体化实施管理制度建议
1）加强城乡建设管理；
2）实施年度报告制度；

3）执行监督检查制度。

5.3.7　小结

中国城乡一体化理论和实践具有中国特色，落实到各省市和区域，有地方特点，包含一般规律和特殊性两个方面。

（1）城乡一体化规划遇到的难点，一是城市处于强势，农村处于弱势。城乡一体化是一个复杂的经济社会过程，既取决于经济社会发展阶段，又需要政府建立制度、政策与措施作保证。二是城乡依存理论探索。城市与乡村是两种社会实体、两种经济实体，城乡生产和生活各有自己的个性，城乡一体化不是城乡一样化。三是真正惠农强农的规划和建设方案。要求建立城乡一体化制度，建立城乡平等发展权，包括国家公共财政、分配、教育、医疗、社保、养老等发展权，要真正实现城乡之间的"和而不同"，相互依存的结合关系。

（2）转变发展方式，为城乡统筹经济发展指明了新的方向。在规划与建设上，坚持因地制宜，分类指导理论；坚持分散与集中有机结合理论。小城镇规划建设的重点是县城，县城是区域城镇体系的组成部分，又是农村的政治经济文化中心。县城在城乡统筹一体化进程中具有无可替代的重要地位与作用。

（3）城乡一体化与三大产业。城市中心区更偏重于形成高技术产业或产业价值链的高端研发环节，以及生产性、消费性服务业；重视都市农业和农村、农业、农民生活的现代化设施建设。

（4）城乡一体化与社会发展。加大农民就业、培训和继续教育、子女教育、社会保险、医疗以及城市基础设施建设等，不是简单地把农民换个地方安置就是城市居民。

（5）城乡一体化与基础设施。推动城市基础设施向农村延伸，增强承载和辐射能力，加速农村与城市对接。完善内部和对外交流的交通体系，保证各种要素、产品、产业空间流动的畅通，保障产业传导的效率。

（6）城乡一体化与空间布局。促进工业园区化、耕地规模合作经营，优化城乡互动的产业形态。尊重农民拥有的进城自主决定、土地承包权及其使用流转自愿、宅基地自主权等，坚决保护群众利益。

（7）城乡一体化与生态环境。首先要保护山川河流和土壤等自然生物圈。降低建筑能耗和碳排放，积极发展循环经济，提高行业能源利用效率。

（8）城乡一体化制度建设与政策。构建城乡统一的户籍管理制度、土地管理制度、就业制度、财政金融制度、社会保障制度、公共卫生服务制度、教育资源分配制度。

第6章 市域城乡统筹规划案例

6.1 武汉市城乡建设统筹规划（2008-2020）
——"两型"社会建设指引下的大都市区城乡统筹规划探索[①]

6.1.1 规划编制背景

近年来，国家相继出台了"科学发展观"、"五个统筹"等重大政策，提出了中部地区崛起、武汉城市圈"两型"社会建设等发展战略。2008年《城乡规划法》颁布实施，城乡一体化发展进入全新发展时期。一系列重大政策与发展战略的提出和实施，要求武汉必须整合全市优势资源，实现空间资源和土地配置优化配置、区域性基础设施统筹安排以及城乡公共服务均等化，促进区域协调、城乡一体化发展。

武汉作为我国中部地区的特大城市，当前正经历着快速城镇化、新型工业化的深刻变革，已进入以工促农、以城带乡的新阶段。为此，武汉市委、市政府提出"全面建设社会主义新农村，促进统筹城乡发展"的策略，经济社会发展取得了重大成就，城乡一体化呈现良好发展态势。但是，武汉也面临着城乡二元结构突出、支柱产业单一、基础功能不完善、城乡收入差距进一步加大、乡村地区设施欠账较多等问题，城市对农村地区的辐射带动和吸纳承载能力较弱，成为全面提升武汉综合竞争力、带动武汉城市圈发展的制约瓶颈。

2007年12月，《武汉城市圈"两型社会"建设综合配套改革试验总体方案》中提出创新统筹城乡发展的体制机制，要求"以消除城乡二元结构、改善民生为重点，突破城乡分割的制度障碍和行政区划壁垒，构建城乡互动、区域协调、共同繁荣的新型城乡关系；探索建立城乡一体化的公共服务体系，建设和谐城市圈"。2010年，湖北省委1号文件（《中共湖北省委、湖北省人民政府关于加大统筹城乡发展力度，促进农村经济社会又好又快发展的意见》）中提出"加快推进农业发展方式转变，加快推进社会主义新农村建设和城镇化建设"，以鄂州、洪湖等地为试点，大力推进城乡统筹规划建设工作。

当前的武汉市城乡发展实际表明，无论是宏观区域发展的需求，还是武汉城市圈及武汉自身持续发展的诉求，武汉市都亟须编制一项以区域城乡统筹协调为基点、空间布局与规模合理、经济发展与环境协调、都市发展区与农业生态区相协调的、具有法定地位的统领性规划，以指导武汉市抓住机遇、实现转型、迎接新跨越。

6.1.2 总体工作思路

2004年，武汉市组织开展了新一轮城市总体规划修编工作，2010年3月8日获得国务院批复。按照区域协调与城乡统筹的原则，新一轮总体规划将全市域划分为都市发展区和农业生态区两个层次的功能发展区（图6-1）。其中，都市发展区包含主城区、新城组群，总面积3261km²，是城

---

① 该案例由武汉市国土资源和规划局、武汉市规划设计研究院提供。

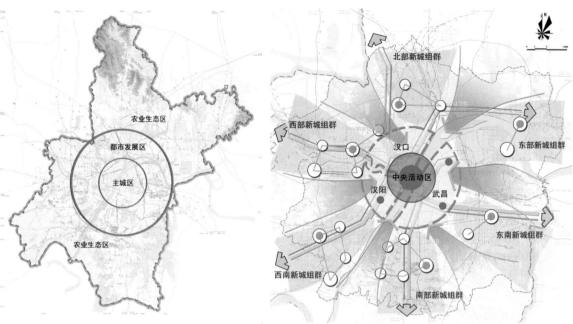

图 6-1　武汉市域功能区划分示意 图 6-2　武汉城市空间结构示意

市功能的主要集聚区和城市空间的重点拓展区，实现分区规划、控规导则全覆盖；农业生态区包括东西湖、黄陂、新洲、江夏、汉南、蔡甸等 6 个区，总面积 5233km²，是城乡一体化和社会主义新农村建设的主要区域（图 6-2）。

　　为全面推进武汉城市圈一体化进程，深化落实新一轮总体规划，促进城乡互动，实现城乡之间的全面对接与协调，指导农业生态区建设，2008 年 7 月以来，武汉市国土资源和规划局组织编制了《武汉市城乡建设统筹规划 2008-2020》。该规划以武汉城市圈及武汉市域为研究对象，以新一轮总体规划确定的农业生态区为规划范围，以缩小城乡差距、引导城市化进程、保护生态环境、抓好协调指导为重点，对城乡空间资源管制、综合交通一体化、公共服务均等化等方面做出了具体安排，以实现"规划一张图、城乡全覆盖"。

　　本次规划由武汉市规划设计研究院与广东省城乡规划设计研究院组成联合团队共同编制完成，两院互为补充、通力合作，使规划更合理、更具有操作性。项目组充分学习借鉴国内外城乡统筹发展的经验，提出了具体的技术路线，并明确了规划的主要任务（图 6-3）。

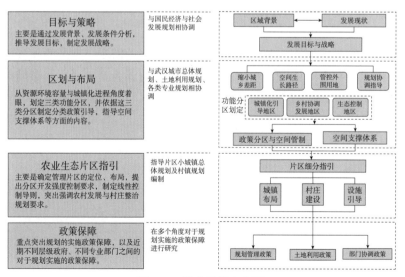

图 6-3　技术路线示意图

6.1.3 主要规划内容

1. 城乡统筹发展模式

借鉴欧美、日本都市连绵带以及国内珠三角、长三角地区的城乡发展经验，规划将武汉市域具体划分为机遇地区、生态地区、乡村地区等三类。针对武汉城乡之间的矛盾和问题，结合武汉城乡发展的实际与特色，总结摸索出不同区域发展特征的三种典型模式，进一步提出了武汉城乡空间发展模式，即在都市发展区、农业生态区圈层的基础上，通过构建"圈层+轴向"的城乡空间拓展模式，以复合交通走廊和产业发展轴向外拓展，合理引导机遇地区城镇化建设，有效推动生态地区有效管控与公共开敞空间建设，并在广大乡村地区继续推进"三集中"建设（人口向城镇和农民新村集中、工业向园区集中，农村土地向规模经营集中），协调好城乡关系，促进城乡和谐发展（表6-1和图6-4）。

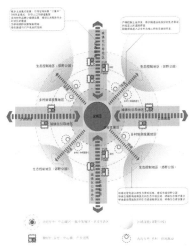

图 6-4 武汉城乡空间发展模式示意

武汉城乡空间发展模式比较表 表 6-1

名称	发展模式图	主要特征
机遇地区	廊道引导—集聚带	这类地区为规划确定的城镇化引导区域，依托复合交通走廊对接主城区，合理布局建设用地，引导产业、人口的集聚，形成以服务为主导的中心镇、产业园区、乡村协调区相结合的发展单元，逐渐发展成为经济集聚地带，促使该地区在未来得到高效利用
生态地区	廊道串联—绿色网	这类地区为规划确定的生态控制区域，通过绿色通道串联区域绿地（包括湖泊、郊野公园等）、城市绿环、城市地区，构成全市生态绿色网，搭建起市域生态空间框架，兼具生态保育、休闲游憩等多种功能，为生态文明、宜居创业的山水园林城市奠定基础
乡村地区	廊道辐射—协调区	这类地区是介于机遇地区与生态地区的区域，应积极争取各项政策扶持，积极拓展融资渠道，加快基本服务设施地区向该地区延伸，构建基础设施共享网络，通过"家园建设行动计划"全面推进社会主义新农村建设，形成一批优质的乡村旅游目的地，实现城乡一体化发展

2. 城乡空间结构

在新一轮总体规划确定的市域空间结构的基础上，充分考虑现实发展条件与城乡发展空间特征，构建以主城区为中心、以"双快一轨（高快速路、城际铁路）"交通体系构成的发展轴带为主线，形成"一核一带、四轴六楔"的网络型、开放式城乡空间结构（图6-5）。即：以武汉都市发展区为核心，以武汉—黄石、武汉—仙天潜（仙桃、天门和潜江）与长江黄金水道为发展带，形成北部、东北、南部、西部4个方向的区域发展轴和六大楔形绿地，轴楔相间、组团布局，建设"生态、文明、宜居、特色"的和谐武汉。

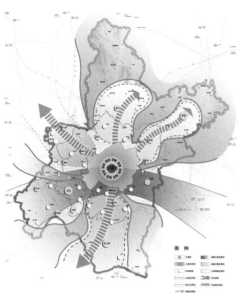

图 6-5 武汉市城乡空间结构示意

此外，全市域构建"主城、新城（新城组团）—中心镇、一般镇—行政村（含重点中心村与中心村）、基层村"三级六层次的城乡中心体系结构，形成以主城区核心、依托区域复合交通走廊轴向拓展的六大新城组群、辐射到广大农村基层地区的多层次、一体化网络大都市。

3. 城乡功能分区

以市域城乡空间为研究对象，明确武汉未来的城镇空间拓展、生态环境保护和农业生产等空间分布特征，全市划分为城镇化引导地区、生态控制地区和乡村协调发展地区等三类。基于 GIS 辅助分析方法，以行政村界为基本单元，选取社会经济、交通、用地潜力等对城镇发展具有重要影响的因子（表 6-2），按照各自重要性赋予权重值，进行加权计算，合理确定各区域的边界（图 6-6）。

各因子权重一览表　　　　　　　　　　　　　　　　　　　表 6-2

图层名	主要内容	权重设置
交通廊道 / 门户设施辐射范围分析	距高速公路站点 1km 内缓冲区	0.1
	距高速公路站点 3km 内缓冲区	0.1
	距城际轨道站点 1.5km 内缓冲区	0.1
	距城际轨道站点 2.5km 内缓冲区	0.1
	距客运专线站点 2.5km 内缓冲区	0.05
	距客运专线站点 20km 内缓冲区	0.05
	距国道 1km 内缓冲区	0.1
	距国道 3km 内缓冲区	0.2
	距离武汉新港 5km 内缓冲区	0.05
	距离天河航空港 1km 内缓冲区	0.05
	合　计	0.5
社会经济基础评价	人口规模（人口密度）	0.15
	乡镇规模（经济总收入）	0.15
	合　计	0.3
用地发展潜力评价	市域建设用地适宜性评价	0.2
总　计		1.0

根据不同地区的发展条件和经济社会发展的影响程度，全市域用地进一步具体划分为七类政策地区：城际建设协调区、城镇发展提升地区、城镇发展培育地区；区域绿地、城市绿环 / 带状绿楔；都市农业引导区、都市林业引导区（图 6-7）。在此基础上，协调各地区发展过程中的冲突和矛盾，创造良好的制度与体制平台，建立畅通、平稳的沟通机制，制定原则性、框架性的建设要求，提供必要的政策和设施条件，并实施有针对性的战略性政策引导和综合治理，多部门联动，实现"双赢"和"多赢"，确保武汉市经济、社会、环境的可持续发展（表 6-3）。

图 6-6　各因子权重叠加分析　　　　　　　　　　图 6-7　武汉市城乡功能区划

政策分区规划指引表　　　　　　　　　　表 6-3

政策分区		区域范围	政策规划指引
城镇化引导地区	城际建设协调区	武鄂城际协调地区，武孝城际协调地区	通过制定协调规划和建立协商制度，多方沟通、广泛听取各方意见，协调发展中面临的各类冲突和矛盾，达成解决方案，实现相邻城市对该类地区开发建设的密切合作、协调，保障区域整体利益和相邻城市的共同利益，减少内耗，在"共赢"的前提自主发展，力争实现"双赢"和"多赢"。同时，要对为区域整体利益做出牺牲的有关主体给予适当补偿
	城镇发展提升地区	前川新城，邾城新城	提升前川新城发展建设档次、带动周边生态农业和风景旅游等地区发展、推进区域城镇化进程；延伸武汉"主城区－阳逻－邾城"发展轴线，推动东北地区的城镇化进程，预留邾城新城向南与鄂黄连接的发展用地空间，为将来承接武汉新港辐射做好准备
	城镇发展培育地区	江夏区乌龙泉－安山，蔡甸区邓南－邾城、东山、湘口，黄陂区祁家湾、六指、长轩岭、姚家集，新洲区仓埠、汪集、旧街、双柳、涨渡湖等	江夏区作为新城组群未来发展的备用地区；汉南区以发展外向经济为主，注重于周边农业生态区的协调关系，积极推动当地城镇化进程；黄陂区以前川街为发展核，结合生态农业、生态风景区，发展现代化农业、农副产品加工业和旅游业；新洲区以邾城－阳逻为发展核心，发展物流业、现代化农业、生态旅游业
生态控制地区	区域绿地	梁子湖、斧头湖、涨渡湖、沉湖等湿地保护区，东湖、木兰山、道观河、龙泉山、索河等风景区，水源保护区及地下文物埋藏区等	湿地、风景区要加强生态景观、休闲旅游、区域生态隔离、物种栖息地、植被保护、城市绿肺等功能；水源保护区禁止建设污染产业和污染排放，禁止大规模建设等破坏隔水层活动；地下文物埋藏区注重人文旅游与休闲度假等功能
	城市绿环带状绿楔	城市三环线与外环线绿化带，以及六大绿楔及向外放射地区	城市绿环主要为市民提供近郊休闲旅游场所，防止城市无序向外蔓延，是主城区大气污染过滤带；六大绿楔主要是提升主城区环境，降低温室效应，分散主城区空气污染的沉积范围。通过"环·楔"一体化建设，统一调配土地资源平衡建设的成本、效益，创造生态环境效应
乡村协调地区	都市农业引导区	武湖－柳高科技农业示范、东西湖现代设施农业区、蔡甸－汉南绿色食品农业区、江夏西南部绿色园艺区、江夏中南部名特水产养殖区、黄陂－新洲中北部集约种养区	重点发展蔬菜、瓜果、家禽、养殖等，促进农业生产、农副产品加工业与农村休闲观光业发展，加快农业现代化进程
	都市林业引导区	汉南高效经济林区、东西湖高效经济林区、蔡甸九真山观光休闲林业带、黄陂中部森林旅游区、新洲速生丰产林区、蔡甸花卉苗木区、江夏花卉苗木区	重点发展木材、林果、花卉、苗木、观光休闲、旅游等，大力提高林果产业化经营水平，实现都市林业产业化

4. 城乡支撑体系

在城乡功能分区与各项政策分区规划指引的基础上,规划对劳动力转移、产业发展、道路交通、公共服务设施、市政基础设施、旅游发展、生态保护、村庄布点等方面提出具体规划要求,针对不同功能分区内的农村居民点进行分类,重点突出对城镇化引导地区、生态控制地区、乡村协调发展地区三类地区内各项建设活动等方面针对性安排。

如:按照村庄现状建设条件、区位交通条件、人口规模大小、自然生态资源与发展潜力等,将各类村庄划分为保留发展型、城镇化整理型、迁建腾退型三种不同村庄布局建设模式,分类、分级提出相应的村庄规模等级、用地指标,提出合理的发展策略,明确土地利用、公共服务、规划管理、住房保障等公共政策,引导乡村地区健康发展(图6-8、表6-4和表6-5)。

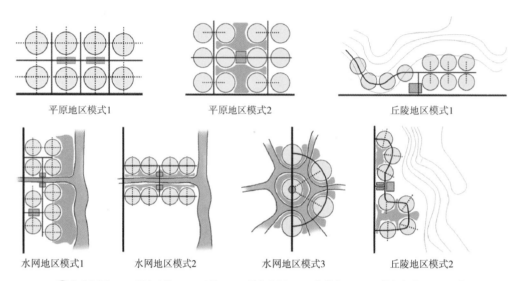

平原地区模式1　　　　平原地区模式2　　　　丘陵地区模式1

水网地区模式1　　水网地区模式2　　水网地区模式3　　丘陵地区模式2

◯住宅组团　▱村庄主路　▨山体　▨绿色空间　▨公共中心　▱村庄次路　▱河流

图6-8　农村新社区布局模式—分类布局引导范例

农村新社区公共配套设施一览表　　　　　　　　　　　　　　　表6-4

设施类别	项　目	重点中心村	中心村	基层居民点
行政管理	居(村)民委员会	●	●	○
教育机构	初级中学	○	—	—
	小学	●	○	—
	幼儿园、托儿所	●	●	○
文体科技	村级组织工作及村民活动室	●	●	○
	村多用途场(站)	●	●	○
医疗设施	卫生计生服务室	●	●	○
	计划生育服务站	●	○	○
商业设施	百货店	●	○	○
	食品店	●	○	—
	银行、信用社、保险机构	○	○	—
	饭店、饮食店、小吃店	●	○	○
	理发、浴室、洗染店	●	○	—
	综合修理、加工、收购店	●	○	—
集贸设施	蔬菜、副食市场	●	○	—

注:1.表中"●"表示应设置;"○"表示可以设置;"—"表示不设置。
　　2.表中公建项目为一般配置项目,视具体情况可予变更或增减。

农村新社区公共建筑建设规模一览表 表 6-5

公共建筑项目	建筑面积（m²）	服务人口（人）	备注
居（村）民委员会	200~500	建制村管辖范围内人口	
初级中学	8000~10000	3万~5万人	呈网点布置，18~24班
小学	4200~5500	1万~1.2万人	呈网点布置，12~18班
幼儿园、托儿所	600~1800	所在村庄人口	2~6班
文化站（室）	300~800	同上	可与绿地结合建设
老年活动室	100~200	同上	可与绿地结合建设
卫生计生服务室	50~100	同上	可设在村委会内
运动场地	600~2000m²（用地面积）	同上	可与绿地结合建设
公用礼堂	600~1000	同上	可与村委会、文化站（室）建在一起
文化宣传栏	长度>10m	同上	可与村委会、文化站（室）建在一起或设在村口、绿地
商业服务等设施	>500	800~1500人	根据实际发展需要，结合"家园建设行动计划"予以安排
	>600	1500~3000人	
	>800	3000人以上	

注：根据实际发展的需要设置，按照集中与分散相结合的原则进行布局，其中商业服务、金融邮电宜集中布局。

　　武汉市域现状村庄数量庞大且较为分散，依据本规划，武汉市进一步开展了区级城乡一体化规划和新农村建设规划，并提出相应的规划指标体系与规划指引，以指导乡村地区的合理发展（表6-6）。

汉洪生态产业示范区新农村建设指标一览表 表 6-6

衡量指标	达标数据	衡量指标	达标数据
经济发展指标（2个）	人均纯收入142000元	社会发展指标（3个）	农用土地流转率达40%
	农民非农收入占50%以上		文明村镇达标率70%
产业规模指标（9个）	农业规模化、专业化生产达到60%以上		务农劳动力农业技能培训率达到70%以上
	高效农业模式达到50%以上	基础设施指标（10个）	农田主干道硬化率达70%
	设施农业占种植业比重达到10%以上		田间道路碎石化率达60%
	畜牧业规模化养殖达到70%		灌溉排涝保证率达85%
	高效水产业占水产总值比重达50%		道路通垸率（150人以上自然垸）达95%
	在每个项目区内至少有1个龙头企业		垃圾集中收集处理率达90%
	二、三产业总产值占区域总产值比重不低于40%		污水收集处理率达50%
	百户农机拥有量不低于10台		卫生厕所出户率达95%
	种植机械化率达到60%		清洁能源农户比重达80%
社会发展指标（4个）	文明村镇达标率70%		新建房屋规划达标率100%
	务农劳动力农业技能培训率达到70%以上		村庄气化率应逐步达到90%以上
	转岗就业培训率达到70%以上	乡村绿化指标（2个）	村庄绿地率一般不低于30%
	农村劳动力从事非农产业比例达到65%以上		覆盖率不低于35%

资料来源：《汉南区汉洪新农村建设示范区规划（2011-2015）》，2010。

6.1.4 规划创新与特色

　　本次规划结合武汉实际，对城乡发展策略及发展路径进行了探索，也对武汉市现阶段城乡统筹发展所面临的重大问题提出了应对策略，并通过一系列规划实践进行了有益的尝试，主要有以下几点创新：

一是以农业生态区为主要对象,实现规划"城乡全覆盖"。该规划以深化落实总体规划为目的,在总体规划的基础上,首次以农业生态区为重点,将城乡作为一个整体进行统一规划,在市域空间内搭建"城乡统筹"实施平台,实现城乡规划全覆盖。

二是规划关注合理开发与保护并重,实现市域空间分区管制。规划从以开发建设项目及布局为重点,转变为关注合理开发与保护并重,合理进行城乡空间政策区划,提出空间保护和建设等管控要求。

三是规划注重区域协调、部门联动、城乡一体化发展。规划从区域层面统筹城际、城乡间协调发展,为未来可能建设的重大基础设施项目预留好用地和走廊,并构建城乡一体的土地空间资源利用、综合交通及公共服务网络体系。

四是充分利用 GIS 技术平台,为现状评价和规划提供技术支撑。规划秉承技术创新,基于 GIS 技术,以行政村界为基本单元,选取具有重要影响的因子进行分析评价,为空间政策分区划定提供了有力的技术支持。

五是开展了大量基础分析与专题研究,提高了规划的系统性、可操作性。该规划打破城乡分割、区域一体,强化系统分析,在纵向上分区、分级实施,在横向上兼顾各子系统,系统性较强。同时,重点对涉及城乡的各项公共政策进行了探索和研究,为城乡一体化建设提供了政策保障,具有较强的操作性。

6.1.5　规划实施效果

一是为各远城区城乡统筹规划编制提供上位依据。依据该规划,武汉市国土资源和规划局组织开展了汉南(改革试验区)城乡一体化空间规划、蔡甸区城乡建设统筹规划等区级城乡统筹规划,以及远城区工业空间发展规划、新农村建设空间布局规划,完成了全市 1180 个创建村的规划建设工作,指导了远城区工业建设与新农村家园建设工作。

二是对农业生态区相关规划编制进行了有效指导。以乡级土地利用总体规划编制为契机,武汉市提出城乡规划、土地规划"一张图"的思路,探索"两规合一"的编制方法,统筹城乡健康发展;针对市、区两级发展与保护的冲突问题,开展了新城组群分区规划、生态框架保护规划、非集中建设区实施规划等专项规划,对建设区的用地布局、禁限建区的发展模式、管控政策与规划管理策略等进行了研究,积极探索了生态补偿机制、变革行政考核体制等措施的可行性。

三是对城乡空间利用、各项配套建设等方面发挥作用。该规划有效指导了城乡综合交通设施、市政基础设施及公共服务设施建设,加快了城乡一体化发展进程。

6.2　石家庄都市区城乡统筹规划
——在都市地区以新市镇统筹城乡发展[①]

6.2.1　编制背景与工作组织

1.编制背景
石家庄是河北省的省会和中心城市,肩负着对全省的带动和示范的使命和责任。已完成编

---

① 该案例由中国城市规划设计研究院提供。

制的《石家庄市空间发展战略研究》提出了石家庄要建设成为"河北省整体崛起的龙头和京津冀第三极"，明确了石家庄在我国新的区域发展格局中的定位和目标。《石家庄市城市总体规划（2010–2020）》进一步明确了中心城区的总体空间布局。

从发展现状看，当前石家庄都市区中心城区和外围县市发展、城乡发展的二元结构特征明显：中心城区的发展总体上仍处于极化阶段，而周边县市的发展相对孤立，协调、互动的中心 – 外围关系还远未形成；城乡发展落差明显，城乡之间缺乏良性的要素流动和回馈机制，协调、互动的城 – 乡关系还远未形成。上述问题制约了都市区的整体协调发展，因此，如何针对石家庄经济社会发展的自然与历史基础，以及未来趋势和阶段性特征，提出适合石家庄都市区发展的城乡发展模式，是迫切需要回答的关键问题。

在此背景下，石家庄市人民政府组织开展了《石家庄都市区城乡统筹规划》（以下简称《规划》）的编制工作。以此作为统筹指导都市区发展、保证石家庄在城市建设和城市经济方面在全省乃至更大的区域内占领高地、实现城市发展定位和目标的纲领性文件。

2. 工作组织

为科学编制《规划》，2010 年 5 月，规划局组建了由中国城市规划设计研究院牵头，成都市规划设计研究院、浙江省城乡规划设计研究院和深圳雷奥公司合作形成的规划团队，分别完成了对都市区、鹿泉、正定、栾城、藁城的城乡统筹规划的研究工作。工作过程中对经济产业、农村农业、规划建设等市直部门以及 4 个市县的相关单位进行了走访调研，发放调查问卷 1 万余份。

6.2.2 基本认识与技术路线

1. 基本认识

统筹城乡发展是我国经济社会发展面临的新课题，是在改革开放的关键时期对传统城镇化道路的反思。统筹城乡发展并不是单纯的城市反哺农村、工业反哺农业，而是通过新的发展路径，盘活农村的存量资产，推进城镇化的进程。结合国家改革发展的方向，可以解读出统筹城乡发展在一定程度上意味着两种力量（国有 / 集体）共同建设城市，充分调动两个层面（自上而下 / 自下而上）的动力，逐步创造发展机会的公平和发展收益的公平的局面，其实现是一个逐渐推进的过程。统筹城乡发展的核心是要破除二元的发展体制和模式，将乡村地区的发展纳入通盘考虑，这同时亦对城市的发展提出了更高的要求。

应当认识到，统筹城乡发展涉及改革进程中深层次的矛盾和内生性结构性的问题，其目标的实现是一个长期性和渐进性的过程。在这一过程中，对于规划而言，城乡统筹既是共同富裕、和谐发展导向下的目标，又是实现上述目标的手段。从规划的方法论的角度讲，城乡统筹规划是要以城乡联动和城乡公平的视角研究来研究地方的发展问题。

2. 技术路线

本次规划结合石家庄都市区的特点，确定了需要重点关注的几个方面：

（1）重点关注都市区统筹城乡发展的特殊性。本次规划的研究范围是在石家庄都市区范围内展开，因此特别关注都市区地区统筹城乡发展的独特性，即城乡功能的高度混合、城市郊区化趋势、农业的都市功能化等特征。此外，亦同时关注中心城市和外围组团的相互关系。

（2）重点关注城乡要素双向流动对城乡地域发展的影响。统筹城乡发展的目标是实现城乡资源的优化配置，而本质是各种要素在城乡之间自由流动与转化。在城镇化发展的不同阶段，城乡要素流动的特征差异显著，认清核心要素、把握流动趋势，是空间资源优化配置的重要前提。

（3）重点关注城乡关系演变的阶段性和过程性。统筹城乡发展是一个循序渐进的过程，必须把握城乡关系的阶段性特征，明确各阶段的发展目标与核心战略，才能对城乡地域空间的配置提出明确要求。

（4）重点关注城乡空间规划与机制规划的结合。统筹城乡发展既涉及城乡空间要素的整合，又关系到城乡二元体制的破除与转变。因此，必须将空间规划与机制规划相结合，实现两者的相关支撑。

6.2.3　统筹城乡发展的现实基础与挑战

1. 现实基础

石家庄都市区是指中心城区及周边发展密切的地区，包括中心城区（长安区、桥东区、桥西区、新华区、裕华区）和正定县、栾城县、藁城市、鹿泉市，总面积 2657km²，占市域面积的 16.8%，2009 年总人口为 423.8 万。

石家庄都市区以 17% 的土地集中了石家庄 44% 的人口和 63% 的经济总量，是石家庄整体做大做强、参与区域竞争的主体，也是石家庄最有条件推动城乡一体化发展的地区。

从发展基础看，都市区目前初步形成了中心 – 外围产业分工、城乡工农联动的发展局面。首先，都市区整体发展格局初步显现，中心城区服务业职能日趋集聚，都市区 4 县市则逐步承担工业等生产职能；其次，城乡联系日益密切，二元结构逐渐弱化，乡村经济受到城镇发展的影响日益增强，既表现在农业结构的都市型调整，也体现在农村家庭的收入结构的非农收入不断提高等诸多方面。总体而言，都市区已经具备了城乡一体化发展的基本条件。

但与我国经济发达的城市地区相比，城镇化、工业化和都市区化的进程仍处于初级的阶段。以城镇化为例，都市区的城镇化远远滞后于非农化。据本次规划研究，都市区四县市就业非农率高达 74.1%，而相应的城镇化水平仅为 25.5%（统计口径为公安局提供的实际居住人口），远远低于我国经济发达地区的发展水平。

2. 问题与挑战

总体来看，石家庄都市区统筹城乡发展面临 4 个方面的挑战：第一，中心城区的带动能力弱。石家庄市区范围小，集聚水平相对较低，服务业发展有待升级，这制约了中心城区作为增长极的带动效应，也制约了参与区域竞争的能力，同时更制约着城市反哺农村的能力。第二，外围县市的工业化进程滞后。由于工业支撑不强，造成了工农级差小，农业规模化和城镇化的动力不足。考察各区县的发展，可以发现外围区县普遍缺乏龙头产业的带动。第三，村庄占地大，建设用地资源稀缺紧张。都市区村庄面积约 367.7km²，占城乡建设总用地的 53.7%。人均村庄建设用地 253m²，户均占地约 500m²。第四，城镇体系扁平化，县域的聚落格局呈现大村小镇的局面，广大乡镇地区普遍缺乏增长极的带动。

6.2.4　发展目标与空间战略

1. 基本思路

石家庄都市区统筹城乡发展的关键在于通过新的发展路径，推动城乡生产要素的双向流动，实现城市与乡村的全面统筹发展。为此，规划以"新城区、新市镇和新社区"三新战略为抓手，改变当前以中心城区为生产要素单一集聚核心、以低成本农用地征用为主要手段的城镇化模式。发挥城市与乡村双重动力，以城乡土地资源的统一配置为载体，以土地流转的制度创新和农村服务体系建设为保障，推动新型城镇化发展。一方面通过农村生产要素流动，支撑中心城区优化升级和新市镇扩容；另一方面发挥中心城区的级差地租效应，显化农村生产要素价值，并以新市镇、农村新社区等人口、产业聚集区为投放重点，强化中心城区对新市镇产业发展和农村新社区公共服务提供的反哺作用（图 6-9）。

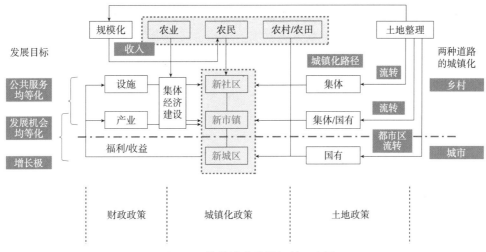

图6-9 统筹城乡发展机制示意图

整体上形成"以工业的集中发展为动力，以农业的规模经营为基础，以城乡土地资源的统一配置为载体，以土地流转制度创新和农村服务体系建设为保障"的统筹城乡发展新路径，实现都市区的全面、协调和可持续发展。

2. 发展目标

规划认为石家庄都市区统筹城乡发展的目标应包括两方面的含义：一方面要满足壮大省域中心城市、实现跨越式发展的战略要求；另一方面，需要满足促进生产要素在城乡之间自由流动、实现公共资源在城乡之间合理配置的统筹城乡发展的内涵要求。

因此，本次规划确定石家庄都市区统筹城乡发展总体目标为：京津冀城镇群第三极，河北省整体崛起的龙头和统筹城乡发展的示范区。具体包括三重含义：第一，携手京津，培育高端职能，融入京津冀产业分工格局；第二，提升省会职能，推动现代服务业发展，支撑沿海强省建设；第三，统筹城乡，优化城镇产业布局，构建新型城乡关系。

3. 空间战略

立足都市区发展的现实基础，在识别都市区发展存在问题的基础上，借鉴成都和天津的工作经验，认识到石家庄统筹城乡发展不仅是单纯的城市反哺农村、工业反哺农业，而是通过生产要素在城乡之间的合理流动，实现城市和乡村、中心和外围的互促发展。其关键在于逐步实现"两个均等化"，即"发展机会的均等化"和"基本公共服务的均等化"，以此优化产业发展格局和公共服务格局，引导人口和生产要素的集中配置。

为此，本次规划明确了石家庄都市区统筹城乡发展"中心提升、外围壮大；城乡联动、体系优化"的总体发展部署，并明确提出以"三新战略"为抓手推进都市区的统筹城乡发展的发展思路，"三新战略"分别指新城区、新市镇和新社区战略。

战略一：建设新城区，优化功能布局，提升核心竞争力。实施中心城区北跨和中心外围城市功能一体化战略。高起点高标准打造正定新区，作为支撑石家庄的跨越式发展的支点，形成新、老两个城区双核引领发展的格局。在以中心城区北跨发展为核心的空间框架下，协调中心城区与周边县城功能定位，推动鹿泉新城、栾城新城、藁城新城和空港新区发展，形成"2+4"的组团式城市功能空间布局。

战略二：打造新市镇，培育城镇增长点，联动城乡发展。依托现状基础和发展条件较好的城镇，通过示范产业园区和新型居住社区的建设，形成带动乡村地域经济发展、为村民提供城镇型服务的新型城镇节点。区别于传统意义上以公共服务提供为主的中心镇的发展思路和传统征地方式建设城市的发展路径，新市镇通过强化产业功能，整合一定范围内乡村工业的发展，有效引导城镇化和工业化的集中发展；通过一定程度上保留农村集体所有制的形式，引导农村集体参与城镇化的进程，从而探索城镇化发展的新路径。本次规划调整"重城市工业、轻乡镇工业"及"重资本密集型产业、轻劳动密集型产业"的发展思路，将乡镇工业发展提升到全市战略层面，规划为每个新市镇配套建设一个 3km² 左右（起步区 1km²）的示范工业园区。以工业和城镇的集中发展，引导外围地区发展要素更合理配置，从而形成外围地区城乡统筹发展的局面。

规划确定新市镇 8 个，每个县市分别设置 2~3 个，规划人口规模为 5 万人以上，包括铜冶、李村、北早现、南牛、梅花、增村、南高、冶河等。

战略三：培育农村新社区，完善设施配置，实现公共服务均等化。以规模较大、设施较为完备的村庄为依托，完善公共服务设施配置，优化居住环境，形成功能相对完善的农村新社区，增强居民服务和农业服务能力，逐步引导农业地区的村庄整合，实现公共服务均等化。

同时，加强对周边一般村庄的用地整理，盘活现有村庄建设用地和闲置土地，释放农村生产要素资源，支撑城市和新市镇发展，并推动实现农业的规模化经营，为现代农业生产体系建设奠定基础。

本次规划确定至 2030 年都市区共建设 88 个农村新社区（含 18 个特色村庄），各县平均20~30 个。

"三新战略"通过新城区扩容城市规模和优化城市空间结构，破解现状中心城区的空间发展困境，提升城市竞争力，引领都市区的发展；通过新市镇，推动工业园区和城镇社区的联动发展，释放石家庄乡镇企业的传统优势，推动工业化和城镇化进程，创造广大乡村地区发展机会均等化的格局；通过新型社区，推动农村居住社区和农业产业园区的联动发展，配套完善的公共服务设施，实现公共服务均等化的发展目标。

6.2.5　规划解决的重点与难点

1. 传统统筹城乡发展路径突破

统筹城乡发展是一项复杂而艰巨的系统性任务，涉及农业发展、城镇化推进以及农村基本公共服务水平提升等多方面传统模式的反思和调整。从我国城乡关系发展的现状来看，如果说改革开放前，我国的工业化是建立在低价农产品统购统销，通过工农剪刀差来奠定工业化基础的话，那么 20 世纪 90 年代以来加速推进的城镇化进程在一定程度上是通过低价征收农民土地，在缺乏保障提供的前提下廉价使用农村劳动力，吸纳多种农村发展要素的结果。这种模式使得我国城乡差距持续扩大的基本成因从产品形态转向了价值形态，即"农村资源要素价值的流失"。而如何建立一种要素双向流动的机制，或者说，如何充分发掘农村地域的价值，吸引要素的流动，成为推进城乡统筹发展的关键出路。也正是在这个意义上，统筹城乡发展意味着农村发展和城镇化发展路径的新突破。在农民增收和农业发展方面，突破传统的依赖家庭经营的农业使农民致富的简单方式；在城镇化方面，突破传统的以城市主导的，或者说城市通过低价征收农村土地而实现的城市空间扩张模式，突破城市导向的社会服务供给模式；在城乡关系方面，突破城市反哺农村的单一路径，从而建立"三农"发展的内生机制，实现发展机会和发展收益的公平机制。

从石家庄都市区城乡发展的实际看，目前正面临中心城市带动能力弱、重城市轻乡镇的工业化推进乏力、乡村公共服务水平亟待提升等若干问题。大型工业园区的带动效益十分有限。政府尽管提供了大量的政策倾斜，市级 5 大产业集聚区用地规模占到都市区园区规模的 59%，但是其经济贡献水平仅占到全都市区的 12.9%，而就业贡献率更是仅占到 22.1%。相比之下，乡镇工业拥有较好的工业产出效益和就业拉动能力，但依然面对规模小、水平低、资源消耗大、污染点源多等一系列问题。随着农村人口适婚适育人口所占比重不断增大，对居住空间和教育等公共服务资源的需求也不断增大。农村地区面临较大的发展压力。而农村地区普遍存在公共服务水平不高、管理能力不足、维持资金有限等一系列问题。而政府目前推动的新民居建设，存在与都市区村庄萎缩、农民转移的发展趋势不匹配，固化分散式的村庄格局等问题，亟须与城镇空间发展相协调。

在总结新一阶段统筹城乡发展的核心要义的基础上，从都市区发展的现实基础以及困境难点出发，本次规划提出了以新市镇为核心的"三新战略"。重点是除了在中心城市强化核心集聚能力（新城）之外，优化乡村工业发展，通过新市镇建设方式突出重点优化集中。而这种以新市镇推进的方式，区别于传统重点镇的做法在于是新时期国家在推进城乡统筹发展政策试点下的实践努力。即尝试保留农村集体土地性质不变的前提下，通过合理的流转、租用等形式，实现在城镇化过程中农民利益的保障，使农村农民真正成为城镇化进程的受益者。同时，借助新市镇、新社区的建设实现工业集中、公共服务覆盖更有效率的统筹目标。

2. "三新战略"的空间实现

"三新战略"的提出是在对石家庄都市区城乡发展阶段性判读的基础上，为实现远景城乡一体化发展的宏伟目标而做出的空间尝试。作为核心的战略主张，需要与城乡发展的现实基础相结合，重点突出，目标明确的构建空间发展体系框架。

具体的空间落实为组织"中心城区—新城—新市镇——般镇—农村新社区（特色村）"的5级聚落体系，兼顾目标要求与统筹城乡过程性与长期性，以期达到分工合理、组织有序的目标。

构建促进都市区整体发展的核心产业区与乡镇示范工业区双重动力体系。一方面通过大型产业发展核心区、外围县市工业园区优化区域产业体系，促进产业升级，提升整体竞争力；另一方面通过乡镇示范工业园的建设，推动城乡发展机会均等化，特别是整体提升基层乡镇产业，优化城乡产业空间布局。同时，以农村社区基层农产品生产节点为支撑，以新市镇农业示范产业基地为龙头优化农业产业空间格局，促进传统农业向现代农业、都市型农业的转换。

优化都市区村庄布局，考虑到村庄迁并工作是一项复杂性与长期性并存的过程，分批试点，稳步开展。重点从生态安全、环境建设、城镇发展的角度对都市区范围内的村庄居民点给予合理有效的规划发展指引。具体的实施对策包括大力推动农村新社区、特色培育型村庄发展，建设成为广大农村地域特色经济发展与基本公共服务提供的重要空间载体；积极推进生态迁并型村庄向城区、新市镇的迁移，改善边远山区、地质灾害及生态保护地区内居民的生活条件；稳妥推动城镇转化型、城镇迁并型村庄的城镇化转化，严格保障农民及农村集体的合法权益；合理控制过渡控制型村庄的空间拓展，并采取用地、财政、户籍等多种手段引导居民向城区、新市镇转移，节约集约利用土地资源。

6.2.6 实施机制建议

本次规划以"新城区、新市镇和新社区"三新战略为抓手，从城乡土地、财政金融、城镇化等方面提出了统筹引导城乡空间合理发展的政策建议。

（1）按照"同地同价、指标共享、市域流动、增减有余"原则，建立城乡统一的建设用地市场，按照"城镇建设用地增加与乡村建设用地减少挂钩"的原则，在市域范围内有偿转让。土地置换指标所得收入专款用于统筹城乡发展，土地级差收益主要用于新市镇和农村新社区建设。推动农村承包地流转，在农民自愿的前提下，建立以农村新社区等集体经济组织为依托、以租赁为主、投资入股为辅、多种形式并存的农村土地承包经营权流转制度，促进农用地集中使用，实现农业规模化、产业化经营。

（2）建立农村确权保障制度。推动农村房屋所有权、土地承包经营权、宅基地使用权和林地承包权等确权、颁证工作。搭建城乡产权交易平台，促进产权依法有序流转。促进农民工稳定就业，推动城镇化发展。对农民非农就业实行免费职业介绍和培训；对自主创业的农民工，需贷款办企业的,予以贴息补助。推行农民工养老保险关系跨省转移接续。对市域内有稳定工作的农民工,实行与城镇职工相同的失业保险政策。

(3)调整城乡教育资源配置结构,强化教育资源向农村倾斜,引导中小学校向新市镇、新社区整合。统筹城乡医疗服务,构建新市镇卫生院、农村新社区卫生室等在内的,适合农民就近就医和享有公共卫生服务的"一网多用"的农村社区卫生服务网络。建立城乡信息一体化共享机制,以就业服务、教育资源共享、城乡医疗互动为核心,推动公共服务资源向农村流动。将农村文化建设纳入城乡经济和社会发展规划,纳入财政支出预算,推动农村文化事业发展。

(4)设立产业园区建设专项资金,重点服务核心产业发展区和新市镇示范产业园区的基础设施建设。专项安排产业园区建设用地指标,市县两级每年拿出一定比例的用地指标,专项用于重点区域及新市镇产业园区的项目用地,支持新市镇示范产业园区发展。加大对农业产业园发展的支持力度。

(5)建立财政投入增长机制,按照总量持续增加、比例稳步提高的要求,调整财政支出结构,健全投入保障制度,财政支出优先支持农业、农村新社区发展。设立城乡统筹发展专项资金,安排专项资金主要用于新城镇和农村新型社区的水、电、路、气、讯等基础设施项目,以及教育、文化、卫生等公益性公共服务设施项目的奖补。健全农村金融风险补偿机制,建立健全全市统一的巨灾风险基金管理体制,足额安排农业风险巨灾准备金。

石家庄都市区城乡统筹规划主要图纸如图 6-10~ 图 6-16 所示。

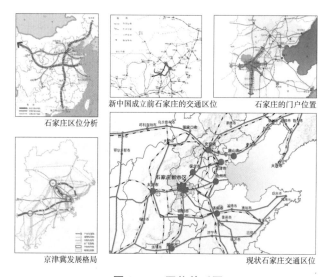

图 6-10 区位关系图

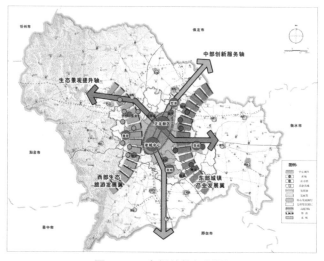

图 6-11 空间结构规划图

图 6-12　城乡建设用地规划图
（2030 年）

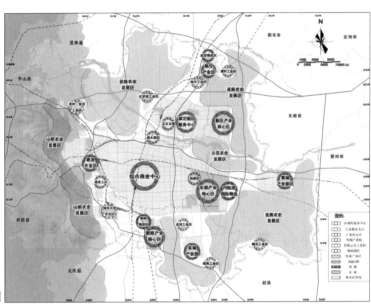

图 6-13　产业布局规划图

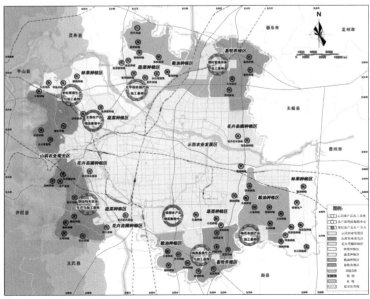

图 6-14　农业布局规划图

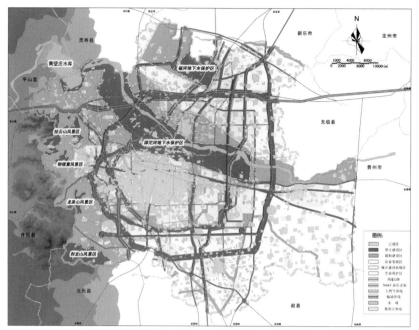

图 6-15　生态安全格局规划图

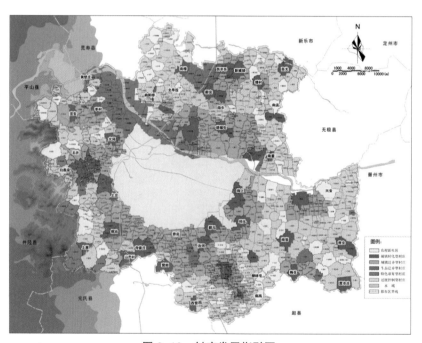

图 6-16　村庄发展指引图

6.3　山东省莱芜市统筹城乡一体化发展总体规划
——以"六个一体化"推进城乡统筹发展①

为适应统筹城乡发展的需要,山东省莱芜市 2008 年编制完成《统筹城乡一体化发展总体规划》,按照城乡统筹、一体化发展的思路,将全市 2246km² 作为一个整体,对城乡布局、产业发展、基

---

① 该案例由山东省莱芜市规划局、山东省住房和城乡建设厅提供。

础设施、公共服务等进行统筹规划，在全市推进城乡一体化发展的实践中起到了重要引领和指导作用。

6.3.1 规划编制背景

编制统筹城乡一体化发展总体规划，主要是基于对上级政策方针、经济社会发展的一般规律和莱芜市情的认识与把握。莱芜市 2007 年人均 GDP 超过 3000 美元,农业占 GDP 的比重仅为 6.2%,城镇化水平达到 50%，已经进入了以城带乡、以工促农、城乡互动、一体化发展的重要阶段，推进统筹城乡一体化发展正当其时，作为发展的龙头、工作的先导，规划工作必须率先做出突破。

从发展情况看，莱芜只有两个区，不辖县，是山东省人口最少、面积最小的地级市，大企业较多，工业增加值占 GDP 的比重超过 65%,以城带乡、以工促农的基础较好，推进城乡一体化具有得天独厚的基础条件。因此，市委、市政府从 2007 年起围绕破除城乡二元体制障碍、加快统筹城乡发展，进行改革探索；2008 年初，制定实施了《莱芜市统筹城乡一体化发展纲要》，开始把推进统筹城乡一体化发展作为全市工作的主线；2008 年 10 月，莱芜市被省委、省政府确定为"全省统筹城乡发展改革试点市"（图 6–17）。在这种形势下，原有的城市总体规划已经不能适应发展要求，需要做出新的探索。

图 6–17 莱芜市被山东省确定为"全省统筹城乡发展改革试点市"

6.3.2 规划技术路线和主要内容

统筹城乡一体化发展总体规划是规划领域里的新课题，尚未出台具体的规范和编制标准。在立足实际，深入调研分析的基础上，规划把全市城乡 2246km² 作为一个整体统筹考虑，围绕解决城乡二元体制造成的种种城乡二元分割问题,重点对城乡发展中的产业、人口、用地、空间结构、生态环境、资源、基础设施与公共服务设施、实施措施等重大问题进行专题研究，探索建立城乡一体、互融互动的体制框架。

根据山东省委省政府的要求，着眼于莱芜市统筹城乡发展的需要，规划定位为莱芜市"最高最大"的规划,是其他城乡规划的上位规划。城乡统筹规划应具体落实国家、省有关城乡统筹发展、新农村建设的方针政策，从城乡统筹的角度体现规划的公共政策属性，从问题、目标导向，制定规划的技术路线与内容框架（图 6–18）。

1. 城乡发展目标

城乡一体化既是城镇化的最高阶段，也是乡村现代化的最高境界，是城乡现代化的交汇融合过程。规划莱芜市在省内率先建立城乡经济社会发展一体化体制机制，形成和谐的城乡一体化发展示范区。

城乡发展可划分为城乡二元结构、城乡互动起步、城乡初步一体化、城乡一体化基本实现、城乡高度一体化 5 个阶段。根据莱芜市 2007 年各指标现状值和城乡一体化水平测算方法，判断其城乡一体化水平已进入了城乡互动发展阶段。规划 2012 年完成城乡互动发展；2020 年实现城乡初步一体化；2030 年基本实现城乡一体化；2050 年前后进入城乡高度一体化阶段。

2. 城乡建设用地控制

对城乡用地进行现状分析、评价，确定城乡建设用地标准、用地总量，提出集约节约用地政

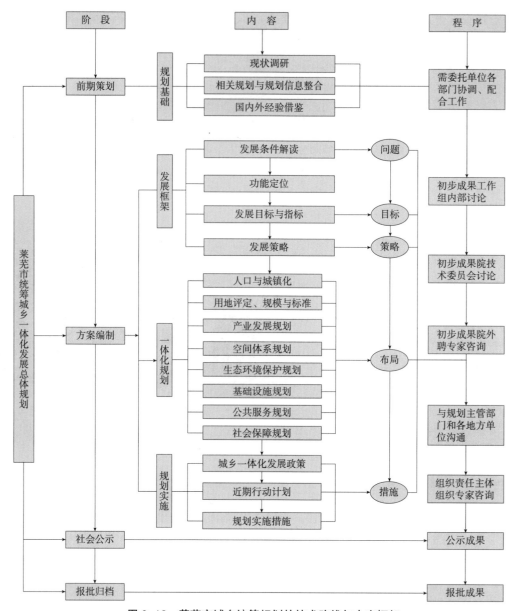

图 6-18　莱芜市城乡统筹规划的技术路线与内容框架

策措施。

（1）使用国土部门最新的土地资源详查图形数据,结合遥感影像,精确分析莱芜市域用地现状,总结特征及问题（图 6-19）。

（2）按照《城乡用地评定标准》（CJJ132-2009）,确定不可建设用地、不宜建设用地、可建设用地和适宜建设用地的范围、面积,指导城乡建设用地选择和城乡空间分区管制规划（图6-20）。

（3）确定城、镇、村人均建设用地标准。莱芜市现状人均城乡建设用地较高,规划新增城乡建设用地应满足国家和山东省有关集约用地标准,以逐步降低城乡建设用地人均指标（图6-21）。

（4）分阶段确定建设用地规模。本着节约集约用地的原则,按照规划期内城市建设用地增加,村庄建设用地减少,城乡建设用地相挂钩的思路,各阶段建设用地严格与土地利用总体规划确定的目标相一致,并在规划期末实现总建设用地比现状节约的目标。

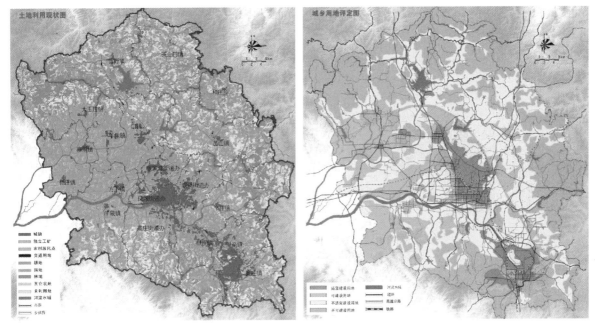

图6-19 城乡土地利用现状 图6-20 城乡用地评定

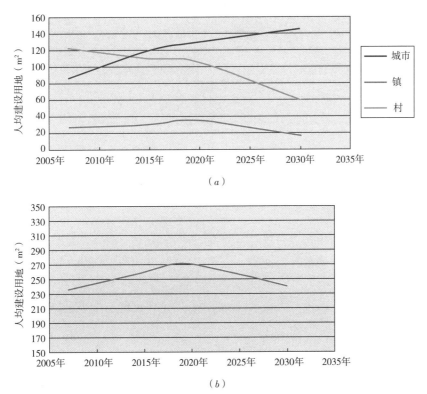

（a）

（b）

图6-21 城、镇、村用地增减及城乡建设用地总量变动

（a）城乡建设用地动态变化图；（b）城乡建设用地总量动态变化图

（5）通过控制新增用地规模，提高存量土地利用效率，城乡发展实现以新增用地为主向挖潜改造为主的模式转变。通过城乡建设用地挂钩、农村土地流转、提高园区用地集约程度等措施，建立和完善城乡公平、有效促进集约利用的土地政策。

3. 城乡产业发展引导

分析城乡产业现状特征及问题，提出产业结构升级战略，按照产业布局区域化、产业发展集群化、要素配置市场化的原则，提出城乡第一、第二、第三产业发展策略及区域布局方案，并把镇域经济和"飞地经济"结合，促进工业向园区集中。最终建立完善城乡经济发展联动机制，促进城乡产业互动发展（图6-22和图6-23）。

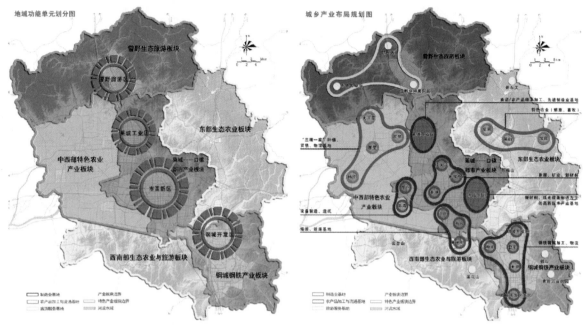

图6-22　地域功能单元划分　　　　　图6-23　城乡产业布局规划

4. 城乡空间布局规划

（1）城乡发展模式

分析莱芜市城乡居民点分布现状及历史演变特征，推导规划期内应采用"适度集中，多极多点"发展模式，引导城、镇、村协调发展，即城市极化，减少乡镇数量，培育片区中心，村庄分类整合，培育中心村，组建农村社区（图6-24）。

（2）城乡体系规划

构建"一带六片，一城六镇多点"的城乡空间布局结构，"一带"即莱城—钢城—口镇—雪野城市发展带，也是产业带、交通带、生态带，是全市发展的中脊；"六片"即莱城—口镇片区、钢城片区、雪野片区、中西部片区、东部片区、西南片区，为六个次区域；"一城"为莱城、钢城、口镇、雪野组成的带状组团式城市；"六镇"为寨里、牛泉、苗山、羊里、杨庄、辛庄等六个小城镇；"多点"为多个乡村居民点（图6-25）。

把城镇和乡村居民点分为城区、小城镇、中心村、基层村4个等级，确定城镇职能类型和发展定位。进行城乡人口地域分配，确定各城市组团、各小城镇驻地及村庄人口。

（3）城、镇、村规划布局

规划把城市地区划分为27个城市社区，组建6个小城镇社区，并分别制定社区公共设施配置标准（图6-26）。

村庄布局是城乡布局的重点。按照城乡地域范畴，确定城区村、镇区村，这些村庄按照城镇规划逐步纳入城镇建设用地范围，适时进行"村改居"（图6-27）；城镇建设用地范围之外的行政村，按照《镇规划标准》中村庄作为聚落（或称居民点）的概念，整理为农村居民点（即"合村"）。据此规划87个中心村，224个基层村，规划撤并266个无发展潜力、规模过小的村庄（即"并点"），如图6-28所示。

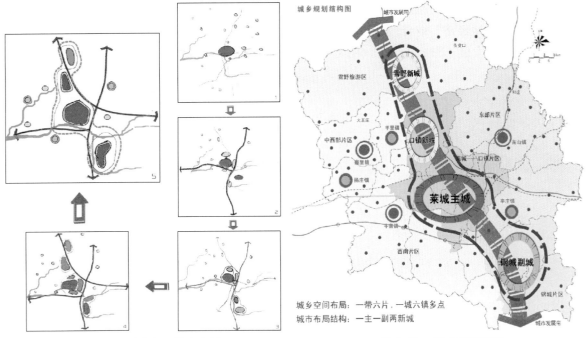

图 6-24　城乡发展模式分析

图 6-25　城乡规划结构

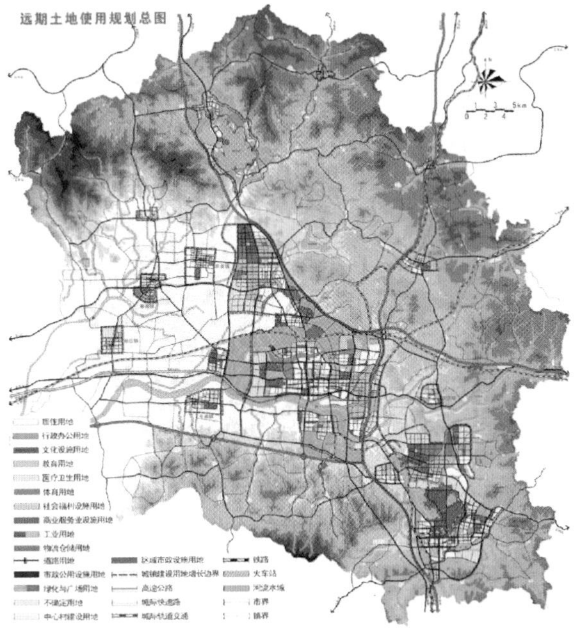

图 6-26　城乡用地布局

图 6-27　城乡社区划分

以中心村为核心组建农村社区，如图 6-29 所示。平原地区农村社区人口规模在 5000 人以上，社区服务半径控制在 2km 以内；山区农村社区人口规模在 3000 人以上，社区服务半径控制在 3~5km。制定村庄分类规划指引，并拟定农村社区公共设施配置标准。

（4）城乡空间分区管制

为实现对区域内不同地区发展分类指导，将规

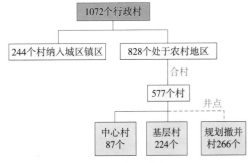

图 6-28　村庄整合结果

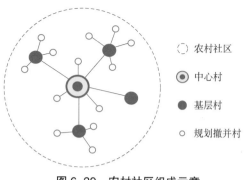

○ 农村社区
◎ 中心村
● 基层村
○ 规划撤并村

图 6-29 农村社区组成示意

划区分为禁止建设区、限制建设区、适宜建设区和现状建成区4种空间管制类型（图6-30），并制定空间管制区划标准，提出分区管制措施。

5.城乡基础设施规划

研究覆盖城乡的水资源、热源、气源、电源等"源"问题，提出各类基础设施的供给方式，形成覆盖城乡的一体化基础设施网络。制定各类基础设施供给保障措施，加强城市基础设施向农村延伸，提出适合未来农村推广的小型化、投资少、易维护的各类新型技术产品。

禁止建设区 ┤
- 森林公园
- 河流水系保护区
- 基本农田保护区
- 山地生态管制区
- 市政走廊控制区
- 生态旅游发展区

限制建设区 ┤
- 低山丘陵生态功能区
- 城镇建设用地控制范围

适宜建设区 ── 城市规划建设区

现状建成区 ┤
- 城市建成区
- 镇建成区

图 6-30 空间管制分区规划

6.城乡公共服务设施规划

分析各类公共设施的现状特征与问题，确定城乡公益性公共设施体系，制定城、镇、村公益性公共设施配置标准，进行教育、卫生资源空间布局，提出城乡全覆盖的公共服务设施建设管理政策措施。

贯彻广覆盖、保基本、多层次、可持续原则，从就业保障、养老保障、医疗保障、社会救助、住房保障5个方面提出政策措施，形成覆盖城乡的社会保障体系。

6.3.3 城乡统筹规划的特点与方法

通过本次规划，总结城乡统筹规划应具有系统性、创新性、前瞻性和可操作性4个特点。

（1）"三规合一"的规划理念与方法。城乡统筹规划与产业布局规划、土地利用总体规划充分衔接和协调，做到城乡空间布局与产业组织在空间上的统一，与土地利用规划在用地分类上相互协调，空间数据力求统一。

（2）公众参与。规划广泛征求公众意见，提高公众参与程度。尤其表现在合村并点与农村社区规划上，多层次广泛征求意见，也体现了规划是维护公众利益的一种手段。

（3）部门合作。各部门通过专题研究、规划对接等途径把有关的城乡发展思路充分体现在规划中，使规划不是停留在技术层面上，更加突出了规划的公共政策属性，提高了规划的可操作性。

（4）GIS技术应用。借助ArcGIS平台和遥感技术，对城乡地域各要素从空间上进行准确定位分析，与基于MapGIS的地籍管理系统无缝衔接，在规划方案中新技术的应用大大提高了规划的科学性。

6.3.4 政策机制创新与实施效果

规划的科学合理固然重要，更重要的是建立城乡一体的规划实施与管理机制，这是一个紧迫的、更加复杂的工作。莱芜市在推进统筹城乡一体化发展过程中，坚持以《统筹城乡一体化发展总体规划》为先导，以政策机制创新为根本，着力构建城乡一体、充满活力、富有效率、更加开放和有利于科学发展的体制机制，积极探索行之有效的实现途径。

1. 大力推进"六个一体化"，构建城乡一体化发展的体制框架。

一是推进城乡规划布局一体化。按照城乡总体规划及产业、人口等12个专项规划，加快构建"一城六镇多点"的城镇体系，将城市规划区外的864个行政村规划调整为87个农村社区、224个基层村，初步形成中心城、小城镇、农村新社区（中心村）、基层村梯次分明、布局合理的城乡空间新格局。

二是推进城乡产业发展一体化。按照"经济区域化、产业集群化、资源配置市场化"的思路，优化产业区域布局，规划建设"三大产业板块"，推动城乡产业融合发展。目前，"三大产业板块"涵盖了全市70%的区域，集聚了全市80%以上的经济总量，成为城乡产业融合发展的集聚区。

三是推进城乡基础设施建设一体化。按照"区域共建、城乡联网、设施共享"的思路，重点加快城市供水、供电、供气、通信等基础设施向农村延伸，全市村村通油路、通自来水、通有线电视、通网络率分别达到99%、92%、50%和99%，天然气管网延伸到10个镇（街道），覆盖面达到50%。推进城乡公交一体化，构建起覆盖市区和所有镇村的城乡公交网络，农村居民由村到镇只花1元钱，从镇到市只花2~3元钱。

四是推进城乡公共服务一体化。主要是加快城市资源向农村延伸、公共服务向农村覆盖、城市文明向农村传播。如建立了城乡医疗卫生机构融合发展机制，全市19家乡镇卫生院全部与城市医院建立托管、合作关系，乡镇卫生院领办村卫生室率和村卫生室网络化管理率均达到100%，农村医疗卫生服务水平明显提高；深入实施"科技信息村村通"工程，建立了市、区、镇、村4级联通的网络信息平台，组建了科技专家顾问团，农民既能通过远程网络系统获取农业科技信息，又能得到农业科技专家的现场指导服务。同时，还健全了城乡一体的文化、教育、体育、精神文明建设体系，农村文化大院、健身设施村庄覆盖率分别达到75%和80%。

五是推进城乡就业和社会保障一体化。按照"城乡一体、全面覆盖、低点起步、逐步提高"的思路，建立起就业、养老、医疗、住房、救助等十大民生保障体系。如在就业保障上，市财政每年拿出1700万元专项资金，采取政府花钱买服务、向群众发放"培训券"的方式，累计免费培训4.8万人，80%以上实现了多途径就业创业，全市保持了城镇零就业家庭和农村零转移就业贫困家庭"动态消零"。在养老保障上，从2007年开始就推行农民社会化养老保险，50岁以上的农民全部纳入养老保障范围；2010年又按国家新型农村养老保险标准，实现了新农保全市覆盖。在住房保障上，改革经济适用房、廉租房运作方式，探索建立以货币直补为特点的住房保障机制，每年解决1500户城市低收入家庭和1000户农村困难家庭的住房问题。

六是推进城乡社会管理服务一体化。以建设新型农村社区为抓手，在农村集中居住区、中心村规划建设130处社区服务中心，为农村居民提供医疗卫生、文化体育、社区警务、计划生育等"一揽子"服务，初步实现农村社区化服务全覆盖；全面推行"便民服务全程代理制"，设立市、区、镇、村4级代理机构和代理员，对与群众生产生活相关的200多个服务项目实行全程代理，使群众只跑一趟路、只进一个门、只找一个人就能办成事。

2. 着力促进"三个集中"，探索城乡一体化发展的实现途径

一是做好土地流转的文章，促进农业向规模经营集中。重点健全完善农村土地承包经营权流转的经营激励、利益协调、考核奖励等政策机制，在乡镇建立土地流转服务大厅，在各区建立服务中心，引导各级按照依法、自愿、有偿的原则，稳步推进土地流转、规模经营。市里出台"双奖"制度，由市财政对组织流转耕地的村集体、受让耕地的大户或企业，分别给予每亩50~100元的奖励，先后发放奖励资金600多万元。探索了企业+村级组织+农户、龙头企业+合作社+农户、专业大户+农户、农户+农户等多种土地流转模式。截至目前，全市累计流转耕地23万亩，占耕地总面积的24.7%；流转林地64.6万亩，占宜流转面积的80.3%。

二是做好"飞地经济"的文章，促进工业向园区集中。为有效解决工业布局分散、部分偏远山区乡镇环境制约突出、近郊乡镇发展空间不足等问题，遵循"项目集中、发展集约、产业集群"的原则，规划建设了高新技术产业示范区、莱城工业区、钢城经济开发区等重点工业园区，引导不适宜发展工业的乡镇突破行政区域界限，到重点工业园区因地安置项目。

三是做好农民变市民的文章，促进人口向新城镇新社区集中。在全市取消农业、非农业户口性质划分，逐步消除附加在户籍制度上的养老、医疗、计划生育等各种城乡差别。同时，大力实施新城镇、新社区"两新"工程，按照小城市的发展要求规划建设新城镇，按照小城镇的要求规划建设农村新社区（图6-31），加大合村并点力度，不断完善土地、建设、拆迁补偿、就业安置等政策措施，促进人口集中居住。

图6-31 "两新"工程

3. 探索推行"两股两建"，建立城乡资源要素充分流动的市场化配置机制

所谓"两股"：一是土地承包经营权股权化。在坚持土地集体所有、土地用途和承包关系不变的前提下，在农业产业化基础较好、农业能实行企业化管理或有外来企业投资开发的村，将农村

的土地承包经营权以一定土地面积为单位量化为股权，农民可以用股权参与农村新型合作经济组织，按股获得收益，实现土地承包经营权的价值化和有偿化。目前，全市已完成土地股权化改造8.6万亩。二是农村集体资产股份化。在集体经济发达、农村企业化发展趋向明显的村，对集体资产或经营性资产进行股份制改造，按集体经济组织成员人数、"农龄"等因素设置股权，把集体的资产股份分配到人，股随人走，实现集体资产明晰化。目前全市集体资产较多的村已基本完成股份化改造，村民人均年分红1000多元。

所谓"两建"：一是建立新型农村合作经济组织。采取典型引路、政策激励等多种措施，全力加快农业合作社、股份公司、专业协会等农村经济组织的发展，促进农村经营方式转变，提高农民组织化程度和现代农业产业化水平。截至目前，全市共成立各种新型农村合作经济组织496多家，有40%的农户参与了合作组织。二是建立城乡统一的建设用地流转制度。就是实行城镇建设用地增加和农村建设用地减少挂钩，把农村和城市的建设用地统筹起来考虑，以市场化的手段建立起城乡建设用地统筹安排、农村建设用地指标有偿使用的机制，解决城市建设用地不足与农村集体建设用地闲置的矛盾。近年来，全市通过实施土地"增减挂钩"等办法，累计腾出土地8000多亩，既增加了城市建设用地，又通过复垦增加了农村耕地，还为农村发展提供了大量资金，实现了一举多赢。

通过近年来的探索，《莱芜市统筹城乡一体化发展总体规划》取得了良好的实践效果，全市城乡经济社会实现了又好又快发展，城乡民生保障水平不断提高，城乡经济社会持续健康发展，城乡差距逐步缩小，城乡社会保持和谐稳定。

6.4 浙江省嘉兴市市域总体规划（2005-2020）
——在市域总体规划中全面协调城乡发展的典型案例[①]

6.4.1 规划编制背景和编制过程

嘉兴地处江南水网地区，下辖二区、二县、三市，陆域面积3915km^2，户籍人口约339万，外来常住人口约190万，是长江三角洲最具典型的均质平原地区，各县（市、区）的自然地形、区位背景、交通条件和经济基础都十分相似。这些相似的背景条件使得市域城乡发展水平均衡，所辖五县（市）全部入选全国百强县（市），且排名都在30~50位，嘉兴城乡发展也较为均衡，城乡收入差距在1.98：1左右。嘉兴均质化的区域和城乡发展特征为嘉兴先行实现城乡一体化，实现城乡、区域协调发展提供了有利的条件。但同时，均质化的发展现状与中心城市核心作用不显，因此，如果不将市域3915km^{2}作为一个整体进行规划，对开发活动的空间布局和时序进行引导、协调，重复建设、水平竞争、过度竞争的现象将会日益明显。

另一方面，嘉兴作为浙江与上海、江苏联系的门户，未来连通上海、宁波、苏州、杭州的高速公路网交汇于此，境内区域性的交通线非常密集。众多区域性交通干线在市域内的密集分布，既可以缩短嘉兴与周边城市的距离，加强嘉兴与周边的交流，产生良性的"漏斗效应"，为嘉兴带来足够多的资本、信息、物资等经济发展要素，也可能仅仅作为过境通道而将嘉兴分割得支离破碎，难以整合发展，使嘉兴仅仅作为加强区域之间联系的一个通道。

2004年6月3日，浙江省政府常务会议在审议嘉兴市城市总体规划的同时，明确要求编制《嘉

---

① 该案例由嘉兴市规划局、嘉兴市城市规划设计研究院提供。

兴市域总体规划》，着力建设全省城乡一体化示范区。市域总体规划覆盖面广、内容多，并且涉及方方面面的利益，许多问题都需要与有关部门进行协商和广泛征求意见，来逐步统一思想、统一认识。在规划编制的各个阶段，规划编制单位反复与市级相关单位、各县（市、区）进行座谈、咨询和征求意见，并组织召开了数次专家论证和咨询会。2006 年 5 月，规划通过了省各有关部门和专家组成的联席会议审查，并上报省政府审批。

6.4.2 规划方法和技术路线

顺应时代需求和嘉兴自身发展的需要，规划以"构建完善网络型大城市"为核心理念和目标，遵循"目标导向"的研究思路，确定背景审视、战略制定、资源配置、空间架构、城乡统筹、设施支撑、实施保障的研究序列和规划框架（图 6-32）。

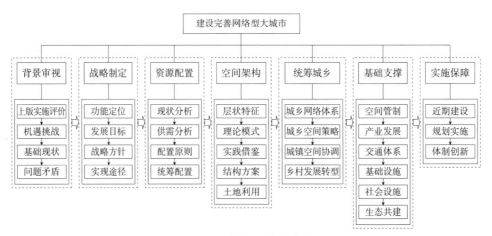

图 6-32 规划调整技术路线图

6.4.3 城乡统筹发展目标

规划目标以一个城市地区的理念统筹市域各项发展要素，提高土地等要素的利用效率；推动产业、人口向主城、副城集中，支持潜力较大、特色较为明显的新市镇的发展，构建"1640"的网络型大城市空间体系；鼓励高端产业和服务功能向主城集中，凸显网络型大城市的核心竞争力；以城市社区的标准大力推进乡村居民点的撤并和乡村建设用地的整理，建设供有地居民居住的高标准新社区，推动乡村生产方式和生活方式的转型；梳理市域范围内的交通设施，构建"同城化"、"快速化"的交通网络体系；推动区域性基础设施共建共享、加强新社区基础设施建设；推进事权和行政区划调整，明确各级政府在建设完善网络型大城市过程中的职责。

6.4.4 规划解决的重点和难点问题

市域总体规划以市域的长远利益和整体利益为出发点，以加快推进城乡统筹发展为目标，在依据环杭州湾城镇群空间战略规划，综合各县（市）城市总体规划等相关规划的基础上，确定了市域建设与发展的空间布局和功能结构，落实了市域基础设施廊道和生态廊道，统筹了市域水资源和土地资源的保护和利用，提出了市域基础设施及大型社会公共设施共建共享的目标要求，以求充分发挥城市对农村、工业对农业的反哺作用，促进城乡统筹发展。市域总体规划重点解决好以下几个方面的问题：

1.统筹市域空间资源和土地配置，合理确定市域的空间架构与功能布局

传统的区域规划是一种开发导向型规划，规划的基本思路是做"加法"。市域总体规划将规划的基本思路变为先做"减法"，即首先明确非建设用地，在明确非建设用地的规模及分布、满足区

域生态环境需要和未来战略储备需要的前提下，统筹安排市域建设用地的布局，建设用地被作为区域总用地减去非建设用地的剩余，将区域的保护与开发有机结合起来，充分体现了可持续发展观和科学发展观对规划的科学指导（图6-33）。

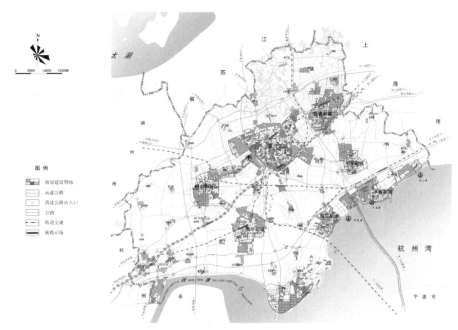

图6-33　市域土地利用总体规划图

2. 统筹城乡空间布局，推进城乡一体化

对于嘉兴，传统的"强县弱市"和均质化的发展条件导致了市域空间格局上的相对分散和无序蔓延。为此，规划提出构建"1640+X"的网络型空间结构，实现开放式组团布局，形成有机结构网络，各组团之间通过绿色空间隔断，组团间的交通联系通过市域内部的快速道路相连。这样，通过有机集中理念指导下构架嘉兴市域组合型城市的空间结构，融合原有各组团（县市）的各自优势，在市域范围内统筹配置资源和进行基础设施的建设，增强嘉兴市域在长三角区域的整体竞争力。

3. 统筹城乡基础设施和社会设施布局，构建完善的城乡公用设施网络

市域总体规划通过统筹考虑城乡重大基础设施和社会服务设施项目的布局和建设，把城市规划覆盖到农村，将基础设施延伸到乡村，以求充分发挥城市对农村、工业对农业的反哺作用，形成城乡互动机制，加快农村社会发展，实现城乡互惠互利、功能互补、共同发展。

规划明确了市域范围内的区域性基础设施以及市域内部的交通、电力、给水、排水等重大基础设施的布局，建立了快速、高效、便捷的交通运输网络和各种交通方式互补的交通运行模式（图6-34）。

根据分级配置、分层管理的要求，规划明确了需要总体协调的大型市域基础设施：区域快速公路运输系统与区域轨道交通系统、域外引水和给水工程、联合排污工程、区域能源系统等。根据当前行政体制的实际，规划还提出了基础设施互联互通的原则，明确要求各县（市）大型基础设施在自成体系的情况下，必须做到互联互通，平时满足各自辖区的需要，但在发生紧急情况时，应能够相互支援。

针对当前行政体制分割所造成的大型社会设施重复建设的问题，规划提出了分级配置、合理利用的规划原则，将大型社会设施划分为3类：基本普及型、特色休闲型和高档竞技型。严格控制高档竞技型社会设施在市域范围内的建设，原则上市域内同类型的只设置一所。统筹安排市域

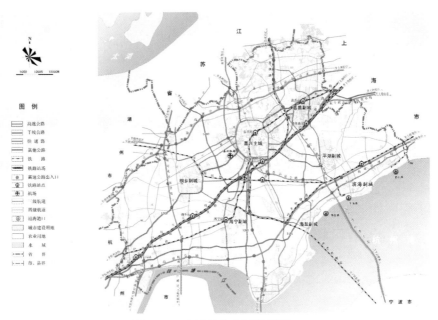

图 6-34 市域综合交通规划图

社会设施的布局与建设，实现市域基础设施和社会设施的共建共享。

4. 统筹重点协调地区规划，加强市域空间管制与协调

规划根据嘉兴市发展实际，将东部滨海新区、西部联杭地区、南北湖－尖山地区、濮院－洪合地区 4 个地区划定为重点协调地区，并分别明确了它们的协调范围、协调目标、协调内容以及协调规划的实施措施。作为重要协调区域的滨海新区，市委、市政府还专门成立了滨海新区开发建设工作领导小组，按照"四统、两分"的原则，统筹滨海新区的发展（图 6-35）。

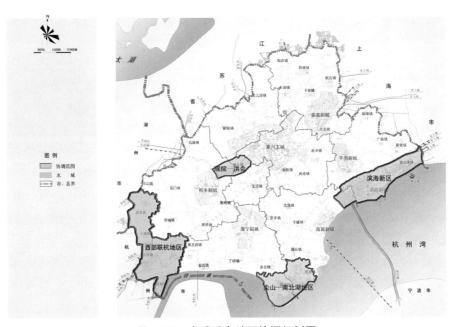

图 6-35 市域重点地区协调规划图

6.4.5 政策创新、实施机制与实施效果

为了谋划好全市 3915km² 的发展蓝图，围绕市域总体规划提出的构建"1640+X"的网络型空

间结构的目标。一方面，在市域总体规划指导下，不断完善城乡规划体系，形成市域总体规划、县（市）域总体规划、城市总体规划、分区规划、控制性详细规划、新市镇和城乡一体新社区规划及其他专项规划组成的层次分明、有效衔接的城乡规划体系，做好各层次规划的编制和指导工作；另一方面，不断完善城乡规划管理制度，提升城乡规划管理水平，加大对全市重大基础设施、跨区域建设工程、重大公用事业等的统筹协调力度。

1. 加大市域城乡规划编制力度

（1）加快形成以市域总体规划为核心的城乡规划统筹协调体系

一是加快推进县市域总体规划编制。按照市域总体规划统筹协调全市域规划建设的要求，强化以市域总体规划为指导，推进县（市）域总体规划编制和上报审批工作，同时根据省政府的要求以及浙江省住房和城乡建设厅（建规发[2007]269号）文件精神，做好"两规衔接"工作，重点协调好建设用地规模、布局、建设时序等问题。

二是做好市域重点区域协调规划编制。市域总体规划确定了滨海新区、西部联杭地区、南北湖 - 尖山地区、濮院 - 洪合地区等四片重点协调区域。2006年，配合滨海新区开发建设领导小组编制完成了滨海新区总体规划。2008年，组织开展濮院 - 洪合协调规划和南北湖 - 尖山跨区域重点协调地区的区域协调规划的编制，重点对基础设施、公共配套、用地布局等方面进行统筹布局。

三是加快市域专项规划的编制，统筹协调市域重大基础设施、重大公共服务设施等的布局。当前正在编制的市域交通专项规划主要有《市区轨道交通前期规划——嘉兴市轨道交通及公共交通骨干体系规划》《市域快速路网规划》等。2009年完成了沿沪杭高速公路基础设施廊道规划的编制，根据市域总体规划对市域基础设施廊道的规划要求，继续抓紧编制市域沿乍嘉苏、申嘉湖等廊道规划。

（2）推进中心城市各项规划编制工作

一是积极推进城市总体规划修编工作。嘉兴市现用的城市总体规划是2002年开始修编，2005年4月经省政府正式批复。近几年，嘉兴市一直按照城市总体规划确定的发展方向和发展框架进行城市建设，但随着社会经济快速发展，市区建成区规模已接近城市总体规划2020年规划城市建成区规模。此外，随着《城乡规划法》的颁布实施、城乡综合配套改革深入推进、沪杭高铁等重大基础设施项目相继建设，使嘉兴市城市总体规划面临新一轮修编。目前已开展城市总体规划修编的前期工作。

二是完成大分区规划的编制和报批工作。为进一步落实城市总体规划提出的统筹城乡发展要求，确立了分区规划全覆盖的目标，针对市本级除中心城区以外的区域，分别编制完成了东、西、南、北4大分区规划，并经市政府批复，每个分区均在200km^{2}左右。为更好地利用客运综合交通枢纽带动周边区域和中心城区的建设和发展，还启动编制了《东南新区分区规划》，继续抓好国际商务区总体规划和高铁车站区域核心区的详细规划的编制工作。

三是加快中心城区控制性详细规划的编制和上报审批工作。为落实控制详细规划的单元化管理，编制了中心城区控制详细规划编制导引，将中心城区范围分为99个控规单元和3片历史街区。在积极推进各区控规编制的同时，根据浙江省住房和城乡建设厅的相关要求，进一步加强中心城区控制性详细规划的编制和审查上报工作。目前，中心城区控制性详细规划编制已覆盖近期建设范围。

四是根据整合资源、提升城市功能的要求，编制了大量的城市专项规划。近年来编制的城市专项规划主要有《嘉兴市城市水系规划》《嘉兴市城市绿地系统规划》《嘉兴市区中小学布局规划》《嘉兴市城乡环境卫生专业规划》《嘉兴历史文化名城保护规划》《嘉兴市城市综合交通规划》《嘉兴市区绿道网总体规划》等。

（3）做好"两新"工程规划指导，努力提升全市"两新"规划设计水平在浙江省委、省政府加快农村住房改造建设重大决策的指导下，嘉兴市委、市政府提出开展以"两分两换"推进"两新"（即现代新市镇和城乡一体新社区）工程建设，全力加快农房改造集聚。根据市委、市政府的统一部署，积极深入开展"两新"工程规划建设各项工作。通过开展高密度、多层次的调研，研究起草了《嘉兴市城乡一体新社区规划建设管理办法》、《嘉兴市城乡一体新社区规划技术标准》等规章和技术标准。

同时，为加快推进"两新"工程建设，组织开展了各县（市、区）村镇规划修编工作。一是全面完成了"1+X"村镇布局规划。2009年年底已经全面完成了"1+X"村镇布局规划，目前规划还在不断修改和完善，截至2010年7月底，根据"1+X"村镇布局规划，原有的855个行政村、17000多个自然村将规划整合为47个现代新市镇和287个城乡一体新社区。二是加快推进现代新市镇的规划建设。把新市镇作为主、副中心城市的有机组成部分和重要功能组团来规划，着力建设成为统筹城乡发展、承纳农村人口转移集聚的主要载体和网络型大城市建设的关键节点。已经委托王店、凤桥、丁桥等镇的总体规划修编工作，精心打造规划样板，为全市镇总体规划修编起示范带头作用。三是着力提高新社区建设规划水平。新社区是为新市镇配套的居住组团，针对"两新"规划建设中出现的新问题和存在的薄弱环节，提出了新社区规划要把握好农村人口的迁移趋势和政策导向，鼓励农民进城镇安置，具体规划方案要符合因地制宜、优化布局、传承文化、远近有别、近精远粗等要求。

此外，大力推进农房改造集聚，2009年全市完成农房改造集聚3.44万户，用1年时间就完成了省下达4年完成4.2万户任务的80%。

2. 着力提升市域城乡规划管理水平

（1）市域规划管理制度基本形成

市域城乡规划管理方面，为进一步加强市域城乡规划统筹，提高决策的科学性和协调效率，2010年成立了嘉兴市域规划委员会，以加快市域统筹，推进《嘉兴市域总体规划》实施，加快构建"1640"网络型大城市，并专门制定了市域规划委员会工作职责和3年工作计划，重点抓好市域总体规划和市域绿道、交通、基础设施廊道等专项规划及跨区域各项规划的统筹协调工作，加强对各县（市）城乡规划工作的指导，加快推进"两新"工程规划建设等。

市区城乡规划管理方面，为了加强对市区规划的统筹协调，成立了市城市规划委员会。此外，为了加强对各区城乡规划管理的监督，在市区建立了统一的规划管理信息平台，实现了市本级规划管理的信息共享和实时监督。

（2）建立市域规划的分级选址审批制度

根据《城乡规划法》等法律法规规定，结合《嘉兴市域总体规划》关于网络型大城市建设完善的要求，以支撑设施的统筹建设为目标，推动大型区域性设施的共建共享和基本民生设施的配套完善，尤其是对市域范围内的交通、给水、排水、电力、环保、体育、文化、医疗等区域性设施进行统筹与协调，努力避免基础设施重复建设和缺乏整合对土地资源造成占用和浪费，最终建立高标准、高效率、一体化的支撑设施网络体系。

各县（市、区）的重大、跨区域基础设施项目，需上报省住房和城乡建设厅规划选址的，取得当地建设主管部门同意意见后，还需报市规划建设管理委员会审查，其中重大的、跨区域项目还需上报市城市规划委员会审议同意后，方可办理相关手续。2008年至2010年10月，嘉兴市共上报省住房和城乡建设厅分级选址项目60余项，涉及电力、交通、燃气、航道、码头等各个行业。

（3）加强市域城乡规划管理

一是积极做好《浙江省城乡规划条例》的宣传、贯彻和实施。通过举办讲座、培训班的方式，组织全市城乡规划工作人员学习《浙江省城乡规划条例》。此外，积极修订《嘉兴市城市规划管理暂行办法》，制订适用于全市域的技术规定、建筑高层控制、容积率管理等城乡规划管理的规范性文件，争取在制度和技术层面进一步统一和规范市域范围内的规划管理工作。

二是加强对全市域城乡规划的监督。对各（县、市）规划管理工作提出了更高的要求，要求进一步统一和规范"一书两证"规划行政许可的审批流程和附图附件格式。同时把市区各区的规划行政许可管理纳入规划管理信息系统，实时对其项目审批程序的规范性、完整性进行监督审查。

6.5 重庆市区县城乡总体规划实践（2007–2020）
——全面体现统筹城乡综合配套改革试验区要求的规划实践[①]

6.5.1 规划编制背景

2007年3月8日，胡锦涛总书记在参加十届全国人大五次会议重庆代表团审议时发表重要讲话，要求重庆加快建设城乡统筹发展的直辖市，并明确了重庆市的"314"总体部署[②]。2007年6月，国家发改委正式批准重庆成为全国统筹城乡综合配套改革试验区，随后国务院审议通过了《重庆市城乡总体规划（2007–2020）》。

从重庆市区县的规划编制情况来看，一是城市总体规划存在一定的"城乡分割"，城市总体规划缺少对村镇发展的相关指导，一定程度上难以适应重庆市城乡统筹发展的要求；二是区县各部门规划存在一定的"部门分割"，国民经济和社会发展规划、城乡建设规划、土地利用规划以及其他部门编制的专项规划之间，由于欠缺协调而存在一定的矛盾与问题；三是城乡规划管理部门的规划欠缺"内部整合"，各规划分属不同层次、不同类别，互相之间存在一定的矛盾与问题。

基于上述情况，结合《重庆市城乡总体规划（2007–2020）》的实施需要，2007年7月，重庆市正式启动了区县城乡总体规划的编制实践，并确立梁平县等五个区县为编制试点。

试点区县之一的梁平县，如图6-36所示，地处重庆市的东北部，距重庆市区180km，距重庆

图6-36 梁平县区位图

---

① 该案例由重庆市规划局、重庆市规划设计研究院提供。

② "314"总体部署，即明确了三大定位——努力把重庆加快建设成为西部地区的重要增长极、长江上游地区的经济中心、城乡统筹发展的直辖市；提出了一大目标——在西部地区率先实现全面建设小康社会目标；交办了四大任务——加大以工促农、以城带乡力度，扎实推进社会主义新农村建设；切实转变经济增长方式，加快老工业基地调整改革步伐；着力解决好民生问题，积极构建社会主义和谐社会；全面加强城市建设，提高城市管理水平。

市万州区 67 km，地处重庆市区与三峡库区的中枢地段，是重庆连接川东、陕南、鄂西的枢纽，全县辖区面积为 1889.81km²。

6.5.2　规划技术路线

1.规划的内部整合与空间整合

区县城乡总体规划的编制，首先是对城乡规划管理部门的各类规划进行内部整合。根据各试点实际情况，区县城乡总体规划的编制主要采取了"城市总体规划（已编）+城镇体系规划（已编）+新农村总体规划（已编）→城乡总体规划"的模式，重点对相关成果进行发展延伸与适当完善。其次是将不同部门的规划进行空间整合。规划编制重点实现"三规协调"，实现国民经济和社会发展规划、土地利用规划和城乡总体规划三个规划在内容上的协调统一，即统一规划目标、统一空间管制、统一空间数据。在此基础上，将其他部门的各类专项规划合理内容，充分地反映在空间规划内。

2."问题导向"的规划编制

重庆市区县城乡总体规划的编制，重点建立了"问题导向"的技术路线，如图 6-37 所示，即采取"提出问题—分析问题—解决问题"的规划编制思路。首先，以区县城乡统筹工作开展为主线，从人口、土地、产业、生态、规划整合、规划操作、设施建设、近远协同等方面，梳理主要问题。其次，从区域资源环境基础条件、城乡统筹发展、外部发展环境、内部发展现状等方面来分析、解构已梳理的问题。最后，在综合已有规划、确定发展目标导向的基础上，提出空间决策的规划方案，包括空间布局规划、政策设计、次区域控制导则等方面内容。

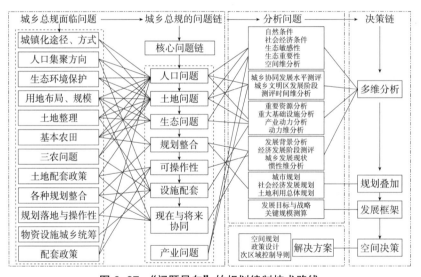

图 6-37　"问题导向"的规划编制技术路线

6.5.3　规划实践创新

经过近 3 年的实践，重庆市区县城乡总体规划在编制过程中，取得了一些实践创新。结合《梁平县城乡总体规划（2007-2020）》的相关内容，对这些实践创新予以阐述。

1.规划区域拓展至区县全域

对于重庆市区县传统的城市总体规划，中心城区规划依然是规划编制的重点，而其内容则被限定在城市规划区的范围内。在结合《城市规划编制办法》要求的同时，重庆市区县城乡总体规划对此进行了积极创新，将规划区域拓展至区县全域。

以《梁平县城乡总体规划（2007-2020）》为例，规划按照两个地域层次展开编制。第一层次为"规划区范围"，为梁平县域行政范围，面积为 1889.81km²；第二层次为"中心城区规划范围"，面积为 220 km²，包括梁山镇、金带镇、安胜乡全部行政辖区和城北乡、合兴镇、明达镇、仁贤镇、城东乡的部分行政辖区（图 6-38）。

图 6-38　梁平县区域空间结构图

规划将广大的农村地区纳入规划范围，从传统城市总体规划过度聚焦于城市，转向了突出、强调区域统筹和全县域的城乡统筹的发展。

2. 构建区域综合发展指标体系

与地方编制的国民经济与社会发展规划充分衔接，是重庆市区县城乡总体规划编制的重点内容。重庆市区县城乡总体规划的规划实践，积极借鉴了国民经济与社会发展规划的做法，根据区县自身实际发展优劣分析，制定了一套完整的发展指标体系，用以指导全域城乡统筹的发展。

以《梁平县城乡总体规划（2007-2020）》为例，规划结合《梁平县国民经济和社会发展第十一个五年总体规划纲要》的相关结论，以及梁平县各部门制定的发展战略，制定了梁平县的综合发展目标，具体如表 6-7 所示。

梁平县发展主要指标列表　　　　　　　　　　　　　　　　　表 6-7

主要指标	2012 年	2020 年
地区生产总值	110 亿 ~132 亿元	250 亿 ~319 亿元
三产结构	13：54：33	8：55：38
人均地区生产总值（口径：常住人口）	15942 元	38461 元
地方财政收入	5.3 亿元	16.3 亿元
社会消费品零售总额	50 亿元	130 亿元
城镇登记失业率	4%	3%
城镇居民人均可支配收入	21850 元	34800 元
农民人均纯收入	7460 元	14500 元
城镇化率	41%	58.5%

续表

主要指标	2012 年	2020 年
人口自然增长率	4‰	3‰
村级公共服务中心覆盖率	100%	100%
每百名城市老人福利机构床位数	2 张	2.5 张
社区卫生服务覆盖人口	1000 万人	2200 万人
城乡人均受教育年限比	1.4	1.3
义务教育普及率	100%	100%
农村居民基本养老保险参保率	70%	100%
新型农村合作医疗个人参合率	80%	98%
农村五保对象集中供养率	70%	100%
社会安全系数	105%	115%
农村文化活动室覆盖率	80%	100%
社区青少年、老年活动室覆盖率	100%	100%
就业培训指导中心覆盖率	100%	100%
城镇环境空气质量	基本达到二级标准	全面达到二级标准
森林覆盖率	36%	45%
水土流失治理	治理率达到47%	基本实现全面治理
水域功能标准	次级河流水质达标	河流水质全面达标

3. 采取"先底后图"来落实空间管制

传统城市总体规划编制的思维方式，基本上是"先图后底"，即先根据发展愿望制定目标，确定城市的总体空间布局，再来协调空间布局与区域资源环境的矛盾。如果存在矛盾，则努力对资源环境进行协调管治，以适应空间布局的要求。这种做法属于有条件要上、没有条件创造条件也要上，资源环境条件是作为"临终关怀"来对待的。

在重庆市区县城乡总体规划编制中，则努力实现"先底后图"的编制方式，即预先分析研究区县域的资源环境、经济、社会等支撑条件，据此寻求与之相适应的发展方向、目标和对策。在具体的规划内容上，也体现了区县城乡总体规划与国民经济和社会发展规划衔接的导向，实现了空间管制内容上的协调。

在《梁平县城乡总体规划（2007–2020）》中，规划进行了资源环境的约束条件分析，重点分析了梁平县域的土地资源支撑能力、水资源承载能力。在此基础上，制定了全域的空间管制规划，将全域划分为优化开发区、重点开发区、限制开发区和禁止开发区 4 个区域，实现了与县域主体功能区划分的一致（图 6-39）。

4. 与土规用地分类和空间数据对接

按照《城乡规划法》，城市总体规划的编制必须与土地利用总体规划相衔接。从城市规划与土地利用规划的编制情况来看，二者由于在编制的出发点、规划范围、规划目标都有不同，在用地分类和空间数据上相应存在较大差异。

在重庆市区县的规划实践中，区县城乡总体规划与土地利用规划的充分对接是实践的重要内容之一。规划的对接中，区县城乡总体规划强调规划编制内容向区县全域的延伸，所以土地用地分类和空间数据则成为规划对接的重点。

（1）用地分类的对接

以《梁平县城乡总体规划（2007–2020）》为例，在城乡空间布局中，区域空间被分为城乡建

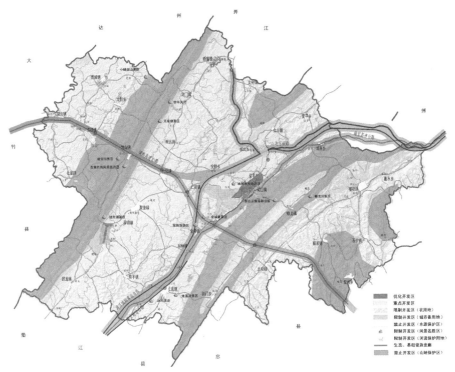

图 6-39　梁平县区域空间管制图

设空间、农业发展空间、基础设施空间和未利用地 4 大类。在此之下，城乡建设空间具体分为城镇和独立工矿建设用地、村镇建设用地、农村居民点建设用地、特殊用地、待整理乡村建设用地 5 大类，农业发展空间分为耕地保有量和园地、林地和其他农用地两大类，基础设施空间分为交通基础设施用地和水利基础设施用地两大类，未利用地则只有未利用地一类。

（2）空间数据的对接

针对空间数据，《梁平县城乡总体规划（2007-2020）》试图对城乡建设用地指标进行探索性的空间转移，即核算到底有多少"乡村建设用地指标"可以转化为"城镇建设用地指标"。

可转化的用地指标，主要包括如下几个方面：1）土地利用规划中给予的可占用农用地指标；2）农民进城后可转变为其他建设用地的农村居民点用地；3）在农村新型社区建设中，可转变为其他建设用地的农村居民点用地。

其中，土地利用规划中给予的可占用农用地指标，主要依据《重庆市土地利用规划（2006-2020年）》；农村居民点用地，主要依据现有农村常住人口的人均建设用地规模，考虑一定比例用地转用于城镇建设；农村新型社区用地，依据新型社区设置规模，按人均建设用地 $75m^2$ 计算，节约出来的建设用地规模按一定比例转用于城镇建设。

5. 实现了公共服务设施配置向农村的延伸

重庆市区县城乡总体规划从全域统筹的角度出发，将设施的配置实现了由中心城区向农村的延伸。以《梁平县城乡总体规划（2007-2020）》的公共服务设施规划内容为例，规划针对城乡公共服务设施，提出了县级 – 镇级 – 村级的 3 级配置要求，具体如表 6-8 所示。

同时，针对村级的部分公共服务设施，提出了具体的建设标准。如配置服务于乡村社区的文化体育设施，用地面积不小于 $420m^2$；中心村要求配置文化站和村民广场；"五保家园"按照 0.3~2.0m^2/ 人的标准配置；文化站（室）按照 0.1~0.3m^2/ 人的标准配置；室外活动场地面积不小于 $1000m^2$。

梁平县域主要社会服务设施配置要求   表 6-8

设施分类		县级	镇级	中心村
文化设施	电台、电视台	▲		
	影剧院	▲	▽	
	图书馆	▲	▽	
	博物馆	▽		
	科技馆			
	文化活动中心	▲	▲	▲
	健身运动场所	▲	▲	▲
体育设施	体育场馆	▲	▽	▽
	体育训练基地	▽		
教育科研	职业教育学校	▲	▽	
	中学	▲	▲	
	小学	▲	▲	▲
	幼儿园（托儿所）	▲	▲	▲
	农民教育培训	▲	▲	▽
医疗卫生设施	医院	▲	▲	
	急救中心	▲		
	休疗养院	▽		
	疾病控制中心	▲		
	卫生院、诊所		▲	▲
福利设施	养老院	▲	▲	▲
	救助中心	▲		
安全保障设施	紧急救援中心	▽		
	劳动就业保障工作站	▲	▲	▲

注：▲：必须设置；▽：有条件设置；县级：中心城区；镇级：中心镇和一般建制镇。

6. 落实了近期重大生态建设与修复工程

重庆市区县城乡总体规划将区域生态建设与发展目标纳入区域综合发展目标体系的同时，也注重近期的相关重大生态建设与修复工程的落实与实施。在《梁平县城乡总体规划（2007-2020）》中，规划与梁平县市政、环保、林业等部门综合协调，确立了近期即将实施的 8 项重大生态工程，具体如表 6-9 所示。

梁平县域近期重大生态建设与修复工程   表 6-9

序号	项目名称	总投资（万元）	主要建设内容及规模
1	梁平污水处理厂	2000	近期污水处理能力 2 万 m³/d
2	梁平垃圾填埋场	1000	近期库容 95 万 m³
3	防洪工程	17535	整治河道 40.8km
4	龙溪河流域（梁平段）治理	75000	污水、垃圾处理，防洪生态治理
5	波漩河、汝溪河（梁平段）综合整治	50000	污水、垃圾处理，防洪生态治理
6	农村面源污染防治工程	20000	—
7	地质灾害治理	15000	县城周边及主要场镇滑坡治理
8	退耕还林（草）工程	39118	退耕 23 万亩，荒山造林 20 万亩，封山育林 27 万亩

7. 弹性规划应对发展的不确定性

传统的城市规划编制，过分强调地方政府对资源的统筹配置，忽视了市场力量的作用。过于刚性的规划在实施过程中容易出现问题,容易削弱城市规划对城市建设的指导作用。针对这个问题，重庆市区县在规划实践过程中，积极探索了更为灵活的、适应性更强的编制方法，试图解决规划的动态性问题。

在《梁平县城乡总体规划（2007-2020）》中，规划编制认为，传统的刚性规划不足以应对市场偶然性，而规划远期梁平县的发展存在诸多不确定性。在实际编制过程中，规划运用了"弹性规划"的编制办法（图6-40），试图解决规划的动态性问题，重点在规划的重要环节如城市人口规模预测、城市用地布局规划以及城市发展政策等方面进行了运用。

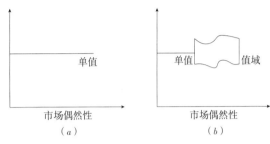

图6-40　弹性规划编制理念
（a）传统方案的硬性规划；（b）弹性方案的柔性规划

规划构造了梁平县社会经济发展的3种假设方案：

（1）模式Ⅰ：战略导向型发展模式。该方案假设梁平县未来的经济发展严格遵循重庆市域"一圈两翼"的发展战略实施，常住人口延续现有的快速递减方式。

（2）模式Ⅱ：快速型发展模式。该方案假设梁平县在未来的发展中充分把握住了区域产业承接的机会，形成常住人口总量的快速攀升。

（3）模式Ⅲ：平稳型发展模式。在模式Ⅰ和模式Ⅱ的双重作用影响下，梁平常住人口与当前水平基本稳定。

根据上述三个前景假设方案，规划制定了各片区城镇在不同发展模式下重点建设时序，如表6-10所示。

不同发展模式下梁平城镇重点建设时序　　　　　　　　　　　　　　　　表6-10

地域		方案Ⅰ	方案Ⅱ	方案Ⅲ
中部区域	梁山镇	■	■	■
	屏锦镇	■	■	■
	新盛镇	▲	■	■
	云龙镇	▲	■	■
	聚奎镇	△	■	▲
	礼让镇	△	■	▲
	合兴镇	△	■	▲
	金带镇	△	■	▲
	龙门镇	—	▲	△
	明达镇	—	▲	△
	回龙镇	—	▲	△
	荫平镇	—	▲	△
	和林镇	—	▲	△
	仁贤镇	—	▲	△
	文化镇	—	△	△

续表

地域		方案 I	方案 II	方案 III
西部区域	袁驿镇	▲	■	■
	虎城镇	△	■	▲
	碧山镇	—	▲	△
	七星镇	—	△	△
	竹山镇	—	▲	△
东部区域	福禄镇	▲	■	■
	蟠龙镇	—	▲	△
	柏家镇	—	▲	△
	大观镇	—	△	△
	石安镇	—	▲	△

注:■表示近期重点发展;▲表示远期重点发展;△表示远景重点发展。

基于表 6-10,规划最终制定出了区域人口分布与城镇化发展的弹性方案。

6.5.4 规划实施机制

为了有效推动区县城乡总体规划的实施,重庆市规划局加快了相关制度的建设,并积极构建起了相关信息平台,具体措施如下:

1. 颁布了城乡规划条例

自 2005 年起,结合国家《城乡规划法》的制定,重庆市规划局开始进行《重庆市城乡规划条例》的相关调研工作。结合区县城乡总体规划的试点工作,重庆市规划局完成了《重庆市城乡规划编制体系研究》这一课题,并将课题成果积极反馈至《重庆市城乡规划条例》的制定中去。

2009 年 9 月,《重庆市城乡规划条例》(以下简称《条例》)经重庆市第三届人民代表大会常务委员会第十二次会议通过,自 2010 年 1 月 1 日起施行。《条例》第三条规定,"城乡规划分为城乡总体规划、城市规划、镇规划、乡规划和村规划"。通过《条例》的颁布,正式确立了"区县城乡总体规划"的法定地位。

2. 制定了区县城乡总体规划导则

在开展区县城乡总体规划编制试点的过程中,重庆市规划局主要采取了"试点规划 + 编制导则"的推动模式,即在推动区县城乡总体规划试点编制的同时,依托部分项目,进行规划编制导则的撰写。这种模式主要是针对了现有规划编制办法不适应城乡统筹推进工作的实际,采取了边尝试、边总结的工作方式,有利于在试点工作结束后进行全面的推广。

导则工作自 2007 年 11 月启动,结合梁平、合川、垫江、璧山等区县城乡总体规划试点成果,不断修改。《重庆市城乡规划条例》正式实施后,导则于 2010 年 6 月正式编制完成。

3. 构建了区县各类数据平台

在深入开展区县城乡总体规划编制的过程中,重庆市规划局针对区县规划管理部门实际工作的需要,逐步构建起了区县的各类数据平台。

一是推动了覆盖全市城乡的基础测绘工作,实现都市区 1∶500 数字地形图全覆盖,实现全市重点区域 1∶2000 数字地形图全覆盖,实现全市行政区域 1∶5000 地形图全覆盖。二是开展了"重庆市域重大基础设施现状整合信息系统平台"建设工作,将重庆市域重大基础设施现状在 1∶10000 数字化地形图上进行了整合。三是针对县农村管理的薄弱,重庆市规划局在成立"乡村处"的基础上,完成了全市 8000 多个行政村的乡村规划建设基本信息搜集工作。

4. 推动了区县镇、村的规划编制

为了更好地实施区县城乡总体规划，重庆市规划局进一步加强了对远郊区县规划编制工作的指导，要求各远郊区县根据实际发展需要，有重点地推动镇（乡）、村规划的编制工作。目前，各区县已经完成了一大批农民新村和农村危旧房改造项目规划、乡村风貌规划设计的编制工作。

6.5.5 规划实施效果

区县城乡总体规划编制完成后，极大地促进了重庆市区县城乡统筹的建设工作。下面仍以梁平县为例，来展示规划编制完成后的部分实施效果。

1. 城市新区规划的编制与建设实施

在《梁平县城乡总体规划（2007-2020）》的指导下，梁平县快速启动了新区的规划编制工作，先后完成了《梁平县双桂湖新区行政中心片控制性详细规划调整方案》和《梁平县双桂湖片区城市设计》（图6-41和图6-42）。在此基础上，迅速启动了梁平县双桂湖新区的建设实施工作。

图6-41 《梁平县双桂湖新区行政中心片控制性详细规划调整方案》总图

图6-42 《梁平县双桂湖片区城市设计》鸟瞰图

图 6-43 梁平县实施的村公路硬化工程

2. 区域基础设施相继启动建设

在《梁平县城乡总体规划（2007-2020）》的指导下，区域内一大批基础设施相继实施建设。其中，2010 年地方政府实施了国、省道大修 77km，建成通乡公路 32km，完成行政村公路硬化 208km，新开通农村客运线路 17 条（图 6-43）。此外，还完成了白沙河综合治理工程，开工建设了 5 个乡镇污水处理厂和 1 个垃圾收运项目。

3. 一批农民新村建设实施

结合规划提出的城乡统筹的相关内容，到目前为止，梁平县实施建设农民新村 12 个。在梁平县石安镇，全镇先后在 5 个村（居）建成 9 个初具规模、环境较好的农村康居点，1500 余人入住；2010 年完成了滨河家园、康乐佳苑两个农民新村的建设。此外，2010 年，梁平县新改建村级公共服务中心 90 个，完成生态家园富民工程 2.1 万户，新改建乡镇规范化农贸市场 32 个，在全市率先实现全覆盖（图 6-44）。

图 6-44 梁平县建设的农民新村和村级公共服务中心

4. 农村集体建设用地复垦有序推进

结合农民新村的建设，在规划的指导下，梁平县在全县范围内展开了农村集体建设用地的复垦工作。在石安镇，全镇按照一户一宅、占补平衡等有关政策，启动了 3 个村土地复垦项目，规划面积达 182 亩，复垦后全镇将新增耕地 150 多亩。2010 年梁平县全县开发整理土地总计 11.2 万亩，新增耕地 2.52 万亩（图 6-45）。

图 6-45 梁平县农村集体建设用地复垦

第7章 重点地区城乡统筹规划案例

7.1 珠三角绿道网总体规划
——以绿道网为抓手推进城乡统筹发展[①]

珠三角绿道网建设是广东省实践科学发展观、建设生态文明和幸福广东、推进城乡发展的创新举措。至 2010 年底，规划设计的 2372km 珠三角省立绿道全线贯通，已投入使用的珠三角绿道网贴近群众、服务民生，受到了各级领导和社会各界的普遍欢迎和称赞。2010 年 11 月 15 日，温家宝总理视察了珠三角省立绿道 1 号线珠海市的海天驿站段，称赞建设珠三角绿道网"这件事情办得好！"。

7.1.1 规划编制背景

1. 绿道概念

"绿道（Greenway）"一词于 1987 年在美国户外游憩总统委员会发布的《美国户外空间报告》中正式提出，现已成为欧美城市绿色空间规划的重要思想。绿道作为一种线形绿色开敞空间，通常沿着河滨、溪谷、山脊、风景道路等自然和人工廊道建立，内设可供行人和骑车者进入的景观游憩线路，连接主要的公园、自然保护区、风景名胜区、历史古迹和城乡居住区等。在构成上，绿道主要由自然因素所构成的绿廊系统和为满足绿道游憩功能所配建的人工系统（如游憩兴趣点、慢行道、标识系统、服务设施等）两大部分组成（图 7-1）。

按照等级规模划分，绿道分为区域绿道和城市绿道，众多区域绿道和城市绿道相互联通，纵横交错，构成维护区域生态安全和为广大居民提供休闲游憩空间的绿色网络（图 7-2）。

图 7-1 绿道意向图

---

① 该案例由广东省住房和城乡建设厅、广东省城乡规划设计研究院提供。

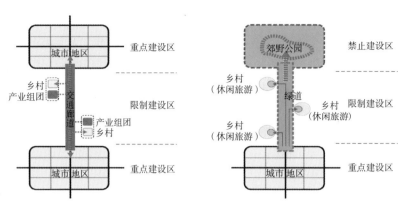

图 7-2　绿道与城乡布局的关系

2. 珠三角绿道网规划建设的背景

（1）建设绿道网，是应对广东社会经济快速发展带来生态环境保护困境的必然选择

广东经济快速发展、人口高度集聚带来生态破坏、环境污染、城乡建设蔓延、人们生活舒适度下降等一系列问题，按照现有的规划和城市扩张速度，至 2020 年，各市合计城乡建设用地面积将达 12510km²，占珠三角土地面积的 30%，工业用地比例也将超过 25% 的警戒线。如不采取有效措施加以恢复和保护，珠三角的生态廊道将永久消失，严重威胁区域生态安全。建设绿道网，构建珠三角生态安全格局，实现网状生态廊道的保护与合理利用，显得尤其必要和紧迫。

（2）建设绿道网，是满足珠三角居民日益增长的休闲游憩需求的创新手段

世界发展历史证明，当人均 GDP 在 3000 美元以上时，社会对休闲消费产生强烈需求。2008 年，珠三角人均 GDP 已突破 9000 美元大关，珠三角城乡居民对休闲游憩活动的需求日益强烈。绿道网能满足居民日益增长的亲近自然的生活需求，增强城市的亲和力和吸引力，而且能为居民提供集健身、游憩、娱乐于一体的绿色开敞空间，并营造出良好的人居环境。因此，推动绿道网建设具有重要的现实意义。

（3）国外经验借鉴和本地实践探索为珠三角绿道网规划建设奠定良好基础

国外绿道建设积累的丰富经验为珠三角绿道网建设提供了有益借鉴，如美国通过复合功能的绿道建设刺激经济增长；德国绿道成为推动旧城更新、提升土地价值的重要手段；新加坡绿道提供户外交往空间，促进社会和谐；日本通过绿道打造具有地方特色的自然景观等。而珠三角部分城市也先行先试，做出有益探索，如深圳在盐田建设了 19.5km 的滨海栈道，东莞在松山湖建成 42km 长的环湖自行车道和人行步道，广州增城沿增江河两岸建成全长 80km 的休闲健身自行车绿道等。这些丰富的经验和实践探索，都成为绿道网建设的重要基础。

（4）建设绿道网成为广东省落实科学发展观的重大举措

作为集民生、生态、环保和经济等多种功能为一体的绿道网，是适应珠三角经济发展转型和居民消费升级需求的一种公共休闲产品，对促进消费、扩大内需、提升环境质量和居民生活品质具有积极的作用。因而，规划建设绿道网的建议一经提出，即受到省委、省政府的高度重视。在省委书记汪洋同志亲自推动和倡导下，省委十届六次全会作出率先建设珠三角绿道网的重要部署。作为广东省落实科学发展观，建设生态文明和幸福广东的重大举措，珠三角绿道网规划建设工作得到了有力推进。

7.1.2　珠三角绿道网规划目标、编制思路方法与总体布局

1. 规划目标

从 2010 年起，用 3 年左右的时间，在珠三角率先建成 6 条总长约 1690km 的区域绿道，构成

珠三角绿道网的主体框架，实现"一年基本建成，两年全部到位，三年成熟完善"的目标，将其打造成为广东落实科学发展观、建设生态文明和幸福广东、惠及广大百姓的标志性工程。

在珠三角区域绿道网的基础上，逐步引导绿道网向粤东西北地区延伸。至2015年，建设形成覆盖全省的绿道网。

2. 规划编制思路

在系统分析珠三角自然、人文、社会经济等资源本底和区域及城乡规划政策要素、各城市发展意愿等影响因素的基础上，通过省市互动、城市联动的方式，遵循生态化、本土化、多样化、人性化、便利化和可行性6大原则，形成区域绿道网总体布局的构想，即珠三角省立绿道网的总体布局、主要功能、线路走向、建设规模和设施配套等（图7-3）。

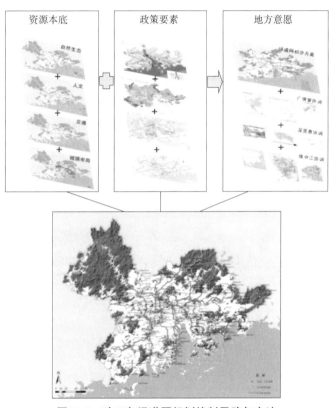

图7-3　珠三角绿道网规划编制思路与方法

绿道选线尽量靠近河流、溪谷、山体等自然要素，串联具有代表性的各类绿色开敞空间和重要的自然与人文节点，包括自然保护区、风景名胜区、森林公园等自然节点，人文遗迹、历史村落、传统街区等，并且靠近城镇点，方便居民使用。同时，根据绿道所处位置和目标功能的不同，划分生态型、郊野型和都市型三种类型，提出不同的建设标准和设施配置要求。

3. 规划编制技术方法

（1）要素的分解与叠加集合

通过GIS技术对自然要素（主要包括河流、山体、田园和海岸等）、人文要素（主要包括文化遗迹、历史村落和传统街区等）、交通要素（主要包括铁路、高速公路、国道、省道等现状道路及交通枢纽等设施）、人口与城镇布局等要素进行分解和叠加，形成绿道网选线的基础性框架。

通过解读《珠江三角洲城镇群协调发展规划（2004-2020）》《广东省土地利用总体规划（2006-2020）》《珠江三角洲环境保护规划纲要（2004-2020）》《珠江三角洲地区城际轨道交通网规划（2009年修订）》等上层次规划及相关规划，明确绿道网规划布局的限制性因素，实现绿道网布局与城乡空间布局、区域生态格局、区域交通网络等方面的协调。

（2）技术方案省市互动、城市联动与公众参与

根据资源要素、政策要素等基础条件，广东省住房和城乡建设厅和规划编制单位在形成珠三角绿道网总体布局的初步设想后，就初步方案征求珠三角各地市意见，并分别召开广佛肇、深莞惠、珠中江三大都市区绿道网总体布局方案协调会议，对初步方案进行了优化整合。同时，进一步实地踏勘了部分绿道选线，并征集了自行车运动协会、登山协会等民间组织及公众的意见，进而形成珠三角绿道网总体布局的优化方案。

4. 珠三角区域绿道网总体布局

遵循绿道网规划 6 大原则，综合考虑自然生态、人文、交通和城镇布局等资源要素以及上层次规划、相关规划等政策要素，并结合各市的实际情况，优化形成由 6 条主线、多条连接线及支线、18 处城际交界面和 4410km² 绿化缓冲区组成的绿道网总体布局（图 7-4）。

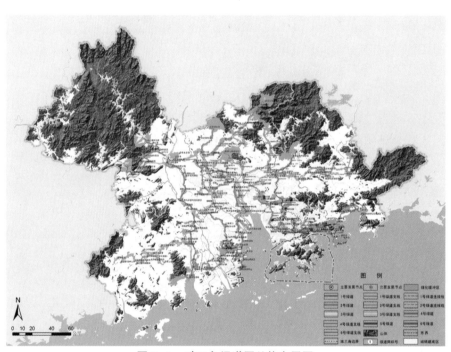

图 7-4 珠三角绿道网总体布局图

其中，1~6 号绿道形成的主线连接广佛肇、深莞惠、珠中江三大都市区，串联 200 多处主要森林公园、自然保护区、风景名胜区、郊野公园、滨水公园和历史文化遗迹等发展节点，全长约 1690km，直接服务人口约 2565 万人。

1 号绿道：主要沿珠江西岸布局，以大山大海为特色，西起肇庆双龙旅游度假区，经佛山、广州、中山，至珠海观澳平台，全长约 310km，途经 50 多个发展节点，直接服务人口约 580 万人。1 号绿道从肇庆双龙旅游度假区沿西江向西延伸，预留与粤西绿道的联系廊道。

2 号绿道：主要沿珠江东岸布局，以山川田海为特色，北起广州流溪河国家森林公园，经增城、东莞、深圳，南至惠州巽寮湾休闲度假区，全长约 480km，途经 50 多个发展节点，直接服务人口约 530 万人。2 号绿道自广州从化流溪河向北延伸，预留与粤北绿道的联系廊道；从惠州巽寮湾向东沿海岸线延伸，预留与粤东绿道的联系廊道；从深圳梧桐山公园向南延伸，预留与香港绿道、绿地系统的联系廊道。

3 号绿道：横贯珠三角东西两岸，以文化休闲为特色，西起江门帝都温泉，经中山、广州、东莞、惠州，东至惠州黄沙洞自然保护区，全长约 370km，途经 60 多个发展节点，直接服务人口

约 500 万人。3 号绿道从江门帝都温泉沿潭江支流向西延伸，预留与粤西绿道的联系廊道；从惠州白面石景区沿东江向北延伸，预留与粤北绿道的联系廊道。

4 号绿道：纵贯珠三角西岸的中部，以生态和都市休闲为特色，北起广州芙蓉嶂水库，向南途经佛山、珠海，南至珠海御温泉度假村，全长约 220km，途经 20 多个发展节点，直接服务人口约 570 万人。4 号绿道从花都沿芙蓉嶂山体向北延伸，预留与粤北绿道的联系廊道。

5 号绿道：纵贯珠三角东部，以生态和都市休闲为特色，北起惠州罗浮山自然保护区，途经东莞、深圳，南至深圳银湖森林公园，全长约 120km，途经 20 多个发展节点，直接服务人口约 230 万人。5 号绿道从博罗罗浮山向北延伸，预留与粤北绿道的联系廊道。

6 号绿道：纵贯珠三角西部，沿西江布局，以滨水休闲为特色，北起肇庆贞山，向南途经佛山、江门，南至江门银湖湾湿地及古兜温泉，全长约 190km，途经 20 多个发展节点，直接服务人口约 155 万人。6 号绿道沿江门滨海地区向西延伸，预留与粤西绿道的联系廊道。

7.1.3 规划实施与成效

1. 规划实施机制

（1）领导挂帅，亲自督导

2009 年 11 月份以来，省委书记汪洋同志亲自听取汇报，设定目标，并在广东省委十届六次全会上动员部署，亲自开展调研和督导。汪洋书记、黄华华省长、林木声副省长等省领导多次对绿道网建设作出重要批示和指示，多次深入珠三角 9 市进行调研和督导。珠三角各市党委、政府一把手亲自挂帅，亲自督战，分管领导具体落实，靠前指挥。省委、省政府和地方党委、政府主要领导的高度重视和亲自督导，是高效有序推进珠三角绿道网建设的保证。

（2）加强督导，合力推进

按照"省统筹指导，各市建设为主"的原则，广东省住房和城乡建设厅作为珠三角绿道网建设的牵头部门，成立了省绿道建设领导小组及其办公室（简称省绿道建设办公室），以及由厅领导任组长的 9 个工作组（每个工作组指定专门联络员），分别对口联系和督导珠三角 9 个市（图 7-5）。省住房和城乡建设厅加强统筹协调，与珠三角各市互动建立了技术指导、监督检查、信息通报、跨界衔接、年底考核等一系列工作机制。针对绿道建设中的关键环节，及时出台有关文件，指导

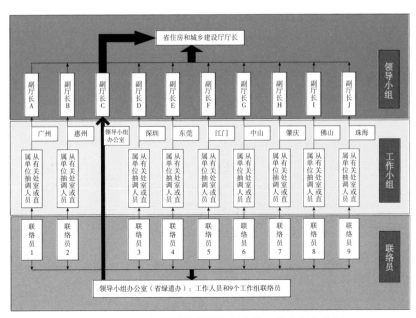

图 7-5 珠三角区域绿道网规划实施工作机制结构图

各市准确把握绿道内涵，不断提高绿道网建设水平。发改、财政、国土、环保、交通、水利、文化、林业、旅游等省直部门密切配合，积极为绿道网建设开辟"绿色通道"。省统筹指导和督促的作用得到充分发挥，是高效有序推进绿道网建设的重要因素。

（3）各市组织实施，执行有力

为切实落实汪洋书记关于"抓落实、分高低，见分晓、论英雄"的重要指示，珠三角各市都建立了高效运作的工作机制，落实责任分工，精心规划设计，多方筹措资金，想方设法大力推进。各市绿道网建设的牵头部门，特别是规划、建设、园林、城管、人居等职能部门和区镇政府全力以赴，扎实推进，表现出了令人信服的执行力。珠三角各市因地制宜，各显其能，是高效有序推进绿道网建设的关键所在。

（4）技术规范和指导文件及时跟进

珠三角各市根据《珠三角绿道网总体规划纲要》迅速开展并完成本市绿道网规划设计工作，确定了本市省立绿道的具体选线和建设内容；广东省住房和城乡建设厅也印发了一系列技术规范和指导文件，统一了标识系统，为各市提供工作指南，奠定了珠三角绿道网建设的实施基础。统一规划，明确标准，是高效有序推进绿道网建设的技术保障。

（5）社会各界积极参与，配合有力

人大、政协、专家学者和各界群众通过调研和参加活动，积极建言献策；省委宣传部、旅游、体育、文化等部门通过组织宣传报道、举办活动等多种形式，大力宣传和推介珠三角绿道网；各种传媒多方位、多层次的报道，为珠三角绿道网建设营造了人人参与、人人关心的良好氛围。社会各界的积极参与与配合，是高效有序推进绿道网建设的有力支持。

2. 实施成果

截至2010年底，珠三角绿道网省立绿道2372km全线贯通，18个城际交界面省立绿道互联互通，实现了"一年基本建成"的任务目标，超额完成规划提出的1690km的要求。2011年，珠三角各市继续发力，加快推进省立绿道配套完善和城市绿道建设工作。

（1）在建设里程方面，在全线贯通省立绿道2372km的基础上，珠三角各市同时启动城市绿道建设，其中深圳、东莞、惠州、江门等市已完成规划（图7-6~图7-9）。如《深圳市绿道网专项规划》提出建设25条总长度约500km的城市绿道网；《东莞市绿道网总体规划》提出2011~2014年，建成2263km的绿道网络（含225km省立绿道），实现绿道线网密度约0.9km/km^2，构筑东莞绿道网10min骑行通达圈。据不完全统计，截至2011年5月底，珠三角城市绿道累计完成绿化1182km，建设慢行道1851km。

（2）在跨界连通方面，《珠三角区域绿道网总体规划纲要》确定的18个市与市之间城际交界面全部实现省立绿道互联互通。

图7-6 惠州大亚湾小桂湾段绿道

图7-7 东莞道滘段绿道

图 7-8　中山五桂山和平村绿道

图 7-9　江门葵林绿道

（3）在绿化培育方面，各市抢抓春季的有利时节，继续推进了省立绿道的绿化工作，在 2010 年建设 1572km 绿化的基础上，截止 2011 年 5 月底，新增绿化 521km（图 7-10~图 7-13）。

图 7-10　广州萝岗区生物岛绿道

图 7-11　深圳梅林坳绿道

图 7-12　佛山南庄生态休闲区绿道

图 7-13　肇庆竹林绿道

（4）在设施配套方面，截至 2011 年 5 月底，珠三角各市省立绿道累计建成 260 个驿站、停车场 146 个、自行车租赁点 118 个、安全设施 2544 个、标识牌 15977 个（图 7-14~图 7-17）。

（5）在控制区划定方面，大部分市先后开展了绿道控制区的划定工作，其中深圳、东莞、肇庆等市已完成省立绿道控制区的划定工作，并制定了相应的管制措施，深圳市出台了《深圳市区

图 7-14　广州长洲一号涌绿道驿站

图 7-15　省立绿道一号线珠海段标识系统

图 7-16　佛山南海桂城自行车租赁点

图 7-17　广州二沙岛段绿道生态科普展示系统

域绿道控制区保护和管理规定》，肇庆市出台了《肇庆市绿道缓冲区管理暂行办法》，佛山、惠州、江门等市也基本完成了划定工作。

（6）在管理制度方面，省及各市积极探索绿道网管理的长效机制，省住房和城乡建设厅正在制定《广东省绿道网规划建设管理规定》，已完成初稿。深圳市印发了《深圳市区域绿道管护运营方案》（草案），正开展绿道网建设管理立法的前期准备工作。珠海市已将《珠海市绿道管理暂行办法》列入 2011 年的政府立法计划，并按相关程序抓紧落实。

（7）在功能开发方面，省及各市结合本地绿道特点深入挖掘绿道网的功能和内涵，开展了丰富多彩的活动，社会反响热烈。如省旅游局和体育局 2011 年以来分别组织开展了"中国旅游日，幸福绿道游"和"健康共享，幸福广东"珠三角绿道骑行等活动；广州市通过旅行社推出绿道游精品线路；深圳市通过开展"迎大运，行绿道"活动，凸显了"绿道让生活更美好"的主题（图 7-18）；东莞市举办了"志愿新生活，快乐绿道行"的自行车巡游活动，沿途吸引大批市民参与（图 7-19）；珠海市开展了绿道自行车免费体验及自行车技能比赛、绿道嘉年华、珠港澳首届自行车慈善绿道行等各类主题活动；佛山市传媒集团和佛山电视台 2011 年主办的第六届珠江小姐竞选，以宣传绿道为主题，20 强选手及其拍摄团队、随行记者等穿越珠三角绿道。

（8）在宣传推广方面，通过各种新闻媒体加大宣传推广，扩大珠三角绿道网的影响力和感召力，形成社会共建共享绿道的浓厚氛围。如省住房和城乡建设厅牵头制作了绿道专题片，并联合南方日报等媒体发布绿道专版，举办"我们走在绿道上"等系列报道，联合省委宣传部筹办了"广东青年记者绿道行"以及"中央媒体记者绿道行"等活动（图 7-20 和图 7-21）。广州市编制了绿道地图、指南、宣传片，建立了绿道网站，不仅方便人民群众使用绿道，更增强了广大群众的生态、

图 7-18　深圳举办"迎大运，行绿道"活动

图 7-19　东莞举办"绿道改变生活方式"活动

图 7-20　"青年记者绿道行"活动启动仪式上汪洋书记为
青年记者代表授旗

图 7-21　"青年记者绿道行"活动启动仪式结束后汪
洋书记等省领导体验广州绿道

绿化意识，使绿道建设工作深入人心。肇庆市制作 7 条公益宣传广告在市电视台滚动播放。

3. 取得的效益

从一年多来的实践看，珠三角绿道网注重生态、贴近群众、服务民生、促进发展，成为珠三角一道亮丽的风景线，有力促进了城乡人居生态环境的改善，提升了城市发展质量和品位，其旺盛的生命力和强烈的吸引力已经逐步显现。

（1）有效改善生态环境，促进宜居城乡建设

绿道网充分发挥了涵养水源、净化空气、保护土壤、防止水土流失等多种功能，有效减缓了开发强度高、人口密集造成的城市热岛效应，明显改善了城乡自然人居环境，推动了城乡生态协调发展。据一项对增城绿道沿线居民的采访数据显示，超过九成的居民表示空气环境明显改善，三成多居民表示水环境得到改善，两成左右的居民表示噪声、光和其他环境得到改善。

（2）有效改善珠三角整体形象，提升区域综合竞争力

绿道网建设大大改善了珠三角生态和投资环境，提升了珠三角作为"世界先进制造业和现代服务业基地"的地位和品质，树立了珠三角绿色发展的新形象，增强了珠三角的吸引力和竞争力。

（3）有效提升居民生活品质，倡导形成健康绿色的生活方式

绿道网为居民提供了一种低碳出行和新的休闲方式，成为居民亲近大自然、改善生活品质的便捷途径。目前珠三角城市居民骑自行车接驳地铁、公交上下班成为一种时尚，慢行、跑步等健身方式重新回到都市人的生活之中。据一项抽样调查反映，82%的游客表示绿道休闲是更加健康的休闲方式，今后会更多采用。

（4）有效扩内需促消费，促进经济发展和农民增收

绿道网建设增强了城乡之间的生态联系,有力增进了城乡之间的交流与融合,直接带动了旅游、运动、餐饮、商贸等相关产业发展,带动了周边经济增长和农民增收。据统计,广州增城市绿道网建成后,每月有 3 万名左右的游客到绿道周边的"农家乐"旅游消费,使沿线的村集体经济增长比非沿线村集体经济增长快了 53.6%。据有关机构评估,2010 年增城绿道生态休闲旅游资源总价值约为 4849.75 万元。

7.1.4　规划与工作机制创新

1．规划创新

（1）规划理念：实现由"控"向"融"的转变

区域绿道网建设在全国属于首创,尚无先例可循。1994 年,广东省在国内率先提出"生态敏感区"的概念,将规划关注重点从建设用地拓展至非建设用地;2001 年提出的"区域绿地",则强调对大型生态要素与生态实体进行划定并实施严格管制;再到今天的"绿道网"概念所表述的人与自然和谐共存的理念,演变历程反映了广东对理想栖居生活孜孜不倦的追求以及对国外先进经验研究和实践的积累过程。可以说,珠三角区域绿道网规划建设战略构想的提出,不仅切合了珠三角的发展转型的需要,也为实现珠三角生态环境保护思路由"控"向"融"转变提供了途径,即从以前的划线"死守"向现在的"在发展中保护,在保护中发展"转变,以实现生态保护与城乡发展的平衡、城乡建设与人的和谐。

（2）规划目标：切合城乡现实发展需求和百姓的福祉

绿道网规划建设的实践告诉我们：最好的规划,不在于设计理念有多么激动人心、设计手法有多高超出群,而在于这个规划建成以后有多少人去使用它,有多少人喜爱它,最终又能留存多少年。珠三角绿道网规划切合"加快转型升级、建设幸福广东"的时代背景,符合省委、省政府关于"打造宜居城乡,建设美好家园"的战略部署,与当地社会的经济发展转型、广大百姓提高生活质量需求高度一致。因此,从一开始就深受各级政府的欢迎和广大群众的喜爱,焕发出旺盛的生命力。

（3）规划原则：充分利用地域资源和现有设施

珠三角绿道网规划充分体现了生态化、本土化、多样化、人性化的原则。绿道建设尊重自然、珍视文化、因地制宜。一是根据各地的自然资源和地貌条件,充分发掘地方特色和人文内涵,结合山、水、田、海等自然资源,创造丰富多彩、景观各异的绿道景观,并串联具有地方历史文化的景点,让绿道展现地方风情与民俗民风。二是充分利用村道、堤围和果园以及现有的设施,切实保护好原生态、原产权、原居民、原民俗,不搞大征大迁、大拆大建。三是建设驿站等各项必要的服务设施,为绿道游客提供便利、舒适的配套服务。

2．工作机制创新

（1）规划编制方式：纵向"省市联动、上下协同",横向"部门合作、优势互补"

在《珠三角绿道网总体规划纲要》的编制过程中,实现了规划组织与编制方式的创新。在纵向上,通过广东省住房和城乡建设厅与地市规划局（或建设局）在行政层面的协同、广东省城乡规划设计研究院与各市规划院在技术层面的协同,形成了行政和技术两条线协同并进的工作方式,使得绿道网总体布局、线路走向、重要节点选择更加科学、合理。在横向上,为发挥各规划设计单位的技术特长,广东省城乡规划设计研究院作为统筹协调单位,与广州市城市规划勘测设计研究院、深圳市北林苑景观及建筑规划设计院等展开了横向的技术合作,分别从不同角度同步开展研究和编制工作。

（2）规划实施机制：量化工作责任,建立层层倒逼机制

区别于传统的蓝图式的目标规划,珠三角绿道网规划是一项动态的行动规划。珠三角绿道网

规划建设决策不到半年，动工不到一年，就提前实现并超额完成了"一年基本建成"的建设目标。实践证明，落实责任，建立倒逼机制，能够形成反向压力，推动工作落实。以时限倒逼进度，以目标倒逼责任，将绿道网建设任务进行细化量化分解到珠三角各市，将目标分解到季、进度安排到月，通过每月上报和通报各市建设进度来促使各市形成比学赶帮的氛围。同时，以"督导督查机制"逼落实，以"考核追究机制"逼争先。各市将目标任务逐级分解到县（市、区）、镇街、部门，形成压力逐层传递，明确了各级各部门的责任分工。通过层层分解，落实责任，提高各级各部门的主动性和创造性，有效保障了珠三角绿道网规划的落实，并提高了工作效率。

7.2 山东省沂沭河流域沿岸城乡统筹开发控制规划
——按流域组织开展城乡统筹规划①

近年来，临沂市认真实施大水城战略，坚持城乡统筹，水路一体，以河为轴，两岸开发，城乡面貌发生了深刻变化，水城特色日益凸显，在全市经济社会发展中发挥了重要作用。尤其是滨河路的打通和绿化带的建成，标志着沂沭河两岸开发建设进入了新阶段。为进一步把沂沭河打造成生态长廊、旅游长廊、特色农业长廊，推动全市城乡经济社会又好又快发展，编制本规划。

7.2.1 规划背景

1. 大水城的打造
实施《临沂市大水城战略规划》，引领临沂水城建设由城区走向市域，突出沿河特色，焕发城镇活力。

2. 城乡统筹发展
改变传统的城乡对立的发展模式，城乡统筹、城乡相互促进，一体化发展。

3. 城镇化主导战略
临沂市区的发展已经取得了很大的成就，为了带动县区发展，应突出城镇化主导战略，率先发展部分中小城镇。其中滨河地区的中小城镇是发展的一个方向。

4. 产业布局
临沂市的城区发展已经达到一定水平，可以通过区域分工、产业转移带动周边县区的发展，实现产业布局的优化。

7.2.2 指导思想和总体目标

以科学发展观为指导，以滨水生态城建设为统领，以沂沭河沿岸有序开发为主线，按照"以人为本、城乡统筹、生态优先，环境立市"的理念，把沿岸开发与区域发展、基础设施建设结合起来，保护生态资源，合理利用岸线，完善提升沂沭河沿岸大环境，形成特色鲜明的景观风貌，实现区域经济、社会和环境的协调发展。

规划涵盖沂河、祊河、汶河、蒙河、沭河5条主要河流。北起沂水边界，南到郯城省界，西到平邑边界，共经过4区（兰山、河东、罗庄、经济开发区）9县（沂水、沂南、蒙阴、平邑、费县、郯城、苍山、莒南、临沭），河道蓝线两侧各2km，控制面积2780.56km²。沿线涉及乡镇、街道办事处73个。

---

① 该案例由临沂市规划局提供。

依据临沂市总体规划及上位规划中对沂沭河沿岸的定位,结合滨河两侧的生态环境、旅游资源,规划确定沂沭河两岸的战略目标是:打造滨水的生态长廊、旅游长廊、特色农业长廊。

7.2.3　规划技术路线

1. 注重规划过程——创造规划实施的良好社会环境

充分认识规划过程的价值,通过多方参与和协同工作过程,统一各部门、各县区思想,增强规划意识,求大同存小异,使规划真正成为沿线发展的集体意志,自觉形成执行规划、实施规划的社会环境。

2. 重点突出、层次分明——给规划编制"减肥"

在规划编制阶段明确层级,在整个流域的规划中重点研究发展目标、制定产业发展策略和空间发展策略,进行重大基础设施布局,提出实施策略与机制,将较为具体的各专项规划和各县区段规划放到后续工作中完成。

3. 注重城乡协调发展——打造沿河发展带

随着社会经济的快速发展,沿河地区发展迅猛,无序发展不仅会带来严重的环境问题和社会问题,也会给城市远景空间拓展埋下许多"钉子"。为了城乡协调发展,在规划中不但要考虑城乡产业互动,更要加强城乡空间的整体控制。

4. 刚柔并济——应对市场经济条件下城市发展的不确定性

规划以资源环境为出发点,指导城乡可持续发展;以控制合理的环境容量和科学合理的建设标准;从以开发建设为重点转向以资源利用和空间管制为重点。淡化具体用地布局规划,突出空间结构规划在总体规划中的主导地位。

5. 强化专题研究——具体问题具体分析

沂沭河流域的规划不同于一般的规划,需要针对水系、针对流域展开一些专项规划。以问题为导向,有针对性地加强专题研究,采用横向和纵向比较研究等方法,借鉴国际国内先进经验,具体问题具体分析,创造性地解决问题。

7.2.4　空间规划内容

1. 土地集约利用

严格遵守县(区)土地利用总体规划(图7-22),农业用地以基本农田、一般农田为依托,以农业种植园区为主,大力发展机械化农业产业,提高地均产出,提高农民收入。

建设用地主要利用内部存量土地和不适宜耕作的土地,尽量少占用农田,合理提高建设项目容积率。

控制区域内开发项目用地指标,加强对项目的用地管理,严格控制"征而不用,少征多用,囤积圈地"等情况。结合新农村建设,加强对区域内农村居民点用地的整理,清理闲置土地。

2. 沂沭河沿岸功能分区

根据现状条件及沿线已批规划,合理确定沿岸的功能分区。主要有以下6大类:水源涵养区、生态敏感区、基本农田集中区、一般农业发展区、都市农业区、城镇发展区(图7-23)。

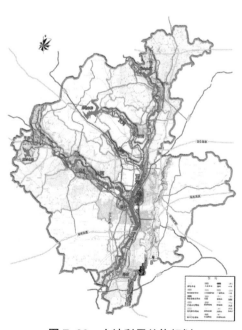

图7-22　土地利用总体规划

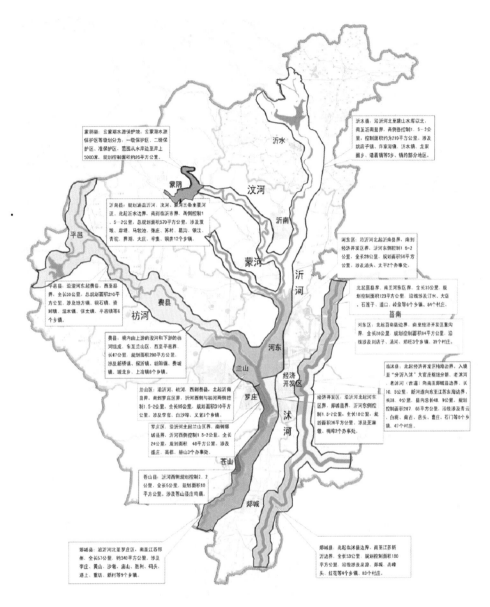

图 7-23　沂沭河沿岸功能分区

（1）水源涵养区

为了保护水库的水质，特设立水源涵养区。通过对两侧的用地控制，控制环境污染，保持较好的生态环境、限制开发建设。

水源涵养区分为 4 处，分别为岸堤水库水源涵养区、跋山水库水源涵养区、唐村水库水源涵养区、许家崖水库水源涵养区。

（2）生态敏感区

为了保障生态资源，保护自然资源特设立生态敏感区，该区域内主要有郯城县银杏自然保护区。

（3）基本农田集中区

指基本农田分布集中度较高、优质基本农田占比例较大，需要重点保护和建设的区域。基本农田集中区重点是优质粮食基地、蔬菜基地、花生生产基地、中药材种植基地等规模生产区域。

沂河谷地集中区包括沂水、沂南、兰山两县一区共计 12 个乡镇，分为两个片区。祊河谷地集中区包括费县的 5 个乡镇；南部平原集中区包括郯城、苍山、罗庄两个县区的 7 个乡镇；西部丘陵集中区包括平邑的 5 个乡镇。沭河谷地集中区包括莒南、河东、开发区、临沭、郯城 5 县区的沿线乡镇。

（4）一般农业发展区

在基本农田集中区以外，以发展种植农业、林业为主的区域为一般农业发展区。市域范围内除城镇发展区、基本农田集中区、都市农业区、水源涵养区、生态敏感区以外的区域，划入一般农业发展区。

（5）都市农业区

在城镇发展区的外部区域，城镇分布较密集，发展潜力较大，周围的农业地带适宜发展都市型的农业，提倡大面积种植，主要采用集中的农业产业区或农业庄园的形式，重点发展蔬菜种植和苗圃等现代农业。

主要分布在沂南县城东部、兰山区及河东区的沂河两侧、兰山区西部和费县祊河南侧地带、罗庄区南部沂河西侧地带、郯城县城西部沂河东侧地带。

（6）城镇发展区

城镇发展区是以城镇功能为主导用途的区域，也是市域非农产业和人口集聚的区域。市级中心城区、各县级县区划为城镇发展区。包括临沂市主城区和沂水、沂南、郯城、费县、平邑等县城的建设控制区。

3. 空间管制策略

为实现区域的平衡发展，保持良好的生态环境，必须对区域空间资源进行合理分配与控制。确定适建区、限建区、禁建区的范围和控制导则（图 7-24）。其中明确适建区包括城镇建设发展

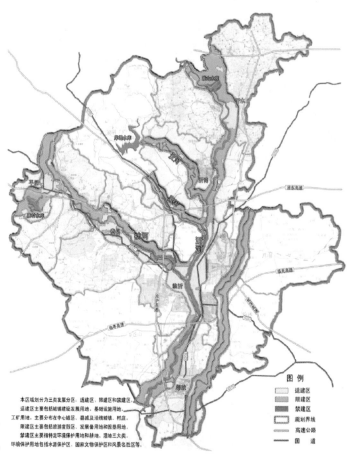

图 7-24　空间管制规划

用地、基础设施用地、工矿用地。限建区包括旅游度假区、发展备用地和围垦用地。禁建区主要包括特定环境保护用地和耕地、湿地三大类。其中特定环境保护用地包括水源保护区、国家文物保护区和风景名胜区等。

4. 公共服务设施配置

（1）教育设施

完善结构、构筑网络。完善现有的基础教育设施，并在此基础上构建多元化、特色化、现代化的城市社会服务网络，按照规划人口规模的需要配置社会服务设施。

缩小差距、城乡一体。通过具体设施的布局来缩小城乡享受基础教育设施的差距，实现城乡共享高水平的基础教育设施。

分局布置、合理利用。在规划范围内统筹社会设施的布局，避免大型场馆的重复建设。

（2）卫生设施

优化卫生资源配置，完善卫生服务体系，保障基本医疗保健服务，改变医疗设施城乡二元结构，逐步实现医疗卫生事业的城乡一体化。

1）综合医院结合现状医院的个数与规模、服务人数与服务半径确定。

2）镇驻地必须设置卫生院。

3）社区必须设置社区医疗服务中心。

4）规划保留的居民点必须设置卫生院。

5）市县区医院托管（或合作）乡镇卫生院，乡镇卫生院托管（或合作）村卫生室。

（3）文化设施

2020 年以前，社区中心全部拥有农民业余文化组织、图书馆、文化站、老年活动场所、青少年活动室。

镇驻地全部拥有广播电视站、影剧院、公园。

在城区建设文化中心，逐步建设博物馆、文化馆、图书馆、科技馆、展览馆等现代文化设施。

推进广播电视村村通、文化信息资源共享、乡镇综合文化站和村文化室建设、农村电影放映、农家书屋等重点文化惠民工程，尽快形成完善的农村公共文化服务体系。

繁荣发展农村文化。建设和谐的社区文化、农村文化，扶持农村题材文化产品创作生产，支持农民兴办演出团体和其他文化团体，引导城市文化机构到农村拓展服务。

5. 基础设施规划

（1）道路交通规划

完善区域道路系统建设，加强滨河地区的联系，各条河流根据实际情况修建滨河大道。

1）贯通沂河两侧滨河大道（沂水县城—郯城省界）全线 191km；

2）贯通祊河南岸滨河大道（平邑—市区），全线 112km；

3）贯通蒙河北岸生态滨河道路，全长 46km；

4）贯通汶河南岸生态滨河道路，全长 63km；

5）整修沭河河堤，保证河堤满足正常车辆通行。

（2）水利设施规划

规划新增坝闸 10 座。在满足防洪的前提下，使沿河重要区段水面连续，规划期末建设大型拦河闸、拦河坝共计 44 处。

1）沂河主要水利设施：沂水拦河坝、邑山拦河坝、斜午拦河坝、葛沟拦河坝、葛沟水文站、茶山拦河坝、柳杭拦河坝、桃园拦河坝、小埠东拦河坝、彭道口拦河闸、李庄拦河闸、李庄拦河坝、土山拦河闸、土山拦河坝、马头拦河闸、洪福寺闸坝、重坊闸坝等。

2）祊河主要水利设施：石沟拦河闸、姜庄湖拦河坝、葛庄拦河闸、花园拦河闸、角沂拦河闸等。

3）汶河主要水利设施：岸堤水库拦河坝、黄埠拦河坝等。

4）蒙河主要水利设施：青驼拦河闸、高里拦河坝等。

5）沭河主要水利设施：刘店子拦河坝、刘店子水文站、板泉拦河坝、新沭河泄洪闸、人民胜利堰闸、清泉寺拦河闸、归义拦河坝等。

（3）给水规划

规划自来水进入沿线城镇和村庄，共设置自来水厂16处。

（4）污水治理工程规划

对于沿线城镇、乡村的污水经系统处理，符合排放标准后排入附近河道。污水处理厂设置在沂河、祊河、汶河、蒙河下游支流上，经支流汇入到河道中。

污水处理厂在现有12座污水处理厂的基础上规划新建13处。

6. 专项规划

（1）蓝线界定规划

蓝线是指城市规划确定的江、河、湖、库、渠和湿地等城市地表水体保护和控制的地域界线。

建筑后退蓝线规定：为了保护沿河环境，开阔沿线空间，对沿河建筑后退蓝线进行明确规定。适建区后退蓝线50~100m。其中，中心城区、县城、乡镇驻地建筑后退蓝线50m；村庄、农村社区建筑后退蓝线100m。限建区后退蓝线100~200m。其中，村庄及农村社区后退蓝线100m；其他建设项目后退蓝线200m（图7-25）。

（2）防洪排涝规划（图7-26）

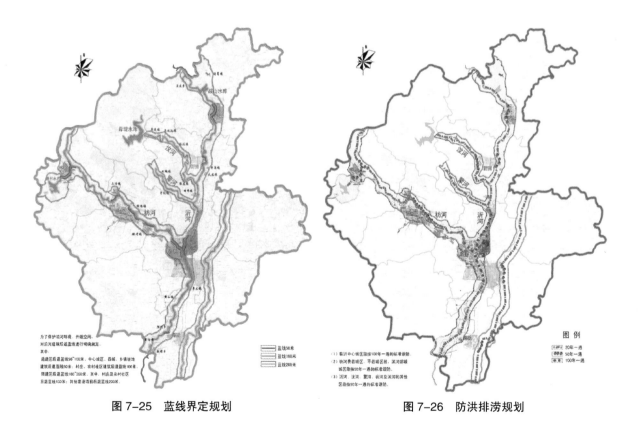

图7-25　蓝线界定规划　　　　　　　　图7-26　防洪排涝规划

1）临沂中心城区段按100年一遇的标准设防。

2）祊河费县城区、平邑城区段，沭河郯城城区段按50年一遇的标准设防。

3）沂河、汶河、蒙河、祊河及沭河的其他区段按20年一遇的标准设防。

在临沂中心城区段，沂河干流河道过水断面需 8100m²；祊河河道过水断面需 4300m²。各河段防洪堤堤顶高程按防洪标准洪水位加 1m 超高确定。

（3）环境保护规划

环境保护规划目标：实施可持续发展战略，环境与经济、社会发展相协调，逐步使生态系统实现良性循环。2020 年，沂沭河沿岸总体环境有明显改善，环境污染基本得到控制，城镇环境质量得到明显的提高。

（4）水质保护规划

饮用水源一级保护区为岸堤水库、跋山水库、唐村水库、许家崖水库，执行《地面水环境质量标准》（GB 3838）Ⅱ类标准；饮用水源二级保护区为规划建设用地范围内沂河、祊河、沭河流域城区上下 10km 的水域，执行 Ⅲ 类以上标准；水源准保护区为行政区划范围内其余的所有水域，执行 Ⅳ 类以上标准，可适当用于工业、农田灌溉、排污、排涝、养殖等。

（5）湿地保护规划

湿地对保持生态系统的多样性具有重要意义，共规划湿地保护区 10 个，分别为沂河沂水泉庄湿地、沂河沂南大庄湿地、沂河沂南苏村湿地、沂河沂南葛沟湿地、蒙河沂南双堠湿地、汶河沂南马牧池湿地、汶河沂南张庄湿地、沂河郯城重坊湿地、祊河费县城北湿地、祊河中心城区湖心岛湿地。对确定的湿地保护区，应明确保护区范围，制定严格的保护规划。

7. 沿岸村庄发展规划

结合农村住房建设规划，把沿线村庄分为 4 类——引导发展型村庄、限制发展型村庄、整合改造型村庄、建议搬迁型村庄，不同类型的村庄采取不同的整治措施。

（1）引导发展型村庄。此类村庄现状和建设条件较好，接受其他村庄的并入，设置集中的拆迁村庄安置区，提高集聚度和设施配置水平。

（2）限制发展型村庄。此类村庄为规划确定的重点古村落、古建筑、古民居、名人故里等人文景观和具有独特的自然景观需要特殊保护的村庄。需要增强保护观念，对重点传统建筑和传统的风貌、格局等加以整体保护，部分影响村庄整体风貌的建筑需要加以改造。

（3）整合改造型村庄。县域内具有一定的发展条件、规模和基础，不需要进行撤并的村庄，对影响村庄整体风貌的建筑进行改造和整治，完善设施配置水平。

（4）建议搬迁型村庄。由于自然条件、经济条件较差，需要搬迁的村庄。

集约利用，改善农村居住条件，对规划区内原有村庄进行迁村并点，整合成 194 个中心村（农村社区），节约建设用地 2930 公顷（43950 亩）。

7.2.5　规划实施

1. 加强组织领导

各级各有关部门要加强沂沭河沿岸开发控制工作的组织领导，成立专门的领导组织和办事机构，及时解决工作中出现的各种问题，保障规划实施。

2. 严格监管措施

各级各有关部门应当严格控制沂沭河沿岸的无序开发，加强沂沭河沿岸环境的保护与控制，加强饮用水水源保护区的污染综合治理；要加快城镇环境基础设施建设，做好农村生活污水和垃圾的收集、处理等工作；要积极发展生态农业，严格控制农业面源污染；要加强水源涵养、湿地保护和生态隔离带建设，开展河道疏浚和生态修复。

3. 加大政府投入，完善投入补偿机制

各级各有关部门要加大对沂沭河沿岸的投入，研究制定优惠政策，多方筹集资金，用于沂沭河沿岸开发控制与环境保护工作。

4. 加强沿线项目管理，严格规划审批

在沂沭河沿岸开发控制规划的基础上编制各县区规划，成为对具体建设进行审批的依据。

城乡统筹的模式是多样的，各地必须根据自身的条件选择适当的发展模式。流域城乡统筹发展往往碰到类似的问题。该案例通过流域生态环境治理、用地功能更新、空间管制区划、村庄布局等手段，为此做了积极的探索。

7.3　成都市中心城非城市建设用地城乡统筹规划
——成都市"198"地区控制规划①

7.3.1　规划编制背景

2007 年 6 月，成都市和重庆市成为全国统筹城乡综合配套改革试验区，使成都市成为继 2005 年 6 月上海浦东、2006 年 5 月天津滨海新区后的第三批综合配套改革试验区。国家要求成都市根据统筹城乡综合配套改革试验区的指示，全面推进各个领域的体制改革，并在重点领域和关键环节率先突破、大胆创新，尽快形成统筹城乡发展的体制机制，促进城乡经济社会协调发展，也为推动全国深化改革、实现科学发展与和谐发展发挥示范和带动作用。

从 2003 年起，为改变城乡二元结构矛盾突出的现状，成都市就以"坚持科学发展、构建和谐成都"为主题开始实施以推进城乡一体化为核心、以规范化服务型政府建设和基层民主政治建设为保障的城乡统筹、"四位一体"科学发展总体战略，成都市的城乡规划也在政策、经济、空间、支撑系统、管理机制等方面进行了积极探索。

2006 年 5 月 ~2007 年 12 月期间编制的《成都市中心城非城市建设用地城乡统筹规划——成都市"198"地区控制规划》（以下简称："198"地区规划）是成都市作为全国统筹城乡综合配套改革试验区的试点规划（图 7-27）。

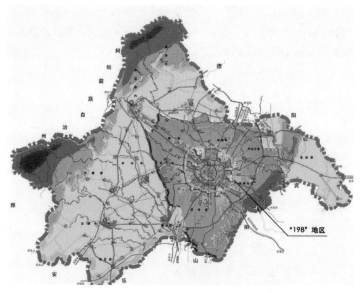

图 7-27　"198"地区在成都市市域的区位图

---

① 该案例由成都市规划设计研究院提供。

7.3.2　规划思路

1."198"地区究竟需要什么样的规划?

"198"地区问题的根源在于城乡二元结构矛盾和"三农"问题,属于政策体制层面的战略问题,当然就不能、也无法单纯用战术层面的技术规划予以解决。因此,第一步明确的是需要一个达到政策高度的规划,寻求在体制上有所突破。这也正是全国统筹城乡综合配套改革试验区"率先突破、大胆创新,尽快形成统筹城乡发展的体制机制"的基本要求。

2.接下来的关键是找到规划的切入点?

城乡二元结构矛盾的主要原因是城乡资源的各自封闭。城乡统筹要求打破壁垒,实现资源的自由流动,通过政策和市场的调控达到最佳配置,而土地是其中的焦点。简而言之,只有处理好土地的问题,规划才能行之有效。

我们需要的不仅仅是理论研究,更需要能立即进行实践、为全国统筹城乡综合配套改革试验区探路的可操作的规划。

7.3.3　规划目标

规划把"198"地区打造成为成都市产业结构调整和发展方式转变的引擎,节能环保的模范,城乡统筹的样板;总体目标是建设成为基础设施完善、整体环境优美的城乡统筹示范区。

1.生态保护目标

严格保护城市生态本底和整体生态格局,保护中心城生态屏障的完整性。坚持农地农用,严禁农用地用于非农建设,确保在"198"地区的耕地保有量和基本农田保有量(图7-28)。

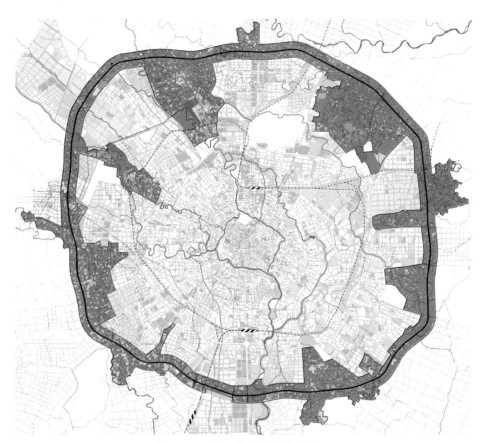

图 7-28　"198"地区用地现状图

2. 产业发展目标

大力发展现代服务业和现代农业,形成第一、第三产业互动格局。坚持"一区一主业,突出高端"的原则,构建现代文化创意业、现代生态旅游业、商务总部经济、现代农业等一体发展的产业体系;以独具特色的都市现代休闲农业、创意农业和现代农业实景体验基地为发展重点,成为成都市具有战略意义的现代服务业重点集聚区。

3. 农民安置目标

切实做好农民安置工作,严格控制建设用地规模,引导农民向新型社区集中居住,改善农民生活居住条件。

4. 配套设施建设目标

切实加快推进配套设施建设,坚持"198"地区基础设施和公共服务设施配套建设与产业项目、新型社区建设同步实施,确保建成一片,配套完善一片。

7.3.4 规划解决的重点和难点问题

1. 规划重点内容

（1）用地布局

"198"地区规划为"一环六片多点",整个地区呈环状分布,规划6个重要功能片区,通过区域道路进行交通组织（图7-29）。

北郊片区:以熊猫为主题,依托国家级成都大熊猫繁育研究基地打造熊猫小镇,突出科考、观光、娱乐功能。

上府河片区:以生态为主题,依托府河、东风渠打造绿色社区,突出疗养、休闲功能。

江安河片区:以运动为主题,依托江安河打造水上运动基地,突出体育、娱乐功能。

高新南区:以文化为主题,依托世纪城会展中心打造市级文化中心,包括歌剧院、海洋公园等项目,突出文化、娱乐功能。

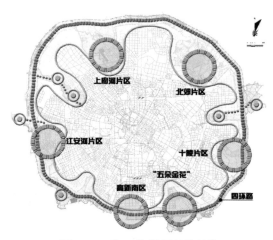

图7-29 "198"地区总体结构

锦江区"五朵金花":以休闲为主题,依托现状"五朵金花"农家乐、金港赛车场打造风景旅游社区,突出休闲、旅游功能。

十陵片区:以历史文化为主题,依托明代蜀王陵墓和丘陵地形打造风景区和奥体中心,突出历史文化、体育功能。

（2）空间形态

规划提出以"生态优先,集中建设,提高标准,岛式布局"为原则,结合各区县明确保留的现状建设,利用具有特色的空间要素,对接周边的用地情况,形成建设用地与生态用地相互渗透的空间形态,使生态用地的环境效益最大化,建设用地的经济效益最大化（图7-30）。

2. 规划难点——"五大重构"

规划提出"198"地区的重构框架,包括土地、

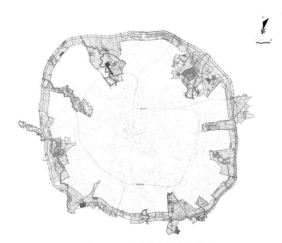

图7-30 用地布局规划图

功能、空间、支撑系统和管理机制 5 个方面的"五大重构"，以系统的更新建立起"198"地区的资源流通平台。

（1）土地重构是前提

随着市场经济的发展，我国从传统计划经济延续下的农村集体土地国家统一征收制度存在的缺陷日益显现。我国以国家和集体二元土地所有制为基础，与城乡企业、居民的身份相挂钩，依赖城乡分割管理的路径形成了城乡建设用地使用制度上的双轨制和城乡分割的建设用地市场，包括乡镇企业用地和农民宅基地等在内的农村集体建设用地的市场化流转长期受到限制，直接阻滞了生产要素在城乡之间的双向流动和城乡经济社会的一体化发展。

"198"地区是成都市中心城区的边缘地带，现状建设用地呈现零散、无序的状况。建设质量不高，配套设施滞后，造成对生态环境的极大污染与对土地资源的极大浪费。针对现实情况，"198"地区通过摸清区域的土地权属，以资源优化配置为原则，将零散的集体建设用地整理集中，与国有建设用地统一规划、统一标准、分类管理。规划考虑跨越国有土地与集体土地的政策鸿沟，以农用地和建设用地作为划分土地使用的标准。农用地方面严格执行国家政策，建设用地方面则从资源利用角度将国有建设用地和集体建设用地统一规划使用，集体建设用地整理集中流转，实现土地资源向土地资本的转化。这样，在不违背保护耕地的国策的基础上进行土地重构，不仅提高了土地使用效率，而且有助于推动城市外围楔形绿地的形成，实现城乡土地用途的统一管理。

（2）功能重构是重点

成都"198"地区的功能定位受城市定位、区位关系、自然条件、特色资源、限制因素、相关规划要求等诸多方面的影响，具体表现如表 7-1 所示。

"198"地区功能影响因素分析表   表 7-1

影响因素	具体表现
城市定位	成都市着力打造"休闲之都，魅力之城"，城市形象不断提升，提出"新三最"目标
区位关系	处于三环路和绕城高速路之间，是中心城区与外围组团和发展走廊的联系纽带，是成都市继府南河、沙河之后对外展现的第三张名片
自然条件	区域内用地地形地貌多样，水系发达，植被良好
特色资源	拥有一定数量的自然、人文遗存
限制因素	受航空限高、水源保护、文物保护等因素的限制
相关规划	总规及其他规划确定区域承担生态保育、基础设施承载等功能

"198"地区具有生态景观、居住、现代服务业和基础设施承载 4 大功能。生态绿地用于建设树木、草地、花卉、水体和生态农业等项目，塑造成都市特大中心城市的生态景观框架；建设用地主要用于社会保障、文化、体育、娱乐、旅游、休闲、居住等项目，完善成都市特大中心城市的现代服务业功能。同时，预留区域性基础设施的用地及相关走廊。使"198"地区成为具有特色城市功能、特色空间形态的片区，继府南河、沙河之后成都市的新名片。

（3）空间重构是特色

根据国外边缘区城镇建设的理论与实践经验，选择成都市空间重构的模式。成都市的空间形态与莫斯科极为相似，城市划分为若干个规划分区，设计相对独立的"自治单元"，中心区结构处理为星形发射状，在放射加环状交通网当中，增加一些"脊柱"式的干道，使城市中心能够从过境交通中解放出来。所有次结构都有其中心和完善的生活服务设施，各组团（次结构）之间，次结构与中心城之间由大片森林所隔离，这种分块就地平衡的结构旨在分化单一中心的空间模式并改善环境条件。

根据成都市城市功能区划与实际情况，结合"198"地区现存的大熊猫繁殖基地、"五朵金花"旅游区、十陵历史文化遗迹、上府河生态涵养区等有利资源，规划提出了岛式布局的空间重构特色，

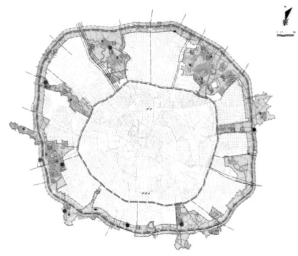

图 7-31　基础设施规划图

即结合"198"地区的环状用地特点提出的空间布局模式。

（4）支撑系统重构是关键

规划通过支撑系统的重构将城市带动农村具体落实到就业和福利制度的配套完善，教育、医疗等公共设施和各种基础设施对农民的服务保障之上，优先解决与农民切身利益最密切的问题，让公共财政更多地覆盖农村地区，让各种公共服务更加深入农村地区，让各种基础设施全面服务农村地区，切实形成城乡一体化的支撑系统（图 7-31）。

城乡统筹发展战略下，打破城乡二元分隔，以"工业支持农业、城市反哺农村"的指导方针，必然会对农村地区特别是紧邻中心城区的"198"地区的公共设施和市政基础设施体系进行重新构建，可以通过统一标准，提高水平，统一规划，促进共建共享，解决资金投入等几个方面实现。

支撑系统重构既是对"198"地区公共设施和市政基础设施的更新，也是对城市公共设施和市政基础设施供给体系的强化，统筹发展的城乡支撑系统是对城乡和谐发展的强有力支持。

（5）管理机制重构是保障

规划提出了"指标上浮、灵活布局"的创新思路，即是在政策框架下将"198"地区内的集体建设用地同国有建设用地一起纳入城市管理平台实施统一的规划、土地、建设、房屋管理，在保证用地总量不变的基本前提下，以政策调控及市场需求为导向，将建设指标投放到中心城区内进行灵活布局。该制度能充分发挥市场优势，实现土地价值最大化。并为规划操作预留弹性。实施办法的建立包括：

1）完善规划编制——"198"地区规划是城市总体规划层面关于"郊区农村"建设的专项规划，建议由市人民政府审批。同时，要达到控制性详细规划深度，便于直接用于"198"规划管理。

2）建设用地来源——"198"地区内建设用地全部通过现状集体建设用地整理、旧村落改造获得，实施"拆二建一"，总量控制。绿地则通过政府向农民租地进行建设。

3）农民安置——农民按征地相关政策标准进行安置，建议迁入"117"（中心城区总建设用地规模）。"198"地区内需设置集体产权的经营资产以保证农民长期稳定的收入。

4）建设模式——生态绿地建设、规划公益性配套设施建设，应与出让建设用地"打捆"、"包装"，招商引资，同步实施。由政府组织编制各片区修建性详细规划，通过审批后纳入项目招标（拍卖）条件。

5）市区共建——建议将绿地划分为文化、体育、旅游、教育、科研等各类主题公园，采用市区两级共建共管模式，保证其功能落实、管理规范。

6）强化管理——由 5 局委联合出台规划、建设和管理的配套文件，对"198"地区全部实行城乡一体化的规划、土地、建设、房屋和市容行政管理。市级相关职能部门应各司其职，将管理延伸至"198"地区。

7.3.5　创新特色及实施效果

1. 创新特色

（1）土地使用的政策创新

土地管理的二元化是城乡二元结构的重要组成部分，也是长期困扰规划工作者的难题。究其原因，还是未能把城市与乡村、国有与集体统筹起来。站在全国统筹城乡综合配套改革试验区的高度，"198"地区规划对此作出了探索。城乡统筹的目的包括缩小城乡区域差距、实现社会公平正义、确保资源环境永续利用，其中土地资源的优化配置至关重要。目前全国集体建设用地的人均指标很高，但建设质量和使用强度却很低，事实上是对土地资源的极大浪费。"198"地区规划以资源优化配置为原则，在政策框架内提出创新，将零散的集体建设用地整理集中，与国有建设用地统一规划、统一标准、分类管理。这样，既不违背保护耕地的国策，又提高了土地使用效率，营造了环境，可谓一举多得。只要同时配套相应的集体建设用地的流转政策，保障居民的相关权益，这个创新是很有生命力的。

（2）实施管理的机制创新

"198"地区规划批复以后，成都市的相关职能部门和各区县政府迅速跟进，出台了一系列配套文件，建立起完整的管理机制。

成都市规划管理局在"198"地区规划的基础上制定了覆盖"198"地区、中心城乃至全市集体建设用地的管理规定，内容包括规划编制、调整、审批、监督，第一次将管理全面延伸到农村地区。成都市规划管理局还将"198"地区规划的建设用地边界在现场勘定，以带公示条文的界桩围合起来，开创了定界管理的先河。此外，国土、建委、房管等部门也纷纷完善了自身架构，将"198"地区规划的管理落到实处。

（3）"岛式布局"的空间特色

"岛式布局"是结合"198"地区的环状用地特点提出的空间布局模式。与中心城连片发展不同，"岛式布局"能使建设用地与生态绿地相互渗透，达到综合效益最大化的效果。

2. 实施情况

（1）基础设施方面。已实施的包括沙西线、IT大道、双龙路等区域干道。正在实施的包括天回污水处理厂等。

（2）项目开发方面。已建成的包括成华区的同乐社区，武侯区的江安河生态公园，金牛区的银杏园、两河社区，武侯区的陆坝社区等（图7-32和图7-33）。正在建设的包括青羊区的创意产业园区，高新区的海洋乐园、歌剧院，成华区的熊猫小镇，锦江区的成都国际文化创意产业园区，龙泉驿区的成都奥体中心等（图7-34和图7-35）。

（3）环境建设方面。正在实施的包括龙泉驿区的青龙湖及周边绿化、武侯区的江安河流域整治等（图7-36）。

（4）指导实施的政策文件也陆续出台，包括《成都市中心城郊区（县）建设项目审批管理规定（试行）》、《成都市中心城郊区集体建设用地规划管理规定（试行）》、《成都市规划管理局关于进一步加强全市集体用地规划实施管理的意见》、《成都市规划管理局关于中心城集体建设用地规划实施管理的补充规定》、《成都市规划管理局关于"198"地区建设现状情况的调查报告》、《成

图7-32　武侯区江安河生态公园实施照片

图7-33　成华区北湖公园实施照片

图 7-34   高新区海洋公园

图 7-35   龙泉奥体中心

图 7-36   成都北郊风景区内的农家乐

都市国土资源局关于加强中心城区非城市建设用地区土地利用管理的意见》等。

2010 年，在建设"世界现代田园城市"的宏伟目标下，成都市规划了 13 个市级战略功能区，而"198"生态及现代服务业综合功能区正是其中之一。为此，成都市委、市政府专门成立了"198"生态及现代服务业综合功能区领导小组，并于 2011 年 4 月制定了《"198"生态及现代服务业综合功能区总体实施方案（2010-2017）（2011 年修订稿）》，负责指导功能区的规划建设，同时，"198"地区所涉及各区县也分别编制了"198"地区的实施规划，用于具体指导"198"地区的规划实施。

7.4   沈阳市新城子现代农业经济区总体规划（2009-2020）
——大都市周边农业地区城乡统筹规划探索①

沈阳是东北老工业基地振兴的代表，由于工业的发展，多年来形成了典型的"大城市带小农村"的发展格局。"农村、农业、农民"发展处于被动局面和弱势地位，迫切需要探索"农村城镇化，农业产业化，农民市民化"的城乡统筹发展模式。而沈北新区是辽宁省综合配套改革试验区的先导区，享有"先试先行"的政策，新城子现代农业经济区就是其探索城乡统筹的试点，《沈北新区新城子现代农业经济区总体规划》于 2009 年初编制完成，目的在于探索适合具有地域特色的城乡统筹发展模式。

7.4.1   规划背景

2006 年 3 月，沈阳市委、市政府做出重大决策，即沈阳辉山农业高新区与新城子区合署办公，组建沈北新区，同年 10 月获得国家有关部门批准。沈北新区位于沈阳市外环路北侧，是沈阳市四大发展空间之一，向北辐射铁岭市、阜新市，以及沈阳市的法库县和康平县，具有广阔的农村腹地。沈北新区总面积 810km²，总体上划分为"一城一区"（图 7-37 和图 7-38）。"一城"即南部

---

① 该案例由沈阳市规划和国土资源局、沈阳市规划设计研究院提供。

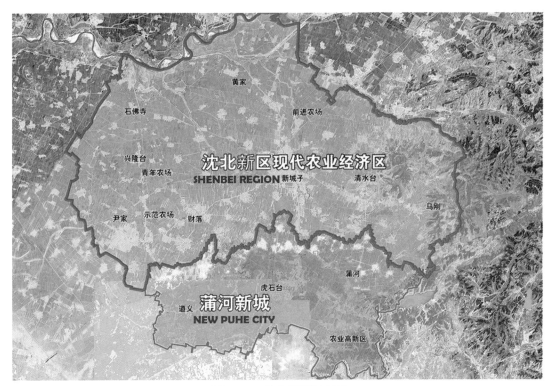

图 7-37　沈北新区区划图

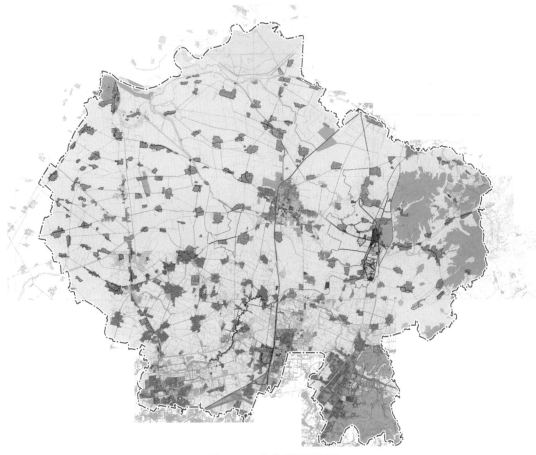

图 7-38　沈北新区现状图

的蒲河新城，总面积 270km²，由原沈阳辉山农业高新技术开发区、沈阳虎石台经济技术开发区、沈阳道义国家级星火技术密集区三个省级以上开发区为主体共同组成，是沈北新区城市建设的集中区域；"一区"即北部的新城子现代农业经济区，总面积 540km²，由广袤的农田、林地、水域、村屯构成。

新城子现代农业经济区含 9 个乡、镇、街，共 138 个自然村屯，总人口 19.4 万人，城镇化率 36.2%，人均建设用地 394m²。近年，沈北新区经济实力不断攀升，城镇化水平显著提高，各种投资项目纷至沓来，城市建设如火如荼。但是同时也带来建设用地需求急剧增加，建设用地指标不足，农村集体建设用地浪费严重、农民生活条件亟待改善、环境恶化、城乡差距拉大等矛盾凸显。

7.4.2 发展目标

沈北新区具备开展城乡统筹的特定条件。沈北新区以农产品深加工为主导，这有利于城乡产业循环互动；另外，其南部占总面积 1/3 的蒲河新城实现了又好又快发展，储备了较好的经济实力，能够反哺北部的新城子现代农业经济区建设，实现城乡经济一体化。因此，本次规划制定城乡统筹发展目标和策略，要有利于促进城乡协调互动发展，某种程度上更要侧重于广大农村，如农业发展、农村配套服务设施建设、生态环境建设、农民生活水平提高等。因此，新城子现代农业经济区确定如下发展目标：

（1）辽宁省现代农业综合改革实验区；
（2）辽宁省和谐社会建设示范区；
（3）东北地区乃至全国城乡统筹发展的新典范。

7.4.3 规划技术路线

沈北新区新城子现代农业经济区总体规划意在实现"统管统配"，从空间、产业、资源、环境等要素着手，对城乡功能定位、资源配置、空间布局、人口分布、公共设施、产业布局、生态建设、规划管理 8 项内容进行统筹安排和管理。结合国民经济和社会发展规划、城镇体系规划、土地利用规划来支撑统筹规划，采用政府组织、民意调研、部门合作、科学决策等方式来保障统筹规划更具执行性（图 7-39）。

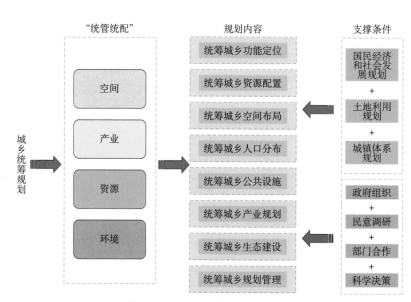

图 7-39 城乡统筹规划的路线图

7.4.4 规划主要内容

1.统筹城乡功能定位，确定城乡发展目标和实施策略

坚决贯彻"城市反哺农村、工业反哺农业"的政策方针，以城镇职能为主导，以城乡统筹互补的功能定位为宗旨，通过构建农村城镇化、农业产业化和农民市民化的发展平台，实现"三农三化"，增加"三效"，就是实现农村城镇化以增加环境效益，实现农业产业化以增加经济效益，实现农民市民化以增加社会效益。为了集约利用土地，保护生态环境，空间布局遵循"三集中"的原则，即农业向规模经营和农业园区集中；工业向城镇边缘和工业园区集中；农民向城镇和农村新型社区集中。

2.统筹城乡资源配置，明确城乡承载能力和空间管制

以土地利用现状为基底，叠加水资源、工矿企业、城镇及农村人口分布、交通旅游资源、农田、林地、行政区划等约束因子，确定城乡资源的承载力和环境容量。根据经济建设和城镇发展对地域生态环境的影响，按照不同的地域功能，空间资源特色、开发潜力和产业要求划分城乡空间管制分区，强化规划的"空间指导和约束能力"，特别是对山体植被、水库、江湖河流、生态廊道、基本农田要严格进行管制，充分发挥它们对空间资源的自然调控和配置作用，实现城乡资源要素合理保护与利用（图7-40）。

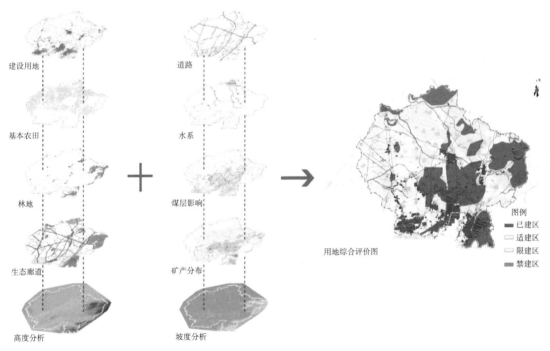

图7-40　用地综合评价流程分析图

3.统筹城乡空间布局，构建三级空间体系架构

突破均衡推进的传统发展模式，强调空间集聚、淡化城乡界限和行政划分，依托现状镇村建设基础和主要的交通廊道，对接沈阳主城区，顺应城市发展方向，将处于交通节点和重要经济增长点的城镇和村庄作为空间增长节点，实施聚集联动，有序引导农村人口迁移，构建"一城三镇四村"的城乡统筹协调发展的空间体系（图7-41）。有秩序地组织各类空间和非空间要素，实现城乡可持续发展。将中心镇作为城镇生产生活的集中区，中心村形成对农业生产地区的再扩散作用，

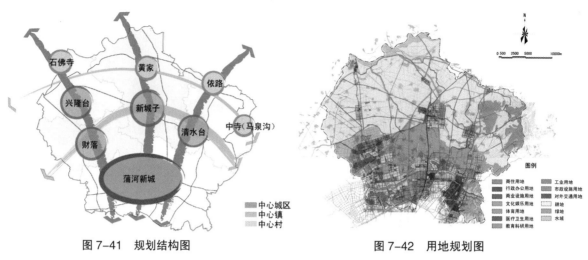

图 7-41　规划结构图　　　　　　　图 7-42　用地规划图

同时对具有传统特色、生态特色的村规划形成以特色旅游为主导的特色村，以合理安排建设用地的功能布局（图 7-42）。

4. 统筹城乡人口分布，确定城镇人口和建设用地规模

考虑新城子现代农业经济区作为快速城镇化地区，人口变动频繁、空间跨度大，在确定人口规模和分布时不能沿用传统的以综合增长率为依据来计算（图 7-43），需要城乡统筹考虑。城镇人口的增长以农村人口的减少为前提，规划中需要通过调查问卷、访谈等方式摸清村民的具体搬迁意向，从而确定各镇村居民迁出或迁入后的人口数，对区域内未来乡村人口减少趋势进行预判。

在明确满足区域生态环境和未来战略储备的前提下，统筹安排建设用地，提高建设用地的集约化程度，秉承"精明增长"的规划理念，通过村屯撤并和旧镇改造，及时整理闲置、废弃建设用地，实现城乡建设用地的空间结构调整，将农村建设用地适量转化为城镇建设用地，

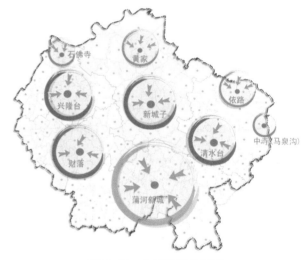

图 7-43　人口撤并分析图

严格控制城乡建设用地总量的增长，将多余村屯建设用地复耕。使城乡土地得到集约化利用，体现"切实保护耕地"的基本国策。

5. 统筹城乡公共设施，确定设施廊道和公共设施布局

统筹城乡基础设施的内容主要包括：城乡交通设施（图 7-44）；区域性的电力、引水、给水、区域能源系统（如输油管线）市政设施；公共服务等设施。规划沿主要交通轴线或现状不可动的基础设施，预留区域性基础设施廊道，并明确未来建设的区域性基础设施必须按照规划统筹安排在廊道内，以求整合基础设施用地，减少基础设施对城乡空间的分割。

统筹城乡公共服务设施，其目的是要实现城乡公共服务设施的共建共享。从公共服务设施的指标体系到空间布局，需要在城乡统一考虑，分级配置与合理利用各项公共服务设施，实现城乡公共服务设施的共建共享，避免城乡各镇村的公共服务设施建设规模和类别趋同、闲置而导致浪费（图 7-45）。

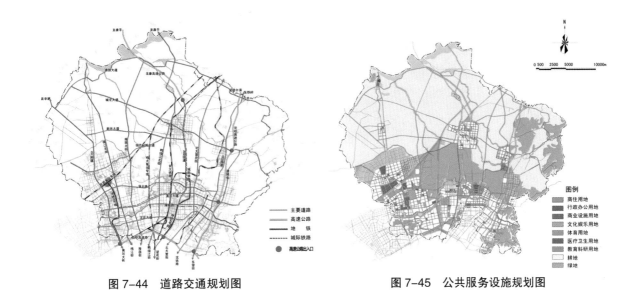

图 7-44　道路交通规划图

图 7-45　公共服务设施规划图

6. 统筹城乡产业布局，构建循环互补的产业发展格局

统筹产业布局，强调城乡产业发展的互补性，通过现代农业规模生产，农业科学技术的推广实施，以及城镇内涉农工业、服务业的支撑保障、农业经营方式组织制度的改革创新，形成现代农业的产业化发展、集约化经营、企业化管理、社会化服务的运行体系，构建协调的区域综合经济体。发展涉农劳动密集型产业，构建城乡循环互补的产业发展格局，以粮油加工、乳品加工、畜禽加工、果蔬（饮料）加工、饲料加工、熟食制品加工为突破口，为"工业向园区集中、耕地向规模经营集中"提供制度保障。

一是引导分散的农户从小规模生产转变为合作化、企业化的"基地 + 农户 + 公司"的社会化大生产，催化"自给自足的自然经济"向"社会分工的产业经济"转变，在中心镇边缘规划规模适当的农业科技园区，在中心村规划与农业产品基地建设相结合的农产品初加工点。

二是搭建农资仓储及短期物流网络体系，将分散的农资仓储与农产品物流相对集中起来，与生产基地与交通区位相结合，按照农用车 15min 车程（即 2.5~3km）的耕种半径，利用"撤村并点"留下的农宅，设置集中的农用器具存放点和收割后农作物的存放点（图 7-46）。规划 16 处农资仓

图 7-46　农资农具存储点布局图

储基地与农产品短期物流仓储区，并有一定的人员管理，形成脱离于居民点的物流网络，减少交通运输成本。

三是重点推进商贸业、物流业和旅游产业发展，提高产品交易与运输能力，促进农业观光和体验旅游业发展。农业区以现代农业规模种植与推广，中心镇建立以劳动密集型的工业服务业为支撑，蒲河新城形成农产品深加工和农业科技科研创新为主的金字塔结构（图7-47），构建沈北新区现代农业改革实验区的产业链条（图7-48）。

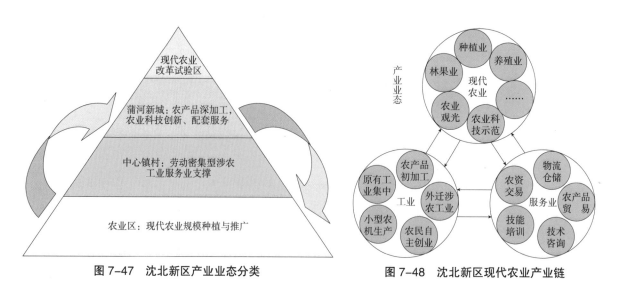

图7-47　沈北新区产业业态分类　　　　　　　图7-48　沈北新区现代农业产业链

7. 统筹城乡生态建设，构建城乡一体的生态环境体系

统筹城乡发展理念，其实质是把城乡经济、社会发展和自然环境统一规划考虑，形成城乡互动共进、融合发展、协调有序的格局。基于城乡土地的生态适宜性评价，划分生态功能区，提出相应的建设原则和纲要，划分生态景观斑块界线和水系生态景观控制廊道。明确外围基本农田、生态林地界限、水源涵养区、风景名胜区等控制界限，严格控制建设用地的扩张。规划以生态为基底，集交通、人居、旅游、生态、设施等功能为一体，连接乡村、城区、河流、风景区及社区等空间，通过交通衔接、设施共享、生态融合、资源整合、产业联动和市场引导，提升区域生态质量，优化共享环境，强化绿色导向发展，为城乡统筹发展提供实质性支撑。

8. 统筹城乡规划管理，引导镇村建设控制与开发管理

根据《城乡规划法》中提出的乡、镇人民组织编制镇规划、乡规划、村庄规划，都要报上一级人民政府审批的事实。避免各乡镇发展为追求自身利益各自为政，城乡统筹提出在快速城镇化地区建立城乡一体的管理控制平台，由地区城乡规划主管部门为主导，协调发改、土地、经济、农林、交通、水利、旅游等多个部门的联动管理机制，对城乡建设用地和非建设用地的建设活动、项目安置进行统一控制管理，比如设施农业项目、养殖小区项目等建设需要农林部门与规划部门联合审批。研究城乡建设用地不同的土地开发方式、投资强度、容积率与建筑密度、道路绿化宽度、生态环境保护要求等，制订不同建设项目审批政策和控制标准，建设用地与土地二次调查进行对接，统一建设用地界线。

7.4.5　规划创新

1. 运用新型技术指导规划编制

新城子现代农业经济区总体规划采用多种的技术手段，辅助规划科学编制。

（1）运用资源评估的空间布局方法，对区域的各种资源进行系统评估。运用GIS技术手段将

众多的评价因素进行叠加确定空间管制区划。

（2）运用 HAP 程序方法划分村屯的势力圈范围，采用"自下而上拆除最小村法"，对村屯的经济状况、人口规模、交通区位、土地综合评价、生态环境等因素进行叠加，确定需要保留和迁并的村屯，对土地资源的整合趋势做出预判。

（3）采用多层次叠加方法分析，确定现代农业产区规划布局。利用撤并村屯腾出的建设用地，布局农机和农资存放点。

2. 探索现代农业的经营模式

实行"运行公司制、投资业主制、科技承包制、联结农户合同制"，打造现代农业经营模式，实现土地流转，由投资者从农户手中将分散的土地承包过来，再组织少量的农户对所承包的土地进行规模化经营，投资者负责对土地进行资金和技术方面的投入，并支付给农户一定量的工资以及相应的社会保险，最终产品由投资者面对市场（图7-49）。通过这种组织，可以更多地为农民谋取提高收入的机会，主要包括4个方面：一是土地流转后的地租收入；二是为公司务工的工资收入；三是依托宅基地改造从事经营活动的收入；四是土地承包入股后的分红收入。

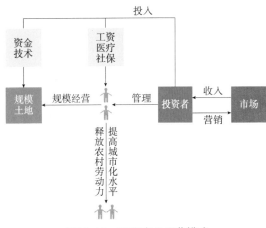

图 7-49　现代农业经营模式

3. 结合老工业基地振兴政策探寻产业发展方向

一方面以"生态为本、文化搭台"，大力发展郊区旅游，形成串联北部七星山风景区、七星湖风景区、怪坡风景区、森林公园风景区的"沈北七星文化旅游带"。另一方面，加快新兴产业发展的步伐，在既有传统产业基础上，更新换代、跨越发展，在哈大城市发展走廊沿线打造航空产业园、市场集群产业园和精细化工产业园。

通过这两方面形成"一带、四园、三基地"的产业布局结构（图7-50）。一带：即沈北七星文化旅游带（包括七星旅游风景区、怪坡风景区和蒲河文化休闲区）；四园：即现代农业科技园

图 7-50　新城子现代农业经济区产业布局

（打造辽宁省农业科技研发、成果转化推广中心）、精细化工产业园、市场集群产业园、航空产业园；三基地：即绿色有机水稻产业基地、花卉和药材产业基地、绿色林果产业基地。

7.4.6 实施机制及效果

1. 助推政府建立失地农民保障体系政策

（1）建设安置失地村民的新型农村社区

本着村民自愿、先建后拆的原则，迁并村屯村民的同意率要达到95%以上。集体建设用地补偿采用分期支付，村民房租采用实物置换方式。村民宅基地、附属物、园田地等补偿款一次性支付。

（2）为失地农民广辟就业渠道

1）按10%的开发性安置土地指标实行，划出一定面积的土地给失地农民留出生存和发展空间，通过发展第二、第三产业解决部分失地农民的就业。

2）对失地农民进行劳动技能培训，促进就业。

3）通过劳务输出，失地农民逐步脱离土地。

4）鼓励本地企业吸纳失地农民就业，给予税收减免政策。

（3）为失地农民建立基本生活保障体系

规划编制完成后，沈北新区政府又制定了《沈北新区失地农民社会保障试行办法》，使被征地农民参加社会基本生活保障、养老保险、医疗保险等，获得基本生活来源，所需经费由政府、村集体经济组织和个人共同承担。

2. 率先实施土地流转与增减挂钩

规划编制完成后，沈北新区陆续开展村屯迁并和新型农民社区的建设工作，按照村屯撤并的计划安排，以农民专业合作社为载体，大力推进土地流转与增减挂钩工作。

土地流转按照土地流转成本25万元/亩，出让平均70万元/亩，提高城乡统筹持续投入能力。对集中连片进行土地流转和规模经营的农用地，种植业1000亩以上、养殖业50亩以上，沈北新区给予补助；有关部门将规模经营土地优先列入土地整理、标准农田建设、农业综合开发和特色农业生产基地建设等项目，享受相关的各项补助政策，助推土地流转。

3. 城乡产业互补发展逐步建立

沈北新区围绕中心村镇建设，加快现代农业示范区、农产品精深加工聚集区和辐射区的建设，加大了农业结构的战略性调整力度，实行梯度推进模式，即：培育特色产业基地→延长产业发展链条→转移农村剩余劳动力→建设新型生态农村。全区初步形成了南部农产品加工、东部果品、西部优质米、中部五味子花卉、北部畜禽5大农产品生产区域，现代农业已初具规模，形成了当地特色、城乡结合、链条完备的产业体系（图7-51）。

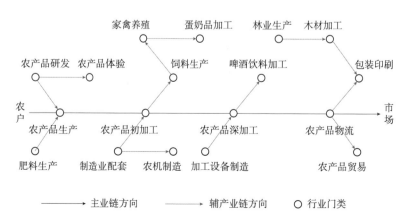

图7-51 沈北新区农产品产业链构成

目前，全区现有农产品加工企业 319 家。其中，中粮集团、泰国正大集团、美国百事可乐等世界 500 强企业 9 家，驻区的国家、省、市三级农业产业化龙头企业达到 35 家（其中市级 17 家、省级 4 家、国家级 14 家）。农产品加工业产值占全市的半壁江山，辐射带动农户 230 万户，直接带动 2 万余人就业，促进农民增收近 65.7 亿元，户均增收达 2856 元，新区已成为全国重要的农产品深加工产业基地和中国名优食品生产基地。

4. 城乡空间环境资源有效整合

沈北新区已经开始有序地实施村屯撤并，陆续建立起新型农民安居社区及其配套设施的建设，积极招商引资，引进工业企业，确保失地农民失地不失业。同时沈北新区整合城乡旅游资源，展开了重点旅游区的规划实施，如七星山旅游区的开发建设，石佛寺村被辽宁省住房和城乡建设厅、辽宁省文化厅评为第一批唯一一个辽宁省历史文化名村。

在城镇化快速发展的今天，城乡统筹已成为指导城乡建设的基本原则，而沈北新区新城子现代农业经济区总体规划正是沈阳市第一个系统地探索城乡统筹发展规划的编制模式，为东北老工业基地城市长期以来处于城乡割裂、二元对立的困境探索出了一条切实可行的道路，规划实施以来正逐步勾勒起沈北新区城乡一体化发展的脉络。

7.5 江苏省昆山市城市总体规划（2009–2020）
——在城市总体规划中落实城乡统筹规划要求[1]

7.5.1 编制背景

改革开放 30 年来，昆山由一个经济总量在苏州末位的农业县，迅速成长为全国综合实力百强县首，创造了辉煌成就。昆山的发展道路是一条以外向带动为特征的独特道路。其发展分为 4个阶段：20 世纪 80 年代为奠基阶段，实现"农转工"历史性跨越，1983 年开始发展乡镇工业，1984 年自费创办开发区，借助上海产业转移和三线企业迁移，奠定了工业发展基础；20 世纪 90年代初为开创阶段，实现"内转外"格局性转变，充分利用浦东开发开放效应打时间差、空间差，外资开始成为昆山经济增长的主要动力；20 世纪 90 年代末为拓展阶段，实现"散转聚"阶段性变化，在实施台资战略的同时，推动外资、民资双轮驱动，步入电子信息、精密机械制造等主导的发展阶段；进入新世纪为提升阶段，呈现"低转高"发展态势，实施民营赶超战略和服务业跨越战略。2005 年在全省率先基本实现全面小康社会主要指标，2008 年地区生产总值突破 1500 亿元。30 年来，昆山大力实施外向带动战略，以经济国际化带动工业化，以工业化推动城镇化，成为"苏南模式"的一个典型。

昆山实现了由单一农业向农业、制造业、现代服务业协调发展的转变，由依靠外资带动向多种所有制经济共同发展的转变，由分散布局向集中布局推进集约发展、节约发展、可持续发展的转变，由一部分人、一部分地区先富起来向共同富裕、和谐进步的转变，由城市规模扩张向城乡协调发展的转变，由粗放型增长向经济、政治、文化、社会、生态"五位一体"协调发展的转变，成就了独具特色的"昆山之路"。

展望下一步发展目标，昆山应将眼光放到率先基本建成现代化产业体系，建设一个经济结构合理、产业特色鲜明、综合竞争力强的现代化城市；率先基本建成现代化城市格局，建设一个富

---

[1]　该案例由江苏省城市规划设计研究院提供。

有现代气息和江南水乡特色的园林旅游城市；率先基本建成现代化社会服务体系，建设一个极具人文魅力的文明城市；率先基本建成现代化人居环境，建设一个最适宜创业发展、工作生活的生态宜居城市；率先基本建成现代化政府构架，建设一个开明开放、公平公正、规范高效的法治城市；率先基本建成与现代化建设相适应的人才和干部队伍，建设一个充满生机和活力的创新型城市。

为此，昆山将工作重点集中到4个方面：一是不断优化发展结构，率先实现由重点发展向优化发展转型；二是改善产业结构，加快经济转型升级；三是全方位推进扩大开放，努力建设国际化城市；四是提升城市软实力，努力在长三角城市群中扮演重要角色。

针对既定目标，昆山现行城市总体规划无论从编制的展望性还是内容的支撑性都面临重新修编的必然。从2008年起，昆山市规划局在昆山市政府的要求下就积极为新一轮总体规划的修编做好准备，通过邀请国内外知名单位编制昆山远景发展策略研究和全方位的公众调查为总体规划的修编奠定了良好的基础。2008年，江苏省住房和城乡建设厅批复了《关于同意昆山市修编城市总体规划的复函》（苏建规[2008]714号），宣示新一轮昆山市城市总体规划的修编工作正式展开。

7.5.2　总体思路

昆山市城市总体规划作为获得2009年全国规划设计一等奖的县市域总体规划，将城乡统筹的理念贯穿落实到整个规划中。针对"市域发展主体多、中心城区服务功能弱、交通引导弱和资源代价高"等主要问题，按照"统筹城乡发展、统筹区域发展、统筹经济社会发展、统筹人与自然和谐发展、统筹昆山发展和对外开放"的5个统筹发展理念，坚持"高位发展、健康发展、全面发展"，以城乡统筹为平台，以"大城市、现代化、可持续"为发展目标，整合提出"统筹城乡规划、统筹产业发展、统筹城乡资源配置、统筹城乡基础设施、统筹城乡公共服务、统筹城乡就业、统筹城乡社会保障、统筹城乡管理体制"等"八个统筹"作为昆山城乡统筹的抓手，并从这8个方面在规划中具体落实。

7.5.3　指导原则

1. 大城市——提升功能

规划提出"以交通枢纽促进城市用地开发和服务业发展，以公共交通走廊引导居住用地开发，以货运交通引导工业用地布局，加强用地混合，优化中心城市布局"。

规划提出建立与城市规模相适应的公共服务设施体系，建设"一主、一特、四副"的城市中心，形成"一核、五带、五区"的总体布局。规划协调与上海的关系，在不断提高大众消费服务水平的同时，提出特色消费服务上海、高端消费依托上海。并通过水系、特色街道和广场体系的构建，凸显城市特色。

2. 现代化——提高水平

规划立足昆山当前实际，借鉴新加坡、日本等发达国家和中国香港、台湾地区现代化经验，选取控制性指标，确定现代化指标值。并在产业、交通、生态建设、节能减排等各个方面细化落实。

3. 可持续——开创道路

规划从"产业生态、能源生态、交通生态、生活生态、工程生态、规划生态"等方面提出了具体的要求和措施，实现城市低碳发展。

7.5.4　内容体系

1. 统筹城乡规划

规划根据土地资源、生态保护、城市安全、城镇拓展的需要，将市域划分为3个片区，以城乡规划一体化统筹城乡空间布局，强化中心城市功能，加强了对特色镇和村庄的规划建设引导，强化了城乡特色空间的塑造。

（1）市域城乡体系

构建以包含核心城区和功能区为核心、特色镇为枢纽、新型社区和自然村落为基础的"中心城区（核心城区、功能区）—特色镇—新型社区—自然村落"四层五级的市域城乡体系。

结合现状行政区划的整合，统筹各主体形成发展合力，使中心城区成为昆山全市人口集聚中心、产业集聚中心和功能集聚中心。其中：核心城区包含高新区（玉山）和经济技术开发区，是城市经济发达、功能配套完善、人居环境优良的城市核心区域。功能区包括以现代服务业为主导的花桥功能区、以高新技术产业为主导的张浦功能区和以新兴制造业为主导的周市功能区。

特色镇包括周庄、锦溪、千灯、巴城和淀山湖。

自然村落包括特色村庄和一般保留村庄。特色村庄保持原生态的江南水乡传统村落空间形态和生活形态，使其成为乡村旅游的景观点、服务点和乡村生活的体验点。一般保留村庄根据高效都市农业发展要求和空间布局，结合现状特点，适当保留既有村庄，作为第一产业从业人员的生活空间。

（2）市域空间发展模式

规划采取"市域片区集聚 + 中心城区分区发展"的空间发展模式。结合昆山空间"中部集聚、南北分野"的发展现状，重新确定市域片区划分，采取极化发展、强化中心城区的理念，将市域空间整体上划分为 3 个片区，即中部中心城市集聚发展片区、北部阳澄湖休闲度假片区和南部水乡古镇旅游片区（图 7-52）。

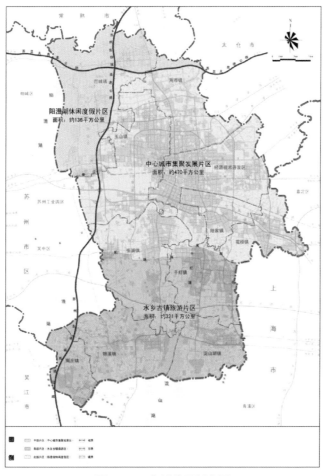

图 7-52 市域片区划分图

北部阳澄湖休闲度假片区范围为苏昆太高速公路—苏州东绕城高速公路—娄江—昆山西北市界围合区域，以巴城镇为主体，面积约 136.27km²，占市域总面积的 14.66%。确立其发展定位为：发挥资源优势，保障生态安全，与苏州共同形成环阳澄湖休闲旅游带；集聚发展先进制造业。

南部水乡古镇旅游片区范围为机场路—千灯浦—吴淞江以南区域，主要为周庄镇、锦溪镇、淀山湖镇、千灯镇以及张浦镇机场路以南地域，面积约 321.18km²，占市域总面积的 34.68%。确立其发展定位为：整合资源联动发展，抓住虹桥枢纽建设机遇，形成东接上海、西连苏州的环淀山湖特色休闲旅游城镇带，并发挥休闲旅游业的主导作用，带动会展、度假、文化创意等服务业发展，拓宽延伸产业链；在保护文化、保障生态的前提下适度发展先进制造业。同时，采取相应的统筹措施：培育千灯的片区中心功能，集约利用资源，逐步建立"集中布局、共同建设、利益共享"的运作机制；淀山湖、锦溪、周庄三镇加强与上海环淀山湖地区的生态共保、资源共享、设施共建，以虹桥枢纽客流为主要目标市场，合理开发利用淀山湖旅游度假资源。

（3）村庄布点规划

规划构建了城乡一体化的互补功能结构，村庄直接依托中心城区和各镇发展，并承担部分城市功能的延伸；尊重和保护村庄历史文化、自然环境和滨水地形地貌特色，突出乡村风情，形成特色分明的城镇与乡村物质空间格局（图 7-53）。

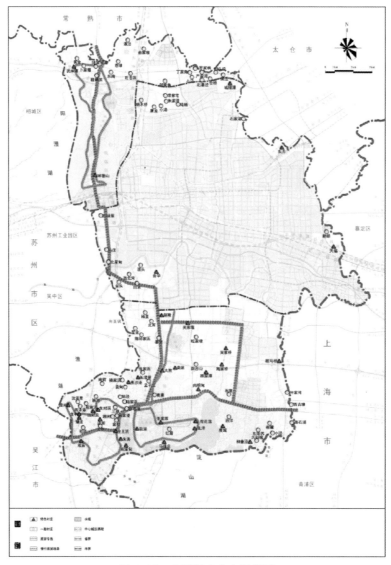

图 7-53　市域村庄布点规划图

村庄分为特色村庄和一般村庄两种类型，共计 103 个，容纳居住人口约 10 万人（其中农业从业人口约 4 万人），如表 7-2 和表 7-3 所示。

昆山市规划农村居民点一览表

表 7-2

镇名	现状自然村（个）	其中	规划农村居民点（个）	其中		特色村庄名称
		规划城镇建设用地范围外自然村（个）		特色村庄（个）	一般村庄（个）	
花桥	187	8	2	1	1	天福
玉山	131	11	4	0	4	
周市	200	21	15	2	13	东方、城隍潭
巴城	281	99	13	2	11	绰墩山、武神潭
陆家	89	0	0	0	0	
张浦	173	72	18	7	11	赵陵、尚明甸、吴家堰、大敖、南姚、顾家潭、金华
千灯	118	44	3	3	0	歇马桥、吴家桥、陶家桥
淀山湖	79	46	12	2	9	度城、神童泾
锦溪	64	57	25	10	15	祝家甸、张家库、虹泽、荷花荡、马援庄、长娄里、焦沙港、朱浜、全王浜、联湖
周庄	59	42	12	7	5	店前、东对浜、西对浜、澄尚、龙亭、蟠龙、双庙
总计	1194	392	103	34	69	

昆山市规划农村居民点调整情况一览表

表 7-3

镇名	《昆山市镇村布局规划》保留村庄（个）	规划农村居民点（个）	调整说明
花桥	2	2	—
玉山	1	4	结合市域旅游专线建设增加农村居民点
周市	16	15	取消规划城镇建设用地范围内农村居民点
巴城	26	13	取消规划城镇建设用地范围内农村居民点；合并部分相邻农村居民点统一布置公共服务设施与基础设施
陆家	0	0	—
张浦	17	18	根据南部片区乡村旅游发展需要以及地方意见增加特色村庄
千灯	8	3	根据地方意见取消部分农村居民点
淀山湖	11	12	根据南部片区乡村旅游发展需要以及地方意见增加特色村庄
锦溪	34	25	根据地方意见取消部分农村居民点
周庄	19	12	取消规划城镇建设用地范围内农村居民点；合并部分相邻农村居民点统一布置公共服务设施与基础设施

全市规划特色村庄 34 个，以历史文化遗存丰富、滨水而建、传统乡村风貌突出为主要特色。特色村庄应在严格保护其历史文化、滨水空间特色，尊重和保护传统民俗的基础上，完善基础设施和公共服务设施，改善居民生活环境。结合乡村旅游线路建设融乡村观光、生态休闲、文化体验于一体的旅游村，促进乡村旅游业的发展；培育文化艺术创作基地，发展特色手工业和创意产业，促进区域文化交流功能的形成。

规划一般村庄 70 个，主要为规模大、区位好、交通便捷的村庄，进行综合整治，集中、集约、集聚发展。根据合理劳作半径（西北部圩区 750~1250m，南部湖荡地区 300~750m）、市域公交线路进行布局。尊重原有乡村自然环境，完善基础设施和公共服务设施，不断改善生活环境。一般村庄除承担农业生产服务及农业从业人口居住功能外，可适度发展养老型居住、郊野休闲、运动等服务于城市及区域的功能。

2. 统筹城乡产业

根据不同产业的发展特点，发挥城乡各自优势，集聚发展、集约经营。规划提出"优化制造业发展、加快服务业发展、推进高效都市农业发展、鼓励乡村传统手工业发展、引导乡村旅游业发展，促进城乡产业互补与融合"。以提升城乡整体竞争力为目标，优化资源配置，统筹发展生产性服务业和生活性服务业，大力发展乡村旅游业，形成"以工哺农、以城带乡"的发展机制，进一步缩小城乡差距。

在乡村产业方面，积极推进农业产业结构和布局结构调整，推动集中化、规模化，向优质、高效、生态的方向发展。重点发展特色高效农业、乡村休闲旅游业、传统手工业、文化艺术产业等。充分发挥毗邻上海的区位优势及自身成长为大城市的条件，积极发展都市农业；以现代科学技术推进设施农业的产业化进程；以国家农业示范园区和丹桂园等为载体，重点发展观光农业（图7-54）。

充分发挥旅游业在昆山城乡统筹发展中的作用，特别注重提升乡村旅游业的水平与档次，突出片区特色和中心城区综合服务功能，形成"二核、二点、五区"的旅游空间布局（图7-55）。"二核"指中心城区和周庄游憩与综合服务核；"二点"指北部片区巴城和南部片区锦溪两个旅游服务中心；"五区"包括水乡古镇旅游区、阳澄湖美食休闲度假旅游区、淀山湖运动休闲旅游区、中部生态农业旅游区和特色产业旅游区。

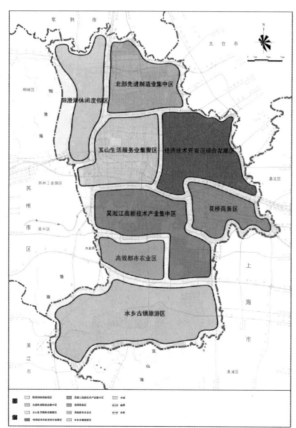

图7-54　市域产业布局规划图

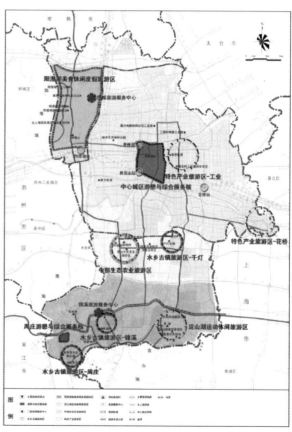

图7-55　市域旅游规划图

同时发挥交通对产业布局优化调整的引导作用，实现城乡产业空间布局的整合，促进节能减排，并将产业在市域空间具体落实。

3. 统筹城乡资源配置

发挥市场在城乡资源配置中的基础作用，提高资源的利用效率。合理发挥政府对资源配置的调节作用，保证公平的发展权利，积极促进城镇化质量的提升，保护农民利益。

（1）严格保护基本农田，保护耕地质量

执行严格的土地保护制度，保持 42 万亩基本农田规模，确需调整基本农田的，依法办理相关手续。执行非农建设占用耕地和土地开发整理挂钩政策时，加强对补充耕地质量等级的评定和审核，确保补充耕地的数量和质量。实施建设占用耕地表土剥离再利用，促进耕地资源耕作层循环利用。

（2）节约用地，控制增量，盘活存量

根据对土地利用现状的分析，昆山未来发展必须从外延扩展向内涵挖潜转变，严格控制建设用地增量，以尽可能少的土地消耗获得预期的经济增长。逐步置换低效利用的已建用地，清理闲置土地，挖掘存量土地潜力。

（3）加快土地流转

积极探索农村宅基地退出机制，促进城乡之间土地要素的流动，在确保耕地面积不减少和农民利益得到切实保障的前提下，实行城镇建设用地增加与农村建设用地减少挂钩的政策，加快农村宅基地从分散、粗放向集中、集聚流转，提高建设用地集约利用水平。

（4）提高门槛，集约利用

根据工业用地地均增加值 7.77 亿元 /km^2 的现状值与 48 亿元 /km^2 的目标值之间的差距，进一步提高项目准入门槛，从产业类型、产出效益、环境影响、开发强度等多方面加以控制，实现土地的高度集约化利用。

（5）全市统筹，紧凑布局

针对各镇自主开发造成的土地产出效益的悬殊差距，整合全市土地资源，改变各发展主体各自为政、独立开发的局面，对有限的可利用空间进行统筹安排，突破行政区划的限制进行空间布局上的统筹与协调，明确发展重点，转变各行政单元就地扩张的利用方式，形成紧凑的空间结构，建立各发展主体之间协作开发、利益共享的机制。

4. 统筹城乡基础设施建设

（1）综合交通

根据交通特征、用地功能、发展要求、资源保护差异，将市域空间划分为公共交通优先发展区、公共交通与小汽车平衡发展区、小汽车宽松发展区、机动交通限制发展区 4 类交通分区。在整体交通格局下，统筹城乡交通设施，加快发展乡村交通，以 30min 到达中心城区为目标，推广普及公共交通，强化农村公共交通网络建设，并以慢行交通优化提升公共交通吸引力，从路权上保证慢行交通的优先性和安全性，通过人性化设施改善慢行交通环境，加强慢行交通与公共交通的有机衔接，提升公共交通吸引力。

1）完善乡村公路建设，实现与城市道路的合理衔接

乡村道路依据村庄类别实施差别化供应。至旅游村的联系道路达到三级标准，同时对道路断面进行优化，除车行道外还应设置慢行道，提供多样化旅游出行环境；至其他农村居民点的联系道路达到四级标准。

所有乡村道路都应重视强化沿线自然生态风光和乡土特色，并从严控制路面宽度。

2）构建市域慢行廊道

在市域内构建特色化的慢行休闲廊道。如在南部水乡古镇旅游片区形成"一线双环"、北部阳澄湖休闲度假片区形成"单环"慢行休闲廊道，建成与机动车道分离的自行车、步行专用道，在廊道沿线客运枢纽配置集中的自行车租赁设施，在廊道沿线间隔性布置小型自行车服务终端，方便居民休闲、健身出行；强化廊道沿线景观塑造；提倡采用生态化路面。

3）以慢行交通、公共交通实现旅游接驳

采用自驾方式的游客，可通过城市快速路和市域干线公路到达周庄、锦溪、千灯、淀山湖、巴城等目的地，周庄、锦溪、千灯、淀山湖、巴城等目的地之间通过旅游专线公路联系。

采用慢行交通方式的游客，可通过城市自行车道系统转换至南、北片区慢行廊道到达周庄、锦溪、千灯、淀山湖、巴城等目的地，实现旅游度假和休闲健身的结合。

采用公交换乘方式的游客，可通过城市轨道交通、快速公交、常规公交到达旅游集散中心，换乘旅游专线公交到达周庄、锦溪、千灯、淀山湖、巴城等目的地。

（2）市政基础设施

规划提出以"统筹、安全、节约、引导、超前、和谐"为原则，实现给水、电力、通信等基础设施"服务质量均等化"，按照全市统一标准配置，有条件的应纳入中心城区或镇的基础设施网络服务范围；污水、燃气、供热等基础设施"提供方式因地制宜、差异化"。由"就地配套、无序扩大、各自为政"向"集约高效、系统优化、统筹建设"转变。建立城乡统筹的生态安全网络，创新生态补偿机制，加强城乡水环境综合整治，提出垃圾分类收运、分类处置，并制定推进时序计划，实现城乡基础设施服务体系一体化。

1）给水排水设施

进一步完善区域供水工程，逐步提高供水水质，实现城乡供水统一规划与布局。

污水处理设施进行全市域统筹布局，根据市域主要水系与交通干线进行污水系统分区，污水处理厂集中与分散处理相结合；农村地区以分散处理为主，推进村庄雨污分流管道建设，适度集中收集处理污水，推广河塘水质生物净化处理方法，改善村庄水环境质量；污水处理厂建设充分考虑中水回用途径与方法，通过提高污水回用率降低污染物排放总量。

2）环境卫生设施

全市域推进垃圾分类，逐步取消乡镇和农村自行填埋处置方式，农村有机垃圾就地资源化利用。

针对城乡生活生产差异，制定合理的垃圾分类方式与资源回收利用措施，构建完善的城乡垃圾处置体系，创建城乡环境卫生文明。

推进农村生活垃圾袋装化，倡导垃圾分类，采用"户分类、组保洁、村收集、镇转运、市集中处理"的模式，提高村庄环境卫生水平。

3）供电设施

按统一标准进行配置，城乡用户的供电可靠率达到99.99%，达到发达国家水平，城乡中压配网采用20（10）kV供电，低压线路的供电距离均控制在150m以内，提高供电质量。

4）通信设施

城乡实现通信网、数据网、视频网100%全覆盖，网络功能一致，普及光纤传输网络，城镇地区实现光纤入户，乡村地区结合用户集聚程度实现光纤入户或光纤到集居点。

5）燃气设施

城乡实现燃气普及率100%，保证居民便捷使用燃气，考虑到用户数量及用气水平的差异，城镇地区普及管道天然气，乡村普及瓶装液化气，同时强化可再生能源和清洁能源利用，结合住宅、道路照明等推进太阳能综合利用，全面淘汰煤炭、秸秆等燃料。

5.统筹城乡公共服务

实现城乡社区公共服务水平均等化，按照"城乡统筹"理念和功能需求配置市域公共服务设施，保证城乡基本公共服务的均等化，公共服务设施的配置与城镇规模、功能定位和经济发展水平相适应，使城乡居民不出社区就能享受便民商业、文化体育、医疗保健、社会治安等公共服务。实现城乡教育资源均等化，建立确保城乡教育事业均衡发展的公共财政投入保障机制，全面提高人口素质。

（1）设施分级配置

规划建立"市级—功能区级—居住社区级—基层社区级"4个层次、覆盖城乡、功能完善的综合公共服务体系。

市级公共服务设施：服务于昆山全市，部分功能具有更大范围的区域辐射能力。

功能区级公共服务设施：服务30万~50万人。

居住社区级公共服务设施：中心城区内服务3万~5万人；北部阳澄湖休闲度假片区和南部水乡古镇旅游片区服务于全镇。

基层社区级公共服务设施：中心城区内服务0.5万~1.5万人；北部阳澄湖休闲度假片区和南部水乡古镇旅游片区服务1000~2000人。

其中，村庄公共服务设施要以综合服务中心为主要载体，因地制宜、规模适度地进行行政管理、日常便民、文化体育、医疗保健、养老服务、社会安全等满足村庄自身需要的公共服务设施配套，其他公共服务功能依托镇区和中心城区。

（2）体系完善，方便于民

健全各类公共服务设施，建立合理的级配体系，完善便民服务体系。

1）商贸服务业设施

设立中部中心城市集聚发展片区、北部阳澄湖休闲度假片区和南部水乡古镇旅游片区三大商贸服务片区，发挥各自功能优势，提升商贸服务品质。

2）文化设施

构筑层次分明、满足不同群体需求的文化设施体系。

中心城区完善和扩建部分现状市级文化设施，新增满足不同人群需求的现代化文化设施，促进城市功能的完善，增强人口集聚的吸引力；完善功能区级文化设施，满足区内居民的文化需求，支撑城市综合功能的提升；建设居住社区和基层社区级文化设施，方便居民就近使用。

南、北片区完善锦溪、周庄、千灯、淀山湖、巴城现有文化设施，因地制宜建设特色博物馆等文化设施；将丰富农民文化生活和培育乡村旅游特色相结合，完善农村居民点文化设施。

3）教育设施

统筹配置基础教育资源，满足城乡全体居民接受平等、优质教育的需求。高中在全市统筹设置，规模宜达到36班以上；初中按3万~5万人/所在中心城区和镇区布局，规模宜30班以上；人口集中的城镇区按2万~2.5万人/所设小学，规模宜24班以上；人口分散的农村地区按服务半径2.5km、辐射人口1万~1.5万人/所设小学，在校生宜600人以上，鼓励农村小学生进入城、镇小学就读，相应完善寄宿设施或专门的公交体系。

4）医疗卫生设施

中心城区加强综合性医院、特色专科医院和公共卫生中心等市级医疗卫生设施建设，在人才、装备、服务水平等方面达到现代化水平；完善社区卫生服务设施。

南、北片区在完善基本医疗的基础上，向社区养老、保健康复等特色医疗服务转型。加强农村社区卫生服务的标准化建设。

5）体育设施

按照大城市功能需求建设体育场、体育馆、游泳馆等市级体育运动设施；完善功能区级体育设施；加强社区与村庄便民型体育、健身设施建设，促进市场化经营。

6. 统筹城乡就业

通过测算农村实际居住人口和从事各行业的人口，分析城乡人口比例关系，指导城乡就业。

未来昆山乡村人口主要包括从事农业、渔业等第一产业的人口和从事乡村旅游业等第三产业的人口以及两者的带眷人口。根据昆山42万亩的基本农田保护指标，考虑现代化条件下农业劳动力人均 20 亩的生产水平，则昆山从事农业生产的人口约 2.1 万人；昆山另有水产养殖面积约 72.12km²，按照人均 15 亩计算，则从事水产养殖业的人口约 0.7 万人；预测从事乡村旅游的人口约 2 万人，则昆山农村实际需要劳动力约 4.8 万人，按照带眷系数 1.0 计算，则乡村实际居住人口约 9.6 万人。此外，考虑少量从事非农产业的人口居住在乡村，则乡村总居住人口约 10 万人。

同时，规划鼓励农业从业人口从事服务业兼业，通过兼业提高农民收入。提出通过加强农村劳动力职业素质教育和劳动技能培训，以城乡劳动力市场一体化推动城乡就业一体化，以城乡一体的失业率监控，保障城乡居民稳定充分的就业。

7. 统筹城乡社会保障

推进社会保障由"低水平广覆盖"向"高水平全覆盖"发展，完善最低生活保障、基本养老保险、基本医疗保险为主体的农村保障体系，消除城乡社会保障差别，实现"城乡均等"；与经济社会发展水平相适应，逐步完善外来人口社会保障体系，实现"同城均等"。

（1）城乡均等

覆盖城乡。社会保障体系应当由覆盖城镇居民到覆盖乡村居民，建立起覆盖城乡全体居民的社会保障体系。

有效接转。社会保障关系由乡村转到城镇或者由城镇转到乡村都应当能够有效接续，以确保社会保障制度的持续性和有效性。

资源优化。城乡社会保障资源应当优化配置，将过分分散的社会保障资源适当集中，提高规模效应，以一定的资源投入实现尽可能大的产出效果。

架构统一。尽管城乡之间、地区之间的经济发展不平衡，很难建立城乡完全相同的社会保障制度，但城乡社会保障的总体架构应当是明确的和统一的，不能随意变更。

适度保障。城镇居民和乡村居民都应当得到适度的社会保障，共享经济发展成果。

（2）同城均等

切实保障外来人口的切身利益，给予外来人口市民待遇，在社会保险、计生保健、医疗互助等方面实现外来人口与本地人口的均等化。

8. 统筹城乡管理体制

完善现有目标考核机制和政策保障机制，整合城乡管理，加快建立有利于统筹城乡经济社会发展的行政管理体系。

（1）管理机制

根据市域片区划分和中心城区空间分区，充分利用昆山作为改革试点县（市）的政策优势，适时进行管理体制调整。对相关城镇地区进行整合，合理减少发展主体，为提升城市的整体竞争能力提供组织保证。以国家级和省级开发区、旅游度假区等为主体统筹区域发展，赋予综合经济管理权限和部分行政管理职能，在服从全市统一规划的前提下，对所辖区域实行统一领导、统一建设、统一管理。适时进行撤镇设办、撤村设居。

（2）财政转移支付

完善市域统筹的财政转移支付制度，加大对南北片区的支持力度，使其在充分发挥特色保持、生态保护、耕地保有等作用的同时，享有公平的发展权。

（3）考核机制

按照转变发展方式、提升发展质量、改善社会民生、建设生态文明的总体要求，完善保障昆山科学发展的考核机制。根据城乡统筹发展的要求，实施分区考核；根据创新发展的要求，实施分行业考核；根据转型发展的要求，分约束性指标和引导性指标进行考核；根据率先发展的要求，实施分进度考核；按照让群众满意的要求，合理进行定量考核与定性考评。

7.5.5 规划创新

1. 交通与用地一体化分析

规划在国内首次以全市域为研究对象，并重点针对整个中心城市，采用交通与用地一体化分析模型，按照模型建立—模型校核—模型应用的路径，对规划方案进行评价、优化。以高峰小时轨道交通客流强度要求，优化轨道交通线位及两侧用地性质，选择合适的公交型制。通过优化"瓶颈路段交通流"的源点、终点所在区域的用地性质，有效降低瓶颈断面饱和度。

2. 基于 RS 及 GIS 的降低热岛效应分析

规划运用"基于 RS 及 GIS 的降低热岛效应分析"手段，分析地表亮温与建设密度、植被覆盖度之间的相关性，通过优化建设密度分区及绿地布局，使居民出门步行 5min 便可到达不小于 $0.2hm^2$ 的绿地，降低热岛效应。

3. 碳氧平衡分析技术

规划运用了"碳氧平衡分析技术"，通过优化调整"城市规模、产业结构、用地布局、交通方式、能源结构、能源效率"等要素，降低碳排放和氧消耗，提高碳固定和氧释放，实现低碳发展。即在实现同一经济总量的前提下，进行不同发展路径的方案比选，选择低碳富氧的方案。

4. 实施政策创新

规划加强与片区相适应的管理机制、考核机制、土地流转等相关政策的研究，具体提出：根据统筹发展要求，实施分区域考核；根据创新发展要求，实施分行业考核；根据率先发展要求，实施分进度考核；根据转型发展要求，实施分约束性和引导性考核；根据群众满意要求，实施定量与定性相结合考核。

5. 规划整合创新

规划将昆山市主体功能区划、土地利用总体规划统一整合纳入昆山市城市总体规划，做到了"三规合一"。

6. 组织方法创新

规划开展了"前期概念方案征集、公众意愿调查、重点问题调研、市民企业代表座谈、外来农民工调查和规划草案公示"等工作，实现全过程公众参与。

7.5.6 实施效果

按照"八个统筹"的规划要求，昆山在城乡统筹、新农村建设方面初现成效，取得了良好的效果。

1. 城乡规划——村庄整理卓有成效

按照城乡统筹的思路，昆山加快了新农村建设的步伐。在建设模式上，将全市农村 1437 个居民点规划合并集中为 104 个农村新型社区，让农村居民过上城里生活，改变了农村"脏、乱、差"的局面，完善了配套设施，提高了农民生活质量；同时，整理自然村落，让在基本农田保护区内的自然村井然有序，再现江南小桥、流水、人家的景象（图 7-56）。

2. 城乡产业——现代工业、现代农业齐头并进

昆山注重对现代农业基础设施的投入，在发展现代农业方面取得了良好的成效（图 7-57）。建设了海峡两岸（昆山）农业合作试验区，重点形成 10 万亩优质粮油、10 万亩特种水产、10 万亩特色果蔬生产基地，增强了农业综合生产力和生态支撑力。其中，千灯镇作为统筹产业发展的重点区域，通过"三集中"、"三置换"，已初步形成了先进制造业集聚区和现代农业生态区，发展高效农业、精致农业，集生产、观光、旅游等功能于一体。

图 7-56 农村新型社区

图 7-57 现代农业

3. 资源配置——多条路径全面开花

在城乡资源配置方面，昆山建设了城乡权益置换平台，农户可以将集体资产所有权、土地承包经营权、宅基地及住房置换成股份合作社股权、社会保障和城镇住房。在保障农民权益的前提下，为城乡的生产要素和生活要素彻底融合提供了条件。目前全市有 90% 的农户土地承包经营权、50% 的集体资产所有权和 6% 的宅基地参与了置换。

此外，昆山积极实施"万顷良田建设工程"，其试点总面积达 11803.0 亩，基本农田 9800.0 亩，涉及 67 个自然村、1013 户农户，以土地开发整理项目为载体，以实施城乡建设用地增减挂钩政策为抓手。一方面将农村居民迁移到城镇，节约集约利用建设用地；另一方面通过对田、水、路、林、村的综合整治，增加有效耕地面积，建成一批大面积、连片的高标准农田，优化区域土地利用布局，实现农地集中、居住集聚、用地集约、效益集显。

全市农村 1437 个居民点规划合并集中为 104 个农村新型社区的举措也有效节省了农村土地资源。据测算，昆山通过建设农民动迁小区集中进行安置，平均每户可节约用地 0.5 亩左右，节地率超过 62.5%，近几年共节约土地 2 万多亩。

4. 基础设施——城乡统一、全面接轨

昆山积极将基础设施、公共资源等向农村延伸，使农民生活迅速与城市接轨。城乡居民喝上了一样的自来水，生活垃圾做到"一个炉子"焚烧，区域公交开到了村口，农民快速融入了城市生活（图 7-58）。

昆山积极尝试在农村地区建设一套自成体系的污水管网，收集处理村中生活污水，从而保证

图 7-58　城乡统一的基础设施

了农村的清洁卫生。昆山还注重用同一标准衡量城乡环境,严格控制排污治污、综合布局环保工程,统筹生态系统的保护和建设。

5. 公共服务——全面覆盖、便民到家

按照"统筹城乡公共服务",分级设置覆盖城乡、功能完善的综合公共服务体系的规划要求,昆山将建设农村公共服务中心作为一项实事工程,在全市建设了 147 个农村公共服务中心。这些公共服务中心将行政服务、便民服务、文化体育服务、医疗保健服务、社会安全服务、党建服务等"一揽子"服务送到了农村,使农民最关心、最直接、最现实的利益问题能够在家门口得到及时解决。目前,农村各个村委会内均设有图书室、社区卫生服务中心、老年活动室、信访谈心室和便民服务室;由农村居民点合并集中而成的农村新型社区内,幼儿园、棋牌室、图书室、老年活动室等公共服务设施同样一应俱全(图 7-59)。

图 7-59　公共服务设施

6. 劳动就业——制度资金双重保障

昆山针对本地劳动力转移提出了"三有工程"(人人有技能,个个有工作,家家有物业)。其中根据劳动力市场的需求,因地制宜,采取脱产培训、轮岗培训、待业培训等多渠道、多形式强化农村劳动力的培训,尤其使年轻人力争做到有一技之长,从而获得稳定的工作岗位,较高的经济报酬;通过培训使一大批"4050"人员提高劳动素质,进城以后力求找到一份合适的工作,获得相应的工资收入(图 7-60)。外地来昆"新市民"通过职业学校与用人单位挂钩的方式获得就

图 7-60　农村劳动力技能竞赛

业岗位。

　　此外,昆山在全国首家建成"三场合一"的人力资源市场,完善城乡统筹就业机制和服务网络,为城乡居民提供同等就业机会。目前,全市 90% 以上的农村劳动力在非农领域实现就业,农村劳动力就业率达 95.8%。

7. 社会保障——基本实现城乡均等、同城均等

　　在城乡均等服务方面,昆山构筑起了以低保、基本养老、基本医疗、征地补偿、动迁补偿为主体的农村"五道保障"。目前,昆山的低保覆盖面已达 100%,农村基本养老保险的覆盖面已经 99%,农民享有农村医疗保险,给农民的动迁政策是"拆一还一",还有征地保障,使农民充分享受到了发展的成果,体现了城乡均等。

图 7-61　"新昆山人"服务中心

　　在同城均等方面,市委、市政府下发了《昆山市保障"新昆山人"合法权益暂行规定》,并专门建立"新昆山人工作委员会",下设"新昆山人"指导服务中心(图 7-61),专为非昆山户籍的外来人员提供服务,承担权益维护、法律援助、就业指导、就业咨询、医疗帮助等责任。

8. 管理体制——城乡一体、集中统一

　　"城乡一体、集中统一"的规划管理体制基本实现,改变了以往城乡"两层皮"的规划管理模式,全市以"一书两证"制度为核心,实行"城乡一体、集中统一"的规划管理。统筹城乡发展的各种配套政策相继出台,主要体现在 6 个方面:

　　(1)统筹城乡发展思路。按照城市更像城市、农村更像农村的发展思路,实行地区产业分工,推行跨村跨镇发展。对于农业镇、农业村除了进行财政转移支付外,在工业规划区内划出部分土地,由农业镇、农业村以及广大农民共同投资组建股份合作社,共同开发建设标准厂房等,取得出租收入后,实行按股分红。让农业镇、村在自己的土地上搞农业,到别的地方搞工业。

　　(2)统筹城乡户籍和就业制度。实行一元户籍制度和有门槛的入籍制度,有序推进城镇化,同时也做到人人有技能,个个有就业。农村劳动力非农就业率已达到 85% 以上。目前正在向正规就业、高薪就业、就业变创业的方向发展:免费登记制度(不再笼统地称剩余劳力,而是以符合法定劳动年限、具有劳动能力和愿望者为工作对象);免费培训制度:就业指导培训和技能培训;

优先推荐就业：4050 人员安排公益岗位；奖励中介政策：以正规就业为标准给予奖励；鼓励企业用工：达到正规用工标准的给予补贴；开展村企挂钩：优先用工、优先购买农副产品等。

（3）统筹城乡社会保障。初步形成了贯穿农民一生各个环节的保障体系。生病有医疗保险，读书有就学保障，工作有就业保障，失业有失业保险，创业有创业保障，种地有农业保险，困难有最低生活保障，老年有养老保险，征地有社会保障，拆迁有置换保障。

（4）统筹城乡配套改革。积极推进社区股份合作社、土地股份合作社、专业合作组织等三大合作，户户有股份，人人是股东。

（5）统筹城乡国民收入分配。加大财政转移支付力度，确保每年稳定增长，目前每年为30亿元左右，以县级财政转移支付为主。其中主要是用于农村基础设施建设和农村社会保障，以及对现代农业、三大合作、龙头企业的扶持等。

（6）改进国民收入分配方式。通过实施跨村跨镇发展和大力发展股份合作经济，正在形成"政府靠税金、集体靠租金、农户靠股金"的新的国民收入分配格局。

第8章　县域城乡统筹规划案例

8.1　山东省邹平县城乡统筹规划（2008-2030）
——以工促农，促进城乡统筹发展①

2009年,山东省邹平县开展"邹平县城乡统筹规划"编制工作,历时一年半,于2010年中旬批复。本次规划是邹平县发展的纲领性文件,从发展定位、产业布局、用地规划、基础设施、公共服务、生态保护、城乡一体化等多个方面提出了独到和切实的策略。

8.1.1　规划编制背景

全国县域经济百强县、全国综合实力百强县、全国中小城市综合实力百强、全国民营经济最具活力县、中国全面小康成长型百佳县,一个个耀眼的光环彰显着邹平县如今雄厚的经济实力,成为全国瞩目的排头城市。2008年,山东省加快了发展步伐,蓝色经济区、半岛城镇群规划相继出台,对邹平提出了明确的期望和要求。邹平县急需自身规划的指引,判断发展方向、协调区域城镇、加快产业步伐、改善民生条件、完善服务设施。在这样的情况下,邹平县城乡统筹规划显得尤为重要和意义非凡。

8.1.2　规划技术路线

1. 规划总任务
城乡全覆盖的区域整体统筹规划和统筹框架下的城镇发展规划、乡村发展规划。以健康的高水平城市化和城市对乡村的适度扶持为基础,以区域整体战略为共同发展框架,建构区域功能协调、城乡功能互补、布局与支撑体系配套的系统,互动互利、协同发展,最终实现区域整体发展水平的高级化和城乡发展水平的相对均衡化。

2. 技术路线
（1）对城乡统筹规划进行解题。通过理论综述和城市实践的案例,分析城市规划视角的城乡统筹的重点所在。

（2）对邹平进行全面解读。通过现状特征与问题分析、发展形势与条件分析,特别是贯穿城乡统筹的主线,研究邹平未来发展的优势和劣势,机遇和挑战,为规划策略和布局提供依据。

（3）重点分析城乡空间统筹规划。在传统城市规划的基础上,重视生态空间与农业空间的保护,重视片区规划,重视乡村发展等规划内容,从而形成一套完整的切合邹平发展空间规划框架。

（4）提出分阶段和分地区发展引导,以及规划方面的措施和建议（图8-1）。

---

① 该案例由山东省邹平县委政策研究室提供。

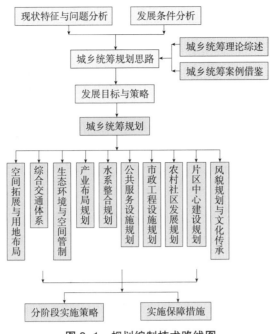

图 8-1 规划编制技术路线图

8.1.3 规划发展目标

1.发展定位

全国纺织服装业示范基地,山东省重要的制造业专业化城市,济南都市圈重要的旅游后花园,滨州市副中心,是第二、第三产业协调发展的,富有旅游特色和文化底蕴的先进城市。

2.发展目标

（1）总目标

按照城乡一体、资源集约、中心带动、统筹发展的要求,重点建设中心城区、片区中心、产业园区,实现土地集约利用和基础设施共享,在开放式的"大邹平"城市格局基础上,把邹平建设成为经济发达、社会和谐、环境友好、特色鲜明的现代化明星城市。

（2）分目标

创建"五个邹平"的分目标,即实力邹平、魅力邹平、文明邹平、幸福邹平、和谐邹平（表8-1）。

邹平城乡统筹发展指标体系表 表 8-1

大类	指标名称	指标说明	单位	现状 2008	2030 年目标
经济	GDP	—	亿元	429.76	5370
	人均 GDP	—	美元	8687	53500
	服务业 GDP 比重	—	%	18.63	28
	科技进步贡献率	—	%	—	35
	乡村地区人均固定资产投入	衡量乡村建设投入	元		80
	城市农副产品全区自给比重	反应本地乡村与城市的关系	%		70
社会	城镇人均可支配收入	—	元	15170	90000
	农村居民人均纯收入	—	元	6865	70000
	城乡信息化综合指数比	反应城乡信息资源占有差距		—	300
	乡村居民人均图书藏书量			—	80

续表

大类	指标名称	指标说明	单位	现状 2008	2030 年目标
生态	万元 GDP 能耗	—	t/ 万元 GDP	—	0.6
	排放削减指标（CO_2 等减排）	—	%/a	—	30
	城市污水处理率	—	%	95.47	100
	乡村地区污水处理率	—	%	—	80
	乡村生活垃圾无害化处理率	—	%	—	95
基本公共服务	15min 时距（步行或公交）9 年义务教育覆盖乡村居民比重	基本教育	%	—	85
	30min 时距 9 年义务教育覆盖乡村居民人口比重	基本教育	%	—	90
	15min 时距基础医疗覆盖乡村居民比重	基本医疗	%	—	52
	30min 时距基础医疗覆盖乡村居民比重	基本医疗	%	—	90
	乡村居民 1km（步行 15min）半径公交覆盖率	基本交通	%	—	75
	医保覆盖率	强调高水平的医疗保障	%	100	100
	乡村居民医保覆盖率	强调城乡一体化的医疗保障	%	100	100
	社保覆盖率 (养老计)	—	%	—	90
	乡村居民社保覆盖率	—	%	—	80
	失业保险覆盖率	—	%	—	90
	乡村居民失业保险覆盖率	—	%	—	80

经济发展目标：做大做强工业，提升现代农业，完善现代服务业，打造"实力邹平"。

城乡建设目标：城乡一体、资源互补、辐射带动、统筹发展，打造"魅力邹平"。

文明建设目标：大力营造文明诚信开放包容的社会环境，打造"文明邹平"。

社会建设目标：推进城镇化和城乡充分就业，发展教育、医疗、社保体系，打造"幸福邹平"。

环境建设目标：打造宜居宜业的生态环境，塑造强县品牌，打造"和谐邹平"。

8.1.4　规划重点内容

1. 产业统筹

明确主导产业，确定产业发展方向和产业布局，提出产业园层级布置原则，打造经济强县。

邹平县呈现明显的纺锤形产业结构。第二产业发展迅速，以制造业为主，已经形成了多个以大型企业为龙头的产业集聚地区；但第三产业严重滞后，生产性服务业和生活性服务业都较为缺乏，是邹平县的经济短板。

规划提出，工业发展由"小集中、大分散"向"大集中、小分散"转变，重点在于整合县域分散的遍地开花的企业进驻片区产业园区集聚发展，推进工业园区的发展；第三产业发展生产性服务业、旅游业，重点在于整合资源和梳理地区交通，生产性服务业重在发展县域物流业、高科技产业、研发设计及现代服务业、旅游业；第一产业发展高效农业、生态农业、特色农业，搞规模化经营，生产附加值较高的绿色有机农产品，提高农业生产效率和产值。

邹平产业发展形成"二区七园一带"，即"1+9"的总体格局。

二区——邹平国家经济开发区、西董现代生态观光旅游区。

七园——魏桥现代制造业工业园、焦桥精细化工业园、韩店特色产业园、长山装备制造业产业园、好生高新产业园、明集空港物流产业园、临池新型节能环保建材工业园。

一带——码台九孙现代高效农业种养加产业带。

2. 用地统筹

落实城镇建设用地布局,形成"中心集中,多片发展"的格局,明确土地供应量,提出分期建设目标。

邹平县形成"一城二区二镇"的空间结构。

一城——邹平县主城区,全县的政治、经济、文化中心及综合服务中心。包括现状的三个街道、长山镇、韩店镇、明集镇、好生镇、西董镇。

二区——魏桥片区、焦桥片区。其中魏桥片区是邹平县北部综合片区,包括魏桥镇、台子镇、码头镇、九户镇,以魏桥镇区作为整个片区的核心,同时魏桥镇是全县的副中心;焦桥片区是邹平县重要的精细化工业片区,包括焦桥镇、孙镇,以焦桥镇区作为整个片区的核心。

二镇——青阳镇、临池镇。二镇位于县域的西南部,依托镇区发展商贸业、旅游业及特色产业。

3. 交通统筹

完善对外联系道路,加强对接济南、淄博;疏通内部路网,打造畅通城市。

形成以"高速公路、铁路为躯干,城市快速(一级)路和二级道路为骨架,其他道路为网络"的县域交通网络系统。

通过对现有国省道的有效利用、衔接、转换,并根据县域发展需求,规划等级较高的骨架公路,形成"十横十三纵"的路网结构,和高速公路共同承载县域交通功能。

铁路交通。货运方面在保留现状胶济铁路支线的同时,为疏解北部工业运输压力,在县北部规划预留德烟龙铁路支线线路;客运方面,预留青太高速铁路线路用地,预留高铁站点用地。

4. 农村居民点统筹

整合农村居民点,形成社区,提升城镇化进程,便于服务设施配套,节余大量土地。

邹平县县域村庄现状数量较多,且大小不均;分布散乱,难以共享基础设施;宅基地及村建用地缺乏整理,用地浪费严重。针对上述情况,规划对其进行分类整合,集中力量培育中心社区,以形成合理的农村社区体系,实现土地整理和复垦、补充耕地、提高农村社区建设水平和村民生活质量。

按照城并村、强村并弱村、保留特色村的总体策略。全县现有 858 个村,经规划整理后,规划单独保留村 36 个,规划合并村 137 个,规划撤销村 685 个,形成社区 173 个。其中,中心社区 59 个,基层社区 57 个,位于县城区的村庄社区 22 个,位于镇驻地的村庄社区 35 个。现状农村占地 127.6km^2,约 19.1 万亩,经整合布局规划后,共节约土地 58.4km^2,约 8.8 万亩。

5. 设施统筹

分层级合理配置公共服务设施与市政设施,在保障全民共享的基础上重点突出中心城区的服务职能。

规划提出建立 5 级村镇体系的标准,公共服务设施的配置也将依托这一体系,根据其不同特征,采取差异化的配置要求。第一级为中心城区和魏桥副中心;第二级为焦桥镇、青阳镇、临池镇、长山镇、韩店镇、西董镇、好生镇;第三级为一般镇(即码头镇、台子镇、九户镇、孙镇、明集镇);第四级为中心社区;第五级为基层社区。

同时,规划将公共服务设施体系总体划分为 3 大类。第一类为基本公共服务设施的范畴,即保障社会全体成员基本生活需求和为农业生产服务的设施,这些设施涉及居民日常的生活生产、教育、医疗、文化体育活动,社会保障,农业生产保障等各个方面。在均等化的发展过程中,对于基本公共服务投入的阶段性,重点保证镇和农村居民社区的布置。第二类为保障社会全体成员享受中等水平的生活需求和农业生产需求的设施,即片区型公共服务设施,包括农业设施与服务、文化体育、交通设施与公共交通、供气、电信网络、污水收集和处理系统。第三类主要为区域型公共设施,是城乡共建共享的建设投入大、服务范围广的设施,主要配置于中心城区和魏桥副中心,需充分考虑辐射区域的人口规模,依托良好的交通条件满足城乡地区的需求。

通过上述分级分类的梳理,最终达到了合理高效的公共设施配置目标。

6. 旅游统筹

提出邹平县旅游发展目标,落实两大核心旅游景区开发,明确旅游重点项目。

以山水文化、范公文化为主脉,重点突出西董旅游资源,开发特色旅游产品,加快旅游景点和服务设施的建设,把邹平建设成为齐鲁的绿色明珠,济南都市圈的生态养生休闲度假区。

规划邹平县形成“一核、四区、多点”的旅游布局结构。

一核——以邹平中心城区为核心,打造一级旅游服务接待中心、游客集散地、主要旅游目的地。

四区——中部都市风情旅游区、东部名人文化旅游区、南部山林休闲旅游区、北部黄河景观旅游区。

多点——指以西董三峪为首的分布在县域范围内的多个旅游景点,其中包括西董景点、江北水乡景点、青阳宗教景点、三山两湖一河景点等。

7. 风貌统筹

挖掘资源底蕴,雕琢景观风貌,明确建筑风格,形成特色鲜明的城市形象。

规划根据邹平县的地貌特征,综合考虑人口密度与环境容量相协调,满足城镇发展的空间需求,保护景观,维持生态环境的延续与稳定等因素,将邹平县全域划分为现代都市风貌区、生态农业风貌区、特色工业风貌区、水乡风情风貌区、山水景观风貌区5大风貌片区。并针对各个风貌区提出了相应的空间范围、建筑风格、实施对策等要求。

中心城区则重点打造两条特色景观轴线:一是南北向城市中轴线;二是东西向城市标志性景观轴线。城市中轴线是邹平县城南新区最为核心的景观轴线,北起黄山,南至于印山,布局特点以大体量的行政办公建筑及公共服务建筑为主,营造大面积的开敞空间。城市标志性建筑景观轴线是邹平县重要的东西向建筑景观轴线,沿鹤伴二路横向展开,布局特点以现代派、带有城市中心区标志性的高层商务办公类建筑为主,是体现城市社会经济综合实力及精致生活的重要窗口。

8. 城乡管理统筹

提出行政调整方向;区分各镇街考核形式;明确规划行政管理部门设置。

为有效实施本次规划,制定了详细的分期建设规划。秉着服务当前,立足中期,着眼长远;近期做实,中期做足,长远留空间的总体原则。规划近中期以建设主城区为主,完善配套设施建设,推进国家级工业园建设,形成“一城一区”的空间布局;远期形成“一城二区二镇”的县域空间结构,主城区发展逐渐完善,外围魏桥和焦桥片区发展逐步成形。

同时,规划从土地流转、行政区划调整、规划管理、财政保障等多个方面提出了实施策略,加强对规划后续的建设实施工作。

8.1.5 规划实施效果

规划编制过程中,多次与邹平县及邹平县周边县市进行工作交流,确保各项设施尤其是区域型基础设施能有效衔接和落实;编制中还多次与邹平县各职能部门进行对接,吸收各职能部门对邹平发展的积极意见,最终形成了规划文件。

规划自2010年初开始实施,在指导邹平县实际建设中起到了重要的作用。同时,邹平县也在城乡统筹规划完成后,积极开展后续各层次的规划编制工作,加强对规划的指导、监督和检查工作,切实有效的保障了邹平县的持续发展。

8.2 成都市新津县县域城乡总体规划
——半都市化地区城乡统筹规划实践①

8.2.1 规划编制背景

2007年，成都市经国务院批准正式成立"统筹城乡综合配套改革试验区"。

为适应"统筹城乡综合配套改革试验区"对成都市各区市县的新要求，成都市在城乡规划的编制、管理等方面进行了一系列有益的探索，县域城乡总体规划的编制便是其中一项重要举措。

在这一背景下，成都市县域城乡总体规划以"三个集中"为核心指导思想，以促进城乡经济社会协调发展为目标，强化对县域城乡各类空间资源要素和建设行为实现有效控制，全面统筹县域社会经济发展，强化城乡功能整合。

具体而言，成都市县域城乡总体规划应达到两个目的：

一方面，通过县域城乡总体规划促进城乡建设协调发展，对城乡各类空间资源要素和建设行为实现有效控制，强化城乡功能、配套设施的整合，有效指导城乡统筹发展。

另一方面，县域城乡总体规划将成为城乡统筹规划管理的基础平台，从县域城乡总体规划与法定规划的相互关系来看，县域城乡总体规划将是未来法定规划调整、修编的重要依据，而县域城乡总体规划也在2010年纳入《成都市城乡规划条例》。

8.2.2 县域城乡总体规划的作用

国内外城市的经验都表明，随着城市的进一步发展，中心城市及其周边区域的空间管制将变得十分复杂。特别是在城市规划区内又位于中心城区以外的区域，传统的城市总体规划对于这些区域发展的指导作用（包括对下一级规划编制的指导作用）极为有限。

从现实情况来看，中心城周边区市县的发展涉及市、区、县、镇等各级政府，需要一个规划来协调区市县域范围内各方的发展需求。

2007年，为适应"统筹城乡综合配套改革试验区"对成都市各区市县的新要求，成都市规划管理局提出了二、三圈层区市县②编制县域城乡总体规划的构想，其作用主要体现在以下几个方面：

1. 弥补现有法定规划体系的不足

县域城乡总体规划要起到弥补现有法定规划体系不足的作用。现有法定规划体系中，城镇体系规划、城市总体规划由于先天不足，难以起到统筹县域城乡发展的作用。

传统城镇体系规划③要确定县域城镇的等级、规模、职能和空间结构（经典四结构），需要将县域内城镇视作一个个的"点"。这是城镇体系规划本身的需要，但是这造成规划缺乏从县域层面对城乡形态的研究，也不能实现各项设施空间落地，这就难以进行总体的规划控制。对于成都中心城区周边区市县而言，由于行政区域总面积不大，城镇经济发达，城区和其他城镇从空间尺度上已不能简单地作为"点"来看待。

① 该案例由成都市规划设计研究院提供。
② 即中心城区以外14个区市县。
③ 也包括城市总体规划包含的城镇体系规划。

而区市县城市总体规划关注的更多的是城区的发展，即便在《城乡规划法》背景下，所有城、镇、乡、村规划[①]也未能实现规划的全域覆盖，整个县域的城乡统筹也就无从谈起。

2. 作为统筹城乡基本规划管理空间单元

从理论上讲，市域、县域、镇域都可以作为统筹城乡基本规划管理空间单元，成都市将县域作为城乡统筹的基本规划管理空间单元主要基于以下考虑：

（1）空间尺度适宜

成都市域面积达到 12390km²，而一般的镇域面积又相对过小，对于统筹城乡而言，县域是一个比较适宜的空间尺度，便于统筹城乡规划的编制[②]。

（2）与土地管理制度相适应

城乡统筹最主要的对象就是土地资源，根据目前的土地管理制度，土地指标主要在县域内调配。将县域作为城乡统筹规划空间单元，可以与土地管理制度相适应，实现土地资源在县域内的有效配置。

（3）与规划管理制度相适应

根据成都目前的规划管理体制，二、三圈层区市县规划部门作为辖区内的规划管理行政部门，相对独立行使管理职能，可以依托县域城乡总体规划，对辖区实施有效的规划管理控制。

（4）有助于资源要素的流动和配置

镇域内资源要素相对单一，县域内资源要素体现出差异化，只有在县域范围内才具备足够的城乡资源要素和足够的流动空间。通过县域城乡总体规划进行规划统筹，有助于各种资源要素在县域范围内的自由流动和合理配置。

3. 构筑城乡规划管理平台

为实现城乡统筹，县域城乡总体规划一方面要在县域范围内统筹产业发展、资源利用、环境保护和公共安全（而不仅仅是城镇建设），为各种资源要素在县域范围内的有效配置提供空间支撑，变单纯的物质规划为综合性规划。

另一方面，县域城乡总体规划将成为城乡统筹规划管理的基础平台，从县域城乡总体规划与法定规划[③]的相互关系来看，县域城乡总体规划将是未来法定规划调整、修编的重要依据，县域城乡总体规划本身也存在法定化的可能。

因此，县域城乡总体规划不仅是一次技术规划，更是一次政策规划，公共政策的属性较一般规划更为明显。

8.2.3　县域城乡总体规划的编制要点

1. 县域城乡总体规划的技术框架

为实现编制县域城乡总体规划的意图，确定编制县域城乡总体规划的技术框架如图 8-2 所示。

2. 县域城乡总体规划的主要内容

县域城乡总体规划的主要内容包括：

（1）要体现城镇化、工业化、农业产业化的要求，要在县域产业发展空间布局的基础上进行县域用地布局。

（2）要确定县域城乡空间形态和规模。县域城乡总体规划需改变以往规划"以人定地"的传统模式，在确定县域总建设用地规模的基础上，进行建设用地分配，并落实市级工业用地、物流用地、市场用地和基础设施用地，在此基础上塑造适合县域发展的新型城乡形态。

---

① 都要划定规划区。

② 在县域层面，一些乡镇、新型社区存在 CAD 无法表达的问题，可通过 GIS 技术予以解决。

③ 如城市总体规划、分区规划。

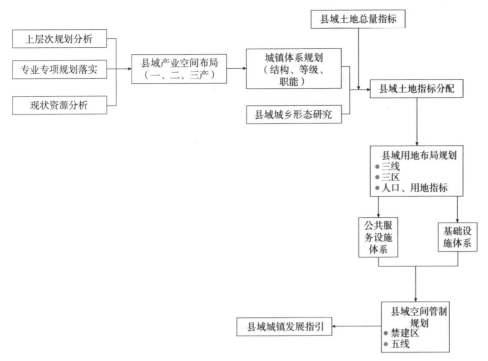

图 8-2　县域城乡总体规划的技术框架

（3）在县域范围内明确划定三区八线（2+1+5），构筑两大体系。"三区"包括城镇规划区、风景名胜规划区和乡、村规划区；"八线"中"2"指 2020 年城镇建设用地范围线和远景用地范围线，"1"为规划区范围线，"5"指红、黄、蓝、紫、绿 5 种控制线；两大体系指公共服务设施体系和基础设施体系。

8.2.4　新津县县域城乡总体规划主要特点

下面以《成都市新津县县域城乡总体规划（2007-2020）》为例，对成都市县域城乡总体规划的规划要点进行介绍。

新津县位于成都市西南方向，县域面积 330km²，辖 11 个镇 1 个乡，全县总人口约 30 万人，其中农业人口 20 万人。新津县距离中心城约 30km，为半都市化地区（图 8-3）。

图 8-3　新津县区位示意

1. 以上层次规划研究为基础

在县域城乡总体规划编制工作开始之前，成都市先后进行了一系列全市性的规划研究。

《全域成都规划》提出成都未来将构筑以"一个核心，三个圈层，六条走廊"为基础的城镇空间结构。所谓"六条走廊"是指以中心城为核心形成六条交通走廊来串联市域主要城镇，包括成新走廊、成灌走廊、成温邛走廊、成龙走廊、成青走廊和南部走廊。在此基础上，成都市规划管理局进一步组织编制了《成都市发展走廊控制规划》，目的在于进一步深化和落实《成都市全境规划》。在《成都市发展走廊控制规划》的基础上，成都市规划管理局委托成都市规划设计研究院对"六条走廊"进行进一步深化研究。在对新津所在成新走廊的深化研究中，规划利用地理信息系统软件的网络分析功能，分析道路交通条件变化对走廊发展的影响，同时在分析了不同生态水平条件下空间发展模式的基础上，提出了成新走廊的空间结构和功能布局。在同期进行的主体功能区规划中，将成都市市域划分为禁止建设活动区、限制建设活动区和可建设发展区。同时打破行政界线，重构城镇功能，形成9片、7类的功能区划。

2. 强化城乡空间的规模和形态控制

建设用地规模和城乡空间形态控制是新津县县域城乡总体规划的主要内容。在坚持建设用地总量不增加，耕地总量不减少的前提下，为确保集体建设用地的"增减挂钩"，新津县县域城乡总体规划改变了以往规划"以人定地"的传统模式，强化与国土规划的协调，在可流转土地总量的基础上，确定新津县2020年城镇建设用地规模，在考虑弹性用地的基础上，确定县域城镇建设用地远景规模，同时根据县域各城镇的资源禀赋，结合全市发展战略，确定各城镇的发展规模和空间形态（图8-4和图8-5）。

图8-4　新津县县域土地利用现状

图 8-5　新津县土地利用布局

鉴于土地征收方式的变革,县域城乡总体规划实际上只是构筑了县域城乡发展的可能形态。县域城乡总体规划在建设用地总量刚性控制的基础上,本身应考虑足够的弹性,构筑县域发展的空间架构,同时要明确现有法定规划与县域城乡总体规划的相互关系(在县域城乡总体规划范围内进行规模、形态调整),在土地指标发生变化的情况下,还可对县域城乡总体规划本身进行调整。

3. 进行县域空间管制分区,确定三区五线[①]

规划将新津县县域用地划分为 3 类规划区,分别为城镇规划区、风景名胜规划区和乡、村规划区。

城镇规划区为新津城区、各建制镇镇区以及新津行政区域内其他因城镇建设和发展需要实行规划控制的区域。城镇规划区内用地必须符合城市规划及国土等相关规划要求,经规划许可后方可进行建设开发。

风景名胜规划区包括国家级和省级风景名胜区、自然保护区、森林公园、地质公园、世界遗产地等区域[②]。

乡、村规划区包括新津县域范围除城镇规划区、风景名胜规划区以外部分。

---

① 八线中的另外三线已通过确定城乡规模和形态划定。

② 根据新津规划管理局提供的资料,在新津县域范围内无风景名胜区。

图 8-6　新津县县域禁止建设区的划定

在三区划分的基础上，重点划定禁止建设区，并进行五线控制。禁止建设区主要是指涉及资源保护、风险避让等要素的用地，依据要素对应的各相关法规划定的禁止建设用地（图 8-6）。规划分析确定新津县禁止建设区约 $16km^2$，占县域总面积的 5%。

4. 构筑两大设施体系

新津县县域城乡总体规划借鉴了成都 5 年来城乡一体化规划探索的经验，一方面落实全市性的公共服务设施、交通市政基础设施；另一方面，建立覆盖全县域的公共服务设施体系和交通市政基础设施体系，实现各种设施延伸到新型社区。

公共服务设施包括区域性公共服务设施和地区级公共服务设施。县域城乡总体规划在《成都市城乡体系规划》的基础上进一步完善与落实新津县公共服务设施体系，着重对重点镇、新市镇、一般镇和新型农村社区的公益性服务进行研究和配置，以达到将公共服务体系延伸到农村地区，建立覆盖新津县的公共服务支撑体系。

交通市政基础设施规划在落实上层次规划的基础上，从县域层面进行基础设施布局，规划原则可以概括为"利用现状、区域统筹、城乡统筹、高效集约、切实可行"（表 8-2）。以供水规划为例，规划提出，以岷江、西河作为水源，将现状规划 7 座自来水厂整合为 4 座。排水规划充分考虑地形并依据在建污水处理厂项目，将县域划为 4 个排水分区，测算各区污水处理量，将现状规划 6 座污水处理厂整合为 4 座。电力、燃气、通信、防灾、环卫等规划也以县域为规划范围，充分体现规划原则。

公共服务设施、基础设施支撑
基本配置内容：镇区 12+2

类别	设施名称	
社区管理	●社区中心	建筑面积 300m² 左右，含管理、文化活动、图书、警务、财务、社保、医保等功能用房
教育	●托（幼）儿园	根据辐射区人口测算班数
	●小学	根据辐射区人口测算班数
	□中学	根据辐射区人口测算班数
医疗	●卫生院	根据辐射区人口测算规模
体育	●全民健身设施	结合小广场、集中绿地设置，用地面积不小于 200m²
商业服务	●集贸市场	百货市场、各类专业市场、农贸市场
市政公用	●垃圾收集点	服务半径不大于 70m
	●集中给水设施	根据用水人口测算规模
	●污水处理设施	根据用水人口测算规模
	□消防站点	根据责任分区确定
	●公交首末站	面积不小于 1000m²
	●公厕	建筑面积 30m² 左右
	●配电房	建筑面积 50m² 左右

公共服务设施、基础设施支撑
基本配置内容：社区 7+3

类别	设施名称	
社区管理	●社区管理用房	建筑面积 300m² 左右，含卫生站、文化活动、图书、警务、财务、社保、医保等功能用房
教育	□托（幼）儿园	1000 人以上原则上配托幼 1 处，平均占地面积 10m² 左右
	□小学	3000 人以上原则上配置小学 1 处，平均占地面积 12m² 左右
体育	●全民健身设施	结合小广场、集中绿地设置，用地面积不小于 200m²
商业服务	●农贸市场	占地面积 50~200m²，1000 人以下的社区取下限值
	□放心店	建筑面积 50m² 左右
市政公用	●垃圾收集点	服务半径不大于 70m
	●公厕	建筑面积 30m² 左右
	●配电房	建筑面积 50m² 左右
	●沼气池	因地制宜，可集中，可分散

注：●为应配设施；□为可配设施。

8.2.5 有待进一步探索的问题

县域城乡总体规划作为成都市城乡统筹规划管理的基础平台，已由《成都市城乡规划条例》（2009）明确为成都市地方性法定规划。

将县域城乡总体规划作为城乡规划管理平台还有大量的工作需要进行，成都目前也还处于探索中。从技术层面来讲，县域城乡规划管理平台的建立还有大量技术工作需要完善，比如统一城、镇、乡、村编制的技术标准、统一坐标系等。

从政策层面来讲，县域城乡总体规划要处理好与国土规划和法定总体规划的相互关系。县域城乡总体规划与国土规划能否不仅从指标上，还能从建设用地形态角度，实现两个规划的合二为一，

---

① 配套标准由《成都市城乡体系规划》确定。

法定总体规划的调整能否在县域城乡总体规划的框架内实现。上述这些问题，都有待在进一步的实践中给出解答。

8.3　山西省孝义市市域城乡统筹规划（2011–2030）
——资源转型期城乡统筹规划探索[①]

孝义市地处山西中部，吕梁山下，汾河之滨，是一个以煤焦铝铁、建材、农副产品加工和商贸为支柱产业的新型工业城市。作为典型的资源型城市，孝义市是山西的缩影。2008年下半年以来，受国际金融危机的影响和山西煤矿企业兼并重组整合战略的实施，孝义市的经济社会发展发生了深刻的变化。2010年，山西省委书记袁纯清提出开展"市域城镇化发展战略"研究工作，通过城乡统筹规划推进山西实现资源转型，实现市域城镇化发展战略目标。在省住房和城乡建设厅的支持下，孝义市先行先试，开展"市域城镇化战略研究"和"市域城乡一体化规划"。

8.3.1　规划编制背景

1. 国家政策——资源型经济转型试验区

2009年3月，国务院确定了第二批32个资源枯竭城市，孝义被确立为山西省唯一一个国家级转型试点城市。2010年12月，经国务院同意，国家发改委以发改经体[2010]2836号文件正式批复设立"山西省国家资源型经济转型综合配套改革试验区"，成为我国设立的第9个综合配套改革试验区，也是我国第一个全省域、全方位、系统性的国家级偏重于资源型经济转型的综合配套改革试验区。山西是我国资源型经济转型综合配套改革试验区，孝义是承担山西省资源型经济改革转型试验的重点示范区。

2. 区域发展——太原经济圈与区域性中心城市

山西省编制的《太原经济圈规划》，提出"将太原经济圈打造为国家能源服务中心与重要的先进制造业基地，内陆与环渤海联动发展的主要增长极；山西省社会经济发展的组织与辐射中心，转型与跨越发展的创新型示范基地"。孝义与临近的介休、汾阳共同构成太原经济圈的太原经济圈南部次核心（图8-7）。

经济圈规划也将孝介汾一体化工程列入行动计划之中，建议尽快编制和实施孝介汾城镇群一体化规划，重点推进交通、市场、产业、设施、信息、城镇建设、生态环境等方面的一体化建设，为远景的三市同城化奠定基础。

同时，孝义在孝介汾次核心中地位突

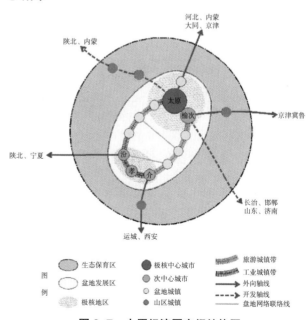

图 8-7　太原经济圈空间结构图

① 该案例由中国·城镇规划设计研究院提供。

出，其经济总量、城镇人口、城镇建设用地等均大幅度领先于介休、汾阳两地，孝义在孝介汾三市中经济和城市基础最好，具有成为孝介汾区域性中心城市的潜质。基于此，孝义市提出建设区域性中心城市的战略目标，指引城市未来的发展方向。

3. 省内要求——市域城镇化引领转型发展

2010年7月29日，在全省领导干部大会上，省委书记袁纯清代表山西省委作了《以转型发展为主线，为实现山西经济社会跨越发展努力奋斗》的讲话，提出开展"市域城镇化发展战略"研究工作，通过城乡统筹规划推进市域城镇化战略目标。

2010年，孝义同时被山西省列为全省城乡建设用地增减挂钩试点，这为孝义实施城乡统筹规划、推出城乡一体化土地政策提供了政策机遇。

4. 地方发展——农村推力大，城市容量亟待提升

孝义城镇化发展正处于关键时期，由于受外部经济环境、资源政策环境的影响，城镇化发展的快速进程出现了一些波动，甚至出现了退步发展。尤其是有50个村因资源枯竭、煤矿关闭、土地塌陷荒废而导致村民无业可就、无地可种。孝义全境945km^{2}内，因采煤而导致的土地塌陷达169km^2，10个乡镇、295个村、53100户约20万人的住宅受到不同程度的损坏。长年累积的煤矸石高达上亿吨，煤矿废气、废水、废渣既污染环境，又占用了大量土地。

孝义市农业基础差、产出低、发展慢，农村生活环境差，公共服务配套欠缺，农村剩余劳动力非农就业比例高，城镇化趋向明显。同时，产业结构单一，城市辐射带动力与就业容量不足，半城镇化现象明显，亟须建立城乡统筹机制，推进转型发展。

8.3.2 城乡统筹的规划方法（技术路线）

1. 一条主线：以资源型城市转型为主线

孝义市是典型的资源型经济结构，且资源型产业层次低、链条短，就业容量小，对地方城乡发展带动力不足；食品、LED制造等非资源型产业发展迟缓，在国民经济中比重较低。另外，在可预见的一段时期内，孝义市地方经济发展、城乡资源配置乃至经济结构转型均需建立在对现有资源型经济的依赖之上。

应对孝义资源型城市产业转型发展的需要，寻求多样化的城镇化发展动力，构建多元化城镇职能结构，摆脱资源型单一动力机制对地方发展的限制，规划始终围绕"资源型城市转型"这条主线展开。

2. 两个重点：区域性中心城市建设、推进市域城镇化战略

孝义市发展要突破资源型结构的约束，实现城乡协调，需要推动非资源型产业的发展，提高城市的就业容量与城市对区域辐射带动能力，解决"半城镇化"问题。区域性中心城市建设与市域城镇化推进从城与乡两个方向推进，是孝义城乡发展的两个关键抓手和战略方向。

3. 三项平衡：土地、人口、资金

实现城乡统筹发展，在明确重点与战略方向的基础上，需要提高规划的可实施性。此次城乡统筹规划，从土地、人口与资金3个方面进行了城乡指标平衡。

规划依据对城乡产业与经济发展的预测，对城乡就业容量进行了估算，并以此为基础进行城乡人口的再平衡。同时，依据城乡建设用地增减挂钩的政策，提出了建设用地城乡转移的路径，总体实现了在城乡建设用地总量不增加的情况下，人口由乡村向城区集中，带动节约的农村建设用地向城镇与园区集中，保障了规划用地与人口指标的城乡平衡。同时，结合孝义市地方特色，围绕资源特色，提出用人口迁移带来的地下资源开发权收益补贴城乡统筹实施费用，融合建设用地流转形成的土地级差收益，实现了城乡统筹的资金平衡，保障规划的实施。

4. "四规合一"：生态、产业、城镇、土地

由发改委、规划局、国土局分别编制的主体功能区规划、国民经济发展规划、城镇体系规划和土

地利用规划以及其他部门组织编制的相关规划，由于编制过程相对独立，彼此之间缺乏整合，容易出现产业项目无法落地、城乡建设用地违规、城规与土规方向错位、生态保护策略无法落实等问题，城乡统筹规划以"四规合一"的编制思路，统筹生态保护、产业布局、城镇建设和土地利用，优化市域整体空间布局，在统一的指导思想下，分别编制各专项的规划内容，指导具体规划的编制与实施。

5. 五项政策：操作平台、资金配置、社会保障（包括就业）、土地政策、住房保障

配合规划提出的发展战略与空间策略，提出构建由政府主导的统一操作平台、改革资源收益分配处置机制、建立城乡统一的户籍与社会保障机制、建立农村土地确权与流转机制、建立城乡居民住房保障机制等配套政策。

8.3.3　城乡统筹发展目标

在对孝义市发展的宏观背景、特征、条件与趋势进行深入分析的基础上，总结借鉴国内外经验，提出孝义市城乡统筹发展的总体目标：落实国家新型城镇化战略和山西省市域城镇化战略要求，紧紧围绕资源型城市经济转型和建设区域性中心城市两大战略，做好"背靠吕梁山，融入太原圈，面向环渤海"三篇文章，推进"新型工业化、特色城镇化、农业产业化、市域生态化"四化进程，实现"城镇化与资源转型发展协调同步"，"城镇化与新型工业化、农业现代化协调同步"，"城镇化与新农村建设协调同步"，努力开创园区经济、人才创业、孝河–汾河、生态宜居、民生幸福"五新时代"。

8.3.4　规划解决的重点和难点问题

规划紧紧围绕孝义市地方发展面临的主要问题，在宏观与微观两个层面提出了对应的解决策略与空间布局方案，突出全域指引与重点关注的结合。

1. 提出了资源型城市转型路径

针对孝义市资源型城市的核心特征，提出利用"矿产资源开发权"和"城乡建设用地增减挂钩"两个杠杆撬动城镇化的资金需求，构筑以资金为中心的良性循环，由资源集中开采为源动力，逐步推动产业结构多元发展、城镇建设集中布局、土地资源集中利用、生态环境集中整治，构筑具有孝义特色的转型发展模式（图8-8）。

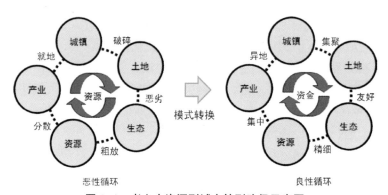

图8-8　孝义市资源型城市转型路径示意图

2. 明确市域城镇化发展战略

在全面建设小康社会，实现公共服务设施均等化的背景下，结合孝义西部山区农业生产、居住条件、用地条件均较差的实际情况，规划提出"人口由山区向平原地区转移、建设用地由资源区向非资源区转移、产业由镇乡村向城区和园区转移"。通过三个转移，实现"人口集中居住、产业集中布局、资源集中开采、农地集中经营、生态集中整治"，进而构建中心城区、中心镇与农村新社区城乡居民点新体系。

规划提出市域城镇化发展战略为：落实"新型工业化、特色城镇化、农业产业化、市域生态化"四化要求，依托孝义市社会经济发展的地方特色，推进"三个转移"，实现"五个集中"，构建"1420"（1个中心城区、4个重点镇、20个社区化中心村）市域城乡居民点体系。

3. 制定区域性中心城市空间发展战略

规划介孝汾区域整体形成"一主两辅"的城市空间结构，所谓"一主"即孝义主城，是介孝汾地区的区域性服务中心和新型工业基地，"两辅"即汾阳、介休两个辅城，汾阳是介孝汾北部交通枢纽和轻工业基地，介休是介孝汾南部交通枢纽和旅游服务基地。

孝义主城规划远景形成"双城"结构。西部旧城区为孝义市域政治、经济、文化中心，东部构建介孝汾新城，为介孝汾区域性科技文化、商贸服务、商务会展中心和高新技术产业基地（图8-9）。

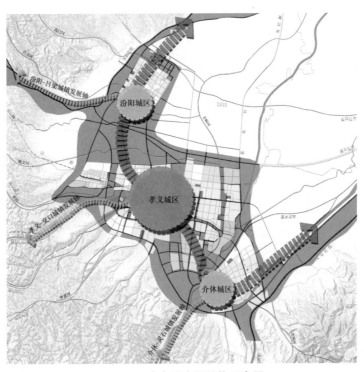

图8-9 介孝汾空间结构示意图

4. 制定市域生态保护与建设战略

规划提出，大力实施"蓝天碧水"、"造林绿化"两大工程，构建市域生态安全格局，保障市域可持续发展，综合治理采煤塌陷区，改善山地丘陵区生态环境，建设城镇生态防护体系，保障城镇生态安全。

孝义市市域生态空间规划结构可以概括为"四核三区四带六廊"，"四核"即四个生态保育区，"三区"即三个采空综合治理区，"四带"即四条生态防护带，"六廊"即六条河流生态廊道。

同时，规划提出对各类地区实施不同的生态建设策略（图8-10）：

西部低山区：强化水源涵养区和生态服务功能极重要地区保护，划定生态保护区，加快封山育林、退耕还林、还草步伐，提高森林资源的覆盖程度，增强森林的水源涵养能力；

缓坡台地区：大力开展节水灌溉和农业节水技术，开展黄土丘陵区的水土流失治理工作，建立坝系栏蓄工程，弃渣弃土尾矿栏蓄工程；

土石丘陵区：综合治理采空沉陷区，通过弃渣弃土尾矿栏蓄工程建设，加快水土保持的综合治理，退耕还林、还草的步伐，提高植被的覆盖程度，改善高度敏感地区生态环境；

东部平原区：大力开展生态建设工作，构建完整的生态绿地防护体系，包括城郊防护林、

图 8-10 孝义市市域生态环境保护空间规划

工业园区隔离防护区、交通干线两侧绿化、重要的生态农业区、城市绿地系统等，改善城区环境质量。

5. 分类、分期指导村庄居民点迁并整合

规划对城市规划区范围内外村庄居民点整合撤并提出不同策略。规划区内村庄按照其与城市建成区的关系划分为城中村、城边村、城郊村三个类别，并分别制定不同的发展或迁并整合策略（图8-11）。

城市规划区外村庄依据其人口规模、用地条件、交通便利度以及乡镇行政驻地、新农村建设情况、与矿产资源开发的关系等特殊影响因素，判断村庄发展的适应性以及迁并整合的紧迫性，并依据此规划村庄迁并整合的分期。同时，对适宜发展的各类村庄依据其自身特色提出具有针对性的发展导引。

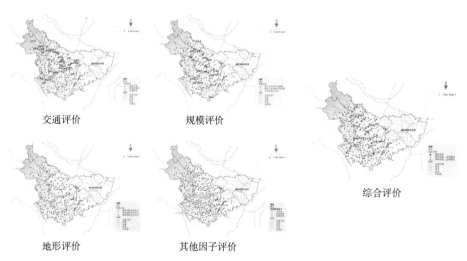

图 8-11 孝义市村庄迁并整合规划指引图

6. 统筹市域城乡空间布局

遵循市域城镇化发展的总体战略，规划提出构筑以"中心城区、中心镇、农村新社区"为架构的三级居民点体系，在市域范围形成"1420"为主体架构的市域城乡居民点布局结构（图8-12）。

图 8-12　孝义市市域城乡空间总体布局图

同时，规划遵循城乡统筹规划特点，打破原有城市规划、土地利用规划等传统用地分类与布局方法，结合孝义市地方实际情况，将市域用地按其主体功能划分为生活用地、服务设施用地、工业生产用地、绿地、河流绿廊、水源保护地、都市农业用地、农林种植用地、经济林地、生态林地、矿产资源开发用地、村庄发展用地等多种类型，并对各类功能用地的空间布局做出安排，指引各分区发展。

8.3.5　政策创新——"双补 + 双换 + 双改"的"孝义模式"

依据孝义市资源型经济的核心特征，结合大部分村庄处于资源区的实际情况，为实现孝义城乡统筹发展模式的转换，规划提出孝义市域城乡统筹实行"双补 + 双换 + 双改"的发展模式。

1."双补"

以矿产资源企业收益补贴农民住房拆迁损失。充分维护被拆迁农民利益，使其能够获取到足够的短期收益，以能够应对向稳定的城镇生活过渡时期的需求。

以矿产资源企业收益补贴非资源型产业（包括新兴加工制造业、现代农业、现代服务业等），实现产业多元发展，实现城市可持续、健康发展；进而推动城镇就业容量的增加，为解决农村劳动力就业问题奠定基础，解决农民进城后的长期生存问题。

2."双换"

以地下资源开发权换城镇住房。由资源开采企业分离其部分收益，以解决农民搬迁进城的住房问题。

以宅基地换城镇型社保。通过对搬迁农民宅基地复垦，以城乡建设用地增减挂钩的方式进行流转，缓解城市建设用地紧张的矛盾；农民放弃原有宅基地，换取城镇型社会保障，解决搬迁农民的后顾之忧，实现人口向城市的集中。

3."双改"

农用地和农村集体资产股份化改革。促进农业经济发展，推动农业生产的规模化经营，不再从事农业劳动的农民以农用地承包经营权换取股份化经营企业的"股份"，可长期享有农用地经营收益分红。

矿产资源开发权股份化改革。以被搬迁农民享有矿产资源开发收益分红的方式保障农民收益，推动农民搬迁，同时实现土地集中利用、产业集中发展。

8.3.6　实施机制与地方反馈

1. 实施机制

规划在充分结合孝义地方实际情况的背景下，紧紧围绕资源型城市以及资源型经济转型问题，提出"双补"、"双换"、"双改"的孝义市实施城乡统筹发展的推进路径。同时，为确保该路径的顺利实施，规划提出应在政府操作平台、资源收益分配处置机制、户籍与社会保障机制、产业倾斜与补贴机制、农村土地确权与流转机制、城乡居民住房保障机制等几个方面进行完善与创新，并提出各项机制改革实施的具体策略，为规划实施提供了较完善的保障。

2. 地方反馈

（1）专家意见

2011 年 1 月，孝义市政府邀请了住房和城乡建设部、山西省住房和城乡建设厅、清华大学、同济大学等该领域国内知名专家对初步成果进行了全面论证及评审。专家指出，孝义发展基础好，市域城镇化发展战略研究具有指导意义，对转型发展具有战略示范作用，其发展可采取"先行先试"的方针。同时指出，该规划方案对地方发展问题判断较为准确，题目解答具有针对性，不同层次阐述条理清晰，尤其对发展战略与政策措施把握较好，规划指导性与可实施性较强；规划所采取的以城乡就业为基础进行人口推算的方法，打破了传统规划思维，对规划实施具有更直接的指导意义，可进一步探索。

（2）省内推广

孝义市城乡统筹规划工作走在了山西省的前列，对其他县市推进城乡统筹工作具有借鉴意义。2011 年 3 月，由山西省住房和城乡建设厅组织，孝义市人民政府与中国建筑设计研究院共同编制形成了《孝义市市域城镇化规划纲要》，作为山西省省内城乡统筹观摩会的学习材料，印发给省内各市县主要领导，宣传观摩孝义实践。

8.4　浙江省安吉县域总体规划（2006-2020）
——长三角大都市圈中的生态地区城乡统筹规划实践①

8.4.1　规划编制背景

安吉县位于杭州西北部，全县辖 15 个乡镇（开发区），人口 45 万，面积 1886km² （图 8-13）。

---

① 该案例由安吉县规划局、浙江省城乡规划设计研究院提供。

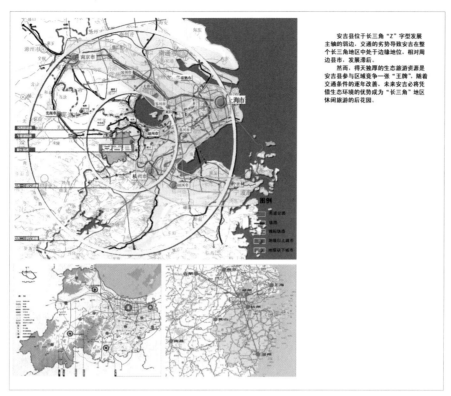

图 8-13　安吉县区位图

2004 年底启动市域总体规划编制工作，是浙江省内首批开展县市域总体规划的县市之一。这是对国家城乡统筹发展战略的落实。

在国家层面，"五个统筹"、"科学的发展观"及十六届六中全会"关于构建社会主义和谐社会若干重大问题的决定"等重大国策的出台表明我国的国家发展战略已逐步从先前的经济效率至上，转向"和谐"、"平衡"式发展。在空间发展模式上要求改变当前土地要素依赖型的粗放增长方式，实现土地资源的可持续发展。

在省市层面，2005 年浙江省委、省政府出台了《浙江省统筹城乡发展，推进城乡一体化纲要》，将编制县（市）域总体规划作为完善城乡规划体系的重点工作。2006 年 7 月，省人民政府《关于进一步加强城乡规划工作的意见》（浙政发 [2006]40 号）文件中，明确提出了城乡统筹发展的目标任务及战略举措，以建立健全城乡一体化的规划体系为战略举措，以编制县市域总体规划为重点，实现城乡一体的空间资源利用、生态环境保护、基础设施配套、产业发展。

安吉虽然地处长三角，但 04、11 省道分别是安吉与杭州和湖州联系的唯一通道，现实交通条件的制约，使安吉仍处于区域城镇发展和交通网络的边缘地带，直接降低了安吉的经济发展速度和城镇建设水平，安吉旅游资源、生态资源优势非常突出，是杭州大都市区的生态腹地。近年来安吉走出了一条与众不同的稳健发展道路，县域经济快速增长，安吉的发展也到了一个关键的转折点。

基于以上背景，安吉以城乡统筹发展为宗旨和目标，于 2004 年底启动安吉县域总体规划的编制工作。

8.4.2　技术路线

安吉县域总体规划以县域空间布局为核心，以经济社会发展需求分析、县域用地适宜性、生态立县与工业强县结合为三大基石，以空间布局问题的解决、"十一五"规划的空间落实和政策风险的规划应对为三大导向（图 8-14）。

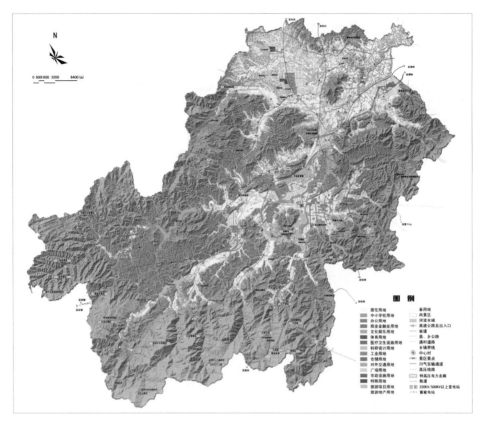

图8-14 规划总图

这一技术路线强化了传统规划中较为薄弱的经济社会发展需求分析，重视资源环境的约束分析，强调了发展需求与资源环境约束两个因素在空间规划中的相互作用，通过城乡全域覆盖的空间管制分析，提出在资源环境制约下的合理空间利用方案。该技术路线加强了空间规划与国民经济社会发展的"十一五"规划之间的衔接，使十一五规划能够在空间上得到落实，也增强了县域总体规划的权威性和指导性。

8.4.3 城乡统筹发展目标

安吉县域总体规划以科学发展观为指导，以推进新型城市化、建设社会主义新农村、构建和谐社会为总目标。确保乡村实现农业现代化，为城镇的发展提供资源和市场，城乡的劳动力、技术、资金、资源等生产要素在一定范围内进行合理交流和组合；在空间上互为环境、生态协调，形成一种城镇和乡村稳定持久的结合，城乡交融发展，使城乡系统的整体功能日益提高。

（1）整体目标：深刻理解县域发展要求，凸显区域特色；落实科学发展观，推进资源短缺条件下的可持续发展。

明确安吉参与区域竞争的方式和份额，寻找其优势、机遇与挑战，持续提高区域地位和城市魅力，在长三角区域分工与协作中占有一席之地。确立促进县域层面的"集约城市化"和城镇层面的"紧凑发展"的两大规划理念，努力构建一个集约利用资源、城乡协调可持续发展的现代化安吉。

（2）分目标：实现城乡经济融合、实现城乡空间融合、实现城乡社会融合。

城市发挥中间纽带作用，使产业在城乡之间广泛联合，城乡经济相互渗透，相辅相成，共同繁荣城乡经济局面；城乡间建立完善通达、快捷的交通、通信网络，城市空间与乡村空间在生态环境与景观环境各具特点，相互融合；乡村居民在收入水平、就业机会、受教育程度、医疗服务、社会保障、居住水平等方面与城市居民相同；努力提高乡村居民文化水平，使整个社会成员都充分享受现代精神文明。

8.4.4 规划重点与难点

1. 立足现有基础，积极融入杭州大都市区，承担大都市区职能

安吉县长期以来都以其生态环境、旅游资源、农业发展为特色，在区域中具有重要生态作用，这令其自身产业发展、空间利用等方面都受到诸多制约，造成其在经济上属于区域内的相对欠发达地区。在周边区域快速的城市化和工业化进程中，安吉的发展压力日增，近年来也找到了一条特色鲜明的发展路径，在周边地区生态环境资源过度消耗的今天，安吉得到了新的发展机遇，需要利用其自身的优势，争取在杭州市大都市区中承担除生态腹地以外更为丰富的功能，如近郊居住、旅游、绿色产业、都市农业等，变生态优势为经济优势，在重视可持续发展的未来实现社会经济全面起飞。

2. 平衡生态立县与工业强县的关系

安吉的"生态立县"战略是安吉区域竞争的最大特色，通过该战略，安吉社会经济的发展已经步入了可持续发展的良性循环，具备了构建和谐社会的良好基础。当前安吉将环境优势转变为经济优势，努力挖掘农业和农产品加工业的潜力，大力发展生态产业，努力建设资源节约型和环境友好型社会。但周边县市工业化进程高歌猛进，对安吉的发展模式造成一种冲击，当地政府坚定信心，绝不以牺牲生态为代价，平衡生态保护与工业发展关系。在县市域总体规划中，一方面坚持生态立县战略，一方面发展与生态县定位相适应的工业，并在空间上予以落实和限定，通过科学的评价方法划分出县域核心自然资源范围和生态敏感地带，作为"禁建区"和"限建区"划分的理论依据，提出具体的空间管制措施，在保护生态的同时发展经济，为全县创造更多的"生态红利"。

3. 统筹东西部发展，扶持欠发达乡镇发展

安吉西部多为山区，大部分山林被辟为生态公益林，为安吉的生态保护作出了贡献，但由于交通和信息相对闭塞，经济发展相对滞后。在发展模式上，研究制定生态补偿机制，在政策、资金、项目安排上重点向西部乡镇倾斜。加大欠发达乡镇的基础设施建设投入，对山区道路、社会设施、饮用水工程建设给予财力支持。

加快欠发达乡镇产业培育，扶持其发展旅游、土特产加工等适宜自身发展条件的产业，增强欠发达乡镇的"自身造血"功能。同时，逐步引导欠发达乡镇人口向中心城市和中心镇集聚，使进城人员从事收益更高的第二、第三产业；提高留驻人员的人均资源占有率，提升其收益水平。

4. 强化乡村居民点与城镇产业区联系

县域总体规划通过合理布局中心村、加快通村公路建设、公共交通建设等措施以强化乡村居民点与城镇产业区的联系。

优先考虑邻近城镇产业区的较大村庄（空间距离控制在规划产业区块10km以内），以中心村集聚乡村居住人口，使之更好地融入城镇经济之中。加快中心村与城镇的道路交通设施建设和公共交通建设，保证中心村与城镇之间至少有一条宽6m以上的硬化道路连接，并设置公共交通停靠点。

5. 统筹城乡建设，达到城乡基础设施、社会设施共建共享

科学合理安排建设项目，加快城市基础设施、社会公共设施向农村延伸。推进城乡基础设施、社会设施共建共享，乡村居民点在规划期内达到"村村通公路、垃圾进城（处理）、自来水下乡"。城镇各类社会设施建设规模也应充分考虑服务周边乡村居民，如中小学校、医院、文体设施等建设均应服务城乡居民。

另一方面，一些在城区建设经济性不高或有一定限制的基础设施、社会设施（如污水处理设施、

殡葬设施等），可在周边乡村选择适宜的用地兴建，使城乡建设达到合理的分工协作，共享共担利益与职责。

6. 加快新农村建设

稳妥推进行政村、自然村整合撤并、进一步加快中心村建设。完善细化村庄规划，改善村庄面貌，提高村庄品位，推进乡村道路、村庄环境整治、垃圾收集点、清水河道工程建设，建成一批农村生态示范村。以打造"中国美丽乡村"为抓手，形成社会主义新农村建设的安吉模式（图8-15）。

图8-15 安吉县新农村建设

安吉县面对农村"脏、乱、差"的现状，2001年起在全县范围内开展了以村庄环境建设为主的村庄整治，主要做法包括：一是科学编制村庄整治规划，余村、高家堂等村庄都编制了村庄规划。二是加大村庄基础设施投入。拆除破旧危房、消除露天粪坑、白化外墙、设置垃圾箱、建造公厕、改造村内三线、改建农户围墙、新建绿化带和绿岛等。三是加强村庄整治建设的领导。整治村庄全部成立了由村主要领导任组长，落实专职人员实施，同有关部门保持联系，邀请相关领导和技术人员来实地检查指导，及时查漏补缺，完善实施方案。四是重点进行思想宣传教育。利用村农民文明学校，不定期地进行教育培训，使村民的素质大大提高，环境意识得到加强。五是抓长效管理。各整治村庄建立长效管理机制，作为村庄环境整治建设工作的一个重要环节，专门制定出台关于村庄环境整治建设长效管理制度，做到制度落实、人员落实、经费落实。

安吉的"美丽乡村"工程以"村村优美、家家创业、处处和谐、人人幸福"为目标，建成"环境优美、生活甜美、社会和美"的现代化新农村样板，探索形成全国新农村建设的"安吉模式"，以尊重自然美、侧重现代美、注重个性美、构建整体美等"四美"来统领美丽乡村建设。重点实施好环境提升、产业提升、素质提升和服务提升4大工程。

8.4.5 政策创新

1. 县域总体规划本身就是对现有城乡规划体系的补充和完善

通过"两规衔接"机制协调城乡空间扩展需求与县域土地开发潜力之间的关系。安吉县近年来每年工业用地和旅游用地的总需求量为5300hm² 左右，而全县的土地开发潜力也仅5300hm²，这一供需矛盾比较明显。安吉县域总体规划中为了缓解直至解决这一矛盾，建立起了"两规衔接"的工作机制，将县域总规与土地利用总体规划相衔接，规划建立了"统一标准，衔接总量，落实空间"的"两规"衔接方法：在统一基准年限、统一用地分类、统一工作底图的基础上，首先衔接现状人口数据和现状用地规模，然后衔接城乡建设用地的需求规模和供给规模，最后采用GIS与CAD相结合的技术，对用地规模进行空间落实，划定城乡建设用地边界。并通过弹性空间保障城乡建设空间的发展可能性，实现耕地占补平衡。

2. 跨部门统筹，"点、线、面"结合的县域空间管制体系

安吉县域空间管理职能由规划、国土、农林、水利、交通、环保等多部门依据各专业法规共同承担。由于各部门各自为政，缺乏统筹，矛盾冲突较多。安吉县域总体规划重点在县域层面展开区域空间发展战略研究，有效解决了安吉城乡建设空间与非建设空间的主要矛盾，并通过对全县域用地用途管制，有效抑制了建设用地对耕地的蚕食，保证县域生态空间等非建设空间预留，确保城乡统筹发展（图8-16）。

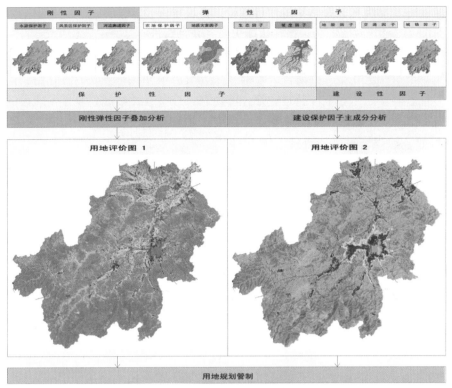

图 8-16　用地适宜性评价图

根据《城乡规划法》要求，建立了与各部门管理相适应的分类管制体系，有效衔接土地利用规划，协调交通、电力、环保、农林、地质灾害防治、生态保护、风景名胜管理等各部门专项规划。在划定适建、限建、禁建三大类空间，整体性确定空间管制框架的基础上，规划针对各用地类型的空间特点，进一步建立了"点、线、面"结合的空间管制体系：在"面"上控制城乡建设用地增长边界，明确耕地、山林地、风景名胜区、地质灾害防治区等面状空间的保护范围；在"线"上控制生态廊道、交通廊道、各类区域基础设施廊道；在"点"上控制历史街区、文保单位、水源保护地等。

3. 创新农村建设项目管理政策

采取"6+X"的办法，由县农办、发改委、财政局、规划局、住房与建设局和审计局 6 部门牵头，会同项目实施主管部门，对支农项目申报、立项、实施、考核验收、资金拨付全面审核把关，大力探索中国美丽乡村经营机制。

创建村向县农办申请某个建设项目，县农办组织财政局、审计局等相关单位对该项目的合理性进行评估，评估认为项目可以在当年实施后，该项目的主要负责部门和创建村开始落实该项目，项目基本完成后，县财政局给予拨款。

8.4.6　实施机制

1. 加快中心城区和中心镇的培育

争取省政府在财政、土地政策等各方面给予更多支持。从土地、资金、政策等多方面，确保中心城区和中心镇的发展空间。提高市民素质，形成人才优势，促进中心城区发展。建立多元融资机制，拓展建设筹资渠道，加快基础设施建设，促进市域发展。制定相关配套的税收、人口、住房、产业、环境等政策，促进中心城区目标的实现。

2. 坚持"生态立县、工业强县、旅游富民"的发展策略

发展和建设要以生态环境保护为前提。积极发展清洁工业，以工业化带动城市化，促进安吉

社会经济快速发展。加快县城周边旅游项目建设，进一步开发旅游资源，完善旅游配套设施，提高安吉旅游档次，以"后花园"的定位积极融入长三角地区。

3. 宣传规划，深化规划

对总体规划进行广泛宣传，提高各级干部及广大市民贯彻执行规划的自觉性，同时对规划实施进行监督。在总体规划指导下，抓紧做好分区规划、控制性详细规划及重要地段的城市设计等各项深化规划工作，增强规划的可操作性。

4. 依法行政，加强城乡规划管理

经法定程序编制审批的总体规划，将成为指导市域建设、管理及各专项规划、分区规划、详细规划的法定依据，任何单位和个人都不得随意更改本规划。城乡规划行政主管部门应加强自身队伍建设，严格履行法定规划管理程序，加强规划管理，依法查处各种违法建设行为。

5. 美丽乡村建设全面铺开

三年来，全县 142 个村共实施了各类重点建设项目 1713 个，完成项目投资 12.97 亿元，其中，2008 年完成 562 个，投入资金 3.99 亿元；2009 年完成 578 个，投入资金 4.69 亿元；2010 年完成 573 个，投入资金 4.29 亿元。初步建成了"黄浦江源"、"中国大竹海"、"昌硕故里"、"白茶飘香"4 条精品观光带，精品观光带沿线的景观大道、垃圾收运处理系统、河道整治建设和沿线违章建筑拆除、房屋立面改造等重点工作全面完成，基本实现了四条美丽乡村精品观光带的全线贯通。

6. 职能部门推进城乡建设项目

规划局、住房与建设局的主要领导与各项目责任人、科室负责人，重点明确各项目年度目标及月度计划，并进一步细化责任，层层落实到岗到人，深入挖潜抓服务提升。按照打造"安吉服务"品牌的要求，力争规划窗口服务"一次到位"，努力做到乡镇、单位、现场"三个勤跑"。

8.4.7 实施效果

《安吉县域总体规划（2006—2020）》于 2008 年 12 月经浙江省人民政府批复正式实施。成为安吉未来城乡建设发展的纲领，成为下一层次分区规划、乡镇规划、村庄规划编制的依据。通过安吉县委、县政府的强有力推进，规划取得了良好的实施效果。城乡发展空间得到较大优化，农村耕地得到保护，城乡建设用地得到保证，生态环境质量得到进一步提升，中心城区的发展得到较大支持，农村地区基础设施水平、公共服务设施建设和管理服务水平都得到较大提高，促进了安吉县域内的城乡地域在空间、经济、社会、人口等方面的统筹发展，缩小了城乡差距。

在县市域总规的指导下，安吉县又编制了《报福镇城镇总体规划》、《农村环境连片整治规划》、《安吉县城总体城市设计》、《安吉县城乡环境卫生专业规划》以及《铜山桥片区控制性详细规划》、《旧城改造城市设计》等规划，逐步形成全域覆盖、各层次完成的县域城乡规划体系，为城乡统筹建设提供依据。

中心城区：中心城区目前正在打造"优雅竹城"。城东路、灵芝东路、环翠路、灵峰北路等道路桥梁建设已经基本完成，县城主要规划道路骨架初步形成；胜利西路、凤凰路南段等地种起了 1 万棵左右的竹子。近期还将在县城驿站广场、灵芝北路等区域附近种植几片"小竹海"。按照不同地段的特点，将分别种上毛竹、红竹、西德五月季竹和黄杆乌哺鸡竹等，形成优雅竹城的一个绿化亮点；天荒坪路综合整治已于 2010 年完成，2011 年将对浦源大道和云鸿路进行街景整治。逐步开展"形象整治、功能整修、文化整理、秩序整顿"等工作，进一步梳理城市肌理脉络、完善基础功能。

中心镇：参照美丽乡村建设经验，安吉县出台《风情小镇建设评估标准》，从 2011 年开始打

造风情小镇，天荒坪镇已编制完成了《天荒坪风情小镇规划与设计》，梅溪镇以省级中心镇培育为契机，道路、绿化、水厂、企业厂房、梅溪大酒店、户外运动基地等项目的建设加速进行。目前，中心镇基础设施、社会民生、产业发展等项目建设已全面展开。

中国美丽乡村建设：2008 年，安吉县决定全面开展"中国美丽乡村"建设行动。践行一村一品、一村一业、一村一景、一村一韵的建设模式，三年来，建成了美丽乡村精品村 108 个，重点村 25 个，特色村 4 个，2010 年，经住房和城乡建设部专家组综合考评，安吉县综合评分达到标准，被授予"中国人居环境奖"。

8.5 湖北省宜都市城乡统筹规划（2010–2030）
——"分区"、"分级"引导构建城乡统筹模式^①

8.5.1 规划编制背景

统筹城乡发展是党中央在新的历史条件下科学判断形势，正确把握城乡发展关系做出的重大决策，是逐步改变城乡二元经济结构，从根本上解决"三农"问题的重大创举。2010 年 1 月《中共中央国务院关于加大统筹城乡发展力度进一步夯实农业农村发展基础的若干意见》正式发布，进一步指明了要"把统筹城乡发展作为全面建设小康社会的根本要求"，提出了"大力发展县域经济，抓住产业转移有利时机，促进特色产业、优势项目向县城和重点镇集聚，提高城镇综合承载能力，吸纳农村人口加快向小城镇集中"等一系列重要指导意见。宜都市根据中央战略指引，结合地方实际，在湖北省县市中率先组织编制了《湖北宜都市城乡统筹规划（2010—2030）》，目前已经编制完成。

8.5.2 规划技术路线

宜都市处于长江经济带上，同时又是"鄂西生态文化旅游圈"的重要组成部分，是省域副中心城市——宜昌的重要产业支撑点和先导先行区、湖北经济承东启西的最佳承接口岸。此外，宜都市位于清江与长江交汇处，北邻宜昌市，与宜昌城区、三峡坝区共同构成了宜昌都市区的核心区，该区域是未来宜昌都市区壮大发展的主要支撑区（图8–17）。因此，本轮城乡统筹规划急需对过去的传统城市规划进行观念转变、范围扩张和空间拓展，针对宜都市存在的现状问题，规划编制组提出了"以规划内涵挖掘为前提，以发展目标制定为先导，以统筹路径构建为目的，以政策体制创新为保障"的规划技术路线（图8–18）。

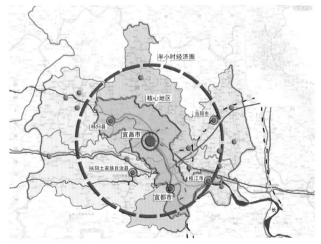

图 8–17　宜昌市都市区规划结构图

---

① 该案例由中国·城镇规划设计研究院提供。

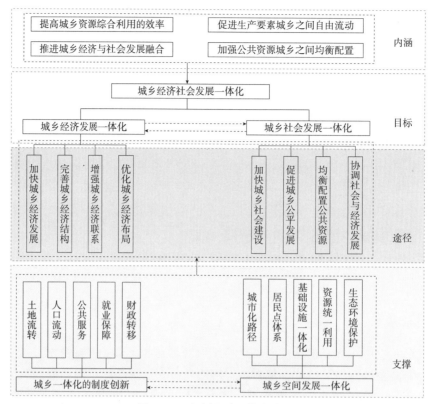

图 8-18 规划思路及技术路线

8.5.3 城乡统筹发展目标

1. 总体发展目标

总体发展目标：将宜都市建设成为"两型社会"和城乡一体化示范城市，长江经济带上以新型工业化和新型城镇化为特色的战略支撑点，经济发达、生态环境良好、城乡一体化协调发展的生态工业城市。

目前，宜都市距全国百强县（市）的目标还存在一定差距。但金融危机爆发后，在全国百强县中沿海县市经济增速大大下滑甚至出现负增长，而宜都却出现快速增长的良好势头。伴随着中部崛起战略实施以及国家扩大内需等战略的调整，宜都市实现进军中部十强、全国百强目标的进程将大大加快。规划到 2015 年，宜都市应在全省率先进入全国"百强"县市行列，率先实现全面小康，基本实现城乡一体化。

2. 分目标体系

（1）经济发展目标

2005~2009 年，宜都市地区生产总值的平均增长速度为 21.6%，未来发展中宜都市经济增长将继续高位运行。另外宜昌市确定，今后 5 年县域经济发展的目标是，全市 GDP 总值翻一番，则平均增长速度需达到 15% 左右。作为宜昌市经济发展的排头兵，宜都市的经济增长速度也应更高。

在此基础上，规划确定：2010~2015 年和 2016~2030 年全市 GDP 增长速度将分别达到 20% 和 10%。则 2015 年，地区生产总值达到 430 亿元，三产比例为 10：52：38，人均地区生产总值 99000 元；城镇居民人均可支配收入达到 30000 元，农民人均纯收入达到 20000 元，城乡居民收入差距缩小为 1.5：1，小康户比例达到 90%；2030 年地区生产总值达到 1700 亿元，三产比例为 8：42：50，人均地区生产总值 350000 元；城镇居民人均可支配收入达到 180000 元，农民人均纯收入达到 150000 元，城乡居民收入差距缩小为 1.2：1。

（2）社会发展目标

统筹城乡发展的体制机制更加健全，全面形成城乡居民享有基本同质化生活条件、均等化公共服务、平等化经济社会权利的城乡一体化发展格局。同时提高城镇化水平，推进城乡空间一体化发展。规划确定：2015 年，城镇化率达到 55% 以上。2030 年城镇化率达到 80% 以上，全面实现城乡空间一体化发展目标。

（3）环境保护目标

全市达到生态示范城市建设标准；全市所有乡镇达到国家级环境优美乡镇标准，全市所有的行政村达到国家级生态村标准。

规划到 2015 年，宜都市森林覆盖率由现在的 57.8% 上升为 64%，建成区绿化覆盖率由 40% 上升到 42%，垃圾处理率由 82.7% 上升到 100%，污水集中处理率由 73% 上升到 90%。2030 年，森林覆盖率上升为 70%，建成区绿化覆盖率由 40% 上升到 60%，污水集中处理率达到 100%。初步实现资源节约与环境友好的发展目标。

8.5.4 规划解决的重点问题

1. 明确矛盾，推进城乡协调发展

从宜都市人均 GDP、三次产业结构、第一产业就业比重等指标来看，宜都市工业化发展已经进入中期阶段。但其城镇化水平仅为 38.7%，且城镇居民收入水平与全国平均水平的差距进一步拉大。近 3 年数据显示，宜都市城镇居民收入年均增幅较农村居民收入年均增幅低 8.3 个百分点。以 2009 年数据为例，宜都市农民人均纯收入高出全国平均值 1381 元，城镇居民可支配收入则比全国平均值低 4586 元，差距由上年度的 -11.7% 扩大到 -26.7%。由此可见，城镇化水平相对滞后，城镇综合实力不强是宜都市现阶段城乡发展面临的主要矛盾。基于上述问题，编制组将宜都市自身发展需求与外部区域格局相结合，本着"城镇带动乡村，乡村服务城市，城乡协作互动"的基本原则，提出了"整合沿江、创新内陆、连镇带乡、保山理水"的城乡发展思路。

（1）整合沿江，强化工业竞争力：整合长江沿岸产业、空间、交通，集合开发优势产业，建设新型工业园区、现代物流园区和休闲服务区，合力打造具有核心竞争力的空间发展平台，进一步加强城镇的综合服务及辐射带动作用。

（2）创新内陆，提升农业竞争力：充分利用市域中南部丰富的丘陵、山水、田园等资源，优化农业结构，转变生产方式，拓展附加功能，构建新型乡村产业发展体系，实施乡村创新发展战略。

（3）连镇带乡，加强城乡一体化：加强沿江城镇间的道路连接，促进彼此之间的相向发展，构筑有利于沿江与内陆整体集约发展的道路网，同时加强城镇道路向乡村的延伸，促进城乡社会经济联系，扶持带动乡村发展。

（4）保山理水，提高生态宜居保障：整体保护山地丘陵、森林公园、自然保护区和乡村田园等生态斑块，梳理完善大小河流及沿岸环境等生态廊道，打造连续、完整的山水网络生态界面，依托建设"一江两山"国际知名旅游目的地的契机，打造山水相依新宜都。

2. 全域布局，探索城乡统筹方案

宜都城镇空间发展主要受外部交通条件的引导和宜昌城市空间的辐射带动影响，城镇空间扩张会首先在北部地区形成，并逐渐向南拓展。沿主要交通干线和长江，由点状辐射逐渐演变成带状发展，进一步由沿江城镇带逐步带动市域城乡发展，形成"两带三区谋发展、山水网络建和谐"的空间方案（图 8-19）。同时，在落实空间方案的过程中，规划编制又独具创新性地把远景规划

前置，并且深入细化，从全域的层面上进行容量控制，理念的转变，体现了规划对生态的尊重、对城乡关系的换位思考。

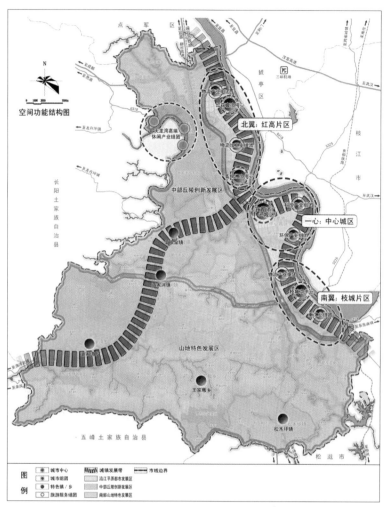

图 8-19 空间结构功能图

（1）重点发展两带

1）沿江平原城镇发展带：沿江平原城镇发展带连接陆城、红花套、高坝洲、姚家店、枝城等城镇。依托高速公路、铁路、港口等便利的对外交通设施和现有的城镇产业，重点发展医药及电子、化工及建材、纺织及陶瓷和现代物流等产业，成为支撑宜都市向内辐射、对外开放的重要战略空间。

2）中南腹地创新发展带：中南腹地创新发展带连接陆城、姚家店、五眼泉、聂家河以及潘家湾等城镇。依托丰富的丘陵、山水、田园和风景资源，大力提升创新发展能力、多业融合和城镇功能，组成一条具有生态资源绿廊、乡村景观画廊和绿色经济走廊三大功能的创新发展带。应加强对资源环境的保护，加强对农村产业优化，综合发展休闲旅游业、生态农业、农副产品加工业、面向乡村的服务业等，成为宜都市由沿江向中南腹地辐射并提高内陆发展水平的重要轴带。

（2）协调发展三区

1）沿江平原都市发展区：沿江平原都市发展区，包括红花套、高坝洲、陆城、姚家店和枝城，这片发展区是宜都市经济社会发展的主轴，城镇及人口密度较为集中，城镇规模也相对较大，主要依靠良好的区位条件，发达便利的综合运输体系，充足的能源基础和用水条件，初具规模的经济基础和科技实力，已建立起以第二、第三产业为主体的经济结构。这片发展区强化陆城－姚家店的城市主体地位，北翼红花套、高坝洲以物流仓储为主，南翼枝城以工业化为主。沿江平原都市发展区发展宜打破行政体制的束缚，从区域的角度，统筹安排经济社会发展，优化生存环境，协调城乡关系，按经济、社会与环境功能的整合需求及发展趋势，构筑相对完善的城镇群体空间单元。

2）中部丘陵创新发展区："中部丘陵创新发展区"包括陆城、姚家店、五眼泉及聂家河镇北部部分地区所共同构成的三角形区域，该地区在交通、用地、资源配置等方面的综合条件仅次于沿江地区，在沿江产业带全面建设的同时，该地区应充分利用陆城中心城区的辐射作用、优越的生态景观资源条件、交通网络密集的优势，大力发展都市农业、度假休闲、健康养生等"城市－乡村复合型"产业，在城乡建设、人居就业、社会服务等方面真正实现全面融合与对接，在公交网络、公共服务设施、基础设施方面实现城乡一体化建设与管理，成为未来进一步推进宜都市城乡统筹发展的核心示范区。

3）山地特色发展区："山地特色发展区"主要涉及南部山区，由于地理位置等条件的差异，城镇规模偏小，建设资金投入有限，发展相对滞后，应推动传统农业、种植业向现代化、产业化、品牌化等高效、高附加值方向发展，通过农业与工业、旅游业相结合的形式，达到立足第一产业土地性质、采用第二产业组织形式、实现第三产业附加功能的目的。

（3）构建山水网络

利用长江、清江、渔阳河等河流，结合自然山体，串联城镇绿化隔离带、农田等，形成网络状的生态廊道（图8-20）。通过山水廊道的构筑，促进生态"斑块"之间，"斑块"与"种源"之

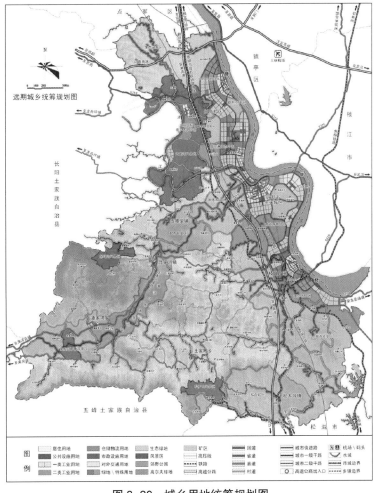

图 8-20 城乡用地统筹规划图

间的生态联系，从而形成有机的生态整体系统，维护市域生态系统的稳定和健康，为宜都的全面可持续发展和建设宜居宜都提供生态保障。

（4）分级引导，构建城乡统筹模式

在空间方案落实的基础上，编制组根据宜都市城镇发展条件评价和城镇发展战略，以行政职能等级为基础，结合现状城镇行政等级和职能结构特点以及各乡镇在市域发展中的分工、协作关系，按照现状和未来相结合、近期和远期相结合、局部和整体相结合的原则，将宜都市划分为："主城区—新城—特色镇（乡）—中心村—基层居民点"5级体系（图8-21）。

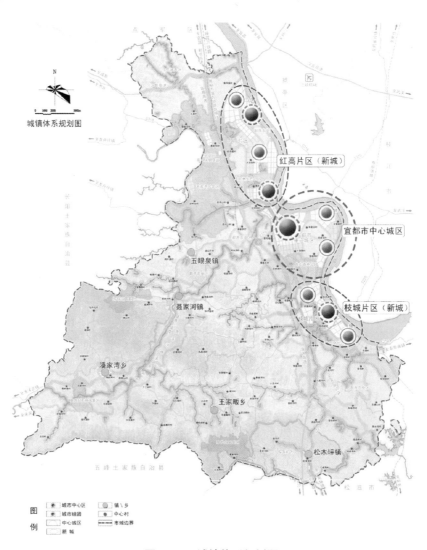

图8-21　城镇体系规划图

1）主城区：陆城。全市的政治、经济、文化中心。

2）新城：红花套、高坝州、枝城。红花套和高坝洲区位条件优越，具有较好的发展潜力，应进一步加强与宜昌和陆城的经济联系。

3）特色镇（乡）：聂家河、松木坪、五眼泉、王家畈、潘家湾。应通过政策扶持，发挥本级小城镇对农村地区的带动作用和综合服务功能，通过促进农业、劳动密集型低污染工业的发展，就近吸纳农村剩余劳动力。规划建设聂家河为西南腹地发展的核心增长极，充分发挥其特色旅游功能，辐射带动西南腹地的持续发展。松木坪工业基础较好，且处于县域南部门户位置，应予以发展扶持，调整现状以矿业开采为主的产业结构，加强其对周边包括县域外地区的综合服务带动功能。五眼泉宜充分利用其旅游资源基础，提升旅游产业功能；王家畈和潘家湾近期以自主性发展为主，中远期要走出依托资源发展特色产业之路。

4）中心村：随着宜都城市化进城的快速推进，宜都的村庄整并也应有序推进。随着乡村农业生产水平的逐渐提高，乡村耕作半径将不断加大，支持乡村空间整合力度不断加大。规划至2030年，宜都市将保留100个中心村。

5）基层居民点：规划至2030年，宜都市将保留500个基层居民点。宜都市市域村镇体系形成"一主、二新、五特、百中心村、五百基层居民点"格局，呈现"12515"的城乡空间体系。

6）管制模式：为更好地指导不同层级的空间发展，规划从区位、地貌类型、交通条件、现状村镇布局、产业、公共服务设施、人均收入、生态敏感度等方面，综合辨析宜都乡镇的内部差异，并依据宜都未来形成的"两带三区"的空间结构，提出相应空间管制要求，确保区域城乡理性发展的进程中，兼顾发展与公平双重目标，统筹城市居民与农村居民收益，实现区域环境和谐、城乡共同富裕的统筹目标。

8.5.5 政策制度创新

在制度设计与创新方面，编制组根据宜都市城乡统筹发展的实际条件，借鉴国内外实践经验和最新理论，将协调发展三区（沿江平原都市发展区、中部丘陵创新发展区、南部山地特色发展区）的空间引导策略与政策制度构建相结合，针对不同区域的特点及诉求制定政策制度措施，确保在区域城乡发展进程中，兼顾发展与公平，实现区域环境和谐、城乡共同富裕的统筹目标。

1.沿江平原都市发展区政策制度保障要求

（1）产业发展。沿江平原都市发展区的产业基础较好，可借助沿江区域的综合优势，建设新型工业园区、现代物流园区和休闲服务区，合力打造具有核心竞争力的空间发展平台。同时，扶持农产品深加工企业与农户进行对接，实施产销一体化运营，推动乡村农产品生产与贸易的整体发展。

（2）农民转移。沿江平原都市发展区是宜都市城乡经济社会统筹发展的主要区域，大量农民将面临征地之后的就业问题，因此本地区应着力加强被征地农民保障措施的完善工作。第一，建立农转非人员的基本养老保险制度，对符合条件的被征地农转非人员实现基本养老保险全覆盖；第二，加强被征地农转非人员就业培训、促进被征地农转非人员实现就业和建立生活困难救助制度。第三，明确住房补偿和安置标准。鼓励推行住房货币化安置方式，货币安置标准按照不低于本地区与被征土地范围相邻地段经济适用住房的销售价格制定。

（3）设施共享。沿江平原都市发展区的基础设施和公共服务设施基础较好，在实施城乡统筹的过程中，应持续推进道路、供水、排水等基础设施建设，完善公共服务设施。

（4）城乡建设。严格执行《城乡规划法》，以具有合法地位的城市总体规划为依据制定控制性详细规划，一切建设用地和建设活动必须遵守和服从法定规划要求，依照合法程序进行审批。同时要充分利用现有建设用地、非耕地和闲置地，并保持合理的建筑密度，集约使用土地资源。对于历史文化名镇枝城应坚持开发与保护相结合，保持原有的风貌和环境，合理利用，严禁随意拆建。

2.中部丘陵创新发展区政策制度保障要求

（1）产业发展。本地区交通区位条件优越，是市域城乡一体化发展的核心地带，具备扎实的工业基础，农业产业化程度也相对较高，今后的发展首先应结合国家大型项目，如沪蓉高速公路、三峡换流站等的建设，抓住机遇、引进项目；第二，建立城乡产业统筹发展的利益机制，如建立城乡产业发展品牌共享机制、上下游产业间的利益共享机制等；第三，建立城乡产业统筹发展的互动网络，如建立城乡产业连锁网络，大力发展横跨城乡的产业集群；第四，开展城乡产业统筹发展的项目布局，适当增加农村的产业项目，或促进城市项目向农村辐射；第五，营造城乡产业统筹发展的合理环境，如放宽农民创业的行业准入，降低农民创业门槛，设立统筹城乡居民创业的信息服务网络，增强农民的就业竞争力等。

（2）农民转移。本地区是未来宜都市域城乡一体化发展的核心地带，有大量农民将进入城区和特色乡镇务工。因此，首先应建立城乡统一的就业管理制度。打破"城镇劳动者"与"进城务工人员"的身份界限，在签订劳动合同和工资分配等方面一视同仁、平等对待。第二，将进城务工农民纳入公共就业服务的范畴，为其提供就业指导、职业介绍、职业培训、信息查询等服务。各类职业中介服务机构向社会公开承诺服务内容，为求职者提供方便、快捷、平等、高效的就业服务。第三，认真落实《劳动合同法》，加强监督检查，督促企业依法签订和履行劳动合同，不断提高城乡劳动者与用人单位的劳动合同签订率。

（3）设施共享。加快基础设施和市政设施的覆盖，加大对农村公共服务体系建设的支持力度，推动社会公共资源向农村倾斜、城市公共服务向农村覆盖，使广大农民在经济发展的基础上，享受更高的教育水平、更好的卫生保健、更健康的精神生活和更和谐的社会氛围。

（4）城乡建设。依照规划严格控制建设用地范围，切实保护优质农田，保证实现耕地占补平衡；严格执行基本农田保护条例，严禁占用基本农田进行非农建设。若遇国家重点项目确实需要征用基本农田，应经过法定程序修改土地利用规划，并报有关部门审批。

3. 南部山地特色发展区政策制度保障要求

利用优势环境资源，发展有机示范农业和生态高效农业。推广生态农业技术，控制农业面源污染，重点发展特色水果、绿色蔬菜产业等；在发展经济的同时，严格控制工业项目尤其是有污染项目的引入与建设，对于新增项目必须承担地区环境保护责任，并得到环境保护部门许可。

（1）农民转移。城镇是统筹城乡发展的重要载体，从根本上解决"三农"问题，必须提升城镇吸纳农民、带动农村的整体功能。因此，必须围绕转移农民这个核心，着力发展山区特色小城镇，推动农民就地城镇化。同时，抓住推进新农村建设契机，积极争取国家、湖北省对山区欠发达地区小城镇建设的专项投入，并适度集束政策和资金，优先完善特色镇的承载能力和带动功能，更加直接有力的推动城乡统筹的完善和发展。

（2）设施共享。农村工作覆盖面广、复杂性大，应集中财力优先建设现代农业发展迫切的交通、通信、供电、供水、供热、供气等基础设施。同时，进一步强化公益性服务功能，完善基层农业服务体系建设，着重建立农村防洪体系、农业科技推广服务体系、动植物防疫体系、农村市场信息体系等。

（3）城乡建设。充分发挥城镇的集聚作用，鼓励周边农村居民向小城镇、乡村中心社区迁移和集中，推进农村集体土地流转和规模化生产；严格控制乡村居民点和乡村非农建设用地总量，乡村居民点要合理布局，同时发展农村沼气和庭院经济、绿色农业等，创建文明生态村。

8.6　安徽省繁昌县城乡统筹规划（2011-2030）
——中部地区县域城乡统筹规划探索[①]

8.6.1　规划背景

2010年1月12日，国务院正式批复"皖江城市带承接产业转移示范区规划"，这是我国第一

---

① 该案例由中国·城镇规划设计研究院提供。

个为促进中西部地区承接产业转移而专门制订的战略规划，对于崛起中的安徽具有重要的里程碑意义。芜湖作为皖江城市带的核心城市，具有"承接、创新、发展"的良好基础。繁昌县是芜湖市下辖三县中唯一的沿江县，具有得天独厚的区位优势、良好的经济基础，在区域经济发展的强力支撑下，正面临着全新的发展机遇。

繁昌县位于皖南北部，北接长江黄金水道，地处马芜铜沿江产业带中部，紧邻南京—芜湖—合肥"经济三角"下顶点，区位优势明显。繁昌县素有"皖南门户"之称，水、陆、空综合交通体系初成，交通条件较为优越。沪铜铁路、沿江高速、省道321线和216线以及建设中的宁安城际铁路、滁黄高速穿境而过，全县共有7条河流通航，其中长江黄金水道18km，距南京禄口机场、合肥骆岗机场均在两小时车程范围内（图8-22）。

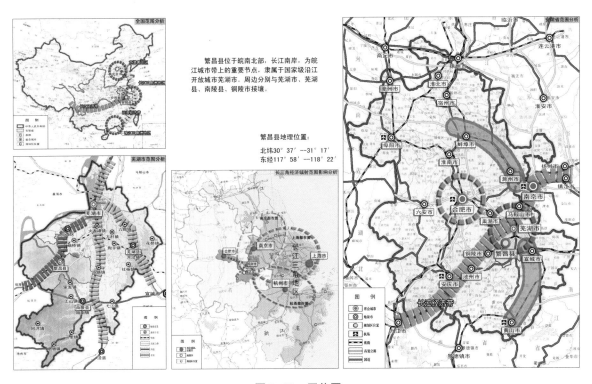

图 8-22　区位图

繁昌县作为安徽省城乡一体化发展的先行区，更是率先提出了一系列促进统筹城乡经济社会发展和资源、环境保护的政策措施，为繁昌县城乡统筹发展奠定了良好的基础。

8.6.2　规划原则

1. 区域协调的原则

在全球化和知识经济背景下，规划通过具有前瞻性的研究来确定繁昌的长远定位，通过分析繁昌与马芜铜经济带、皖江城市带的发展的关系，与长三角经济圈发展的关系，理清发展思路，制定相应的空间发展策略，确立合理的城镇发展目标和规模，协调和优化城镇体系格局，完善县域交通网络，促进城乡发展和城镇化水平的提高。

2. 生态优先的原则

繁昌作为长江沿岸的城镇，为适应21世纪城镇建设的需要，突出沿江地区特色，力求合理配置城乡土地资源，突出城镇生态特色，保持良好的生态环境质量，在产业选择、空间布局、城镇基础设施建设、水资源利用等方面给予重点体现。

3. 城乡统筹的原则

城乡空间统一规划，规划区范围内实行规划全覆盖，体现全域繁昌。城乡统筹安排，坚持合理用地、节约用地；合理用水、节约用水；加强基本农田保护。合理安排农村居民点，对城镇发展区域（含备用地）、控制发展区域和生态敏感区域有明确界定。

4. 可持续发展的原则

繁昌城镇建设处于快速发展时期，如何促进经济、社会、环境和文化的协调发展，是城镇空间发展的核心理念。规划从"统筹城乡发展、统筹区域发展、统筹经济社会发展、统筹人与自然和谐发展，统筹国内发展与对外开放"的科学发展观出发，突出城镇近期和远期的关系，协调和安排城镇建设的开发时序，增加实施的可行性和适用性，争取最好的投入产出效果；协调城镇和乡村的发展，重视郊区和乡村地区的城镇化和工业化（图8-23）。

图 8-23 远期城乡用地布局图

5. 以人为本的原则

在该规划中，一方面需要创造良好的城镇形态和有个性、舒适宜人的城镇空间，提供高质、便捷、优越的人居环境。同时，需要考虑各方面的利益，要重视规划的过程，坦诚讨论，增加透明度，通过政府决策者、专业部门、民众的多方参与来确定合理的城镇发展空间。

8.6.3 发展目标

1. 总体发展目标

至规划期末，力求将繁昌县建设成为芜湖市域副中心、马芜铜经济带重要节点城市、皖江城市带承接产业转移示范区核心城镇、安徽省城乡统筹示范区、长江中下游先进制造业基地重要组成部分。

2. 经济发展目标

规划期末国内生产总值达到1500亿~1800亿元，年均增长率保持在15%左右，三次产业比例为 4 ： 58 ： 38。其中，近期2015年，国内生产总值达到270亿元，年均增长率保持在20.6%，三次产业结构的比例调整到 5：65：30。

3.社会发展目标

积极发展教育、文化、科技、体育、卫生等各项社会事业,建立健全社会保障体系,全面达到小康社会要求。统筹城乡发展的体制机制更加健全,全面形成城乡居民享有基本同质化生活条件、均等化公共服务、平等化经济社会权利的城乡一体化发展格局。同时,提高城镇化水平,推进城乡空间一体化发展。规划确定到 2015 年,城镇化率达到 70% 以上;2030 年城镇化率达到 85% 以上,全面实现城乡空间一体化发展目标。

4.生态环境发展目标

全面进行县域范围内的生态化建设,控制水土流失,保护和培育绿色植被和生物多样性,使全县城乡环境整体优化、美化、生态化,基本实现环境与社会、经济的协调发展,有益于现代人的健康和生产、生活,造福子孙后代。规划到 2030 年,繁昌县森林覆盖率达到 50% 以上,建成区绿化覆盖率达到 35% 以上,垃圾处理率达到 100%,污水集中处理率达到 100%。

8.6.4 规划重点

1.整合县域,城乡协调

繁昌县是皖江城市带承接产业转移示范区的核心区,也是繁昌实现"芜湖副城、皖江制造"的产业空间平台。繁昌既可以充分发挥距离优势承接产业转移,同时又受到"芜湖主城区集聚作用较大,人口容易被吸引,处于不远不近的节点"等因素的影响。因此,建立制造业基地,提升工业化水平,以中心城市为重点走集中工业化道路,改善局部生态环境,是繁昌城市化、工业化协调发展的必然选择(图 8-24)。通过承接长三角先进制造业转移,实现城市结构优化,以"山水文化与生态宜居新城"为重点,将繁昌城市的结构优化与功能提升有机结合。规划提出了"整合沿江、创新内陆、连镇带乡、保山理水"的城乡发展思路。

(1)整合沿江,强化工业竞争力:整合长江沿岸产业、空间、交通,集合开发优势产业,建设新型工业园区以及现代物流园区,合力打造具有核心竞争力的空间发展平台,进一步加强城镇的综合服务及辐射带动作用。

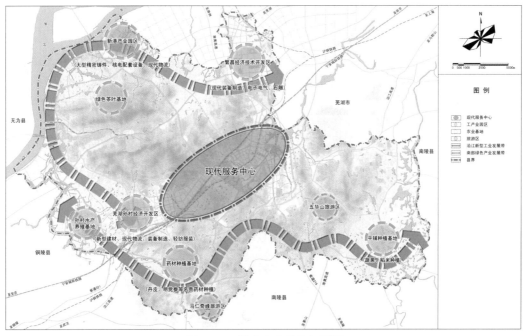

图 8-24 城乡产业结构规划图

（2）创新内陆，提升农业竞争力：充分利用县域中、南部丰富的丘陵、山水、田园等资源，优化农业结构，转变生产方式，拓展附加功能，构建新型乡村产业发展体系，实施乡村创新发展战略。

（3）连镇带乡，加强城乡一体化：加强城镇间的道路连接，促进彼此之间的相向发展，构筑有利于沿江与内陆整体集约发展的道路网，同时加强城镇道路向乡村的延伸，促进城乡社会经济联系，扶持带动乡村发展。

（4）保山理水，提高生态宜居保障：整体保护山地丘陵、森林公园、自然保护区和乡村田园等生态斑块，梳理完善大小河流及沿岸环境等生态廊道，打造连续、完整的山水网络生态界面，打造山水相依新繁昌。

2. 全域布局，城乡融合

从繁昌现状空间结构看，城区集中在繁阳镇，镇区以孙村和荻港规模较大，多以地方性的生活服务功能为主；由于缺少相对高端产业基础，生产性商务功能尚未形成，城镇建设面貌相对落后，"不城不乡"，缺乏从点到面的谋划，尚未达到作为整个皖江产业带核心城镇的水平。从繁昌县中心城区功能出发，推进圩区、山区人口、风景名胜区等生态敏感区域的人口向中心城区集中，加快产业的有机集中；另一方面，强化要素集聚节点，沿芜铜公路通道向孙村片区拓展，形成开放式、充分接轨区域经济中心的城市空间（图8-25）。规划确定繁昌县域将形成"两带两区"的空间结构。

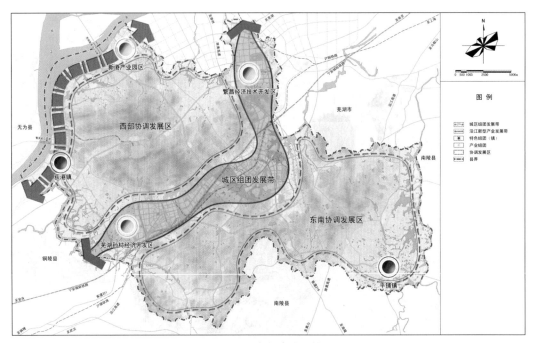

图 8-25　城乡功能结构图

（1）沿江新型产业发展带

沿江新型产业发展带包括新港产业园及其他沿江区域，该产业发展带依托长江黄金水道、高速公路及铁路，积极承接长三角先进制造业产业转移，重点发展机械装备制造、新型建材、电子电气、环保设备等产业。

（2）城区组团发展带

城区组团发展带包括沿芜铜公路繁昌段连接主城区的繁阳组团、峨山组团、高铁组团，孙村片区及横山-马坝、荻港-孙村两大工业片区，该区域交通便利，邻近未来的高铁，对外联系便捷，设施配套较为成熟，作为繁昌县最主要的城镇发展、功能集聚的空间，是未来县域城镇人口集聚的重点地区。

（3）西部协调发展区

西部协调发展区位于两带之间，既是城市功能的配套服务基地，也是县域内重点发展地区的生态保育地带。定位于繁昌城区的"后花园"，依托良好的生态环境和农业生产优势，发展特色农产品、生态旅游、生态农业，提升服务水平，实现农民增收。

（4）东南协调发展区

东南协调发展区包括平铺镇，向西南延伸至孙村南部。依托丰富的丘陵、山水、田园和风景资源，培育旅游业、现代农业观光等新兴产业，组成绿色产业发展区。应加强对资源环境的保护，促进农村特色产业发展，综合发展休闲旅游业、生态农业、农副产品加工业、面向乡村的服务业等，提升平铺镇及各农村社区综合服务水平，成为芜湖市域副中心的生态屏障。

3. 生态共保，文化交融

利用长江、峨溪河、黄浒河及漳河等河流，结合自然山体，串联城镇绿化隔离带、农田等，形成网络状的生态廊道。通过山水廊道的构筑，促进生态"斑块"之间，"斑块"与"种源"之间的生态联系，从而形成有机的生态整体系统，维护县域生态系统的稳定和健康，为繁昌的全面可持续发展和建设宜居城镇提供生态保障。

规划形成"三山三水多节点"的生态结构，包括三条横向山体廊道、三条水系空间廊道以及生态体系的关键节点。此类节点是区域生态体系的关键点，主要是县域范围内的湖泊、风景旅游区、生态公园等关键要素，保障整个生态网络有效运转（图 8-26）。

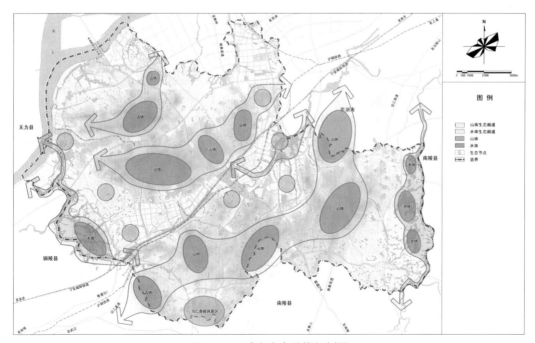

图 8-26　城乡生态结构规划图

繁昌县区域环境容量、资源承载力是城市环境合理优化的重要限制因素。同时，悠久的皖南文化为城市发展注入了浓重的历史内涵，山水环境、历史文化在现代城市功能形成中将成为举足轻重的因素，"水聚群山前，城居山水间"，尽显秀丽山水与历史文化是城市环境与文化建设的重要内容（图 8-27）。

图 8-27　城区重点区域效果图

8.6.5　规划政策与实施保障

城乡规划作为公共政策，其有效实施必须结合现有管理体制，协调与整合相关城乡统筹土地和建设政策，结合覆盖城乡户籍、社保、就业与用工管理、教育和医疗卫生、农村土地改革等多项公共政策，以空间规划为平台，对产业发展的功能布局、结构调整、公共服务设施布局等方面进行城乡区域整体统筹，建立城乡平等的社会制度，才能整体推进城乡统筹改革。

城乡统筹政策的制定必须基于繁昌县发展现状：繁昌属于中部地区经济快速发展的县，虽然已有一些工业基础，但是经济实力仍有待提高，需要通过快速、高效的工业化和城市化实现"量"的增长以满足城乡居民日益增长的物质文化需求。在此过程中同时面临着保护自然环境与实现社会公平的双重压力。因此，繁昌城乡统筹政策必须以发展为基础，以民生为核心，以改革为动力，以民主为保障，努力做到"突出一个重心，把握两个重点，力求三个突破"。

突出一个重心：坚持突出工业强县这个工作重心，做强工业经济，以工业化带动城镇化，促进农业产业化，夯实发展基础，着力增强工业反哺农业、城市支持农村的能力。

把握两个重点：以统筹规划为重点，推进工业企业集聚化、土地经营规模化、农村居住社区化；以制度创新为重点，推进公共服务均等化、公共管理民主化、组织保障制度化。

力求三个突破：一是重点区域突破。县城区、新港、荻港等主要城镇整体展开。二是关键环节突破。紧扣农民向城镇转移的培训、就业、安居三大关键环节推进改革，提高城镇化水平。三是主要矛盾突破。突破城乡居民收入存在差距和城乡社会保障体系不健全等主要矛盾，构建城乡和谐关系。

基于以上原则，繁昌县应综合协调土地、户籍管理、城乡住房、财税金融、公共服务和社会保障政策，以形成政策合力，有效实现城乡统筹发展规划、产业体系、基础设施、社会事业和社会保障的整体目标。

对以上规划政策将通过法律、体制及经济等保障机制实施监督，以确保城乡规划的正常运行和发挥作用。

第9章 村镇城乡统筹规划案例

9.1 浙江省富阳市中心镇、中心村布局规划（2007-2030）

——以中心镇、中心村发展落实城乡统筹规划要求[①]

9.1.1 规划编制背景

富阳市地处杭州市西部，与杭州市主城区接壤；市域面积 1831km^2，户籍总人口 65 万，下辖 4 个街道、15 个镇、6 个乡，共有 23 个居民社区、287 个行政村。2007 年，富阳市启动了《中心镇、中心村布局规划（2007-2030）》编制，这既是对省市统筹城乡发展战略的深化落实，也是自身资源统筹配置、城乡发展格局优化的一种现实选择。

在省市层面，浙江省于 2005 年制定了《浙江省统筹城乡发展推进城乡一体化纲要》，明确提出了城乡统筹发展的目标任务及战略举措，其中中心镇、中心村培育建设成为统筹城乡发展的重要抓手。之后，浙江省又先后出台了《关于加快推进中心镇培育工程的若干意见》《关于加快培育建设中心村的若干意见》等文件，要求有重点地培育一批中心镇、中心村，并给予积极的扶持政策，以发挥中心镇、中心村在统筹城乡发展中的作用。杭州市也积极谋划城乡区域统筹发展，出台了《中共杭州市委、杭州市人民政府关于以新型城市化为主导进一步加强城乡区域统筹发展的实施意见》（市委 [2010]17 号）和《中共杭州市委办公厅、杭州市政府办公厅关于开展中心村培育建设的实施意见》（市委办 [2010] 14 号），要求优化村镇布局，做强中心镇、中心村，充分发挥中心镇、中心村在推进城乡统筹发展中的集聚和纽带作用。对于富阳市，目前统筹城乡发展已成为政府的工作重心。富阳市自身在经历经济快速发展之后，也面临城乡差距扩大、城乡发展能力悬殊等问题。现有乡镇规模偏小、承载能力差、辐射能力弱、资源浪费严重等弊端日益突出，城镇对农村的带动能力非常有限。同时，农村中也普遍存在村庄分布散、规模小、布局乱等问题，村庄集聚水平低与设施匮乏已严重制约了农村生产生活条件的改善。对此，富阳市委市政府明确今后的建设重点除主、副城市中心外，主要集中在中心镇、特色镇、集镇型中心村，努力打造一批布局合理、特色鲜明、经济发达、环境优美、辐射能力强、带动效应好的中心镇、中心村。

基于上述背景，富阳市在已编制的《富阳市域总体规划（2007-2020）》和《富阳市村庄布点规划（2003-2020）》的基础上，再一次以统筹城乡发展的抓手为切入点，组织编制了《富阳市中心镇、中心村布局规划》，同时出台了《关于开展中心村培育建设的实施意见》（富委办 [2011] 58 号）等相关政策。

9.1.2 规划技术路线

规划从现状分析、基础研究、发展战略、布局规划、发展指引和制度保障 6 大方面组织编制。现状分析部分主要包括规划背景与发展背景的解析，现状城镇、村庄建设情况的分析，以及现有

---

① 该案例由富阳市规划局、浙江省城乡规划设计研究院提供。

一系列相关规划的解读,以此明确现状存在的问题、规划编制的重点以及上位规划的要求。在此基础上,规划进一步开展基础性的研究,涉及中心镇和中心村的内涵、相关理论,各地发展经验,以及各相关规划的衔接。之后,结合富阳实际提出中心镇、中心村发展的战略思路,包括发展的目标、指导思想、发展路径等内容,作为规划的总纲。立足基础与战略,规划运用定量、定性等各种技术方法和模型,进行中心镇和中心村的遴选,并充分征求地方意见,最终明确中心镇和中心村的布局。明确布局之后,规划研究制定了各个中心镇、中心村的发展指引,涉及发展的定位、规模、培育思路、建设标准、建设时序等内容。最后,规划对保障中心镇、中心村发展提出了制度创新建议以及规划实施的措施。

中心镇、中心村的遴选是规划的重点内容,规划对遴选的技术方法进行了一定的探索。规划以科学性与可行性相结合、定量测评和多因素综合定性评估相结合的方法,科学合理地确定中心镇。规划分别建立了反映城镇发展能力和吸引辐射能力的数据库,分别计算15个城镇的发展潜力指数和中心性指数,并运用城镇势力圈法、行政区划调整趋势法等分析手段,再综合相关规划要求确定中心镇布局方案。中心村结合现状村庄布局特点和社会主义新农村建设的要求,采用自上而下与自下而上相结合的规划技术手段,综合考虑发展条件、发展潜力、服务半径等因素确定中心村的布局。

9.1.3　发展目标

1. 战略目标

依托富阳市中心镇、中心村布局规划,构建富阳中心城市、中心镇、特色镇、中心村、基层村(含特色村)5级城乡居民点体系,形成梯次变化、良性互动的城乡发展格局。通过大力培育中心镇、中心村,促进中心镇、中心村的集聚壮大,不断调整优化城乡居民点网络结构,集约高效利用土地资源,提升基础设施、社会设施的配套水平,改善农村生产生活条件,最终实现城乡发展差距的缩小和发展机会的均等,实现城乡的统筹发展。

2. 近期目标

近期重点培育一批中心镇、中心村,通过城乡居民点体系的逐步调整,配套完善以中心镇、中心村为主要依托的基础设施和公共设施,到2015年基本形成城乡有效衔接、功能比较完备、布局比较合理、覆盖比较全面、保障比较有力、能够基本满足城乡发展需要的公共服务体系,提高城乡发展质量,为建成繁荣富裕、和谐文明、城乡融合的基本现代化的社会主义新农村和构建"生活品质之城"与"富裕阳光之城"奠定基础。

9.1.4　规划重点

中心镇、中心村是与农村、农民、农业发展最为密切的经济发展和社会进步的平台。在新的形势下,选择培育一批中心镇、中心村,推进城乡居民点的集聚发展和城乡发展机会与公共服务的均等化,发挥其连接城乡、服务农村的纽带作用,是贯彻落实科学发展观,缩小城乡发展差距,促进城乡和谐发展的一项重要举措。在推进城乡统筹发展的过程中,富阳低效、低水平、均质化的农村居民点发展现状与城乡联动、集约高效、梯次鲜明的城乡空间发展要求矛盾突出,且作为城乡统筹突破口的中心镇、中心村发展思路不明晰,公共服务滞后等农村民生问题又迫切需要改善。因此,这些矛盾与问题的解决成了本次规划的重点,具体可分为4个方面内容:

1. 相关规划衔接

富阳目前已编制有关城乡居民点布局的规划较多,既有市域总体规划,也有村庄布点规划,以及富阳发展战略规划、富阳国民经济和社会发展规划、富阳市土地利用总体规划、富阳市新农村建设规划、富阳市运动休闲总体规划等,各规划对于城乡居民点体系尤其是中心镇、中心村布局存在一定的差异。在不同规划指引下，城乡规划部门和农委、发改等部门对农村发展建设和资金等资源配置存在分散化、不匹配等问题。因此，规划重点之一即需要对相关规划进行衔接、整合，充分吸收相关职能部门的意见和建议，以形成统一的可具指导的规划。

2. 中心镇、中心村遴选

中心镇、中心村遴选是本次规划的核心工作，也是浙江省实施城乡统筹发展的重要战略举措，对于后续扶持培育政策的配套落实具有重要意义。遴选一方面是通过确立科学合理的选取原则、标准和方法进行理性选择的过程；另一方面也是一个充分征求各方意见的过程。

中心镇选取中，规划坚持总量控制与分区遴选、逐步筛选与优先考虑、择优精选与动态发展三大原则，结合区域均衡发展、增长极核培育及公平发展的理念，选取标准突出反映中心镇的发展能力和吸引辐射能力；在定量的基础上结合定性评估的方法，综合考虑人口集聚、经济流向、功能布局、产业定位、就业、发展空间和布局、公共服务设施均等化等要求，最终确定新登、大源、场口、万市 4 个中心镇，其中新登镇已列为浙江省 27 个小城市培育试点镇，大源、场口为省级中心镇、万市为杭州市级中心镇（图 9-1）。

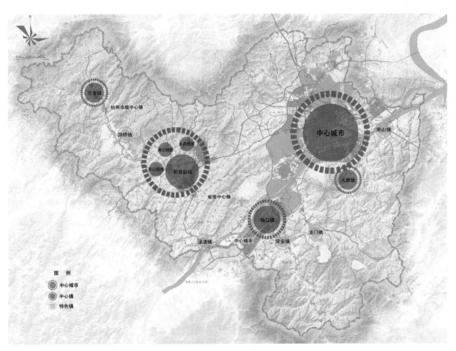

图 9-1　富阳市中心镇布局规划图

中心村选取结合乡镇经济社会发展导向、周边城镇建设布局、农业生产半径、现状人口规模、区位条件、用地条件、周边发展环境、公共配套服务半径以及各职能部门的扶持力度等方面的综合分析，按照便于管理和实施，尊重各乡镇关于中心村选择意见，明确设置集镇型中心村和一般性中心村两类。规划共确定 25 个中心村，其中集镇型中心村 12 个，一般中心村 13 个，结合省市进一步加快城乡统筹建设要求，在全市现有行政村范围内，按照"区位优势较好、辐射范围较广、经济支撑较强、人口规模较大、设施配套较全"的原则，确定中心村 32 个（图 9-2和图 9-3）。

3. 中心镇、中心村发展指引

中心镇、中心村发展指引的核心是明确发展思路，为城乡统筹发展提供现实可循的发展路径。规划结合各中心镇的资源特色和发展条件，提出相适应的发展定位和职能导向，突出对农村地区

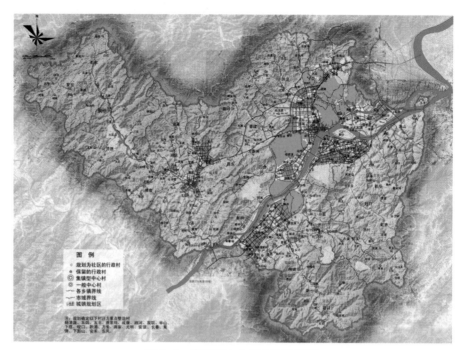

图 9-2 富阳市中心村规划布局图

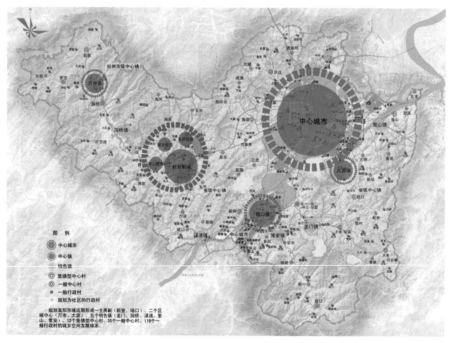

图 9-3 富阳市域城乡空间结构图

的带动；同时，明确发展的规模，并"量身定制"各中心镇培育发展的主要政策、措施；此外，规划提出中心镇按小城市标准进行规划建设。中心村的发展突出为农村生产生活服务的职能特色，并相应提出各中心村的发展侧重点、发展规模、建设标准以及建设时序等内容，以便实际指导操作。此外，规划对于特色镇、特色村也提出了一些切实的发展要求。

富阳通过中心镇发展模式和中心村通过美丽乡村、富春山居精品工程等模式走特色发展、可持续发展之路。富阳把中心镇建设作为统筹城乡区域发展的战略节点和重要抓手，通过政府推动、规划促动、创新驱动、投资拉动、产业带动，激发新登、场口、大源、万市等4个省、杭州市中心镇的发展动力和改革活力，着力解决"钱从哪里来、地从哪里来、人往哪里去、手续怎么办"4大问题，确保"项目能批、土地能供、资金能保、房子能拆"4要素打通，促进城乡融合互动、优势互补，构建城乡经济社会一体化发展的新格局。

"富春山居"新农村精品工程建设是一项系统工程，是在原有村庄整治、清洁城乡、联乡结村等工作的基础上，通过完善规划体系，优化功能布局，强化项目带动，统筹资源配置，集中力量打造精品村（点），并串点成线、以点带面，形成点线面一体的规划科学、设施完善、服务配套、产业特色鲜明、文化传承丰富、生态环境优良的农村新社区和农家乐乡村游示范景区，全面展现富阳市独特的山水人文景观和新农村建设成果。"富春山居"新农村精品工程建设，是"加强城市区域统筹发展"的有力举措，是"美丽乡村"建设的生动实践。

精品工程建设按照生态环境优美化、产业培育特色化、基础设施配套化、体制机制长效化"四个化"标准，分年度实施。原则上，第一年完成创建规划编制和建设项目确定，开始基础性创建工作；第二年底前基本完成点线硬件基础设施建设、村容村貌全面整治、培育发展产业经济和其他各项软件建设，创建工作初见成效；第三年全面提升并完成各项建设任务。首期确定4条精品线路和13个精品村（点），一是经典山水路；二是转型发展路；三是特色休闲路；四是生态致富路。

4.设施配套标准

改善农村地区的生产生活条件是本次规划的重要目的之一。规划结合中心镇、特色镇、中心村、基层村的居民点体系分层逐级配套公共设施和市政基础设施，中心村、基层村又分别分集镇型中心村、一般中心村和重点整治村、一般基层村四类进行的配置，最终现实公共服务的均等化发展以及农村民生问题的改善。

9.1.5 政策创新

1.出台中心镇培育政策

对于中心镇的培育发展，结合浙江省的扶持政策以及富阳市发展实际，进行了多方面的实践探索，具体包括：（1）建立和完善中心镇财政体制，实施分税制和财权事权对应制；（2）实施规费优惠政策，中心镇范围内收取的规费和土地出让金地方留成部分向中心镇倾斜；（3）加大对中心镇的投入，多渠道引入建设资金；（4）加大用地支持力度，优先安排建设用地指标；（5）扩大中心镇经济社会管理权限，按照"依法下放、能放则放"的原则，赋予中心镇部分县级经济社会管理权限；（6）深化投资体制改革，坚持谁投资、谁经营、谁受益的原则吸引社会资金投入中心镇建设；（7）加快推进户籍制度改革，鼓励进镇落户；（8）加快集体非农建设用地使用制度改革，促进集体建设用地流转；（9）深化农村集体资产管理体制改革，利用好征地留用地政策；（10）加快建立统筹城乡的就业和社会保障制度。

2.出台中心村扶持政策

对于中心村的扶持发展，规划提出了以下几个方面的保障措施：（1）规划衔接。做好中心村布局规划与土地利用规划、农村土地综合整治规划和产业发展规划的充分衔接，实现"四规合一"。（2）用地保障。中心村培育建设所需的用地规模和用地计划在农村土地综合整治规划中落实。（3）财政支持。市财政每年安排一定的以奖代补扶持资金用于对中心村培育建设中的规划编制、人口集聚、基础设施、公共服务、村级经济发展等方面的扶持奖励。

3.创新村庄调整机制

对于农村居民点的调整，富阳目前主要采取"二合一"、"二选一"、"民建公助"三种模式。"二合一"即以宅基地换城镇公寓式住房与以承包地换城镇社保同步进行，一步到位；该模式主要适用于城中村、城边村等撤村建社地区。"二选一"即前两者任选其一，分步推进；该模式主要适用

图9-4 洞桥镇小坞村下山移民安置点

于以大项目及工业园区建设带动的居民点调整。"民建公助"指在符合规划的前提下,由农民自主改造、建设住房,政府给予基础配套支持或给予节约土地资源奖励。按照富阳市政府《关于加快农村住房改造建设的若干意见》(富政[2010]1号),对采用"民建公助"模式的村,由村组织统一按公寓房形式建造后分配给符合建房条件的村民,并对节约土地规模在5亩以上的,政府给予每节约1亩土地10万元的补助。洞桥镇小坞村即是"民建公助"的典型代表,小坞村将下山移民、地质灾害治理、建设用地复垦等政策叠加,由政府统一规划设计,农户自主组合选房建造,以"民建公助"的模式推进农村居民点调整(图9-4)。

小坞村顺利搬迁得益于多方政策和措施支持:(1)由富阳市城乡统筹委员会协调国土、建设、水利、环保、农办等部门,落实用地指标、规划建设、补助资金等一系列搬迁事项;(2)市政府财政扶持,拨付200万元专项资金用于启动建设;(3)整合多方支农惠农等政策,补贴农户建房资金;小坞村整合了高山移民、地质灾害治理、宅基地复垦、困难户住房改造、农村饮用水、农村集中排污和农村环境整治等政策,使搬迁农户享受到更多的优惠政策,每户可得5万~6万元不等的资金补助;(4)充分尊重村民意愿,分三期推进搬迁,每期由村民自主报名;在尊重多数村民民意的基础上,推行农居公寓化建房方式,实施方案经小坞村村民代表讨论通过后实施;(5)由农户自主组合选房建造,6户一体联建,每户造价相比原单体建房节省1/2,用地相比原住房节约2/3。预计180余户的小坞村全部搬迁后,通过原宅基地复垦,可节约耕地45亩,享受政府补助450万元。

4. 规划差异引导,建立乡镇分类考核制

按照国家推进主体功能区与城乡空间管制的要求,针对各乡镇区位优势、自然环境条件、生态承载力、原有发展基础,按照主体功能差异引导的要求,根据空间结构、生产力布局、区域特色,统筹规划各乡镇城乡空间主体功能,依据差异引导的原则,把全市25个乡镇(街道)分为综合发展型、工业主导型、农业生态型三大类型,对不同类型乡镇确定不同的考核重点,分别制定不同目标评价体系,实施非均衡发展战略,进行分类考核、同类竞争。考核体系指挥棒的改变,有效推进了县域层面主体功能区与空间管制"四区"的落实与形成。

5. 统筹次区域发展,建立乡镇组团制

根据地缘关系、区位特点、产业结构、发展水平和全市发展格局,编制完成了《富阳市中心镇、中心村布局规划》,结合各城镇现状发展基础和发展定位,按照"分片积聚、组团配套"的原则,从有利于带动富阳城乡整体发展和共享共建城乡公共服务设施的角度,合理确定中心镇的分布。按照中心镇带动的要求,以中心镇为中心,周边乡镇组成"1+X"的若干次区域组团,在组团内统一优化配置资源要素,统筹区域协调发展,推动人口集中、产业集聚、基础设施共建共享、土地节约利用,加强组团内乡镇(街道)的集体分工合作,调整空间结构和规范空间开发秩序,突出不同乡镇的空间功能的主体性。实现城乡发展的梯度分布、梯度推进、梯度集聚的格局,实现一体化发展、差异化竞争。

9.1.6 实施机制

为全力保障规划的实施,促进城乡区域统筹发展,富阳市积极出台了"1+8+X"政策体系、"1+10"

行动计划、三年行动计划以及年度推进计划等一揽子政策措施。

"1+8+X" 政策体系："1" 即《富阳市推进城乡区域统筹发展工作的实施意见》；"8" 即与杭州相配套的《区县协作实施意见》、《农村住宅置换城镇产权住房，土地承包经营权置换城镇社会保障的若干意见》、《集体资产所有权置换股份合作社股权的若干意见》、《加快发展中心镇培育的若干意见》、《农村土地综合整治工作的实施意见》等 5 个文件和具有本地个性特色的新农村建设 "1+3" 框架、精品工程建设及监督考核政策体系等 3 个方面的文件；"X" 即根据富阳实际情况，还将出台的若干政策文件，如加快中心村建设、培育小城市建设等。

"1+10" 行动计划：指 11 个三年或五年的行动计划。"1" 是指大计划、大财政、大收支、大预算构建，解决钱从哪里 "来"，钱用到哪里 "去"，钱怎么 "统" 起来的问题。"10" 是指土地收储经营、新登工业平台建设、场口工业平台建设、标准厂房建设、受降（科创园）区块建设、交通框架构建、鹿山新区推进、现代服务业发展、运动休闲之城打造、新农村建设。"1+10" 行动计划包含了对中心镇、中心村扶持发展的战略举措。

三年行动计划：从新农村建设出发，统筹安排农村各项建设事业，要求到 2010 年实现农村经济持续发展，中心镇、中心村培育初见成效，农村环境明显改善，农民素质逐步提高，社会事业快速发展，城乡统筹机制日趋完善的良好局面。

年度推进计划：逐年制定实施城乡统筹的重点项目，明确中心镇、中心村建设数量，重点发展的项目，农村基础设施、公共设施、生态环境建设的重点区域，以及农村居民点调整、农村土地综合整治的目标任务。

上述政策措施有力地推进了规划的实施和城乡统筹工作的开展。

9.1.7 实施效果

规划经过 2008 年 10 月 29 日富阳市人民政府第 23 次常务会议审议通过并批准实施，成为未来富阳市域中心镇、中心村发展建设和城乡统筹发展的依据。通过富阳市委市政府的配套政策体制、行动计划等方面的强有力推进，规划取得了良好的实施效果。中心镇、中心村社会、经济、环境质量得到明显提升，人口承载力大幅提高，周边村庄的村民就近向中心镇、中心村迁居的愿望强烈，初步形成了以中心城为核心、中心镇为翼展、中心村为支点的空间布局，促进了分散凌乱的农村村落向城乡统筹集聚发展，缩小了城乡差距。

规划所确定的中心镇布局及发展思路等内容，在 4 个中心镇发展中全面落实，大大提升了 4 大中心镇的综合实力。根据规划，新登、万市重新编制了城镇总体规划，大源和场口也在市域总体规划和中心城市规划中进行了适度调整。同时，中心镇制定三年行动计划，新登镇小城市培育试点三年（2011~2013 年）行动计划已获省政府批准，场口、大源、万市的中心镇培育五年（2011~2015 年）行动计划也已出炉。中心镇根据各自的区位交通、历史文化、产业基础、资源禀赋、竞争优势，因地制宜、科学合理地确定功能定位。新登镇功能定位为 "富阳市域副中心、杭州西部产业新平台、富春江畔宜居宜业小城市"；场口镇功能定位为 "富阳西南的新兴城市、市域产业集聚平台、城乡统筹发展先行区"；大源镇功能定位为 "富阳市域的重要门户、江南新城的组成部分、现代产业的集聚平台"；万市镇功能定位为 "田园风情生态镇、美丽乡村示范区、特色产业新基地"。走特色发展、错位发展和差异发展之路，避免了 "千镇一面"。同时，4 个中心镇都已修编完成城镇（副城）总体规划、土地利用总体规划、控制性详细规划，基本完成了各类专项规划，形成了较为完备的规划体系。

同时，富阳赋予中心镇部分县（市）级政府经济社会管理权限，对中心镇建设用地指标、财力分配给予倾斜，积极探索以土地承包经营权置换城镇社会保障、以农村宅基地和农民住房置换城镇产权住房、以集体资产所有权置换股份合作社股权 "三个置换"，大力推进工业向园区集中、居住向社区集中、农业向规模经营集中 "三个集中"，努力实现优化农村土地资源配置方式、优化农村经济社会发展方式、优化城乡区域统筹发展方式"三个优化"。随着新登镇"双溪天城"和"松溪家园"、场口镇"场口阳光家园"、大源镇"幸福家园"、万市镇"百合花苑"等一批商住楼盘、安置小区的开工或建成，新登城区贤明山公园、场口集镇南北街一期工程、大源污水处理厂、万市集镇中心广场等一批基础设施的竣工投用，极大地提升了中心镇的城镇品位和人居环境。同时，以产业发展为主平台，以产业发展带动人口集聚，促进中心镇建设，进一步扩容提升大源造纸建材功能区、万市新民工业小区，在新登镇、场口镇倾力打造省级工业平台，坚持建区与造城相结合，增强中心镇集聚辐射带动能力。

规划确定的中心村布局和中心村发展思路，在农村发展建设中得到落实，有效改善了中心村的生产生活条件。按照本规划确定的中心村布局和中心村发展思路，各级镇村加大村庄整合力度，做好行政村撤扩并村庄融合工作；富阳市政府也加大了财政对中心村基础设施和配套服务设施建设的投入，全面推进农村改路、改水、改厕、改线和垃圾污水处理等工作，加大中心村医疗卫生服务站、文化广播电视站、体育基础设施的建设力度，大大改善了中心村的生产生活条件。

9.2　广东省中山市小榄镇总体规划（2002-2020）
——经济强镇的城乡统筹规划实践①

9.2.1　总体规划编制背景

小榄镇是中山市北部的中心镇，改革开放后经济发展与城镇建设成就显著，是中国乡镇之星、全国小城镇建设示范镇（图9-5）。小榄镇于1993年经中山市人民政府批准及1995年调整的《小榄镇总体规划》实施以来，对其社会经济发展和城镇建设发挥了重要的作用。小榄镇利用改革开放的大好时机，加快改革步伐，经济迅速增长，城镇建设健康发展，由一个默默无闻的农村型镇，发展成为一个发达的、城市型的现代化工业城镇。进入21世纪，在加入WTO的新形势下，特别是面对乡村企业迅速发展，城乡差别大大缩小，城镇化发展的新形势，如何使小榄镇保持经济持续高速度的发展，如何协调城乡的现代化发展，如何解决发展与用地、环境的矛盾，都需要对其经济发展、社会发展、城乡建设进一步研究，对城乡建设总体规划进行修编。同时，小榄镇政府意识到前一阶段城乡发展产生的一些问题对小榄镇经济的进一步发展形成了一定的阻碍。主要表现在以下几方面：

1. 现状城乡布局结构不合理

小榄镇的城乡社区是在城乡历史发展的过程中自然形成的，缺乏统一规划和对现有用地的统一管理，大部分城乡地区基本呈蔓延式扩展，道路系统自由发展，缺乏系统性，因而出现了乡村发展包围工业，使工业布局分散，阻碍了城镇空间发展的状况。目前新旧社区界限不分明，各个社区特点不突出，未形成相对分离和有机组合的关系。城镇的发展已经对原有的生态系统和自然风貌造成了严重的破坏，更影响了城镇经济的发展。因此，规划中需要重点解决城乡布局问题，并根据不同社区的条件和特点，有针对性地对用地进行调整。

2. 城乡建设失控，土地使用浪费，利用效率低

由于城市规划管理对乡村建设、土地管理的失控，致使镇内有些地方盲目扩大开发，无计划征用土地，进行大量的非法建设，同时有些地区大量耕地荒废以及村级社区分散建设的现象尤为

① 该案例由广东省中山市小榄镇人民政府提供。

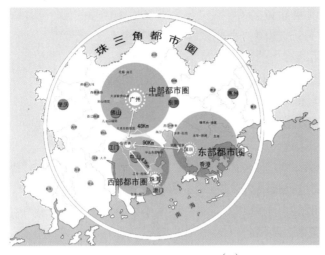

小榄镇位于广东省珠江三角洲中南部，东经113°13'，北纬22°47'，镇域面积75.38km²，属中山市管辖，是中山市北部地区重要的中心镇。小榄镇东北与东凤镇隔河相望，东南与东升镇相连，西南与横栏镇接壤，西与古镇连接，西北与顺德市均安镇为邻。

(a)

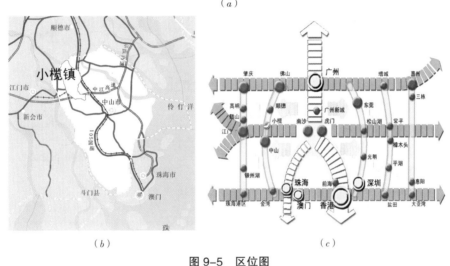

(b)   (c)

图 9-5　区位图

(a) 中山在珠三角的位置；(b) 小榄镇在中山的位置；(c) 城镇群规划示意图

严重，造成城镇土地资源紧缺，土地使用浪费和利用效率降低。根据小榄镇现状土地效益的统计表明，整体上小榄镇城乡建设用地指标偏大，特别是乡村建设用地使用效益过低。规划应通过调整用地布局和用地挖潜，努力提高土地使用效益（图 9-6）。

3. 工业结构及经济发展水平与现代化标准相比尚有差距

小榄镇虽然在珠江三角洲属于比较发达的工业城镇，但与国内其他先进城市相比，工业效益仍偏低。这是由于在小榄个体小型企业占有较大比例，但因其设备简陋，科技水平较低，不利于组织大量生产，无法利用高效率的专用设备和高科技，因而不能大幅度提高劳动生产率，经济效益较低。同时，工业的分散建设既浪费了土地，又不能发挥集聚效益，也就产生不了规模效益。这种现象在乡村社区的村办企业中尤为严重。小榄镇现有的工业结构不利于工业效益的提高和污染的控制与治理。对现有工业企业进行优化组合、布局调整，形成规模化、专业化的新工业结构和布局，已经成为小榄经济进一步腾飞、上更高的台阶的关键。

4. 生态环境较差，污染较难治理

小榄镇旧城区是由珠江三角洲典型的沿河水乡古来城镇演变而成，镇内河涌交错纵横。改革开放以来，小榄镇不断加大城市建设力度，使得镇域内水体面积大幅度减少，水网连接程度下降，导致区域河流水污染加剧，使这些河涌逐渐丧失了对环境的生态调节功能。乡村工业星罗棋布，布局混乱，工业与居住区混杂导致居住区环境质量下降；工业布局的分散及较低的基础设施水平

加大了污染治理的难度。此外，村级建设各自为政，城镇边缘区用地膨胀，不断蚕食基本农田，逐步降低生态用地系数指标，已对镇域的生态环境造成越来越大的威胁。因此，总体规划必须通过对镇域城乡布局的科学调整，在满足发展需要的同时，保持并进一步改善生态环境和人居环境。

5. 社区建设与现代化差距较大

村办工业的发展、乡村经济实力的提高，促进了乡村城镇化的迅速发展。但是由于外来人口比重过高，更主要由于缺乏城市规划对建设的科学安排和管理，出现了现有村级社区的建筑质量和环境形象比较混乱、土地浪费过多、基础设施配套不够、缺少公共绿地和分级的公共设施、河涌污染严重、道路狭窄、存在消防隐患等一些问题，社区面貌与镇区相比反差很大。需要在工业布局调整的同时进行较大规模地改造。

综上所述，面对新形势的发展，小榄镇正面临着城镇化和现代化的双重课题，已经到了进行工业调整和城乡布局调整的关键时机和最佳时机。

图 9-6　土地利用现状图

9.2.2　城乡统筹规划的基本思路

为使小榄镇早日实现现代化，顺利实现经济的二次腾飞，总体规划修编结合小榄镇自身发展问题和城镇化特点，确定了规划需要遵循可持续发展的观念、生态观念、城乡结合发展的观念和适应生产关系和生活方式改变的观念，规划的基本思路（图9-7）：

（1）按照城乡协调发展、城乡一体化的思想，统一整合、调整城乡用地布局；

（2）为新形势下经济发展新的腾飞和城乡建设的现代化，进行工业用地调整、新一代城乡用地建设和城乡社区改造；

（3）节约土地，提高土地利用效率；

（4）以可持续发展和生态的观念，强化生态建设，弹性城镇布局；

（5）统一对城乡建设的规划和管理，建立健全规划实施保障体系。

9.2.3　城乡统筹发展的目标

根据小榄镇的总体发展战略研究，总体

图 9-7　总体规划图

规划确定了城乡统筹发展的总目标：把小榄镇建设成为工业高度发展，商贸繁荣，科技进步，教育发达，人民生活富裕，城乡融合，生态型的现代化城镇。其中，城乡建设发展战略是：在"经济发展、人民富裕、生活舒适、社会稳定"的总体目标下，推进城乡一体化和城乡建设现代化，加强城市规划管理；合理利用和节约土地资源，科学调整城镇布局，大搞生态环境建设；在可持续发展的思想指导下，建设既有悠久历史文化，又有现代化新面貌的生态城镇、水乡城镇。

9.2.4 规划解决的重点和难点问题

1. 在城乡一体化发展思想的指导下，统一对城乡建设用地布局结构进行调整，以现代化标准进行城镇建设

小榄镇走的是城乡一体化的道路。基于这一重要特征，在研究小榄镇实现现代化的过程时，必须按城乡一体化的特征来进行；而不是把城乡分割开，就城镇论城镇。建制镇是实现城乡一体化的支撑点和重要纽带。

镇总体规划认为：面对新世纪社会经济和城镇发展，必须抓住时机对城乡建设布局作一次大的调整。首要的调整措施就是根据城镇化发展的需要和城乡建设一体化的原则，总体规划不分城乡，以镇域为规划范围，考虑城乡结合发展，统筹安排城乡建设，统一考虑城乡建设与生态空间（河湖水系、生态林地、农田）的协调发展；统一建设用地分类，统一对镇域用地的规划建设管理，对镇域布局结构重组。规划根据各类社区的特点，采用集中与分散相结合的方式，形成以集中的城市型主城区与城乡结合的分散小组团相组合的总体布局，各组团相互独立、各具特色，组团之间用大量农田、生态绿地相隔离，并通过建设贯穿镇域南北的规划快速路连为一体，从而形成"城乡一体化"的格局（图9-8）。

（1）以城乡一体化的思想，形成以集中的城市型主城区和相对分散的城乡一体化的小组团相结合的总体布局，进一步完善各组团的公共设施配套（图9-9）；

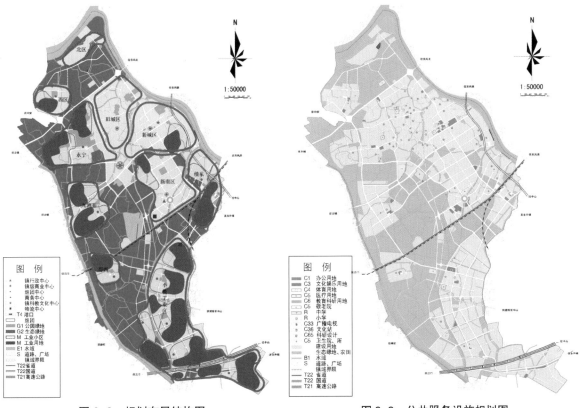

图9-8 规划布局结构图　　　　　　图9-9 公共服务设施规划图

（2）通过对中、小型工业企业（特别是村办工业）的专业化、规模化调整，形成以镇办小揽工业区为主体、各组团工业小区相对分散，各门类工业相对集中的总体工业布局；

（3）加强生态建设，形成融合于生态绿地中的生态型城乡布局；

（4）通过建设南北向快速路加强南北城乡的联系，促进小揽工业区的发展，并成为对外交通联系的主要通道（图9-10）。

总体上布局大关系可大致描述为：

北部——以沙水公路为界，为主要的生活区；

中部——金鱼沥以西，为主要生态区；

南部——金鱼沥以东，为主要工业区。

2. 布局调整重点

（1）工业布局调整

要下决心对规模小、污染重、效益不高、用地浪费、布局分散、有碍城镇发展和生态环境建设的村办、个体工业企业进行调整和规模化、专业化、洁净化改造，在集中建设小揽工业区的同时，对门类相对集中、污染较易治理、设施较为完善的村办企业，组建组团内工业小区，形成以镇办工业区为主体，各组团工业小区相对分散，各门类工业相对集中的总体工业布局。

（2）重点进行第三代用地建设

为适应城镇现代化发展的需要，重点进行第三代用地的建设，包括以商务中心、交易中心、物流中心为主的新南区的建设，以科研、产品开发、教育、技术培训为主的科教文化中心的建设，以新型高科技工业为主体的新工业中心的建设，以及与之相配套的新现代住宅和舒适性住宅的建设。

（3）强化生态环境的建设（图9-11）。

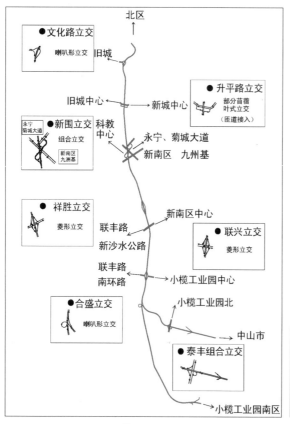

图9-10 快速路交通联系图

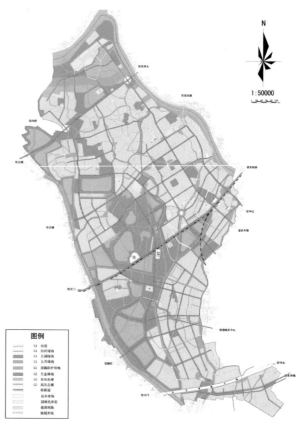

图9-11 绿色生态系统规划图

规划在镇域中部和北部布置以基本农田、生态林地为主体的大片生态空间，并通过快速路沿路绿带和大榄山绿色通道将两大生态空间联系起来；由城镇绿地与河涌绿带、道路绿带组合而成的城镇绿地系统与乡间生态型绿色开放空间组合，成为镇域城乡绿色生态系统。规划还将基本农田中分散的乡村用地调整到城镇组团；结合城镇组团布局重组，扩大农田面积，通过加强组团间绿地建设并与生态绿地相联系，形成有机的整体生态环境。调整后将会增加大量生态林地，能够形成与城镇组团的良好布局关系，生态环境效益仍将大大提高，这是镇域城乡一体规划所带来的重要效果。本次小榄镇总体规划纲要编制工作的一个主要目标，就是通过有效整合社会资产和自然生态资源，形成节地型的、生态型的、城乡融合的组团式城市布局形态，使经济发展与生态环境建设相协调，这对于未来小榄镇的城市可持续发展，经济的持续繁荣具有重要的意义。

9.2.5 城乡统筹规划的经验总结

1. 建制镇的总体规划要以镇域为规划范围进行城乡一体规划

对于城镇化发展较快、经济较发达的地区，建制镇级的城镇与乡村的发展，应逐步走向城乡结合的协调发展。由于珠江三角洲大部分地区城乡界限已不明显，乡村社区已基本进入城镇化过程，所以城市规划和管理范围应扩大到乡村，总体规划不分城乡，特别是建制镇一级的规划，应该做城乡规划，考虑城乡结合发展，统筹安排城乡建设。规划应以镇域为范围，以城乡一体化的思想，进行镇域布局结构重组。将数量多、规模小、建设差、占地多、浪费大的乡村居民点进行重组，同时调整原有工业，改变村办工业、个体办工业的分散局面，建设成为连片的集约型、专业化、规模化工业区，从而形成以集中的城市型主城区和相对分散的城乡一体化的小组团相结合的总体布局，并在各组团内以高标准统一配置基础设施，进一步完善各组团的公共设施。重组后的社区组团之间以大量的生态绿地和基本农田相间隔，既能改善镇域的生态环境，又使城乡建设具有可持续发展性。这种方式不仅有利于推动农村城镇化的进程，而且集中建设将在很大程度上改变以前那种浪费土地和占用土地的现象，有利于土地的集约化经营，提高城乡土地的使用效率，从而提高工业生产效益，推动乡村经济更快地发展；还将有利于推动城乡经济一体化，有利于基础设施的统一建设和共享，从而可以提高乡村居民的生活居住环境质量，为实现乡村社区的城镇化、现代化提供一条现实的道路。

2. 在发展与调整的总目标下进行规划布局的调整

当前我国已经走到城镇化起飞的阶段，并且即将迎来城镇化发展的一个高潮。党的"十六大"再次强调要"发展小城镇"，"加快农村城镇化进程"，这是对城镇规划调整的有力支持，更要求城市规划者在城乡规划与建设中要以发展经济为根本目标，注意"可持续发展"这一重大原则，注意科学规划、合理调整城乡布局，使城市经济发展与资源环境相协调，以保证城市的健康发展。城乡规划是对城市经济发展方向和政策的体现。因此，在规划调整时应首先要树立为经济发展服务、使城镇更合理发展的目标。通过结合工业与城乡用地布局的重组，有针对性地进行用地调整，解决原先城镇发展带来的阻碍城镇经济发展的问题，推进城乡一体化建设，搞好城镇建设规划和管理。面对新形势的发展，对于珠江三角洲城镇化较发达的大部分城镇，在城镇中仍有许多可调整的余地，比如大部分乡村社区的城镇建设与设施水平相对较差，前阶段城镇建设中建造的一些临时工业厂房可以改造、搬迁等。

3. 对全镇域实行统一的规划管理

小榄镇的总体规划强调要建立对全镇域城乡建设实施规划管理的体制和政策法规，镇域内的一切城乡建设活动必须依据城市规划的管理进行。统一城乡规划管理是保证城镇化质量，使城乡一体规划建设得以顺利实施的保障。对于居民房屋、工厂厂房乱建的现象，在"珠三角"区域城镇化较发达地区十分普遍。究其原因，一方面是在城镇发展初期缺乏统一的规划指导，导致建设混乱，开发无序；另一方面是缺乏强有力的规划法规与管理措施。此外，改革开放初期，"珠三角"地区一些特殊政策使得大部分地区居民"私有土地"观念根深蒂固，而城市文化并没有深入他们的思想意识，因此绝大部分城镇居民仍缺乏城市意识、规划意识，更何况周围乡村的农民了。小榄镇第一轮城市规划编制较早，有按规划对城镇用地进行控制的条件。镇领导对城市规划建设的高度重视，使得规划管理者有权力依据法规对城镇开发建设进行管理，企业或镇民建房都要经过规划管理批准，只有符合城镇规划功能的土地才获得批准。在管理过程中，为了保证规划建设不走样，规划管理部门又采取一些应对规划措施，如：规划非建设用地先作为苗圃保留，如若非要建房只能建临时厂房，并统一外观等。此外，通过公众参与来实施规划决策。规划完成后，规划管理部门将规划送到街道办事处和村委会进行讨论，规划管理部门在进行综合、修改、规划批准后，向镇民公布，并接受镇民和村民的监督。10m 以上道路的绿化、环卫、路灯、道路、河涌维护全部由镇政府负责，社区只负责 10m 以下道路和河涌，大大提升了城镇管理的水平。同时，将城镇开发与农民的保障相结合，走过了地保、物保到社保的过程，让农民成为城镇开发最大受益者，并对参与发展建设的外来务工者最大的关怀，通过学历、技能、计划生育、无犯罪、工龄等的综合评估，实行积分入学、入户，加强对全民的素质教育和培训，提高全民基本素质。小榄镇的经验表明，规划管理部门需要强有力的依法管理权利，要坚决维护规划的权威性与严肃性。

9.2.6   重大城乡建设项目实践

1. 旧城河涌改造

现状小榄旧城外围仍有河涌围绕，呈"九龙归城"的形态，具有水乡城镇的基本关系，旧城围绕凤山的空间布局依然存在，旧城内尚有成片的传统建筑可以经过整治而保留下来，并与环绕旧城的河涌形成水乡城镇的基本风貌。总体规划在历史文化水环境保护上主要采取以下措施：从总体上以东庙涌、下基涌、滘口涌、东边涌及四面放射状河涌构成新的"九龙归洞"的环境形态，保留河涌与传统建筑相融合的协调关系，加强沿河绿地的建设，作为体现小榄传统水乡城镇环境特色的重点地段（图 9-12 和图 9-13）。

2. 居住区建设—美加花园

新南区是小榄镇新时期现代化发展的重点之一，将形成包括商务中心、物流中心和新城市商业中心的新城区。其中用地为 22hm² 的美加花园居住小区是主要的建设项目之一（图 9-14）。

3. 污水处理厂

2004 年，投资 1.65 亿元的污水处理厂首期主体工程和收集管网正式动工，2006 年运行。日收集、处理生

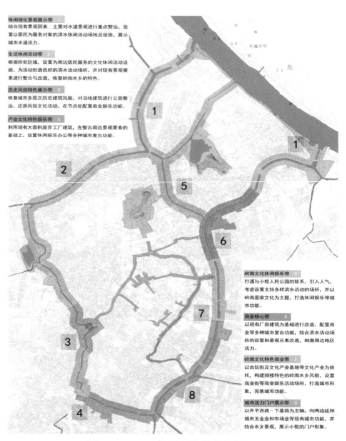

图 9-12   旧城区河涌整治规划图

图 9-13　旧城区河涌整治实景照片

图 9-14　居住新区鸟瞰

图 9-15　汪洋书记视察污水处理厂

活污水 5.5 万 t。2007 年，日处理污水 6 万 t 的污水处理厂第二期工程及配套管网三期工程动工，2008 年投入使用（图 9-15）。现在全镇生活污水处理能力为 12 万 t/d。

9.3　南京市城乡统筹规划典型案例
——以市域内涉农镇街为主体的城乡统筹规划①

9.3.1　南京市城乡统筹规划背景

为响应党中央统筹城乡发展的总体要求，有序推进全市城乡一体发展进程，改变"重城轻乡"的发展局面，南京市委、市政府牢牢把握统筹城乡发展这个核心，出台了《关于加快推进全域发展，建设城乡一体化发展的新南京行动纲要》及相关配套政策，确立了"全域统筹、一体发展"的总体思路，明确了土地重整、村镇重建和要素重组"三重"的发展路径，提出了城乡规划、产业布局、要素配置、基础设施和公共服务"五个一体化"的工作目标。

2011年初，南京市委、市政府以土地综合整治为切入点，采取"先行先试"的方法，推行统筹城乡发展的试点工作。在综合分析全市涉农的5区2县66个涉农镇街的区位特征、资源禀赋条件、现状发展的实际情况等因素后，确定了六合区竹镇镇、金牛湖街道；浦口区星甸镇、乌江镇；栖霞区靖安街道；雨花台区铁心桥街道；江宁区麒麟街道、谷里街道、横溪街道；溧水县白马镇；高淳县东坝镇等11个涉农镇街作为统筹城乡发展先导试点镇（街）（空间分布详见图9–16），先行编制镇街城乡统筹规划，引导镇街空间有序发展。

图9–16　南京市11个统筹城乡发展先导试点镇街空间分布图

根据全市城乡规划全覆盖的总体要求，南京市本轮涉农镇街城乡统筹规划包含"镇总体规划"、"近期建设地区控制性详细规划"、"新社区详细规划"三个层面的内容。目前，各试点镇（街）规划编制工作基本完成。为总结南京城乡统筹规划工作的经验，现分别选择位于城市远郊的六合区竹镇镇和位于城市近郊、都市区内的江宁区横溪街道两个不同区位条件、不同发展水平的镇街的总体规划，作为南京市城乡统筹规划案例进行解读。

9.3.2　城乡统筹规划政策解读

1. 指导思想

按照"整镇推进、适度集聚、节约用地、有利生产、方便生活"的原则，以"农地重整、村庄重建、

---

①　该案例由南京市规划局、南京市城乡规划编制研究中心提供。

要素重组"为基本路径，促进城乡生产要素有序流动，公共资源均衡配置，基本公共服务设施均等覆盖，城乡发展空间集约利用。所谓"农地重整"就是指通过对农田、水面、道路、林地、村庄进行综合整治，增加有效耕地面积，提高耕地质量；所谓"村庄重建"就是通过村庄整理、农村居民点适度拆并，提供城乡均等化的基本公共服务设施，改善农民生活环境和提高农村文化程度；所谓"要素重组"就是统筹考虑三次产业发展需求，促进城乡资源和各类要素的相互流动。

2. 关注重点

用地统筹——开展农村土地综合整治，保护基本农田，优化镇村布局，结合万顷良田工程等农业工程项目实施，适度集约建设用地规模，整合现有土地资源，最大化发挥土地价值；

人口统筹——结合上位规划确定合理人口规模、镇区和村庄人口分配，把提高城市化水平作为城乡统筹的重要任务，合理布局镇村体系，通过创造多元化的就业方式和途径来解决农民向市民转变的难题，加快就地城镇化进程；

产业统筹——合理进行三次产业结构调整，大力发展与农业生产空间相适应的现代高效农业，将南京市确定的"1115"农业工程，即"100万亩高标准粮田、100万亩经济林果、100万亩高效养殖和50万亩标准化菜地"在镇域空间内分解划定，适度承接市域产业空间转移的先进制造业，促进农村地区经济社会发展，同时，结合乡村旅游发展配套服务产业。结合农村社区空间布局调整，落实各类产业在空间上的布局，促进就业，提高农民创业增收。

9.3.3 竹镇镇城乡统筹规划

1. 项目概况

《南京市六合区竹镇镇城乡统筹规划——竹镇镇总体规划（2010-2030）》由六合区竹镇镇人民政府委托南京市规划设计研究院有限责任公司承担具体的规划编制工作。

2. 现状概述

（1）基本情况

竹镇镇位于南京市六合区西北部（图9-17），与安徽省接壤，是南京市传统边境门户镇、六合区北部重点镇。宁连高速公路、六合区西部干线、北部干线均从镇区穿过，交通条件十分优良。竹镇镇镇域总面积约为209.4km^2，是南京市面积最大的镇。镇域现辖17个行政村，1个居委会，现状总人口约6.4万人，城镇化水平16.8%。

（2）基本特征

绿色生态镇：竹镇地处安徽十里大山、江苏平山山脉、滁河水系汇聚之地，山水资源丰富。全镇森林覆盖率达40%以上，境内止马岭区域是江苏省空气质量标准对照区，

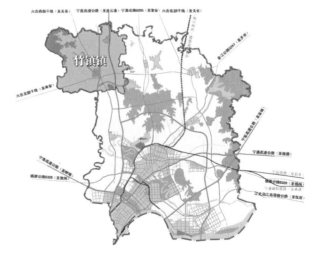

图9-17　竹镇镇在六合区的位置

由止马岭、大泉湖、龙泉寺古遗址等组成的风光带为市级风景名胜区。

农业特色镇：2010年，六合区19个街镇中，竹镇镇第一产业列第1位。形成了以种草养羊、经济林果、富硒大米和特色旱杂粮为主导的四大产业板块。具有一大批无公害农产品、绿色食品和市名牌产品，在金磁村还有江苏省农科院动物科学试验示范基地。

历史文化名镇：竹镇镇是南京市历史文化名城保护规划中确定的四个历史文化名镇之一。竹镇老镇的整体风貌较为完整，仍保持着原有的街巷格局、传统风貌和生活氛围；竹镇还具有丰富

的红色革命历史，1939 年开辟抗日根据地，1942 年竹镇市抗日民主政府成立，现存抗日民主政府旧址（市级文保单位）、邓子恢故居等，都是反映竹镇革命历史的见证。

民族特色镇：竹镇是少数民族聚居地，分布有回族、布依族、侗族等 17 个少数民族，少数民族人口占总人口的 20%。2000 年经省政府批准，竹镇镇享受民族乡待遇，成为南京市唯一的民族乡镇。

3. 城乡统筹的规划方法（技术路线，见图 9-18）

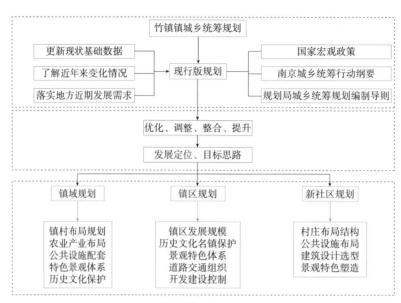

图 9-18　竹镇镇总体规划技术路线图

4. 城乡统筹规划内容简介

（1）功能定位

综合考虑南京市城市总体规划、六合区城乡总体规划等相关规划要求、与周边城镇错位发展要求和竹镇自身优势发展条件等多方面的因素，确定竹镇镇的总体发展定位：国家级农业高新技术园与现代农业实验区,南京市历史文化名镇和重要的休闲旅游目的地,六合区西北部地区中心（图 9-19）。

■基于相关规划要求

规划名称	发展定位
南京市城市总体规划	旅游服务型城镇
六合区城乡总体规划	国家级农业高新技术园与现代农业实验区，南京市历史文化名镇和重要的乡村休闲旅游目的地，六合区西北部地区中心。
竹镇镇总体规划（2008-2030）	国家级农业高新技术园与现代农业实验区，南京市历史文化名镇和重要的休闲旅游目的地，六合区西北部地区中心。

■基于与周边城镇错位发展要求

新市镇名称	发展定位
竹镇（上层次规划）	国家级农业高新技术园与现代农业实验区，南京市历史文化名镇和重要的休闲旅游目的地，六合区西北部地区中心。
金牛湖	南京市东北部地区辐射皖东、苏北的边界风景文化旅游名镇，边界商贸区，重大战略项目储备空间，远景作为新城储备开发空间。
横梁	南京市江北副城的居住与产业后备基地，以先进加工制造业为主、辅以特色旅游业的生态宜居新市镇。
冶山	南京市东北部重要的生态文化名镇，面向江苏省和皖中东部的以生态农业和自然山水为特色的生态旅游度假区，生态名镇，经济强镇。
程桥	新市镇。苏皖两省交界处，具有历史文化传统的商贸城镇，南京江北地区新兴现代物流产业区，滁河沿岸园林宜居城镇。
马集	苏皖省际边贸型现代化门户小城镇，南京市北部的高效农业示范镇，六合区未来的生态宜居重点镇。
马鞍	以电子、轻纺、机械制造为主的现代化新市镇，六合区中部旅游集散地。

■基于优势发展条件

优势条件	优势要素
自然景观	山水资源丰富、生态环境优越、风景名胜区颇具特色
现代农业	种草养羊、经济林果、富硒大米和特色旱杂粮四大主导产业。
历史资源	历史文化名镇，老街保存完好，历史传说众多，革命历史丰富
民族文化	17 个少数民族，享受民族乡待遇，南京市唯一的民族乡镇。老镇上存有清真寺和清真女学。

图 9-19　发展定位综合分析

（2）规划解决的重点问题

本轮竹镇镇城乡统筹规划以《建设全域统筹、城乡一体化发展的新南京行动纲要》为依据，围绕"城乡规划一体化、产业发展一体化、要素配置一体化、基础设施一体化、公共服务一体化"的整体要求，着力通过对镇域空间布局的合理规划、镇域资源的合理配置，来解决要达成一体化发展所面临的主要问题。

1）城乡规划一体化——构建新型镇村体系

① 布局原则。结合国土部门土地规划、万顷良田工程、现代农业示范区项目推进现有村庄撤并与新社区建设。其中镇区、一级新社区建设落实上位规划要求，积极引导镇区周边的行政村村民向镇区集聚。在二级新社区的设置上，主要根据村庄发展潜力进行评估，结合产业布局规划，确定每个行政村（每个产业区）形成1~2个二级新社区，保证耕作半径和方便农业生产。同时，考虑到落实城乡统筹发展纲要要求，二级新社区人口规模按照1000人左右进行控制，选址主要位于原村委会所在地、交通便利、有一定建设基础或者依山滨水环境优美、具有历史文化资源的地区。

最终新社区规划选址及用地布局还按照"公众参与、民主公开"的原则，在征求镇村两级政府和村民意见的基础上确定（图9-20）。

图9-20　公众参与、民主公开

② 镇村体系结构。规划最终形成"中心镇区——一级新社区—二级新社区"三级镇村布局体系（图9-21）。其中，中心镇区人口4万人，用地5km^2；一级新社区2个，为泉水、大候，总人口1万人，用地1.4km^2；二级新社区23个，人口1000~1500人左右，总计3万人，总用地4.8km^2。

③ 中心镇区规划。在竹镇中心镇区规划中，确定了"跨河发展，保老镇、建新区"的总体思路，将镇域土地统筹整理中新增的部分土地指标落实到镇区（图9-22和图9-23），优化现有镇区空间形态（图9-24），适当拓展镇区规模，满足镇区的发展需求，同时在镇区周边预留发展备用地，为镇区下

图9-21　镇村体系结构图

图 9-22　镇域土地利用规划图

图 9-23　镇区土地利用规划图

一步发展和土地资源的再分配提供了支持空间。配合竹镇历史文化名镇的需要，规划划定历史镇区、历史文化街区范围，深化历史文化保护的内容，结合镇区特色水系格局，强化特色景观体系塑造等。

2）产业发展一体化——着力壮大产业支撑

①产业发展思路。根据竹镇"第一产业特色明显、第二产业初具规模、第三产业快速发展"的现状特点，规划提出"依托资源、集约发展、集聚发展"的产业发展思路，以优势农业资源、历史文化资源为核心，形成三次产业协调发展的格局。引导产业用地相对集中布局，提高土地使用效率，形成产业化、规模化发展格局。利用农产品资源，发展农产品加工与食品工业，重点发展生态观光休闲项目，依托文化资源优势，发展文化旅游项目，形成产业发展链条。

②产业空间布局。形成"一心八片"的产业发展格局（图 9-25 和图 9-26）。"一心"：中心镇区的

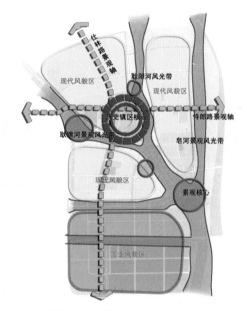

图 9-24　镇区空间景观结构图

特色工业区、综合服务区及文化旅游区；"八片"分别为镇域内农业生态观光休闲旅游度假区、山湖旅游观光区、高效养殖区、高标准粮田发展区、标准化菜地发展区、设施农业区、林果产业发展区和生物制品产业示范区。

③旅游发展规划。规划打造竹镇成为"以止马岭-大泉湖风景区为核心，以生态观光、休闲度假、农事体验、文化旅游为特色的南京市重点旅游度假基地、长三角地区知名旅游度假区"，具体形成"一区四片"的旅游空间布局体系（图 9-27）。

"一区"指止马岭-大泉湖风景区，是竹镇发展旅游产业的核心资源和引擎，分为止马岭自然生态度假、大泉湖度假游憩、驼子山农业采摘等几个重点片区。"四片"分别为老镇休闲文化片（重点发展文化旅游相关项目）、金磁农业观光体验片（重点发展休闲农场、特色餐饮、采摘观摩等生态农业旅游项目）、北部水景旅游观光片和盘山山水观光片（重点发展观光旅游项目）。规划陆路、

图 9-25　农业 1115 工程布局图

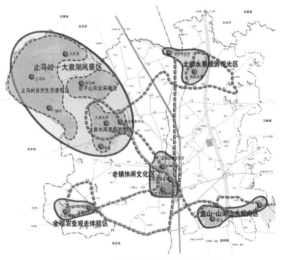

图 9-26　镇域产业布局引导图

水路旅游观光线路，串联各旅游功能区。

3）要素配置一体化——优化土地使用制度

充分发挥市场在资源配置中的基础作用，重点加强集体建设用地、农民承包地、资本、技术等生产要素市场建设。更多地把公共资源投向农村，为各类要素市场化流向"三农"发挥杠杆作用。通过土地综合整治，破解土地制约瓶颈，让城市得空间、农民得利益（图 9-28）。

竹镇现状村庄居民点用地 17.9km²，规划一级新社区 1.4km²，二级新社区 4.8km²，合计村庄居民点用地 6.2km²，通过本次统筹配置和土地整理，共节约建设用地约 11.7km²。参照万顷良田建设方案进行估算，土地整理工程专项资金、耕地开垦费、农业重点开发基金、土地出让收益共

图 9-27　旅游发展规划引导图

计约 27 亿元。竹镇实现了建设空间的转移，得到了相应的启动资金，解决了农民搬迁的费用。

4）公共服务一体化——强化基本公共服务

① 强化基本公共服务设施配套。为加快公共服务设施向农村地区延伸，进一步缩小城乡公共服务设施配套的差异，本轮规划主要结合《南京市乡村地区基本公共服务设施配套标准规划指引》中确定的新市镇、新社区（一级、二级）配置标准和服务人口，按照规划形成的聚落体系，综合考虑配套指引与实际需求，统筹布局公共服务设施，将镇区规划打造为公共服务中心和基地。

图 9-28　土地整理后新建的集中居住社区和良田

② 突出历史文化保护特色。在满足基本公共服务的同时,规划还重点围绕历史文化保护进行研究,确定了山水格局保护、历史文化资源保护和非物质文化遗产保护等多方面的内容。

山水格局保护主要是保护竹镇现有"双区为核(大泉湖－止马岭风景名胜区和老镇休闲文化体验区)、水网带片(叶脉型水网串联核心片区与山水景观片区)"的山水格局(图9-29);历史文化资源保护主要保护镇域范围34处文化资源,其中文物古迹13处,山水形胜13处,传统文化8处;非物质文化遗产保护主要保护镇域范围非物质文化资源共15处,其中灯彩类舞蹈6处,祭祀性舞蹈4处,民歌民乐4处(图9-30)。

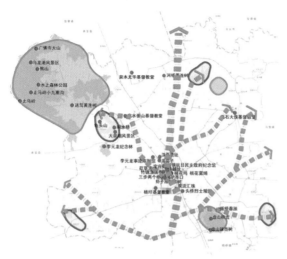

图 9-29 山水格局保护示意图

图 9-30 历史文化资源分布图

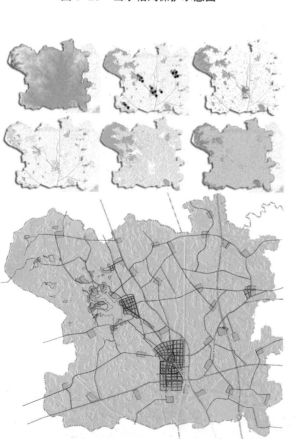

图 9-31 镇域空间管制图

③ 结合资源和生态保护出发的空间管制。依据高程、坡度、坡向、水系、植被、村庄分布、道路、公共设施等分布情况,进行基于GIS的多因子叠加分析。基于GIS因子分析结论,从资源和生态保护角度出发,综合评判地形敏感权重选择、生态安全格局权重选择、基础设施敏感权重选择的可行性。依据权重选择比例结论,形成禁建(止马岭生态核心区、重要水域以及周边生态隔离带、基本农田保护区)、限建(对外交通和基础设施预留区、止马岭－大泉湖风景区、高程30m以上地区、一般农田)、适建的镇域空间利用与管治(图9-31)。

5)基础设施一体化——实现城乡设施均衡

坚持基础设施先行,推进城市基础设施向郊县延伸,重点加强高等级公路、市域干线公路环线、轻轨、电力、燃气、区域供水、信息网络等重大基础设施建设,提高城乡公共交通便捷度,实现城乡基础设施均衡化。

本次统筹规划主要完善镇区、新社区的交通和市政基础设施配套服务功能,提升承载能力、管理水平和环境质量。

（3）实施机制及效果

目前，竹镇镇结合该镇内实施的江苏省万顷良田示范建设工程，在城乡统筹规划的指导下，开展了相关规划建设活动。其中金磁安置小区是竹镇镇政府在坚持"三个集中"的原则下，通过土地整理政策实施后开展的安置小区建设示范工程项目（图9-32）。该安置小区占地450亩，一期总建筑面积6.8万 m² 的637套高标准农民住宅，分6个组团正在全力建设。二期2.7万 m² 的230套住房已完成规划设计（图9-33和图9-34）。该项目有效解决了城乡统筹实践中"人、地、钱"三项核心内容，是一次有益的尝试，得到了省市各级领导的高度认可。

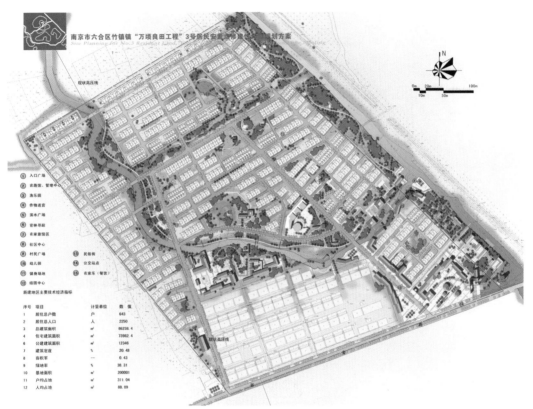

图 9-32　金磁安置小区规划总平面图

图 9-33　金磁安置小区联排住宅效果图

图 9-34　金磁安置小区商业街效果图

此外，镇区规划474亩的民族小区正在实施征地拆迁；8.5km的环大泉湖消防通道、大泉中心路、下大路已全面竣工；总投资8000万元的9座小 I 型水库、20座塘坝、3座泵站、12座农桥以及刘圩涵闸等水利工程已全面完工，大泉水库、大河桥水库消险加固工程已经完成。

通过本轮城乡统筹规划编制和现阶段实施的情况看，竹镇镇正在从"城市边缘"走向"区域核心"、从"各自发展"走向"融合互促"、从"分散蔓延"走向"紧凑有序"、从"二元割裂"走向"和谐共生"。

9.3.4　横溪街道城乡统筹规划

1. 项目概况

《江宁区横溪街道城乡统筹规划——横溪街道（横溪新市镇、丹阳新市镇）总体规划（2010-2030）》由南京市江宁区横溪街道办事处委托中国中元国际工程公司承担具体规划编制工作。

2. 现状概述

（1）基本情况

横溪位于江宁西南部，处于空港地区范围内，东邻空港工业园、南交安徽丹阳镇、西连江宁滨江开发区、北接谷里街道和江宁开发区，距南京主城区 28km，区位条件优越（图 9-35）。

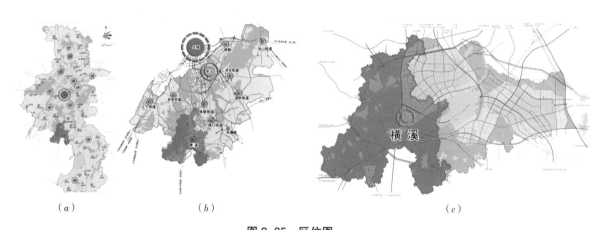

（*a*）　　　　　　　　（*b*）　　　　　　　　（*c*）

图 9-35　区位图

（*a*）横溪在南京的区位；（*b*）横溪在江宁的区位；（*c*）横溪在空港的区位

2006 年，江宁区进行了新一轮的区划调整，原陶吴、横溪、丹阳三镇合并成新的横溪街道，包括横溪新市镇、丹阳新市镇，陶吴新市镇，其中陶吴新市镇并入空港新城发展。

（2）基本特征

横溪是南京市郊以特色农产品、高效农业和空港一体化配套区为主要特征的综合型城镇，自然、人文景观资源丰富（图 9-36）。

1）自然资源丰富：横溪自然美景如画，拥有南京森林覆盖面最广的生态廊道——龙山山脉、云台山脉、横山山脉。横山与蟠龙湖浑然一体、相互交融的山水田园构筑出横溪得天独厚的自然生态景致。

2）人文名胜众多：横溪人文名胜众多，拥有陶吴遗存、丹阳古物、三教胜迹、古桥古木等多处名胜古迹。有爱国主义教育基地、国家 AAA 级原生态旅游度假区——甘泉湖休闲度假区，有连绵 500 多公顷的石塘竹海、怪坡、上庄园、龙山生态植物园、梅花鹿养殖基地、

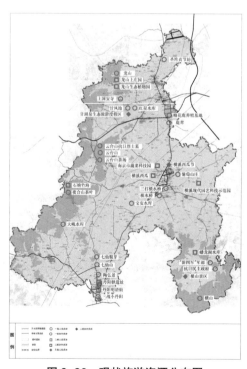

图 9-36　现状旅游资源分布图

陶氏园艺、南京现代园艺科技示范园、横溪现代园艺科技园、南京国防教育训练基地、台湾农民创业园等景点，还是传说中的七仙女下凡之地。

3）农业特色显著：农业是横溪的传统产业、特色产业及富民产业，现已形成了西瓜、花卉苗木、优质茶叶为主的三大产业板块。横溪依托得天独厚的自然生态资源，结合横溪西瓜节的举办及台湾农民创业园的建设，大力发展以农家乐为主导的"48小时"旅游经济，打造"南京农业生态旅游第一街"，开创特色农业品牌。

3. 城乡统筹的规划方法（技术路线，见图9-37）

图9-37　规划技术路线图

4. 城乡统筹规划内容简介

（1）发展目标

横溪街道城乡统筹发展目标为：

1）功能结构互补、城乡空间布局融合；

2）生态环境协调、城乡基础设施共享；

3）社会服务统筹、生活水平共同提高。

（2）功能定位

综合考虑《南京市城市总体规划（2007-2020）》、《江宁区城乡统筹发展规划》、《江宁区城乡总体规划（2010-2030）》等相关规划的要求，通过对区域协调以及驱动力等相关因素的分析，制定横溪发展路径。在此基础上，确定横溪新市镇的定位为：现代都市农业发展创新区；空港新城先进产业配套区；都市圈近郊生态旅游度假区；生态宜居城镇建设示范区。

（3）规划解决的重点问题

本轮江宁区横溪街道（横溪新市镇、丹阳新市镇）总体规划通过与相关规划对接、经济发展、社会发展及空间布局的分析，谋划于统筹、着眼于特色、落脚于实际，将绿色小城镇创新发展的思路贯彻于规划始终，前期重点梳理、解读国家、省市关于城乡统筹、新市镇发展的政策理念；在区域协调与全局统筹的指导下，重点与上位规划及其他相关规划做好对接；明确横溪城乡统筹与特色发展的主导方向，并系统的予以落实；增加绿色小城镇的建设目标体系；在镇区规划中强调地方特色的塑造和经济、环境与人口的包容性增长。

1）与相关规划对接

城乡统筹规划是综合考虑区域协调发展与自身发展诉求的规划，因此本次规划充分解读了包含自上而下与自下而上发展指向的横溪"十二五"规划、土地利用规划、上位规划、各类相关专项规划等，近期目标充分考虑了地方"十二五"规划要求；中期用地规模以及布局与土地利用规划进行了充分的对接；综合考虑上位规划的发展愿景、方向及限制性因素；与相关专项规划进行了多轮的衔接、整合。

2）经济发展

① 发展现状及比较优势

2009 年横溪生产总值 13.298 亿元，三次产业结构为 21 ：41 ：38。第一产业以西瓜、茶叶、苗木花卉、梅花鹿养殖四大主导产业为主；第二产业以铸造业、金属的冶炼及延压加工、纺织业及纺织服装、鞋、帽制造业为主；第三产业以生态农业旅游为主。

从区域经济发展现状以及比较优势看，横溪相比于江宁区第一、第三产业占有绝对优势，与南京市其他新市镇相比，农业资源也独具优势。

② 经济发展的"原动力"——区位和生态休闲农业

横溪的优势则主要在于其优良的区位及农业资源优势，台湾农民创业园（台创园）的建设正是基于这一优势。台创园的建设为资金、人才、技术等引入，为经济发展提供了必要条件。结合台创园内农业项目以及农业配套设施建设带动镇域用地布局调整（见图 9-38），并以此作为村镇体系调整、产业空间布局优化等的依据。

③ 产业空间布局

台创园的规划建设决定了横溪产业空间布局特征。未来第一产业发展以台创园为主阵地，向高效化、基地化、三产化方向发展；第二产业依托毗邻空港的区位优势及农业基础向绿色产业基地、空港配套产业带、物流加工枢纽方向发展，主要布局在横溪工业集中区及丹阳民营创业园；第三产业强化与空港地区的分工配套，主要以生态、休闲、绿色和其他生活配套服务为主导服务。横溪老镇依托于优越的农业资源和生态资源，加快发展现代农业服务和生态旅游业；丹阳依托积极发展以边贸流通和专业市场为主的商贸服务业；陶吴可依托航空港，

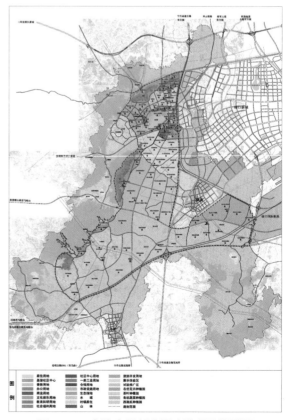

图 9-38　台湾农民创业园建设项目指引图

大力发展专业化物流。把横溪街道旅游业发展成南京主题旅游旗舰地,主要是浪漫横溪——云台山生态旅游带;绿色横溪——台创园现代农业旅游带;人文横溪——风情体验游线(图 9-39 和图 9-40)。

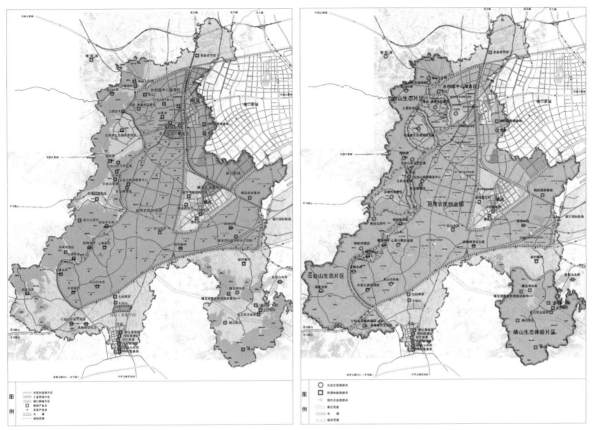

图 9-39　横溪产业布局图　　　　　　　　　　　　图 9-40　横溪旅游规划图

3)社会发展

按照横溪新市镇总体规划提出的目标,镇域总人口从 2009 年的 7.3 万人增长到 2030 年的 8.4 万人,城镇人口从 2009 年的 1.7 万人增长到 4.6 万人,城镇化水平从 2009 年的 24% 增长到 58%。同时,在教育文化、卫生事业、城乡就业、社会保障等方面均有大幅度的改善。

① 土地整理过程中的人口流动与转移

横溪开展了土地整理工作,从工作准备、农业发展研究、农村建设、农民安居、节余用地平衡测算等几个方面,形成了人口流动与转移方案。通过对横溪农业发展的研究,结合台创园农业就业人口测算,确定保留农业服务人口数,约 8000 人。同时,对镇域村庄发展潜力进行评估,综合考虑人口、用地规模和基本农田保护区范围等,确定初步保留一部分潜力较大的村庄;结合耕作半径,即结合农业合作社保留一些自然村作管理用房;另外,考虑城市化作用强度,即离镇区或禄口新城较近的自然村受城市化作用力较大,一般引导居住向城镇集中;同时,确定不予保留的村庄人口向保留村庄和镇区集中。

② 城乡统筹发展的镇村体系

结合横溪实际情况,规划确定形成"新市镇—新社区—特色村"城乡聚落体系。其中,新市镇为横溪新市镇及丹阳新市镇;新社区为如意湖新社区、吴峰新社区;特色村为石塘村、山景新村、许高新村、徐驸村、赵村和上庄村。

③ 基本公共服务均等化

按照规划形成的聚落体系，综合考虑配套指引与实际新社区、特色村职能分工需求，统筹布局公共服务设施，并将镇区规划为公共服务中心。结合《南京市乡村地区基本公共服务设施配套标准规划指引（试行）》中确定的新市镇、新社区（一级、二级）配置相应的公共服务设施。

4）空间布局

城乡统筹规划必须实现要素配置一体化，本次规划在加强了与土地利用规划的衔接、统筹考虑了城乡建设与生态空间的协调发展、强化了城乡居住用地向城镇型、节地型的发展模式的基础上，优化了设施农业、高效农业与休闲农业等用地布局结构。

① 空间结构

现代农业是横溪发展的主力，因此本次规划充分依托镇域中部的台创园，横、纵向联系镇域主要资源点、各类建设用地等，形成"高效联动，有机生长"的"三横、三纵"空间网络体系（图 9-41）。

② 功能区划

根据地形、基本农田范围、人口经济活动分布等将镇域划分为生态保护片区、农业集中生产区、城镇集中建设区、工业区等，并提出相应措施，其目的是将规划选择的开发与保护的平衡状态具体落实到空间上（图 9-42）。

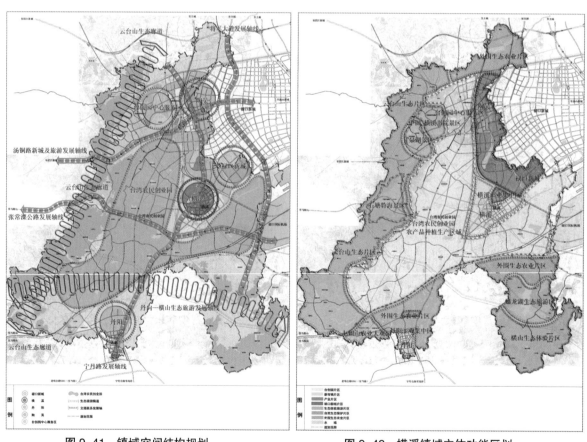

图 9-41　镇域空间结构规划　　　　　　　图 9-42　横溪镇域主体功能区划

（4）实施机制及效果

目前，横溪街道结合该镇内台湾农民创业园等项目的实施，在城乡统筹规划的指导下，开展了街道内的规划建设活动。结合乡村旅游规划建设的石塘竹海新社区工程（图 9-43）已经竣工，在妥善保留原有农民住区空间结构的前提下，改善了住区的环境，丰富了农民的就业方式，极大地提升了农民的收入水平；丹阳新市镇的整治工程已经竣工（图9-44），有效地为镇区的居民改善了居住和生活环境；七仙农业大观园项目的实施，则为该街道内农业规模化生产树立了示范作用（图9-45）。正在规划建设的吴峰新社区，则以完善搬迁居民的安置工作、丰富居民就业方式为手段，解决搬迁农民的社会保障等多方面问题；江宁区横溪街道丹阳新市镇环境综合整治，为农民集中居住、农业规模化经营等开拓了新的思路和方法。

图 9-43　江宁区横溪街道前石塘村改造实景

图 9-44　丹阳新市镇环境综合整治实景图　　　　图 9-45　台湾农民创意产业园规划模型

9.3.5　政策创新

　　本次规划作为城乡统筹规划的一次探索和尝试，也是南京市政府城乡统筹行动纲要的一次实践。在统筹考虑区域利益的基础上，以发挥涉农镇街特色资源条件、缩小城乡二元对立差异、改善农民生活条件为出发点，优化涉农镇街城乡空间布局和资源的合理利用，来加快"五个一体化"总体目标的实现。

　　本轮规划的重点是对全镇域范围内各类空间的划定，要求把规划重点放在镇域范围内，要通过合理的经济分析、用地分析等专题研究，着力解决城乡统筹中"人往何处去、地往何处用、钱从何处来"等三项核心问题，确保本轮城乡统筹规划能够具有较高的操作性和可实施性。

　　南京市统筹城乡发展实践的系列项目有效解决了城乡一体发展中"人、地、钱"三项核心内容，是一次有益的尝试，得到了省市各级领导的高度认可，江苏省省委书记罗志军同志、省长李学勇同志、现江苏省委副书记、原南京市委书记朱善璐同志、南京市委书记杨卫泽同志先后多次赴试点镇街现场调研（图9-46~图9-51），对试点镇街在规划引领下先行启动开展的各项工作给予了高度肯定。

图 9-46　江苏省省委书记罗志军、省委副书记朱善璐视
　　　　　察竹镇万顷良田建设

图 9-47　江苏省省长李学勇视察竹镇金磁小区建设

图 9-48　江苏省委常委、副省长黄莉新视察竹镇万顷
　　　　　良田建设

图 9-49　江苏省委常委、南京市委书记杨卫泽视察竹镇
　　　　　万顷良田建设

图 9-50　江苏省委常委、南京市委书记杨卫泽视察横
　　　　　溪街道台创园

图 9-51　南京市委副书记陈绍泽视察横溪街道台创园

9.4　重庆市大渡口区跳磴镇规划建设实践
——以市级中心镇为抓手推进城乡统筹工作①

9.4.1　规划背景

重庆市大渡口区跳磴镇辖区面积 49.48km²，辖区面积占全区近 50%，距区政府 10km，辖跳磴村、

---

① 该案例由重庆市大渡口区跳磴镇人民政府提供。

双河村等 15 个行政村及和平社区、白沙沱社区、蓝沁苑社区 3 个居委会,人口总计 2.6 万。成渝铁路、川黔铁路、小南海白沙沱铁路大桥飞跨长江南北,区位优势较为明显。

近年来,跳磴镇以"服务全区重点工程建设、改善群众物质和精神文化生活、促进区域全面协调可持续发展"为工作中心,树立"创新意识、中心意识、重点意识、亮点意识、开放意识、形象意识和永争一流意识",积极推进全镇"森林、环境、民生、品牌"工程建设,经济社会发展取得可喜成绩。2010 年全镇工农业总产值 25.4 亿元,同比增加 15%。其中,工业总产值 24.45 亿元,同比增加 22%;农业总产值 0.95 亿元,同比增加 14.5%;完成第三产业总产值 2.44 亿元,同比增加 8%;社会消费品零售总额 1.8 亿元,同比增加 15%。完成固定资产投入 5.2 亿元,同比增加 15.6%。财政税收跃升至 1.08 亿元,同比增长 25%。农民人均收入 8758 元,同比增加 12.6%。全镇森林覆盖率达到 48%,建成了一所实验中学及一所全国模范敬老院,农村安全饮水工程建设实现了"全覆盖",蓝沁苑社区的联系服务群众"三项制度"受到了中组部领导的首肯,成功创建全国文明村镇先进村镇,被中共重庆市委、市人民政府授予"重庆市人民满意的公务员集体"荣誉称号。

中心镇建设是统筹城乡一体化发展的关键环节和有效载体。加快中心镇建设与发展,有利于加快基础设施向农村延伸,公共服务向农村覆盖,现代城市文明向农村传播,是经济社会发展的必然趋势,也是落实科学发展观,全面建设小康社会的一项重要举措。为认真贯彻重庆市委三届七次全委会精神,按照《重庆市人民政府关于加快中心镇建设的意见》(渝府发〔2010〕90 号)文件精神,跳磴镇坚持城乡发展促进中心镇建设,争取在 2012 年实现中心镇"实力大提升、面貌大改观"的目标。

9.4.2 功能定位

按照"五个重庆"(宜居重庆、畅通重庆、森林重庆、平安重庆、健康重庆)、"六个大渡口"(宜居大渡口、畅通大渡口、公园大渡口、平安大渡口、文化大渡口、健康大渡口)建设的总体要求,围绕"建设都市发达经济圈生态型经济大镇"的总体目标,以促进"三个转型"(经济转型、城市转型、社会转型)、推动"四大工程"(城市建设工程、新型工业园区建设工程、现代物流园区建设工程、社会公共工程)为主线,统筹城乡一体化发展,着力打造"魅力宜居靓镇、生态经济强镇、康居示范新镇、特色人文活镇、和谐平安大镇",实现经济社会全面、协调、可持续发展。

9.4.3 目标任务

1. 大力推进基础服务设施建设,改善城乡面貌,全力打造魅力宜居靓镇

一是加快基础设施建设。建好一个综合性市民广场:在蓝沁苑社区,以教育思想为定位,以中国传统治学文化为基点,配合雕塑、景墙、坐凳、灯柱、大型景观树种等,融入演出、聚会、休憩、健身、文化宣传等功能,建设 1 万 m² "四书广场"(图 9-52)。建好一条绕城公路和"村村通"全硬化:以华福路为中心,延伸石林大道,连接跳伏路,融入南海大道,完善跳磴乡村公路网络,实现"村村通"全硬化,全面提高乡村道路等级。建好一座水质达标的自来水厂(站):充分利用丰收坝水厂的优势,推进饮用自来水入村入户,力争 2012 年饮用自来水的覆盖率达 60% 以上。建好一座简易污水处理厂:力争 2012 年将城镇生活污水接入"大九"排水污水处理厂,初步形成城镇

图 9-52 蓝沁苑社区"四书广场"

污水处理管网体系。建好一个垃圾收运处理系统：力争 2012 年新建密闭垃圾斗 10 个，简易垃圾斗 20 个，实现城镇垃圾回收处理全覆盖，建成综合的垃圾收运处理系统和湾塘村农村生活垃圾回收处理系统，探索农村垃圾处理系统建设新路子。

二是推动公共服务设施建设。建设一个完善的镇级卫生服务体系：力争 2012 年建立镇村二级医疗卫生服务体系，建成一个 2000m² 的集预防保健、疾病防控于一体的跳磴镇卫生院（跳磴社区卫生服务中心），完善村级医疗卫生服务体系，实现"小病不出村、中病在街镇"的服务（全镇）全覆盖，切实提升卫生服务水平。建设一个公共文化活动中心：在蓝沁苑社区建立一个集多功能活动室、电子阅览室、图书室、健身室为一体的镇级公共文化活动中心。建设一个敬老院（扩容）：在一期建设的基础上对跳磴敬老院扩容，新增老年寝室 2000m²、娱乐保健及办公等用房 1500m²，道路广场 1200m²，绿化 1200m²，进一步加强敬老院的规范管理，提升服务水平，建成全国示范敬老院。建设一个品牌连锁超市：以蓝沁苑社区为中心，建设一个覆盖基本生活资料，规模达 1000m² 的社区超市——万沣社区超市。建设一个农产品交易市场：依托场镇改造，对现有农贸市场进行综合改造，进一步完善农产品交易市场。建设一个汽车站：完善白沙沱车站的基础设施建设，进一步规范车站综合管理。

三是加快特色风貌建设。建成一条特色风貌街区：在石林大道沿线建设集餐饮、娱乐一体的商业街。建成一批特色住宅小区：以建桥 C 区开发为契机，建成蓝沁苑农转城特色安置小区，建设高档的商住小区，逐步利用规划开发房地产市场。

2. 大力推进特色经济建设，发展优势产业，全力打造生态经济强镇

一是促进特色产业建设。培育壮大特色生态旅游业：将新农村建设相结合，以现有产业为基础，建设集温泉、休闲、娱乐为一体的南海温泉公园；将大渡口森林公园建设与石林古刹开发相结合，建设集人文与自然风光于一体的综合旅游，推进双石片区的开发；将市级科普基地建设与石盘水果公园建设相结合，打造全市知名的高品质农业旅游项目；将森林工程建设与历史人文（金鳌古寺、状元井、武装炮台等）相结合，打造金鳌（市级）森林公园。培育农业产业化龙头企业：进一步完善蔬菜、水果、花椒三个专业合作社的管理，以专业合作社为基础，逐步形成生产、加工和销售基地，力争培育一个农业产业化龙头企业。提升农产品品牌效应：依托三大农业合作组织加大对"跳磴牌"农产品的宣传力度，力争将"跳磴牌"打造成无公害、绿色生态的知名品牌。

二是加快新型工业建设。培育支柱产业：大力发展高新技术产业，积极培育电子信息、新材料、物流等支柱产业，依托楼宇工业，积极发展总部经济，转变经济发展方式，走新型工业化道路。促进产业升级：坚持以科技创新为载体，以促进企业核心竞争力提升为目标，积极鼓励企业引进新技术、新设备、新工艺，加快优势传统产业升级改造，大力发展技术新、前景好、效益高的低碳产业。提升企业优势：加大规模企业的招商引资力度，力争到 2012 年规模以上企业达 50 家。搭建创业服务平台，完善创业服务体系，扶持微型企业发展。

3. 大力推进城乡统筹发展，促进富民增收，全力打造康居示范新镇

一是推动城乡一体化发展。促进森林工程建设助推农民增收：以"森林工程建设"为契机，注重森林资源的综合开发，积极引导群众开展"林下经济"建设，促进农民增收致富，力争 2012 年实现农民人均收入突破 9000 元。建成一批特色农民新居：将巴渝新居建设与农村危旧房改造紧密结合，推动康居点建设，力争 2012 年改造农村危旧房 180 户，着力改善农村居住环境，全面提升群众幸福指数。

二是推进社会保障体系建设。建立完善覆盖城乡居民的社会保障体系：建立覆盖全镇的城乡养老、医疗保障体系，完善困难群众的救济制度，进一步扩大救济范围，加大救济力度。完善就业服务体系：提供大量的就业培训，积极搭建各类居民就业创业平台，组织开展招聘活动，促进劳动力的转移。建立一所市民学校：为广大居民提供科普知识教育、社会主义核心价值观教育，传授文明礼仪，提升居民素质。

4. 大力推进特色文化建设，开发文化创意，全力打造特色人文活镇

一是推动综合文体服务建设。2010 年建成了 15 个国家标准的农家书屋，2012 年将建成 5 个塑胶广场（拱桥、新合、金鳌、南海、蜂窝坝），3 个体育健身广场（石盘村、沙沱村、山溪村），建成中梁山、荆界山 2 处登山步道。建立镇级广播站、村级广播室，全镇 15 个村 24 个点安装喇叭 51 个，实现广播"村村响"。

二是加快特色文化建设。挖掘宗教文化建设：推动石林寺、金鳌寺、龟亭寺古刹开发，深入挖掘宗教文化。促进非物质文化遗产资源开发：充分发挥非物质文化遗产的优势，重点以《石工号子》、《祭祀歌》、《龟亭寺》等非物质文化遗产为依托（图 9-53），传承创新，融入现代元素，编排出一台具有观赏性、高质量、喜闻乐见的文艺节目，逐步形成独具特色的文化品牌。

5. 大力推进平安建设，加强综合治理，全力打造和谐平安大镇

一是加强市政管理。组（扩）建一支环卫保洁队伍，实现全天候保洁。组建一支市政综合执法队伍，结合社区自治管理，治理场镇乱搭乱建。加强环境卫生宣传，逐渐提高群众的自觉性。增设（规范）路标、路牌，治理乱停乱放，规范城镇管理。

图 9-53　重庆市级非物质文化遗文——跳磴镇《石工号子》　　　　图 9-54　跳磴镇交巡警平台

二是加强综合治理。加强城乡居民法制教育和社会公德教育，建立完善的群防群控体系，强化综合治理，确保社会和谐稳定，建设平安城镇（图 9-54）。

三是加强应急管理。重点加强应急防控机构能力建设，逐步建立结构合理、运转协调、行为规范、程序明晰、执法有力、办事高效的应急防控体系，完善应急防控网络。

9.4.4　重要实践成果

1. 跳磴镇敬老院建设

跳磴镇敬老院建设实现了农村五保老人和城市三孤人员的集中供养，让城乡特困群众享受到了均衡化、同质化的社会救助。该敬老院投资 1900 万元，占地 50 亩，东临跳磴河、北临华福大道，西靠中梁山公园，与跳磴镇南海生态园相邻，环境优美，景色怡人，是一所三星级标准的生态型、花园式敬老院。主体楼建筑面积 5219m^2，有室外花园 12000m^2。现有 90 个标准间，可同时容纳 180 名老人入住。房间设施齐全、舒适便利，院内生活、娱乐、健身、康复等设施完备齐全，设有活动室、卫生室、食堂、休闲长廊、健身区等生活娱乐设施，有服务管理员 9 名，专职医务人员 1 名，对入住老人实行 24 小时温情服务。敬老院为每位老人设置了包含了老人的一些个人基本情况和健康状况及爱好习惯等内容的基本情况档案。为了让老人吃得可口，营养师精心配出营养餐，

图 9-55 跳磴镇敬老院的老人们

无论荤素副食，每样材料都制作了十个以上的品种，并每月翻新。对生活不能自理的老人，一日三餐都由护理员送到房间，并协助其进餐。护理员每天还会和老人有亲密的接触，如碰头、贴脸、拥抱等。目前，跳磴敬老院不仅是跳磴镇，而且还成为了大渡口区弘扬"孝道文化"的孝亲敬老基地。2010 年，跳磴敬老院升级为大渡口区敬老院，并被评为"全国模范敬老院"（图 9-55）。

2. 蓝沁苑社区建设

跳磴镇是全国农村公共服务标准化示范点，该镇蓝沁苑社区是建桥工业园 C 区的占地移民安置小区，也是目前重庆市最大的农民工服务社区（图 9-56）。社区占地面积 132.23 亩，总建筑面积 201957.46m²，有 30 栋居民楼，居住人员主要是农转城人员。社区常住居民 6118 人，流动人口 2000 余人。社区配套九年制实验学校一所，占地 68000m²，还配套有面积约 3000m² 的公共服务中心，内设健身房、卫生站、阅览室、幼儿园等综合设施。在具体工作中，社区党委创造性地建立了认真落实联系服务群众"三项制度"（即基层党组织书记每周一次接待群众制度、基层党组织班子每年两次进家入户走访每户群众制度、群众意见定期办理反馈制度）和以"要务听证制、发展公决制、事务公示制、效能评议制"为主要内容的"四群工作制"，在关注民生民情、帮扶困难群众等方面做了大量工作。据统计，该社区 3 年来接待走访群众 6.1 万人次，为群众解决和办理诉求 6421 件，群众满意率达 98.6%；社区群众的信访量也由成立之初的平均每月 70 余件下降至现在的每月 1.7 件。目前，社区公共服务业专业化、职业化水平不断提高，社区事务更加公开、公平、公正，居民幸福指数不断提高，党群关系和谐，一个温馨的"新市民家园"已经悄然形成。社区自 2008 年 1 月成立以来，先后荣获"重庆市落实联系服务群众'三项制度'先进基层党组织"、"重庆市建设和谐社区工作示范社区"等市级以上殊荣 4 项，成为大渡口区最大的社区党员服务中心、最优的农民工服务中心和最佳的新型市民服务中心。社区工作还得到了中组部副部长傅思和同志和中组部巡视员李志宏同志的高度评价。

3. 跳磴镇建桥工业园区 C 区建设

跳磴镇建桥工业园区 C 区是建桥园区的中小企业创业园，目前已经建设成为"中国绿色低碳

图 9-56 重庆最大的农民工社区——蓝沁苑社区

示范园区"和重庆市首个"园林式工业园区"（图9-57）。该园区充分发挥楼宇工业项目优势，积极承接产业转移，发展通信设备、计算机及其他电子设备制造和精炼石油产品的制造。现已有重庆小南海水泥厂、勤牛机械、长征重工等20多家企业入驻，其中重点企业4家。园区建设以来，解决了辖区300名富裕劳动力的就业问题，为跳磴镇加快推进城市化进程，统筹城乡发展，实现"以城带乡、以工哺农"提供了有力的财力支撑。

图9-57 重庆市首个"园林式工业园区"——跳磴镇建桥工业园区C区

4. 南海村巴渝新居建设

2009年8月，重庆洪灾期间，跳磴镇南海村许多年久失修的民房，因为受灾而垮塌或成危房，严重影响了群众生产生活。灾情发生之后，南海村在积极生产自救的同时，在跳磴镇的支持下，结合巴渝新民居建设，积极争取资金，从整体环境规划着手，修建了5层共30套巴渝新民居，安置受灾群众30户101人。新居每套房屋面积约114m²，均为三室两厅两卫双阳台，每个房间方方正正，通光通风（图9-58）。此外，镇政府还给每户家庭补助了搬家费1000元。2011年2月，南海康居点举行了入住仪式，30户群众顺利搬进了安全舒适的新居，从根本上改善了生活环境和生产条

图9-58 南海村巴渝新居

件，彻底消除了居住安全隐患。巴渝新居建设解决了"新房子、乱村子"的问题，降低了建设成本，避免了农房建设散乱、标准参差不齐以及常常出现的"超面积房"，有效改善了村容村貌。同时，楼房式的房屋建筑也节约了土地，流转出更多的土地用于现代农业发展，做到了土地资源的充分、合理利用。

5. 全域城乡统筹一体化社会管理模式建设

在建立健全创业就业长效帮扶机制方面：一是建立健全创业培训机制，帮扶具有创业能力和愿望的失业人员自主就业；二是建立健全职业技能培训机制，引导创业能力较弱，但就业愿望强烈的失业人员自谋职业或灵活就业，开展劳务输出组织工作实现再就业；三是建立健全公益岗位开发机制，重点针对零就业家庭、残疾人、低保对象和就业困难的毕业生进行援助就业；四是建立有效的资金保障机制，镇财政每年列支20万元就业帮扶基金用于帮扶辖区群众就业。目前全镇已经开展职业技能培训班11期，培训学员1700人，顺利帮助600名辖区群众就业（图9-59）。

在建立健全弱势群体贴心关怀机制方面：一是建立健全弱势群体关怀帮扶工作责任制，组织广大党员干部开展慰问活动，教育引导各级党员领导干部率先垂范，带头开展结对帮扶活动；二是建立健全社会救助机制，开展"村企结对"等活动，结成帮扶对子60多对，300名志愿者活跃

图 9-59　跳磴镇对农民工开展就业技能指导培训

在村和社区，开展爱心帮扶活动，全镇 17 个村和社区建立了"爱心救助慈善超市"。

在建立健全农民工人文关怀机制方面：一是建立健全维权帮扶机制，成立农民工维权领导小组，组建"法律服务小分队"，探索建立法制宣传教育的长效机制；二是建立健全农民工生活关怀机制，在各村、社区设立图书馆、电子阅览室等提供文化服务，定期为农工民进行体检，建立健康档案，使农村的医疗模式逐步从医疗型向预防保健型转变；三是建立健全农民工子女关爱机制，各村、社区都组织成立农民工关爱志愿服务队，在农民工子女集中的跳蹬小学开展了"大手牵小手"活动，20 名志愿者和 18 名农民工子女结成对子。

9.5　河南省新乡市新型农村社区建设实践
——国家粮食主产地区城乡统筹规划指引下的新型农村社区建设①

9.5.1　新乡市概况

新乡市位于河南省北部，与省会郑州隔河相望，辖 2 市 6 县 4 区、122 个乡镇、3571 个行政村；总人口 560 万，其中农业人口 330 万；土地面积 8249km²，耕地面积 605 万亩。是国家卫生城市、国家园林城市、国家森林城市、中国优秀旅游城市、全国社会治安综合治理优秀市、国家首批确立的十个"加工贸易梯度转移重点承接地"之一、国家商品粮基地、全国优质强筋小麦生产基地市、种子基地市，是河南省粮食、畜产品生产和加工基地。2010 年实现地区生产总值 1181.4 亿元，增长 14.2%，居全省第 3 位。财政一般预算收入 70.5 亿元，增长 26.1%，分居全省第 4 位和第 3 位。规模以上工业增加值 533.2 亿元，增长 22.7%，居全省第 1 位。粮食总产 76.2 亿斤，实现历史上第一个"七连增"。

9.5.2　开展新型农村社区建设的动因

随着新乡市统筹城乡发展的深入，农村生活水平逐步提高，城市和农村居民收入的差距逐渐缩小，当前群众最关切的问题是建设住房。但是相对于日臻完善的城市社区，农村居住环境的差距越来越凸显，已经成为影响城乡一体化发展的一大障碍。在历史上，新乡市曾先后出现三轮建房热潮，目前正在涌现第四轮建房热潮。据调查，约有 80% 的农户准备在 3~5 年内建新房，每户将投入资金 10 万元左右，70% 的农户将改建楼房。这几轮建房热潮，都是在原房址拆旧建新或占耕地新划宅基，虽然居住条件有所改善，但因缺乏科学指导和统一规划，农民无序建房，村庄布局凌乱，基础设施和公共服务设施严重滞后，加之农户间盲目攀比，院子越圈越大，房基越垫越高，严重浪费资源。长此以往，虽然新楼房越来越多，但很难形成规范整洁的新村貌（图 9-60）。

为了顺应居民改善居住环境的迫切需求，新乡市把新型农村社区建设作为城乡一体化的切入

---

① 该案例由新乡市规划局提供。

点、统筹城乡发展的结合点、农村发展的增长点，按照"做强主城、膨胀县城、发展集镇、建设新村"的思路，积极探索以新型城镇化引领"三化"协调科学发展的路子，坚持走人口转移和结构转换相结合的新型城镇化道路，着力构建中心城市现代化、县域镇村一体化发展的格局（图9-61）。

图 9-60　原村民住宅实景

图 9-61　建成后的祥和新村实景

9.5.3　社区建设的指导方针

根据新乡实际，按照农民意愿，新乡市确定了"政府引导，规划先行，群众自愿，典型示范，因地制宜，有序推进"的指导方针。

（1）科学编制规划。综合考虑土地利用、城乡建设、产业布局、人口分布等，对城镇和新型社区统一布局，在深入调查研究，广泛征求农民意见的基础上，聘请高水平的设计单位编制社区规划。

（2）基础设施和公共服务设施由政府投资建设。社区居民仅需支付住宅建设费用，基础设施和公共服务设施的建设由政府统一规划建设，大大减轻了居民的经济负担。

（3）社区建设完全尊重农民意愿，不搞行政命令。建设新村或并村，需经村民大会或村民代表会 2/3 以上的成员同意。农民是否到新村建房，什么时候建房，完全由自己做主。

9.5.4　建设试点工作的开展

从 2006 年开始，新乡市以新乡县古固寨镇为试点，开展新型农村社区建设的探索。

1. 建设新型社区，着力改善人居环境

本着"政府引导扶持、群众自主选择、规划适度超前，建设稳步推进"的原则，把全镇 15 个行政村规划为祥和、富康、裕泰、华丰、田园、古寨 6 个新型农村社区。以祥和新村为例，主要采取了以下措施：一是高起点规划设计。聘请浙江东华设计公司、郑州大学规划设计院等高水平的单位承担设计任务。根据群众需求，设计独栋、双拼、联排等七种户型由群众自主选择。二是搞好宣传发动。通过组织干部和群众代表到外地参观学习，召开动员大会等形式，广泛发动群众，统一思想，达成共识。三是出台优惠政策。共制定 9 项优惠政策，例如凡签订建新拆旧协议的农户每户补助 10t 水泥，帮助协调 1 万~3 万元贴息贷款，享受户口、医保、社保等与市民同等待遇等。四是加大基础设施投入。住房由农民自主建设，基础设施和公共服务设施以政府为主，通过整合涉农资金，吸纳社会资金，加大投入力度。五是充分尊重群众意愿。从规划编制、户型选择、建设模式到成本核算等，全程落实"四议两公开"工作法，充分征求群众意见。目前已累计完成基础设施和公共服务设施建设投资 3.8 亿元，铺设道路 2.1 万 m，供排水管网 5.7 万 m，架埋电线电缆 1.2 万 m，完成社区学校建筑面积 4450m²，服务中心建筑面积 9096m²，活动广场 9500m²，绿化 7.1 万 m²。引导全镇 28.2% 的农户在社区建房，累计完成农户建房投资 4.18 亿元，1974 户基本建成，950 户入住新居。拆除老宅基地 1093 户，腾出土地 1300 亩，复耕 622 亩。

2. 调整产业结构，着力促进就近转移就业

以社区建设为载体，在突出抓好城镇化的同时，协调推进工业化和农业现代化，为新型农村社区建设夯实产业基础，实现就地转移农民，就地富裕农民，就地城镇化。该镇党委、镇政府提出了巩固基础点、夯实支撑点、构筑融合点的产业发展方针。巩固基础点就是进一步发展现代农业，培育农业产业化龙头企业，打好坚实的农业基础；夯实支撑点就是大力发展产业集聚区，以工业项目作支撑，让农民就业不进城，离土不离乡；构筑融合点就是大力发展商贸服务业，使城乡、镇村进一步产业融合，快速发展第二、第三产业。通过努力，全镇农民向第二、第三产业转移达 17000 余人，占全镇从业人员的 79%，入住社区农民人均年纯收入较入住前翻了一番。2010 年，全镇农民人均纯收入达到 6604 元。

3. 坚持拆建并重，推进社区管理

在社区建设过程中，始终以保护耕地、保障农民权益为出发点，以尊重群众意愿为前提，坚持建设新村与拆迁老村并重的基本方法，扎实稳步推进社区建设。一是坚持自愿拆迁。根据迁建村庄实际情况，在社区建设之初，采取先建后拆的拆迁模式，由社区建房户和村集体签订协议，在搬进新居后按约拆迁。在拆迁过程中，采取协议拆迁、奖励拆迁、安置拆迁等多种形式促使农民自愿拆迁。二是鼓励连片拆迁。随着农民到新村建房积极性不断高涨，及时将拆迁政策改为鼓励自愿先拆后建、农户连片拆迁。这样可将部分拆旧建材重新利用，节省了新房投入成本。目前，凡相邻 2 户一并先拆后建的，每户补助 2000 元；3 户并拆的，每户补助 3000 元，依次类推，最高每户补助 1 万元，大大加快了拆迁进度。三是规范管理促和谐。在暂不改变原有行政村管理体制前提下，组建社区党总支，由镇党委派驻一名副科级领导担任总支书记、原行政村支部书记任委员，具体负责社区建设协调事宜。为规范社区管理，为入住农户提供便捷服务，祥和新村逐步建立了一套完善的物业管理制度和村规民约，组建了包括花木、水电维修，环卫保洁等管理队伍，配备了垃圾车，做到垃圾日清日运。同时，加强安防建设，安装了监控器，自社区建设至今未发现偷盗和打架斗殴现象，与老村形成鲜明的对比。

9.5.5 主要做法

1. 理顺规划管理体制

实现城乡统筹的规划管理需要健全的管理体制作保障。新乡市从建立健全管理体制入手，在全省率先将市规划管理局更名为城乡规划局，局内增设村镇规划管理科；县规划与建设局逐步分离，成立独立的规划局，内设村镇规划股；各乡镇挂牌成立了规划管理所，在村庄设置了规划管理员。形成了"市—县—乡—村"全覆盖的"三级组织、四级管理"的体制（图 9-62）。

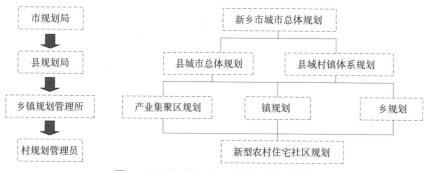

图 9-62 "三级组织、四级管理"体制

2. 科学编制规划

一是建立城乡全覆盖规划编制体系。以新一轮《新乡市城市总体规划》修编为契机，相继开展了各县城市总体规划、县域村镇体系规划、产业集聚区规划、市辖各区村庄布局规划、镇总体规划和乡规划的编制和修编，基本实现了城乡规划的无缝隙、全覆盖，为社区规划的编制提供了依据和指导（图 9-63）。

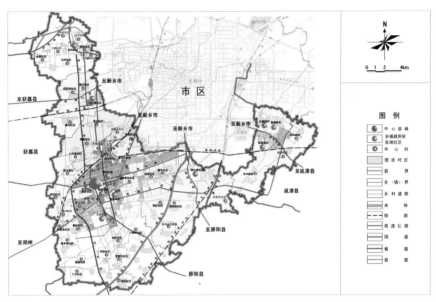

图 9-63　新农村社区布局规划图

二是合理确定社区空间布局。规划以乡镇为单位，采用客观条件分析和实地调查分析相结合的方式，对辖区内的行政村进行综合分析评价，根据评价分值将其分为扩张发展型和居住转移型两种类型。以扩张发展型村庄为基础，通过完善基础设施和公共服务设施，增强其辐射带动能力，吸引合理半径内的居住转移型村庄进行整合。通过规划，将全市 3571 个行政村整合为 1050 个新型农村社区，平均每个社区整合 3~4 个村庄，人口规模为 3000~5000 人。

三是科学编制社区规划。在目前社区规划建设技术规范尚不健全的条件下，新乡市依据《河南省社会主义新农村村庄建设规划导则》，制定了《新型农村住宅社区建设内容和标准》，作为规划建设的指导。要求规划成果达到修建性详细规划深度，要遵循"有利生产、方便生活、节约用地、配套完善、布局合理、突出特色"的设计原则。"有利生产、方便生活"指社区规划要方便群众从事农业生产的需要，符合农民的生活习惯；"节约用地"是要合理确定社区占地规模，控制住宅占地面积，在城镇、产业集聚区周边适当推广多、高层住宅，保护耕地资源；"配套完善"是结合农村实际，在社区中考虑道路、供电、给水排水、教育、医疗、社区管理等公共设施和基础设施的配套，使农民不出社区就能满足基本的生活需求；"布局合理"是住宅、配套设施、绿化景观的设置既要符合群众的居住习惯，又要打破传统平原地区呆板的"兵营式"布局模式；"突出特色"是规划要因地制宜，与现有地形、地貌有机结合，注重村庄历史文化传统的发掘与保护，避免简单套用城市规划模式。

四是严格规划管理。为了保证社区规划编制水平，新乡市一方面加强规划设计单位的资质管理，通过建立登记备案制度，选择具备规划设计资质、村庄规划编制经验丰富的单位承担编制任务；另一方面坚持技术评审会与规划委员会两级决策制度。由规划局牵头，组织技术人员对规划进行技术审查，由县级规划委员会审定批准。

在设计单位、各级政府和规划主管部门的共同努力下，规划的编制水平较以往有了显著的提高。

3. 多渠道筹集建设资金

为破解建设资金难题，新乡市建立了以政府为主导的资金筹措机制。一是整合各级财政资金。"基础设施政府搞，资金不让群众掏"，社区基础设施和公共服务设施以政府投入为主。从 2009 年开始，市、县（市、区）财政预算每年安排 4.9 亿元专项资金用于社区基础设施和公共服务设施建设；整合各类涉农资金 2.3 亿元，全部用于社区基础设施建设。二是加大信贷支持力度。鼓励和支持金融机构创新农村金融产品和金融服务。组建强农投资有限公司，搭建融资平台，并利用市投资集团向农发行融资中长期政策性贷款 19.74 亿元，资金现已全部到位，正在组织项目实施。创新金融品种，采取 3~5 户联保、公职人员担保、质押担保等形式，帮助群众协调 3 万 ~5 万元的建房贷款，2010 年以来全市累计发放建房贷款 1.3 亿元。鼓励社会力量参与社区建设。三是研究制定通过土地进行的融资办法。按照集约、节约利用土地的原则，在确保耕地不减少的情况下，盘活土地资源，筹集建设资金，全部用于农村基础设施或公益事业建设。四是积极争取上级政策和项目资金扶持。抓住省委在新乡设立全省统筹城乡发展改革实验区的机遇，主动谋划，与省直部门签订框架协议，争取资金、项目支持；五是鼓励社会力量融资参与社区建设。不断完善政策体系，积极鼓励社会资金投资建设新型农村社区。组建农村公益基金管理中心，接受社会捐赠资金，近几年全市累计达到 2.8 亿元。

4. 多方位解决建设用地指标

首先，新乡市制定了严格的管理措施，引导和规范全市的新型农村社区按照规划实施。加强拆旧引导，鼓励在农村村庄宅基地原址，采取拆旧建新方式"滚动"发展，不占或少占耕地。其次，在《新乡市土地总体规划（2006—2020 年）》中明确提出要拿出总量指标的 10% 作为新型农村社区建设的周转指标，全市扣除城中村改造型，其他社区共分解了 1.5 万亩的周转启动指标，用于先期启动的新型农村社区建新区。重点区域新型农村社区建新区和拆旧区全部纳入土地利用总体规划，按照年度分步实施。第三，严格按照和村民签订的协议，及时收回以及启动社区住户的旧宅基地，由县级人民政府租住拆除复垦，用于归还周转指标。截止 2010 年底，已拆迁旧宅基 2.7 万亩，复耕 1.3 万亩。第四，利用国土资源部将河南列为全国城乡建设用地增减挂钩试点省的机遇，积极与省国土部门沟通，争取周转指标。

5. 加强基础设施建设

2010 年，全年共新修建社区道路 505km，新通电社区 158 个，新通自来水社区 130 个，新建全日制小学和幼儿园 82 所，卫生服务站（室）70 个，社区服务中心（楼）82 个，文化大院 64 个。群众实实在在地看到了政府的决心和入住社区的好处，充分调动了群众参与社区建设的积极性。

6. 注重培育产业支撑

坚持产业为基础，促进农村劳动力就地就近转移就业。坚持以产业促就业，通过建设产业集聚区、规划农民创业园、促进农民创业就业、发展现代农业四大途径，逐步实现就近转移农民、就近城镇化。加快发展产业集聚区。从 2005 年开始，依托县城、集镇和原有产业基础，规划建设 28 个产业集聚区（专业园区），辐射了全市半数以上的乡镇、1/3 的行政村，形成了"一谷五基地"六大战略支撑产业和生物与新医药、电池及新能源汽车、电子信息、新型膜材四大战略新兴产业。2010 年，28 个产业集聚区新增基础设施投资 110 亿元，共入驻工业企业 4611 家，吸引了百威等 15 家世界 500 强企业和中粮等一批国内知名企业入驻，实现规模以上工业产值 1590 亿元，占全市规模以上工业总产值的 73.1%，吸纳 47.4 万农村劳动力就业。规划建设农民创业园：在远离产业集聚区、具有一定产业基础的部分乡（镇），利用原有建设用地和旧宅拆迁复垦后节约置换用地，规划建设农民创业园，作为产业集聚区的补充，全市初步规划 30 个左右，每个占地 1~2km^2。促进农民创业就业：农民创办企业累计 6700 余个，带动约 10 万农村劳动力就近转移就业。2010 年，全市转移农村劳动力 121 万人，比 2009 年增加 4 万人，市外就业人数比 2008 年减少 10 万人，市域内就业人数比 2008 年增加 14 万人，呈现出在本地就近就业人数不断增加的局面。大力发展现代农业：新乡市从2008年开展粮食高产创建活动，通过高标准农田建设、土地整理、中低产田改造，加强以水利设施为重点的农业基础设施建设，提高了粮食综合生产能力，确保粮食安全。投资5.1亿元加强粮食核心区农田水利基本建设，启动总投资28.9亿元的南水北调渠首及沿线200万亩重大土地整治项目，中科院、中国农科院和省农科院试验示范基地落户新乡并有序推进。"十一五"期间，全市累计改造中低产田49.5万亩，新增有效灌溉面积20万亩，建成万亩小麦高产示范方24个、玉米高产示范方23个。创新农业生产经营方式，引导农民自愿进行土地流转，促进农业规模化经营。2010年，全市新增土地流转面积20多万亩，累计达到50万亩。省级贫困乡延津县王楼乡通过社区建设促进土地流转，一年时间内向合作社和种植大户流转土地就增加1万亩（图9-64）。同时，在坚持家庭承包经营基本制度不变的前提下，不断健全和完善以农民合作社为主体的农业农村社会化服务体系。引进中粮集团、雨润集团、高金食品、泰国正大等知名龙头企业，培育克明面业、迪一米业等农业产业化重点龙头企业达197个，农业专业合作社发展到1729家，辐射带动农户达53%以上。

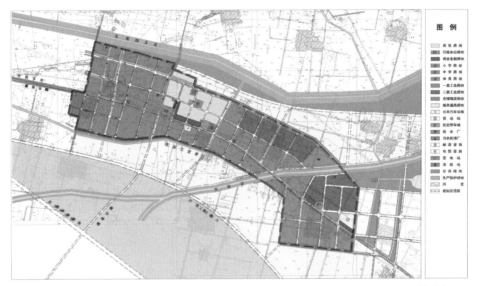

图9-64 延津县产业集聚区（食品产业园）发展规划（2009-2020）——用地规划图

7. 创新管理体制

强化工作推进机制。为加快推进新型农村住宅社区建设，新乡市建立了市级领导分包督导社区建设制度，开展了"联包帮建"新型农村社区活动。每位市级领导分包5个社区，定期不定期地深入社区进行调研、指导、督导。在市委、市政府的倡导下，市直机关、企事业单位、大专院校和各乡（镇、办事处）等部门抽调千名干部对全市326个重点社区开展帮建，帮助社区搞好规划编制、理清发展思路、宣传发动群众等实际工作。为确保活动取得实效，建立了"联包帮建"工作例会和督导制度，定期召开领导小组办公室、领导小组和全市工作例会，听取社区建设和帮建工作汇报，研究工作中的实际问题，部署下一步的主要工作。市委组织部、市纪委监察局、市新农办组成督导组，定期或不定期地对驻村工作队在岗情况、工作情况进行督导，及时了解情况，向市委、市政府报送督导报告。

8. 切实维护群众利益

在新型社区建设中，新乡市把维护农民权益、支持农村发展作为根本出发点。农民入住新型社区，仍拥有原土地承包权。建设新型农村社区节省的土地，不改变集体所有制的性质，节约的土地或用于发展高效益的种养业，或通过参股、租赁、合作等方式发展第二、第三产业，或用于产业集聚区建设，不论采取哪种方式，均高于原来的收益并增加农民财产性收入，有效地促进了农村经济的繁荣和农民的富裕。

9.5.6   取得的建设成效

1. 经济社会协调发展

2006 年开展新型农村社区建设以来，全市地区生产总值年均增长 14.5%；城镇投资年均增长 35.1%，总量连续 7 年居全省第 4 位；一般预算收入年均增长 22.7%；城镇化率年均提高 1.8 个百分点，2010 年达到 42.76%；农民人均纯收入达 6241 元，增幅超过城镇居民人均可支配收入，城乡居民收入差距由 2005 年的 2.65 ∶ 1 缩小至 2010 年的 2.52 ∶ 1；农村居民家庭恩格尔系数由 2005 年的 41% 下降到 2010 年的 31.7%。

2. 产业集聚区和新型农村社区两大载体功能不断增强

2010 年，规划建设的 28 个产业集聚区和专业园区新增基础设施投入 110 亿元，新入驻企业 400 家，工业总产值占全市比重为 64.4%，吸纳 47.4 万劳动力就近就业。4 家产业集聚区进入全省前 30 位，数量与郑州、洛阳并列全省第一。完成新型农村社区基础设施和建房投资 59 亿元，完成建房面积累计达 1300 万 m²，累计启动建设新型农村社区 327 个，入住农户 5.7 万户。

3. 改革创新力度不断加大

进一步完善了统筹城乡发展政策体系，全市累计出台 70 个政策文件，在养老保险、低保、医疗卫生、金融服务、增加农民财产性收入等方面率先推进城乡公共服务均等化；探索构建基层党建和乡村治理新格局，建立农村党建县乡村三级目标管理机制和村级干部激励保障约束机制，探索新型农村社区管理运行机制，推动农村社会管理转型。

4. 土地、资金两大制约瓶颈正在逐步破解

初步建立完善了财政、金融和社会三大资金筹措机制，社区建设累计投入资金 120 亿元；以土地综合整治和旧村整体拆迁为主要途径破解土地难题取得新进展，累计拆迁旧村面积 2.7 万亩，复垦 1.3 万亩。

5. 社会关注度和影响进一步扩大

新乡市的统筹城乡发展建设新型农村社区的具体实践得到了中央、省领导及社会各方面的充分肯定。全国人大、政协、民盟中央、民进中央和中农办、国务院研究室、发改委、农业部、国土部等领导多次到新乡调研指导（图 9-65），省委书记卢展工莅新调研时充分肯定建设新型农村社区是推进城乡一体化的切入点、统筹城乡发展的结合点和促进农村发展的增长点；省委全会将新乡统筹城乡发展的路子提升为以新型城镇化为引领的"三化"协调科学发展的中原经济区建设路子。

图 9-65　中农办主任陈锡文调研牧野区曲里社区

先后有 20 多个省（市）、1.5 万余人来新乡市考察学习。人民日报社、河南日报社等中央、省主流媒体多次进行宣传报道。

9.5.7   突出问题和几点体会

1. 遇到的突出问题

（1）村镇规划编制基础薄弱

新型农村社区建设工作初期,全市乡镇和村庄规划编制基础极其薄弱。不仅规划编制覆盖率低,

而且很多设计单位根本不具备规划设计资质，规划编制成果不规范，科学性和可操作性差，规划编制完成后很多都得不到执行，沦为领导办公室里的"装饰画"。

（2）规划管理体制不健全

以往，城乡规划实行城乡"二元化"管理，规划部门只负责市、县规划区内的管理工作，乡镇以下没有专门的规划管理机构和人员。管理方式粗放，管理制度不健全，管理效率低下，违法建设随处可见，建设发展基本处于"无序"状态。

（3）建设资金紧张

作为一个处于经济欠发达地区的普通城市，社区建设的基础设施和公共服务设施全部由政府负担，建设资金从哪里来？这一问题成为阻碍社区规划建设的头等难题。

（4）建设用地指标不足

在社区建设初期，首先要占用部分建设用地用于村民安置房建设，然后才能拆除旧宅复耕，从而逐步实现滚动式发展。但是在耕地资源日益紧张，国家严把18亿亩耕地红线的背景下，作为国家重要的粮食产区，怎样在保障耕地不减少的前提下争取到建设用地指标，是面临的又一重大难题。

2. 几点体会

（1）着力维护农民利益

新农村建设的主体是广大农民，谋划和推进工作的出发点和落脚点都要把维护农民利益放在首位，充分调动农民参与新农村建设的积极性，要坚持"不从农村挖土地，不在农民身上打主意"的指导思想。

（2）要坚持规划先行，有序推进

应发挥政府主导作用，将农民建房、农村产业发展纳入城镇化、工业化体系，科学规划，积极引导，稳步推进。

（3）要坚持就业为本，促进农民就近城镇化

建设新农村，产业是基础，就业是根本。农民大量转移到城市不符合我国国情，要通过农村产业结构、就业结构、空间结构、文化与观念的城镇化转型，实现农民就近转移、就近就业、就近城镇化。

（4）要坚持统筹兼顾，推动"三化"协调科学发展

坚持以城带乡、以工促农，本着耕地不减少、产量不降低、质量不下降的原则，着力发展农村工业、商业、服务业，形成三次产业互相促进、三化协调发展的新格局。

（5）要坚持因地制宜

要充分尊重广大群众意愿。新农村建设是一个长期发展过程，必须充分考虑地方财力和农民承受能力，量力而行，尽力而为，不搞强迫命令，不搞一刀切。

9.6 四川省彭州市磁峰镇鹿坪村灾后重建安置点规划①

"5·12"汶川特大地震中的极重灾区，成都彭州市磁峰镇鹿坪村转变设计理念，按照规划科学重建"鹿鸣河畔"，建成中国最美的乡村之一。

---

① 该案例由四川三众建筑设计有限公司提供。

9.6.1 规划编制背景

"5·12"汶川特大地震使成都市遭受了严重的损失，大量住房受损，基础设施、公共服务设施等受到严重破坏。面对巨大的灾难，按照胡锦涛总书记"用统筹城乡的思路和办法抓好抗震救灾的灾后重建工作"的指示精神和四川省委省政府的要求，成都市制定了"加快推进灾后重建，努力把灾区建设成为科学重建、科学发展的样板"的总体目标。

灾后重建不是一个简单的"恢复"工程，而是促进经济社会发展的"提升"工程，成都市运用统筹城乡的思路和办法，结合7年来"三个集中"、"三化联动"工作的经验，坚持"灾后重建规划必须先行"，精心组织设计会战，第一次将农村住房建设纳入科学规划，并坚持按照规划科学重建，不断创新农村规划工作机制，对如何将城乡规划延伸至农村，适应农村生产发展、改善农村居住品质进行了深入研究和科学实践，为成都农村科学发展奠定了坚实的基础。在地震灾区形成了现代城市与现代农村和谐相融，历史文化与现代文明交相辉映的新型城乡形态，实现了地震灾区的凤凰涅槃，创造了社会主义新农村建设的"成都模式"。

成都市按照"全域成都，城乡统筹"的规划理念，统筹规划了城镇和聚居点布局、产业布局和公共配套设施布局，构建了5个中等城市（县城）、7个重点镇、7个新市镇、26个一般镇、759个农村重建安置点五个层次的灾区重建城镇体系规划，组织了国内外200多个设计机构编制规划，为灾后重建工作的科学实施创造了条件。在充分征求群众意见的基础上，结合实际提出了六种重建模式（符合规划原址重建、按照规划集中自建、统一规划统一建设、自愿搬迁异地安置、社会资金开发重建、维修加固），方便受灾群众自愿选择。通过土地增减挂钩、农村产权制度改革、引导集体建设用地依法流转、引入社会资金参与重建、落实信贷支持和补助，为灾后重建注入引擎和动力，解决了资金问题。在此基础上建立了建材下乡、施工会战、基础设施与公共服务设施配套、规划督导等工作机制，保障灾后重建在规划的指导下科学实施。

在上述背景下，四川三众建筑设计有限公司承接了彭州市磁峰镇鹿坪村安置点的设计任务。

9.6.2 规划目标

该规划设计的指导思想是全面贯彻落实科学发展观，坚持尊重科学、尊重自然，充分考虑资源环境的承载能力；坚持统筹兼顾，做到重建与经济社会长远发展相结合。

该规划设计的目标是将灾后住房重建规划与当地的发展规划相结合，同时体现生产生活和生态环境的高度融合，体现发展性、多样性、相融性和共享性，体现乡村风貌和地域特色，避免千篇一律，避免夹道建设，形成布局高低错落、样式别具一格、顺乎自然、浑然天成、建筑与环境相协调的特色和风格，特别要避免将城市小区简单地克隆到农村。加快农村改革，与产业发展、富裕群众相结合，努力建设科学重建和科学发展的样板。

该规划设计将鹿坪村社区的基本职能定位为：观光旅游、景观农业、民俗旅游和综合服务，通过规划设计使鹿坪村体现"百姓安居乐业、生活富裕、设施完备、民风纯朴"的现代社会主义新型农村风貌，具体从产业发展—功能布局—交通规划—景观设计—建筑设计几个方面进行落实。

9.6.3 规划解决的重点和难点问题

1. 体现"四性"的规划设计

在先期开展的永久性农房重建安置点规划中，由于时间刻不容缓、任务迫在眉睫，规划设计也出现了一些问题。2008年8月初，四川三众建筑设计有限公司在彭州市磁峰镇鹿坪村安置点的设计方案就受到当地村民的质疑。方案按照既往城市小区的设计经验，削平山区坡地，规划住房4~5层，布局整齐划一，将500多户村民"浓缩"在几栋楼房里（图9-66）。简单地"克隆"城市小区设计的模式，不能与农村周边环境、生产方式、农民生活习惯、当地发展规划相适应，失去了农家风情。同时，这个方案土方工程量大，成本过高。

图 9-66　第一稿"鹿鸣河畔"规划效果图

2008 年 8 月中旬，准备开工的磁峰镇鹿坪村毅然停工，三众设计公司果断地放弃了第一个方案，负责这个项目的两位设计师挨家挨户地向村民征求意见，充分了解村民的实际需求，认真分析研究。设计师们挑灯夜战，拿出方案，征求意见，修改方案，再征求意见，再修改方案……几经磨合，终于拿出了被村民高票通过的设计方案（图 9-67）。

图 9-67　修改后的"鹿鸣河畔"规划鸟瞰图

新的规划设计方案充分体现了"四性"原则：

（1）每个安置点都要兼顾近期需要和长远发展，统筹安排规划生产生活设施，发展基于环境资源的深层次产业，如具备旅游资源的地区要将旅游休闲产业纳入重建规划中，突出产业支撑，充分体现"发展性"原则。

（2）紧密结合当地实际，充分利用自然地形地貌和民风民俗，在建筑形态、环境、材质、色彩等方面塑造各自特色，坚决避免千村一面，消灭夹道建设的"夹皮沟"，根除平面布局上的"军营式"，杜绝建筑形态上的"火柴盒"，形成了充分体现"村落有不同，院落有差异，单体有个性"的"多样性"原则。

（3）体现与自然环境和传统文化的相融与延续，既坚持"显山亮水"，保护自然生态、地形和林盘等自然环境，又充分尊重历史延续文脉，注重建筑与自然和人文环境的"相融性"原则。

（4）按照城乡统筹发展的要求，推动城市基础设施向农村延伸，城市社会服务向农村覆盖、城市文明向农村辐射，在农村重建点具体落实基础和公共服务设施配套标准，实现"共享性"原则。这意味着，农村的居住形态还得跟其生产方式、生态环境、风俗习惯相结合，通过灾后农村住房重建实现现代农村的提升发展。

2. 立足产业发展的规划设计

为使鹿坪村实现可持续发展，规划采用以产业带动村庄发展的设计理念，以旅游业、科技农业、观光农业、体验式农业为载体，构建聚落式农民永久性居住环境，使鹿坪村在重建中得到提升和发展。

规划确定了第一、第二、第三产业有机结合的产业发展纲领：

（1）深化发展第一产业：将农副产品开发与旅游产业发展相联系，大力推进观光农业、绿色农业、景观农业建设，大力发展农副产品的深加工、精加工，提高农副产品的附加值。

（2）重点发展第三产业：大力发展旅游业、商业服务业、酒店业、餐饮业等。

（3）开创发展文化创意产业：借助灾后援建单位中央美术学院雄厚的文化艺术基础，依托中央美术学院援建的文化艺术中心，培养当地从艺人员，传习手工艺，发掘和创造地方特色艺术产品，发展当地文化艺术事业，形成具有磁峰地方特色的，集传习、生产、展示、销售为一体的文化创意产业实验园区。

在上述产业发展纲领的指导下，该规划设计方案以千亩荷塘为中心，形成了"一心、一带、两环、多聚落、发散式"的空间结构，如图9-68所示。

"一心"是处于中心位置的千亩荷塘，围绕土溪河两岸现有荷塘，集中打造"旅游休闲、观光度假"等游憩产业的社区景观核心。

"一带"即一个手工艺和文化创意产业规划园，在土溪河两岸构建湿地景观走廊。

"两环"是指荷塘周围的旅游休闲环和外围的产业经济环。

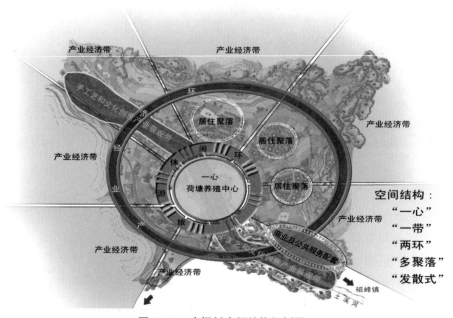

图9-68　鹿坪村空间结构规划图

"多聚落"是指集中居住的3个建筑风格不相雷同的多样化居住组团。方案兼顾了原生态的农村风貌、未来产业发展空间、辐射周边的公共服务设施。适度地分散了农户居住点,而点上又适度集中,既不改变农民生活习惯,又能享受到和城市相同的生活标准。

"发散式"指位于聚落间的生态农业、经济作物、养殖产业等绿色通廊。

此外,规划利用了当地丰富的石材,规划了石材加工厂;在林盘中种植适宜当地气候条件的毛竹、桃树、核桃和中药材,既能美化环境又能增加收入;根据当地千亩荷塘和林盘的资源,预留了核桃、猕猴桃、中药材、莲藕等农产品的深加工区域;设计了乡村客栈、民俗博物馆、手工艺和文化创意产业景观走廊,以自助式旅游和乡村游为主打吸引游客(图9-69)。

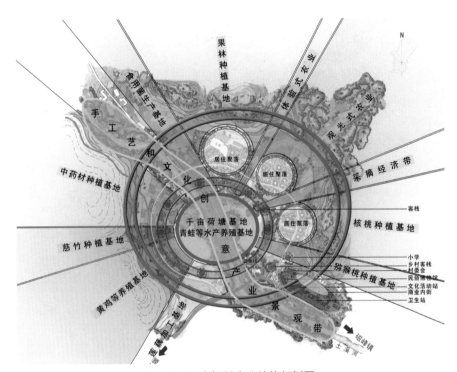

图9-69 鹿坪村产业结构规划图

3. 适应当地生产生活方式的规划设计

重建不是如传统粗放的四处散居、无序建房,也不是简单地集中居住起高楼,把城市搬到农村,规划不能丢掉农村原有的特色、破坏农民原有的生活习惯。因此,该规划设计了林盘聚落间宽阔自然的乡间田园景观带,景观设计采用房前屋后种果林、菜地,维持农家风貌,实现后期管理的零成本维护。设计中在田地上散布着大小不一的林盘,竹林掩映着10多栋二层小楼,这些小楼聚集成若干个小院落,每个院落或林盘中,都有小坝子,农民可用在这里晒谷物、玉米等,有集中堆放农具的地方,鸡舍、猪舍都统一安排在一起……在集约用地、集中建设基础设施的基础上,又充分考虑到了农民的生产生活习惯。

另一方面,规划公共服务设施与基础设施的布置也充分考虑地方习惯。规划确定农民生活燃料以烧煤为主,水源为自来水厂供水(已确定由对口援建单位援建自来水厂),污水采用沼气池处理后进入荷塘进行水产养殖。在居住聚落以外另设集中养殖点。

4. 与生态环境相互融合的规划设计

该规划尊重科学,尊重客观实际,使生产生活和生态环境相互融合,体现其多样性、相融性、共享性和经济性。规划充分利用既有地形和自然资源,立足本土,就地取材,尊重现状,尊重生态环境,着力构建"依山傍水、山水交融、绿树掩映"的聚落式农民永久性居住环境,建设具有果林、竹林等生态型现代川西特色林盘。规划规定建设中应就地取材（已有砖厂和沙石厂），结合当地及现状，尽量体现乡村风貌、地域特色。

在布局上，该规划结合用地现状，采用"林盘"的建筑形态，利用社区环境和外部山水田园的和谐关系，通过街坊和院落的空间渐进格局组织各个功能区域，使整个安置点形成自然、和谐，富含新农家特色的人性化村落。规划通过一条环绕荷塘的环道将三个居住聚落及一个商业及配套聚落连接成一个有机整体。建筑布局上遵循"显山露水、顺应地形、节约土地"的原则，采用以4~11户为基本院落单元，因地就势，灵活多样地形成院落式布局（图9-70）。

图9-70　鹿坪村规划设计总平面图

建筑设计中，规划设计以多种建筑户型单元为母体，通过灵活多变的组合变化，形成丰富多样的院落空间；通过就地取材，采用乡土材料，不同的石材与色彩的变幻组合，形成独具特色的建筑风格，体现建筑风格的多样性；以相对统一的户型和结构模式，体现居住内部质量的均好性和节约造价的经济性。建筑结构形式为砖混结构，层数为2~3层。建筑抗震设防烈度为8度第二组，设计基本地震加速度为0.20g。楼屋面板采用现浇楼板，竖向设构造柱水平设圈梁，充分保证建筑结构的安全性。根据现场地质条件，尽量采用天然条型基础，节约造价（图9-71和图9-72）。

图9-71　鹿坪村荷塘乡村客栈设计效果图

图 9-72　鹿坪村林盘建筑院落设计效果图

5. 注重安全的规划设计

该规划通过地质灾害调查，在安置点选址上避让了地震断裂带，用地内无滑坡、洪水、泥石流等地质灾害。规划设计中充分考虑防震、消防、防洪截洪等工程措施，达到防灾减灾的要求。

9.6.4　政策与实施机制

根据成府发〔2008〕46 号文件精神，结合彭州市实际情况，本着"群众自救、社会援助、市场运作、政府补助"的工作原则，该规划在尊重群众意愿的基础上，按照因地制宜、适度集中的原则，集中规划重建，确定建设方式为统规统建，由成都市国土资源局对口援建。

9.6.5　实施效果

截至目前，受灾村民都已搬进了新居，有的开起了"鹿鸣河畔"乡村酒店（图 9-73~ 图 9-75）。

图 9-73　建成后的"鹿鸣河畔"院落实景

图 9-74　"鹿鸣河畔"建成后的群众生活

图 9-75　"鹿鸣河畔"建成后的美丽家园组图

　　由于规划设计的创新理念与实施的顺利推进,鹿坪村成为了灾后农房科学规划、科学重建的"转折点"和"试验田"。在成都市农村灾后住房重建优秀规划设计建设项目社会满意度测评活动中,"鹿鸣河畔"规划设计项目荣获了一等奖。

　　成都市规划局党组书记、局长张樵在向省外规划同行交流经验时说:"值得称道的是,这个规划不是就建房而建房,而是充分考虑了产业的可持续发展。"他称赞鹿坪村灾后重建采用了一种创新的规划设计理念,不是简单的重建规划,而是结合成都市统筹城乡综合配套改革试验区建设,使灾区在重建中得到提升和发展,这样的规划才是最长远的规划,在成都城乡一体化进程中具有历史性的突破。

附 录 相关文件目录

1. 中共中央、国务院关于2009年促进农业稳定发展农民持续增收的若干意见（中发［2009］1号）。

2. 中共中央、国务院关于切实加强农业基础建设进一步促进农业发展农民增收的若干意见（中发［2008］1号）。

3. 中共中央、国务院关于积极发展现代农业扎实推进社会主义新农村建设的若干意见（中发［2007］1号）。

4. 中共中央、国务院关于推进社会主义新农村建设的若干意见（中发［2006］1号）。

5. 中共中央、国务院关于进一步加强农村工作提高农业综合能力若干政策的意见（中发［2005］1号）。

6. 中共中央、国务院关于促进农民增加收入若干政策的意见（中发［2004］1号）。

7. 中共中央、国务院关于促进小城镇健康发展的若干意见（中发［2000］11号）。

8. 中共中央关于推进农村改革发展若干重大问题的决定（2008年10月12日中国共产党第十七届中央委员会第三次全体会议通过）。

9. 《关于严格规范城乡建设用地增减挂钩试点切实做好农村土地整治工作的通知》（国发［2010］47号）。

10. 《关于进一步严格征地拆迁管理工作切实维护群众合法权益的紧急通知》（国办发（2010）15号）。

11. 国务院办公厅转发环境保护部等部门《关于实行"以奖促治"加快解决突出的农村环境问题实施方案》的通知（国发办［2009］11号）。

12. 国务院关于推进重庆市统筹城乡改革和发展的若干意见（国发［2009］3号）。

13. 国务院办公厅关于严格执行有关农村集体建设用地法律和政策的通知（国发办［2007］71号）。

14. 国务院关于深化改革严格土地管理的通知（国发［2004］28号）。

15. 国务院办公厅关于深入开展土地市场治理整顿严格土地管理的紧急通知（国发办明电［2004］20号）。

16. 国务院关于加强城乡规划监督管理通知（国发［2002］13号）。

17. 国务院批转公安部《关于推进小城镇户籍管理制度改革的意见》的通知（国发［2001］6号）。

18. 国务院办公厅关于加强和改进城乡规划工作的通知（国发办［2000］25号）。

19. 关于印发《镇（乡）域规划导则（试行）》的通知（建村[2010]184号）。

20. 关于开展工程项目带动村镇规划一体化实施试点工作的通知（建村[2009]75号）。

21. 《关于村庄整治中规范农宅拆迁保护农民权益的意见》（建村［2006］173号）。

22. 《关于村庄整治工作的指导意见》（建村［2005］174号）。

23. 关于贯彻《中共中央、国务院关于促进小城镇健康发展的若干意见》的通知（建村［2000］191号）。

24. 国家环境保护总局、建设部关于印发《小城镇环境规划编制导则（试行）》的通知（环发［2002］82号）。

25. 财政部、住房城乡建设部关于绿色重点小城镇试点示范的实施意见（财建[2011]341号）。

26. 《城乡建设用地增减挂钩试点管理办法》（国土资发［2008］138号）。

27. 《关于进一步规范城乡建设用地增减挂钩试点工作的通知》（国土资发［2007］169号）。

28. 《关于规范城镇建设用地增加与农村建设用地减少相挂钩试点工作的意见》（国土资发［2005］207号）。

29. 关于印发重庆市统筹城乡户籍制度改革社会保障实施办法（试行）的通知. 重庆市人民政府办公厅，2010。

30. 关于推进重庆市户籍制度改革有关问题的通知. 重庆市人民政府办公厅，2010。

31. 关于印发重庆市统筹城乡综合配套改革试验总体方案的通知. 重庆市人民政府，2009。

32. 关于开展城乡居民合作医疗保险试点的指导意见. 重庆市人民政府，2007。

33. 关于进一步实施区县扩权推进城乡统筹发展的决定. 重庆市人民政府，2007。

34. 关于加大统筹城乡发展力度，促进农村经济社会又好又快发展的意见.中共湖北省委、湖北省人民政府，2010。

35.《中共广东省委广东省人民政府关于统筹城乡发展加快农村"三化"建设的决定》（粤发〔2005〕4号），2005.3。

36. 落实《珠江三角洲地区改革发展规划纲要（2008-2020）》，广东省将佛山、惠州、中山三市列入开展统筹城乡发展综合改革试点，广东省珠三角规划纲要办公室，2009。

37. 成都市乡村规划师制度实施方案（成府发〔2010〕37号）。

38. 关于进一步完善全市城乡规划工作体制和机制的意见（成府发〔2010〕25号）。

39. 成都市城乡规划委员会工作章程（成府发〔2008〕47号）。

40. 关于进一步改革全市城乡规划管理体制的意见（成委发〔2007〕44号）。

41. 关于进一步加强城乡规划工作的意见（成委发〔2006〕60号）。

42. 成都市公建配套设施规划导则.成都市规划管理局、成都市规划设计研究院，2011。

43. "世界现代田园城市"规划建设导则.成都市规划管理局、成都市规划设计研究院，2010。

44. 成都市社会主义新农村规划建设技术导则.成都市规划管理局、成都市规划设计研究院，2010。

45. 成都市小城镇规划建设技术导则.成都市规划管理局、成都市规划设计研究院，2010。

46. 县域总体规划编制办法（试行）.成都市规划管理局，2007。

47. 关于开展分类考核促进郊县镇街科学发展的实施办法.中共南京市委办公厅，南京市人民政府办公厅，2011。

48. 关于加快推进全域统筹、建设城乡一体化发展的新南京行动纲要.南京市委，南京市人民政府，2010。

49. 南京市农村地区基本公共服务设施配套标准规划指引（试行）.南京市规划局，2011。

50. 南京市农村地区规划编制技术规定（试行）.南京市规划局，2011。

51. 武汉市关于建立城乡统筹协调发展机制实施方案.中共武汉市委、武汉市人民政府，2009。

52. 关于实施农村"家园建设行动计划"，推进社会主义新农村建设的意见.中共武汉市委、武汉市人民政府，2006。

53. 武汉市农民新城建设和管理办法及农民新村建设设计技术导则.武汉市人民政府办公厅，2008。

54. 佛山市《关于深化农村改革发展推进城乡一体化进程的意见》、佛山市人民政府，2009.4。

55. 佛山市《关于加快统筹城乡发展的若干意见》（佛发〔2010〕4号）及相关配套文件，佛山市人民政府，2010.6。

56. 惠州市制定并颁布实施《惠州市建设全国统筹城乡发展综合改革试验基地实施方案（2009-2012）》，惠州市人民政府，2009.4。

57. 中山市制定《中山市委、市人民政府关于加快推进城乡一体化的意见》和落实意见的工作方案.中山市人民政府，2009.4。

58. 汉南区创建武汉市城乡一体化改革试验区总体方案.中共汉南区委、汉南区人民政府，2008。

59. 安吉县第十四届人民代表大会第二次会议关于建设"中国美丽乡村"的决议.安吉县人民代表大会，2008。

60. 安吉县建设"中国美丽乡村"行动纲要.安吉县人民政府，2008。

61. 安吉县建设"中国美丽乡村"考核指标与验收办法（修订）的通知.安吉县新农办，2010。

参考文献

[1] 中华人民共和国城乡规划法（自 2008 年 1 月 1 日起施行）.

[2] 村庄和集镇规划建设管理条例（自 1993 年 11 月 1 日起施行）.

[3] 历史文化名城名镇名村保护条例（自 2008 年 7 月 1 日起施行）.

[4] 吴良镛等著. 京津冀地区城乡空间发展规划研究. 北京：清华大学出版社，2004.

[5] 汪光焘等主编. 建设部课题组：新时期小城镇发展研究. 北京：中国建筑工业出版社，2007.

[6] 汪光焘. 建设系统要切实落实改善农村民生的责任. 中国建设报，2008-01-09.

[7] 汪光焘. 全面学习贯彻《城乡规划法》切实担负起依法编制规划的历史责任. 中国建设报，2008-01-29.

[8] 仇保兴. 统筹城乡发展的若干问题. 城乡建设，2008，11：19-20.

[9] 周干峙. 探索中国特色的城市化道路. 理论参考，2010，2.

[10] 李兵弟. 城乡统筹规划：制度构建与政策思考. 城市规划，2010，12.

[11] 李兵弟. 改革开放三十年中国村镇建设事业的回顾与前瞻. 规划师，2009，25（1）：9-10.

[12] 李兵弟. 改善农村人居环境是社会主义新农村建设的一项长期工作任务. 建设报，2007-03-02.

[13] 李兵弟. 关于城乡统筹发展方面的认识与思考. 工程建设，2004，6：9-19.

[14] 李兵弟. 回望六十年村镇建设成就斐然. 中国建设报，2009-10-09.

[15] 中国城市科学研究会，住房和城乡建设部村镇建设司编. 中国小城镇和村庄建设发展报告 2008. 北京：中国城市出版社，2009.

[16] 中国城市经济学会中小城市经济发展委员会. 中国中小城市发展报告 2010. 北京：社会科学出版社，2011.

[17] 中国中小城市科学发展研究课题组. 双流模式：三化联动 创新发展. 北京：社会科学出版社，2011.

[18] 董金柱. 长三角地区县域城乡空间组织模式研究 [博士学位论文]. 上海：同济大学，2008.

[19] 张泉，王晖，陈浩东，陈小卉，陈闽齐. 城乡统筹下的乡村重构. 北京：中国建筑工业出版社，2006.

[20] 郭建军. 我国城乡统筹发展的现状、问题和政策建议. 经济研究参考，2007，1：24-44.

[21] 徐元明. "新土改"视角下的城乡统筹与农民土地权益保障. 现代城市研究，2009，2：20-23.

[22] 董金柱，戴慎志. 快速城市化地区城乡空间统筹规划方法探索——以浙江省桐乡市域总体规划为例. 中国城市规划年会论文集，2006.

[23] 胡滨，薛晖，曾九利，何旻. 成都城乡统筹规划编制的理念、实践及经验启示. 规划师，2009，8：26-30.

[24] 陈映，沙治慧. 成渝试验区统筹城乡综合配套改革新进展. 城市发展研究，2009，16（1）：37-44.

[25] 孙娟. 城乡统筹规划实践探索及其启发. 和谐城市规划——2007 中国城市规划年会论文集，2007：2338-2346.

[26] 万鹏、沈箐. 快速城市化地区城乡统筹规划所面临的问题和建议——以嘉兴地区为例. 现代城市研究，2006，1：49-53.

[27] 宁爱凤，刘友兆. 城乡统筹视野下农村土地流转问题与对策分析. 生产力研究，2010，9：32-40.

[28] 黄雪梅、易峥. 城乡统筹条件下"四规叠合"初探——以重庆市江北区"四规"叠合综合实施方案为例. 中国城市经济，2010，8：222.

[29] 王成艳，岳茂锐，孔玲. 城乡统筹下的农地非农化制度改革. 土地制度，2006，4：80-84.

[30] 袁奇峰，杨廉等. 城乡统筹中的集体建设用地问题研究——以佛山市南海区为例. 规划师，2009，25（4）：5-13.

[31] 邓毛颖. 基于城乡统筹的村庄规划建设管理实践与探讨. 小城镇建设，2010，7：21-27.

[32] 朱琳，贾庆雄等．城乡建设用地增减挂钩政策探讨．现代农业科技，2009，24：384-385．

[33] 陈锡文，赵阳，陈剑波，罗丹．中国农村制度变迁60年．北京：人民出版社，2009．

[34] 农业部农村经济研究中心编．面向"十二五"的中国农村发展．北京：中国农业出版社．2010．

[35] 衣芳，吕萍，迟树功，张云汉主编．中国城乡一体化探索．北京：经济科学出版社，2009．

[36] 刘淑英．中山市小榄镇政府行政结构转型的探索．城乡建设，2008，12：68-70．

[37] 王天伟，赵立华，赵娜．"三规合一"的理论与实践．2009中国城市规划年会论文集，2009：4997-5002．

[38] 徐元明．"新土改"视角下的城乡统筹农民土地权益保障．现代城市研究，2009，2：20-23．

[39] 李禄俊，潘胜军．论城乡统筹背景下的城市化发展策略．中国城市经济，2010，9：280-281．

[40] 洪江，周军．城乡统筹视角的重庆市农村土地流转制度探索．重庆社会科学，2009，5：48-51．

[41] 罗进华，柳思维．长株潭城乡统筹发展中的农村土地制度创新．求索，2009，10：58-60．

[42] 冯现学．对公众参与制度化的探索——深圳市龙岗区"顾问规划师制度"的构建．城市规划，2003，3：68-71．

[43] 曹让宏．城乡统筹背景下的农民工住房保障问题研究——以廉租房制度为视角．法制与经济，2009，2：121-122．

[44] 陈白磊，齐同军．城乡统筹下大城市郊区小城镇发展研究——以杭州市为例．城市规划，2009，5：84-87．

[45] 李海金．农村公共产品供给、城乡统筹与新农村建设．东南学术，2007，2：46-53．

[46] 杨一帆．中国农村社会养老保险制度的困境、反思与展望——基于城乡统筹发展视角的研究．人口与经济，2009，1：67-73．

[47] 刘锡良，齐稚平．城乡统筹视野的城市金融与农村金融对接：成都个案．改革，2010，2：42-49．

[48] 孙津．城乡统筹：城乡协调发展的政策机制．中国发展，2004，2：10-12．

[49] 中央党校省部级干部进修班"行政管理体制改革"研究专题调研组．构建适应城乡统筹发展的行政管理体制．理论前沿，2009，23：5-7．

[50] 王莉，杨雪．构筑有利于城乡统筹发展的制度支持系统．西北人口，2006，2：11-14．

[51] 汪光焘部长在全国村镇建设工作会议上的讲话．坚持城乡统筹　落实宏观调控　改进和加强村镇规划建设工作．小城镇建设，2004，8：4-8．

[52] 杨保军．从实践中探索城乡统筹规划之路．中国建设信息，2009，7：17-20．

[53] 林靖华，刘婷，李晓蕾．关于邹平实施生态县建设的调研报告．科技资讯，2009，7：133-134．

[54] 王伟光主编，付崇兰，曹文明副主编．中国城乡一体化——理论研究与规划建设调研报告．北京：社科文献出版社，2010．

[55] 付崇兰主编．城乡统筹发展研究．北京：新华出版社，2005．

[56] 四川大学成都科学发展研究院，中共成都市委统筹城乡工作委员会．成都统筹城乡发展年度报告（2009），2009．

[57] 四川省住房和城乡建设厅，四川省城乡规划编制研究中心，四川大学建筑与环境学院．四川省城乡统筹规划编制技术及管理规程研究报告，2010．

[58] 皮银姣，徐朝花，杜云路．县域乡村旅游空间布局探讨．中国市场，2011，6．

[59] 成都市规划设计研究院．湖南省望城县白箬铺镇光明村新农村建设总体规划（2009-2020），2009．

[60] 王波，宗跃光．基于分解步骤法的浙江开化县域综合生态分区．长江流域资源与环境，2007，3．

[61] 四川省住房和城乡建设厅，四川省城乡规划编制研究中心．四川省区域基础设施与公共服务设施规划建设标准研究，2010．

[62] 余军，易峥．综合性空间规划编制探索——以重庆市城乡规划编制改革试点为例．规划师，2009，25（10）：92．

[63] 本书编委会．中国统计年鉴2010．北京：中国统计出版社，2010．

[64] 成都市规划设计研究院.成都市中心城非城市建设用地城乡统筹规划，2008.

[65] 成都市规划设计研究院.四川三众建筑设计有限公司.新津县兴义镇城乡一体总体规划，2008.

[66] 江苏省环保厅.江苏省重要生态功能保护区区域规划，2009.

[67] 重庆市规划局.重庆市城乡总体规划（2007—2020年），2007.

[68] 重庆市规划局.重庆市一小时经济圈城乡总体规划（2007—2020年），2007.

[69] 重庆市规划设计研究院.梁平县城乡总体规划（2007—2020年），2009.

[70] 重庆大学城市规划与设计研究院.合川区城乡总体规划（2007—2020年），2009.

[71] 重庆市规划研究中心.垫江县城乡总体规划（2007—2020年），2009.

[72] 钱紫华，何波.东西部地区城乡统筹规划模式思辨展.城市发展研究，2009，16（3）：1-5.

[73] 余颖，唐劲峰."城乡总体规划"：重庆特色的区域规划.规划师，2008，24（4）：69-71.

[74] 彭远翔.以城乡规划促乡统筹发展.重庆建筑，2007，9：5-6.

[75] 重庆市规划局.2009年重庆市区县城市总体规划实施评估报告汇编，2010.

[76] 牛慧恩.国土规划、区域规划、城市规划——论三者关系及其协调发展.城市规划，2004，28（11）：42-46.

[77] 罗永联，万鹏.嘉兴地区城乡统筹与市域规划研究——以嘉兴地区为例.城市规划学刊，2006，3：22-28.

[78] 苏自立，余颖，林立勇.构建统筹城乡发展的重庆市城乡规划编制体系.重庆山地城乡规划，2008，1：9-12.

[79] 朱郁郁，陈燕秋，孙娟等.县（区）域城乡规划编制方法的探索——以重庆市北碚区城乡分区规划为例 // 中国城市规划学会.生态文明视角下的城乡规划——2008中国城市规划年会论文集.大连：大连出版社，2008.

[80] 邱强.重庆市区县城乡空间统筹发展规划思考——以重庆市统筹城乡综合配套改革示范县—垫江县为例 // 中国城市规划学会.规划创新——2010中国城市规划年会论文集.重庆：重庆出版社，2010.

[81] 张俊卫.城乡统筹发展的"2+8"研究模式.规划师，2010，10（24）：5-6.

[82] 张卫国等.城乡统筹规划编制探讨——以《莱芜市统筹城乡一体化发展总体规划（2008-2030）》为例 // 中国城市规划年会论文集，2008.

[83] 赵英丽.城乡统筹规划的理论基础与内容分析.城市规划学刊，2006，161（1）：33-35.

[84] 成受明等.城乡统筹规划研究.现代城市研究，2005，7：50.

[85] 刘荣增.城乡统筹理论的演进与展望.郑州大学学报（哲学社会科学版），2008，7（4）：65-66.

[86] 钱紫华等.东西部地区城乡统筹规划模式思辨.城市发展研，2009，16（3）：3-4.

[87] 张京祥等.协奏还是变奏：对当前城乡统筹规划实践的检讨.国际城市规划，2010，25（1）：13-14.

后 记

　　《中国城乡统筹规划的实践探索》是住房和城乡建设部建筑节能与科技司于 2011 年正式立项的部级课题，中国城市科学研究会组织了国内多家知名研究单位、规划设计单位共同参与研究，本书即是课题成果的集中展示。

　　在城镇化发展进程中，我国将会建立起新型的城乡关系，把城镇和农村作为有机的社会整体，把城镇的繁荣发展与农村的转型发展作为互相关联的发展进程，实现城镇与农村互促共进、良性互动的科学发展，实现城镇化发展的转型，开创城乡经济社会发展一体化新格局。城乡规划如何为这一重大发展战略服务，为建立新型的城乡关系服务，为工业化、城镇化、农业现代化"三化"协调发展服务，为彻底解决"三农"问题服务，为提高民生含量的经济快速发展服务，始终是城乡规划直面的重大课题。中国不会取消农村，中国更不能剥夺农民，中国必须在保护农民、繁荣农村的基础上走出符合中国城乡经济社会文化发展实际状况的健康城镇化发展道路。

　　2009 年底和 2010 年初，该课题酝酿时我们进行了大量的前期工作，提出了要在已有的城乡统筹规划初步实践的基础上，对编制和实施的城乡统筹规划进行梳理，记录城乡统筹规划的初期艰辛探索，总结编制和实施中的成功经验，提炼相关的政策指引和技术要素，严格规范相关的政策制度约束，深入研讨有关的制度改革与机制建设，将城乡统筹规划的内容科学纳入到城乡规划体系中。李晓江、杨保军、张泉、胡滨、顾浩等在规划一线工作的朋友们对还有争议的这一领域给予了极大的鼓励和诚恳的指导。在石楠和施卫良的支持下，借助于中国城市规划学会重庆年会和中国城市规划协会城市规划设计专业委员会成都年会的交流，我们提出了课题研究思路，拟就总体研究提纲。2011 年 2 月，课题组在成都召开了专家研讨会，对课题大纲、研究范围、热点问题和任务分工进行了深入讨论和明确界定。2011 年 5 月，课题组在杭州召开中期研讨会，对课题初步成果开展了深度交流，并结合地方部门的意见分别修改完善阶段研究成果。2011 年 7 月，课题组在北京召开初步成果统稿会，对课题研究成果做了全面的逻辑整合与内容补充，对一些研究的难点和热点问题作了深入的研究。2011 年 8 月，课题组在南京召开了最终成果审稿会，对成果进行了系统的认真的推敲修改。

　　中国城乡统筹规划的实践探索、研究和本书的编写，得到了住房和城乡建设部建筑节能与科技司、城乡规划司等部门的支持指导。老领导汪光焘部长和周干峙院士欣然为本书作序，汪光焘部长将他在广西壮族自治区人大环资委上的讲稿提要赠与本书交流。汪光焘部长的这篇《论城乡统筹规划工作》高屋建瓴、把握全局，提出了从城乡关系、现实情境、发展阶段和目标实现四个方面理解城乡统筹的战略意义，把握城乡统筹工作的系统性、动态性、探索性的特点，通过转变思维方式、深入农村调查、加强理论制度研究和技术方法创新来编制好城乡统筹规划，文不长而境远、语不多而意深，是我们这本书非常难得的导读。

　　感谢所有参与课题研究和提供案例的单位与同仁。感谢国务院发展研究中心农村部、浙江省城乡规划设计研究院、江苏省城市规划设计研究院、成都市规划设计研究院、住房和城乡建设部城乡规划管理中心、中国城市规划设计研究院的研究者，他们直面热点、大胆思索、包容合作、不计报酬，为我们奉献了高水平的课题研究综合报告。其中，在理论探讨篇，国务院发展研究中心农村部重点完成第 1 章研究背景部分,江苏省城市规划设计研究院重点完成第 2 章理论分析部分,成都市规划设计研究院重点完成第3章设计方法部分，浙江省城乡规划设计研究院重点完成第4章政策部分。全书最后统稿由我、董金柱和朱力同志完成。

本书的研究还得到了中央和国家政策研究部门、农业部门、国土部门等行业内外领导、同事、朋友们的关注、鼓励，对这些书中没有出现名字的专家学者，对于他们给予的道义支持、观点指导、无私相助，我代表课题组同志们在此一并表示衷心的感谢。

感谢中国国际城市化发展战略研究委员会、住房和城乡建设部城乡规划管理中心、成都市规划设计研究院、浙江省城乡规划设计研究院、江苏省住房城乡建设厅和中国城市发展研究院对课题的实质性支持。

感谢中国建筑工业出版社的编辑们，正是她们的努力才使本书得以及时出版。

城乡统筹是中国当代发展的时代重任，任务艰巨、政策敏感、综合性强。本书仅仅是对中国城乡统筹规划艰辛实践探索的初步梳理，不准确、不完整的地方恳请各方指正，也有待日后实践中进一步的提炼。我们既然有勇气迈出总结的第一步，也有勇气继续跟踪、深入探索。期待与各方同仁共同努力，推动我国城乡统筹科学发展，推动城乡规划事业的发展。

谨以此书祝贺城乡规划学正式升格为国家一级学科。

李兵弟

2011 年 10 月

（中国城市科学研究会副理事长，原住房和城乡建设部村镇建设司司长）